U0604146

〔宋〕黄士毅 /编

徐时仪 杨立军 /整理

朱子语类

五

上海古籍出版社

朱子语类卷第八十一

毛诗二 _{风雅颂}

周南

关雎

○ 问："程氏云'诗有二南，犹易有乾坤'，莫只是以功化浅深言之?"曰："不然。"文蔚又问："莫是王者、诸侯之分不同?"曰："今只看大序中说便可见。大序云：'关雎、麟趾之化，王者之风，故系之周公；鹊巢、驺虞之德，诸侯之风，先王之所以教，故系之召公。'只看那'化'字与'德'字及'所以教'字，便见二南犹乾坤也。"文蔚。

○ 敬子说诗周南。曰："他大纲领处只在戒谨恐惧上。只自'关关雎鸠'便从这里做起，后面只是渐渐推得阔。"偁。

○ "关雎一诗文理深奥，如乾坤之卦一般，只可熟读详味，不可说。至如葛覃、卷耳，其言迫切，主于一事，便不如此了。"又曰："读诗须得他六义之体，如风、雅、颂则是诗人之格。后人说诗以为杂雅、颂者，缘释七月之诗者以为备风、雅、颂三体，所以启后人之说如此。"又曰："'兴'之为言起也，言兴物而起意。如'青青陵上（麦）

〔柏〕’、‘青青河畔草’，皆是兴物诗也。如‘稿砧今何在’、‘何当大刀
头’，皆是比诗体也。”卓。

○ 问器远：“君举所说诗，谓关雎如何？”曰：“谓后妃自慊，不
敢当君子。谓如此之淑女方可为君子之仇匹，这便是后妃之德。”曰：
“这是郑氏也自如此说了，某看来恁地说也得，只是觉得偏主一事，无
正大之意。关雎如易之乾坤意思，如何得恁地无方际！如下面诸篇却
多就一事说。这只反覆形容后妃之德，而不可指说道甚么是德。只恁地
浑沦说，这便见后妃德盛难言处。”贺孙。

○ “何福不除”，义如“除戎器”之“除”。伯丰。

○ “关雎之诗，此诗非民俗所可言，度是宫闱中所作。”木之问：
“程子云是周公作。是否？”曰：“也未见得是。”木之。

○ 木之问：“二南之诗真是以此风化天下否？”曰：“亦不须问是
要风化天下与不风化天下，且要从‘关关雎鸠，在河之洲’云云里面看
义理是如何。今人读书只是说向外面去，却于本文全不识。”木之。

○ 关雎之诗，看得来是妾媵做，所以形容得寤寐反侧之事，外人
做不到此。明作。

○ 先生问曹兄云：“陈先生说诗如何？”曹未答。先生云：“陈丈
说关雎之诗如何？”曹云：“言关雎以美夫人，有谦退不敢自当君子之
德。”先生云：“如此则淑女又别是一个人也。”曹云：“是如此。”先生
笑云：“今人说经多是恁地回互说去。如史丞相说书多是如此，说‘祖
伊恐奔告于受’处亦以纣为好人而不杀祖伊，若他人则杀之矣。”先生

乃云："读书且虚心去看，未要自去取舍。且依古人书恁地读去，久后自然见得义理。"<u>卓</u>。

○ <u>魏兄</u>问"左右芼之"。曰："芼是择也，左右择而取之也。"<u>卓</u>。

○ <u>魏才仲</u>问："诗关雎注：'挚，至也。'至先生作'切至'说，似形容其美，何如？"曰："也只是恁地。"问"芼"字。曰："择也。读诗只是将意思想象去看，不如他书字字要捉缚教定。诗意只是叠叠推上去，因一事上有一事，一事上又有一事。如关雎形容后妃之德如此，又当知（德）〔得〕君子之德如此；又当知得诗人形容得意味深长如此，必不是以下底人；又当知所以齐家，所以治国，所以平天下，人君则必当如<u>文王</u>，后妃则必当如<u>太姒</u>，其原如此。"<u>贺孙</u>。

○ 王鸠，尝见<u>淮</u>上人说<u>淮</u>上有之，状如此间之鸠，差小而长，常是雌雄二个不相失。虽然二个不相失，亦不曾相近而立处，须是隔丈来地，所谓"挚而有别"是也。"人未尝见其匹居而乘处"，乘处谓四个同处也。只是二个相随，既不失其偶，又未尝近相狎，所以为贵也。<u>余正甫</u>云："'宵行'自是夜光之虫夜行于地，'燿燿'言其光耳，非萤也。芑，今之苦马。"<u>贺孙</u>。

○ 雎鸠，<u>毛氏</u>以为"挚而有别"。一家作"猛挚"说，谓雎鸠是鹗之属。鹗自是沉鸷之物，恐无和乐之意。盖"挚"与"至"同，言其情意相与深至，而未尝狎，便见其乐而不淫之意。此是兴诗。兴，起也，引物以起吾意。如雎鸠是挚而有别之物，荇菜是洁净和柔之物，引此起兴犹不甚远。其他亦有全不相类，只借它物而起吾意者，虽皆是兴，与关雎又略不同也。<u>时举</u>。

卷耳

○ 问:"卷耳与前篇葛覃同是赋体,又似略不同。盖葛覃直叙其所尝经历之事,卷耳则是托言也。"曰:"亦安知后妃之不自采卷耳?设便不曾经历而自言我之所怀者如此,则亦是赋体也。若螽斯则只是比,盖借螽斯以比后妃之子孙众多。然'宜尔子孙振振兮'却自是说螽斯之子孙,不是说后妃之子孙也。盖比诗多不说破这意。然亦有说破者。此前数篇,赋、比、兴皆已备矣。自此推之,令篇篇各有着落乃好。"时举因云:"螽只是春秋所书之螽。切疑'斯'字只是语辞,恐不可把'螽斯'为名。"曰:"诗中固有以'斯'为语者,如'鹿斯之奔'、'湛湛露斯'之类是也。然七月诗乃云'斯螽动股',则恐'螽斯'即便是名也。"时举。

樛木

○ 问:"樛木诗'乐只君子',作后妃亦无害否?"曰:"以文义推之,不得不作后妃。若作文王,恐太隔越了。某所著诗传盖皆推寻其脉理,以平易求之,不敢用一毫私意。大抵古人道言语自是不泥着。"某云:"诗人道言语皆发乎情,又不比他书。"曰:"然。"可学。

螽斯

○ 不妒忌是后妃之一节。关雎所论是全体。方子。

兔罝

○　问："兔罝诗作赋看得否？"曰："亦可作赋看，但其辞上下相应，恐当为兴。然亦是兴之赋。"<u>可学</u>。

汉广

○　问："文王时，纣在河北，政化只行于江汉？"曰："然。西方亦有狎狁。"<u>可学</u>。

○　汉广游女，求而不可得。行露之男，不能侵陵正女。岂当时妇人蒙化而男子则非！亦是偶有此样诗说得一边。<u>淳</u>。

○　问："'汉之广矣，不可泳思；江之永矣，不可方思'，此是兴，何如？"曰："主意只说'汉有游女，不可求思'两句。六句是反覆说。如'奕奕寝庙，君子作之。秩秩大猷，圣人莫之。他人有心，予忖度之。跃跃毚兔，遇犬获之'，上下六句亦只兴出'他人有心'两句。"<u>贺孙</u>。〔<u>诗传</u>今作"兴而比"。〕

汝坟

○　陈君举诗言汝坟是已被文王之化者，江汉是闻文王之化而未被其泽者。却有意思。<u>大雅</u>。

麟趾

○ 木之问："麟趾、驺虞之诗莫是当时有此二物出来否？"曰："不是，只是取以为比，云即此便是麟趾，便是驺虞。"又问："诗序说'麟趾之时'，无义理。"曰："此语有病。"

○ 时举说诗至麟之趾因言小序云："'虽衰世之公子，皆信厚如麟趾之时'，似亦不成文理。"先生曰："是。"<u>时举</u>。

召南

鹊巢

○ 时举问："召南之有鹊巢，犹周南之有关雎。关雎言'窈窕淑女'，则是明言后妃之德也，惟鹊巢三章皆不言夫人之德，如何？"曰："鸠之为物，其性专静无比，可借以见夫人之德也。"<u>时举</u>。

采蘩

○ 问："采蘋蘩以供祭祀，采枲耳以备酒浆，后妃夫人恐未必亲为之。"曰："诗人且是如此说。"<u>德明</u>。

○ 器之问："采蘩诗何故存两说？"曰："如今不见得果是如何，

且与两存。从来说蘩所以生蚕，可以供蚕事。何必底死说道只为奉祭事，不为蚕事?" _{木之}。

○ 时举又问："采蘩诗，若只作祭事说自是晓然。若作蚕事说，虽与葛覃同类而恐实非也。葛覃是女功，采蘩是妇职，以为同类亦无不可，何必以蚕事而后同耶?"曰："此说亦姑存之而已。" _{时举}。

殷其雷

○ 问："殷其雷诗比君子于役之类，莫是宽缓和平，故入正风?"曰："固然。但正、变风亦是后人如此分别，当时亦只是大约如此取之。圣人之言在春秋、易、书无一字虚，至于诗则发乎情，不同。" _{可学}。

摽有梅

○ 问："摽有梅诗何以入于正风?"曰："此乃当文王与纣之世，方变恶入善，未可全责备。" _{可学}。

○ 问："摽有梅之诗固是出于正，只是如此急迫，何耶?"曰："此亦是人之情。尝见晋、宋间有怨父母之诗。读诗者于此亦欲达父母 _{一作"男女"。}之情。" _{文蔚}。

江有汜

○ 器之问江有汜诗序有"勤而无怨"之说。曰:"便是序不可信如此。诗序自是两三人作,今但信诗不必信序。只看诗中说'不我以'、'不我过'、'不我与',便自见得不与同去之意,安得'勤而无怨'之意?"因问器之:"此是召南诗。如何公方看周南,便又说召南?读书且要逐处沉潜,次第理会,不要班班剥剥,指东摘西,都不济事。若能沉潜专一看得文字,只此便是治心养性之法。"木之。

何彼秾矣

○ 问:"何彼秾矣之诗何以录于召南?"曰:"也是有些不稳当。但先儒相传如此说,也只得恁地就他说。如定要分个正经及变诗,也自难考据。如颂中尽多周公说话,而风雅又未知如何。"〔贺孙。〕

驺虞

○ 驺虞诗。仁在一发之前。使庶类蕃殖者,仁也;"一发五豝"者,义也。人杰。

○ "于嗟乎驺虞",看来只可解做兽名,以"于嗟麟兮"类之可见。若解做驺虞官,终无甚意思。侗。

邶

柏舟

○ 时举问："柏舟诗'泛彼柏舟，亦泛其流'，注作比义。看来与'关关雎鸠，在河之洲'亦无异，彼何以为兴？"答云："他下面便说淑女，见得是因彼兴此。此诗才说柏舟，下面更无贴意，见得其义是比。"时举。

○ 陈器之疑柏舟诗解"日居月诸，胡迭而微"太深。又屡辨赋、比、兴之体。曰："赋、比、兴固不可以不辨。然读诗者须当讽味，看他诗人之意是在甚处。如柏舟，妇人不得于其夫，宜其怨之深矣。而其言曰'我思古人，实获我心'，又曰'静言思之，不能奋飞'，其词气忠厚恻怛，怨而不过如此，所谓'止乎礼义'而中喜怒哀乐之节者，所以虽为变风而继二南之后者以此。臣之不得于其君，子之不得于其父，弟之不得于其兄，朋友之不相信，处之皆当以此为法。如屈原不忍其愤，怀沙赴水，此贤者过之也。贾谊云'历九州而相其君兮，何必怀此都也'，则又失之远矣。读诗须合如此看。所谓'诗可以兴，可以观，可以群，可以怨'，是诗中一个大义，不可不理会得也。"闳祖。

○ 器之问："柏舟诗'静言思之，不能奋飞'，似犹未有和平意。"曰："也只是如此说，无过当处。既有可怨之事，亦须还他有怨底意思，终不成只如平时，却与土木相似！只看舜之号泣旻天，更有甚于此者。喜怒哀乐但发之不过其则耳，亦岂可无？圣贤处忧危，只要不失其正。如绿衣言'我思古人，实获我心'，这般意思却又分外好。"木之。

燕燕

○ 时举说燕燕诗云："前三章但见庄姜拳拳于戴妫，有不能已者。及四章乃见庄姜于戴妫非是情爱之私，由其有塞渊温惠之德，能自淑谨其身，又能以先君之思而勉己以不忘，则见戴妫平日于庄姜相劝勉以善者多矣。故于其归而爱之若此，无非情性之正也。"先生颔之。时举。

日月终风

○ 又说："日月、终风二篇，据集注云，当在燕燕之前。以某观之，终风当在先，日月当次之，燕燕是庄公死后之诗，当居最后。盖（诗）〔详〕终风之辞，庄公于庄姜犹有往来之时，但不暴则狎，庄姜不能堪耳。至日月则见庄公已绝不顾庄姜，而庄姜不免微怨矣。以此观之，则终风当先而日月当次。"先生曰："恐或如此。"时举。

式微

○ 器之问："式微诗以为劝耶，戒耶？"曰："亦不必如此看，只是随它当时所作之意如此，便与存在，也可以见得有羁旅狼狈之君如此，而方伯连帅无救恤之意。今人多被'止乎礼义'一句泥了，只管去曲说。且要平心看诗人之意。如北门之诗只是说官卑（礼）〔禄〕薄，无可如何。又如摽有梅之诗，女子自言婚姻之意如此。看来自非正理，但人情亦自有如此者，不可不知。向见伯恭丽泽诗，有唐人女言兄嫂不以嫁之诗，亦自鄙俚可恶。后来思之，亦自是得人之情处。为父母者能于是而察之，则必使之及时矣，此所谓'诗可以观'。"子升问："丽泽诗编得如何?"曰：
"大纲亦好，但自据他之意拣择。大率多喜深巧有意者，若平淡底诗则多不
取。"问："此亦有接续三百篇之意否?"曰："不知。他亦须有此意。"木之。

简兮

○ 时举问："简兮诗，张子谓'其迹如此，而其中固有以过人
者'。夫能卷而怀之，是固可以为贤。然以圣贤出处律之，恐未可以为
尽善?"曰："古之伶官亦非甚贱，其所执者犹是先王之正乐。故献工之
礼亦与之交酢，但贤者而为此，则自不得志耳。"时举。

泉水

○ 又问："泉水篇'驾言出游，以写我忧'，注云：'安得出游于
彼而写其忧哉!'恐此莫只是因思归不得，故欲出游于国以写其忧否?"
曰："夫人之游亦不可轻出，只是思游于彼地耳。"时举。

北门

○ 问："北门诗只作赋说，如何?"曰："当作赋而比。当时必因
出北门而后作此诗，亦有比意思。"可学。

○ 时举问："北风末章谓'莫赤匪狐，莫黑匪乌'，狐与乌，不知
诗人以比何物?"曰："不但指一物而言。当国将危乱时，凡所见者无非

不好底景象也。"时举。

静女

　　○　又问："静女篇，注以此诗为淫奔期会之诗，以静为闲雅之意。不知淫奔之人方相与狎溺，又何取乎闲雅？"曰："淫奔之人不知其为可丑，但见其为可爱耳。以女而俟人于城隅，安得谓之闲雅？而此曰'静女'者，犹日月诗所谓'德音无良'也。无良则不足以为德音矣，而此曰'德音'，亦爱之之辞也。"时举。

二子乘舟

　　○　又问："二子乘舟篇，注取太史公语，谓二子与申生不明骊姬之过同。其意似取之，未知如何？"曰："太史公之言有所抑扬，谓三人皆恶伤父之志，而终于死之，其情则可取。虽于理为未当，然视夫父子相杀、兄弟相戮者，则大相远矣！"时举。

鄘

干旄

　　○　先生问文蔚曰："干旄诗'彼姝者子'指谁而言？"文蔚曰："集传言大夫乘此车马以见贤者，贤者言：'车中之人德美如此，我将何以告之？'"曰："此依旧是用<u>小序</u>说。此只是傍人见此人有好善之诚，曰'彼姝者子，何以告之'盖指贤者而言也。如此说方不费力。今若如<u>集传</u>说，是说断了再起，觉得费力。"<u>文蔚</u>。

卫

淇奥

○　<u>文蔚</u>曰："<u>淇奥</u>一篇，<u>卫武公</u>进德、成德之序始终可见。一章言切磋琢磨，则学问自修之功精密如此。二章言威仪服饰之盛，有诸中而形诸外者也。三章言如金锡圭璧则锻炼已精，温纯深粹而德器成矣。前二章皆有'瑟'、'僩'、'赫'、'咺'之词，三章但言'宽'、'绰'、'戏'、'谑'而已，于此可见不事矜持而周旋自然中礼之意。"曰："说得甚善。<u>卫武公</u>学问之功甚不苟，年九十五岁，犹命群臣使进规谏。至如<u>抑</u>诗是他自警之诗，后人不知，遂以为戒<u>厉王</u>。毕竟周之卿士去圣人近，气象自是不同。且如<u>刘康公</u>谓'民受天地之中以生'，便说得这般言语出。"<u>文蔚</u>。

王

君子阳阳

○　"'君子阳阳'诗，先生（亦）〔不〕作淫乱说，何如？"曰："有个'君子于役'，如何便将这个做一样说？'由房'只是人出入处，

古人屋，于房处前有壁，后无壁，所以通内。所谓'焉得谖草，言树之背'，盖房之北也。"〔贺孙。〕

郑

狡童

○ 江畴问："'狡童刺忽也'言其疾之太重。"先生曰："若以当时之暴敛于民观之，为言亦不为重。盖民之于君，聚则为君臣，散则为仇雠，如孟子所谓'君之视臣如草芥，则臣视君如寇雠'是也。然诗人之意本不如此，何曾言狡童是刺忽？而序诗妄意言之，致得人如此说。圣人言'郑声淫'者，盖郑人之诗多是言当时风俗男女淫奔，故有此等语。狡童，想说当时之人，非刺其君也。"又曰："诗辞多是出于当时乡谈鄙俚之语，杂而为之。如鸱鸮云'拮据'、'捋荼'之语，皆此类也。"又曰："此言乃周公为之。周公，不知其人如何，其言聱牙难考。如书中周公之言便难读，如立政、君奭之篇是也。最好者惟无逸一书，中间用字亦有'诪张为幻'之语。至若周官、蔡仲等篇，却是官样文字，必出于当时有司润色之文，非纯周公语也。"又曰："古人作诗多有用意不相连续。如'嘒彼小星，三五在东'，释者皆云'小星'者〔是在天至小之星也，'三五在东'者〕是五纬之星应在于东也。其言全不相贯。"卓。

○ 又问："狡童诗如何说？"曹云："陈先生以此诗不是刺忽，但诗人说他人之言，如'彼狡童兮，不与我言兮。微子之故，使我不能餐兮'，言狡童不与我言，则已之。"先生曰："又去里面添一个'休'字也。这只是卫人当时淫奔，故其言鄙俚如此，非是为君言也。"卓。

○ 问："硕鼠、狡童之刺其君不已甚乎?"曰："硕鼠刺君重敛，盖暴取虐民，民怨之极，则将视君如寇雠，故发为怨上之辞至此。若狡童诗本非是刺忽，才做刺忽，便费得无限杜撰说话。郑忽之罪不至已甚，往往如宋襄这般人大言无当，有甚狡处? 狡童刺忽全不近傍些子，若郑突却是狡。诗意本不如此。圣人云'郑声淫'，盖周衰，惟郑国最为淫俗，故诸诗多是此事。东莱将郑忽深文诋斥得可畏。" _{贺孙。}

齐

魏

园有桃

○ 园有桃似比诗。 _{(非)〔蜚〕卿。}

唐

蟋蟀

○ 蟋蟀自做起底诗，山有枢自做到底诗，皆人所自作。 _{升卿。}

秦

陈

曹

豳

豳

○ 问："豳诗本风，而周礼籥章氏祈年于田祖则吹豳雅，蜡祭息老物则吹豳颂。不知就豳诗观之，其孰为雅，孰为颂。"曰："先儒因此说而谓风中自有雅，自有颂，虽程子亦谓然，似都坏了诗之六义。然有三说焉：一说谓豳之诗吹之，其调可以为风，可以为雅，可以为颂；一说谓楚茨、大田、甫田是豳之雅，噫嘻、载芟、丰年诸篇是豳之颂，谓其言田之事如七月也；如王介甫则谓豳之诗自有雅颂，今皆亡矣。数说皆通，恐其或然，未敢必也。"道夫。

○ 问："古者改正朔，如以建子月为首则谓之正月，抑只谓之十一月?"先生曰:"此亦不可考。如诗之月数即今之月。孟子'七八月之间旱'乃今之五、六月,'十一月徒杠成,十二月舆梁成'乃今之九、十。国语夏令曰'九月成杠,十月成梁',即孟子之十一月、十二月。若以为改月,则与孟子、春秋相合而与诗、书不相合。若以为不改月,则与诗、书相合而与孟子、春秋不相合。如秦元年以十月为首,末又有正月,又似不改月。"淳。义刚录同。

○ 问:"东莱曰:'十月而曰"改岁",三正之通于民俗尚矣,周特举而迭用之耳。'据七月诗,如'七月流火'之类是用夏正,'一之日觱发'之类是周正,即不见其用商正,而吕氏以为'举而迭用之',何也?"先生曰:"周历夏、商,其未有天下之时固用夏、商之正朔。然其国僻远,无纯臣之义,又自有私纪其时月者,故三正皆曾用之也。"时举。〔"无纯臣"语恐记误。〕

○ 问:"'跻彼公堂,称彼兕觥',民何以得升君之堂?"曰:"周初国小,君民相亲,其礼乐法制未必尽备,而民事之艰难,君则尽得以知之。成王之时礼乐备,法制立,然但知为君之尊而未必知为国之初此等意思也。故周公特作此诗,使之因是以知民事也。"时举。

鸱鸮

○ 时举因论鸱鸮诗,遂问:"周公使管叔监殷,岂非以爱兄之心胜,故不敢疑之耶?"曰:"若说不敢疑,则已是有可疑者矣。盖周公以管叔是吾之兄,事同一体,今既克商,使之监殷,又何疑焉?非是不敢疑,乃是即无可疑之事也。不知他自差异,乃造出一件事,周公为之奈何哉!"叔重因云:"孟子所谓'周公之过,不亦宜乎'者,正谓此也。"

先生曰："然。"<u>时举</u>。

○ 或问："<u>鸱鸮</u>诗'既取我子，无毁我室'，解者以为<u>武庚</u>既杀我<u>管蔡</u>，不可复乱我王室，不知是如此否？毕竟当初是<u>管蔡</u>挟<u>武庚</u>为乱。<u>武庚</u>是<u>纣</u>子，岂有父为人所杀而其子安然视之不报雠者？"曰："诗人之言只得如此，不成归怨<u>管</u>、<u>蔡</u>？<u>周公</u>爱兄，只得如此说，自是人情是如此。不知当初何故忽然使<u>管</u>、<u>蔡</u>去监他，做出一场大疏脱如此？合天下之力以诛<u>纣</u>了，却使出自家屋里人自做出这一场大疏脱。这个是<u>周公</u>之过，无可疑者。然当初<u>周公</u>使<u>管</u>、<u>蔡</u>者，想见那时是好在，必不疑他。后来有这样事，<u>管</u>、<u>蔡</u>必是后来被<u>武庚</u>与<u>商</u>之顽民每日将酒去灌唻它，乘醉以语言离间之曰：'你是兄，却出来在此。<u>周公</u>是弟，反执大权以临天下。'<u>管</u>、<u>蔡</u>呆，想得被这几个唤动了，所以流言说：'公将不利于孺子。'这个都是<u>武庚</u>与<u>商</u>之顽民教他，所以使得这<u>管</u>、<u>蔡</u>如此。后来<u>周公</u>所以做酒诰丁宁如此，必是当日因酒做出许多事。其中间想煞有说话，而今书传只载得大概，其中更有几多机变曲折在。"<u>僩</u>。

东山

○ <u>时举</u>问："<u>东山</u>诗序前后都是，只中间插'大夫美之'一句，便知不是<u>周公</u>作矣。"曰："小序非出于一手，是后人旋旋添续，往往失了前人本意，如此类者多矣。"<u>时举</u>。

破斧

○ <u>破斧</u>诗，看圣人这般心下，诗人直是形容得出。这是答<u>东山</u>之诗。古人做事苟利国家，虽杀身为之而不辞。如今人个个讨较利害，看你四国如何不安也得，不宁也得，只是护了我斨、我斧莫得缺坏了。此诗说出极分明。毛注却云四国是管、蔡、商、奄。诗里多少处说"四国"，如"正是四国"之类，犹言四海。他却不照这例，自恁地说。贺孙。

○ 破斧诗须看那"周公东征，四国是皇"，见得周公用心始得。这个却是个好话头。义刚。

○ 先生谓淳曰："公当初说破斧诗，某不合截得紧了，不知更有甚疑？"安卿对曰："当初只是疑被坚执锐是粗人，如何谓之'圣人之徒'？"先生曰："有粗底圣人之徒，亦有读书识文理底盗贼之徒。"淳。义刚录同。

○ 淳问："破斧，诗传何以谓'被坚执锐皆圣人之徒'？"曰："不是圣人之徒，便是盗贼之徒。此语大概是如此，不必恁粘皮带骨看，不成说圣人之徒便是圣人。且如'孳孳为善'是舜之徒，然'孳孳为善'亦有多少浅深。"淳。

○ "破斧诗最是个好题目，大有好理会处，安卿适来只说那一句没紧要底。"淳曰："此诗见得周公之心分明天地正大之情，只被那一句碍了。"先生曰："只泥那一句，便是未见得他意味。"淳。

九罭

○ 九罭诗分明是东人愿其东，故致愿留之意。公归岂无所？于汝但暂寓信宿耳。公归将不复来，于汝但暂寓信处耳。"是以有衮衣兮"，

"是以"两字如今都不说。盖本谓缘公暂至于此，是以此间有被衮衣之人。"无以我公归兮，无使我心悲兮"，其为东人愿留之诗，岂不甚明白？止缘序有"刺朝廷不知"之句，故后之说诗者悉委曲附会之，费多少辞语，到底鹘突！某尝谓死后千百年须有人知此意。自看来直是尽得圣人之心！贺孙。

○ "鸿飞遵渚，公归无所"；"鸿飞遵陆，公归不复"。"飞"、"归"叶，是句腰亦用韵。诗中亦有此体。方子。

狼跋

○ 问："'公孙硕肤'，注以为此乃诗人之意，言'此非四国之所为，乃公自让其大美而不居耳。盖不使谗邪之口得以加乎公之忠圣。此可见其爱公之深，敬公之至'云云。看来诗人此意也回互委曲，却太伤巧，得来不好。"曰："自是作诗之体当如此，诗人只得如此说。如春秋'公孙于齐'，不成说昭公出奔？圣人也只得如此书，自是体当如此。"㣿。

小雅 鹿鸣之什

鹿鸣四牡皇皇者华

○ 时举问："鹿鸣、四牡、皇皇者华三诗，仪礼皆以为上下通用之乐。不知如君劳使臣谓'王事靡盬'之类，庶人安得而用之？"曰："乡饮酒亦用。而'大学始教，宵雅肄三，官其始也'，正谓习此。盖入学之始，须教他便知有君臣之义始得。"又曰："上下常用之乐，小雅如鹿鸣以下三篇及南有嘉鱼、鱼丽、南山有台三篇，风则是关雎、卷耳、采蘩、采蘋等篇，皆是。然不知当初何故独取此数篇也。"_{时举}。

常棣

○　时举说常棣诗。先生曰："'虽有兄弟，不如友生'处，未必其人实以兄弟为不如友生也。犹言丧乱既平之后乃为反不如友生乎？盖疑而问之辞也。"_{时举}。

天保

○　时举说天保诗云："第一章至第三章皆人臣颂祝其君之言。然辞繁而不杀者，以其爱君之心无已也。至四章则以祭祀先公为言，五章则以'遍为尔德'为言。盖谓人君之德必上无愧于祖考，下无愧于斯民，然后福禄愈远而愈新也，故末章终之以'无不尔或承'。"先生颔之。叔重因云："蓼萧诗云'令德寿岂'亦是此意，盖人君必有此德而后可以称是福也。"先生曰："然。"_{时举}。

采薇

○　又说采薇诗云："采薇首章略言征夫之出，盖以狎狁不可不征，故舍其室家而不遑宁处。至二章则既出而不能不念其家。三章则竭力致死而无还心，盖不复念其家矣。至四章、五章，则惟勉于王事而欲成其战伐之功也。卒章则言其事成之后，极陈其劳苦忧伤之情而念之也。其序恐如此。"先生曰："雅者，正也，乃王公大人所作之诗，皆有次序而文意不苟，极可玩味。风则或出于妇人、小子之口，故但可观其大略耳。"_{时举}。

出车

○　"说出车诗至'畏此简书'处。集传有二说：一以为简书，戒命也，邻国有急则以简书戒命也；一以为策命临遣之词。"先生曰："后说为长。前说虽据左氏，然此是天子命，将不得谓之邻国也。"又曰："'胡不旆旆'处，东莱以为初出军时旌旗未展，惟卷而建之而已，故曰此旗旒何不旆旆而飞扬乎。盖以命下之初，我方忧心悄悄而仆夫又憔悴故耳。此说虽精熟，'胡不旆旆'一句语势恐不如此。'胡不'犹'遐不作人'之类，犹言岂不旆旆乎，但我自'忧心悄悄'而仆夫又况瘁耳。如此却自平正。"又曰："东莱说诗忒煞巧，诗正怕如此看。古人意思自觉平，何尝如此纤细拘迫！"_{时举}。

鱼丽

○　"文武以天保以上治内，采薇以下治外；始于忧勤，终于逸乐"，这四句尽说得好。_{道夫}。

白华由庚等

○　先生因亚夫问诗三百处，因推说及由庚白华等乃是笙诗，有其谱而无其辞者也。_{时举}。

南有嘉鱼之什

南有嘉鱼

○ 潘子善问南有嘉鱼诗中"汕汕"字。曰："是以木叶捕鱼，今所谓'鱼花园'是也。"问枸。曰："是机枸子，建阳谓之'皆拱子'，俗谓之'癫汉指头'，味甘而解酒毒。有人家酒房一柱是此木而酝酒不成，左右前后有此则亦酝酒不成。"_芼。

蓼萧

○ 时举说蓼萧、湛露二诗。先生云："文义也只如此。却更须要讽咏，实见他至诚和乐之意乃好。"_{时举}。

〔六月〕

○ 〔六月诗"既成我服"，不失机。"于三十里"，常度纪律。_方。〕

采芑

○ 时举说采芑诗。先生曰："宣王南征蛮荆想不甚费力，不曾大段战斗，故只盛称其军容之盛而已。"时举。

车攻

○　时举说车攻、吉日二诗。先生曰："好田猎之事，古人亦多刺之。然宣王之田乃是因此见得其车马之盛、纪律之严，所以为中兴之势者在此。其所谓田，异乎寻常之田矣。"时举。

鸿雁之什

庭燎

○　时举说庭燎诗至"庭燎有辉"。先生曰："辉，火气也，天欲明而见其烟光相杂。此是吴材老之说，说此一字极有功也。"时举。

斯干

○　杨问："横渠说斯干'兄弟宜相好，不要相学'，指何事而言？"曰："不要相学不好处。且如兄去友弟，弟却不能恭其兄，兄岂可学弟之不恭而遂亦不友？为兄者但当尽其友可也。为弟能恭其兄，兄乃不友其弟，为弟者岂可亦学兄之不友而遂忘其恭？为弟者但当知其尽恭而已。如寇莱公挞倒用印事，王文正公谓他底既不是则不可学他不是，亦是此意。然诗之本意，'犹'字作相图谋说。"淳。寓录同。

○ 时举说斯干诗至"载弄之瓦"处，先生云："瓦，纺砖也。瓦，纺时所用之物。旧见人画列女传，漆室乃手执一物，如今银子样者。意其为纺砖也，然未可必。"_{时举}。

节南山之什

节南山

○ 林武子说节南山诗。先生曰："自古小人，其初只是它自窃国柄。少间又自不奈何，又引得别人来一齐不好了。如尹氏太师，却只是它一个不好，少间到那'琐琐姻娅'处是几个人不好了。"_{义刚}。

○ 时举说节南山诗至"秉国之均"。先生曰："'均'本当从'金'，所谓如泥之在钧者，不知钧是何物。"时举曰："恐只是为瓦器者，所谓'车盘'是也。盖运得愈急则其成器愈快，恐此即是钧也。"先生曰："'秉国之均'只是此义。今集传训'平'者，此物亦惟平乃能运也。"_{时举}。

小弁

○ 时举问："小弁诗，古今说者皆以为此诗之意与舜怨慕之意同。切以为只'我罪伊何'一句与舜'于我何哉'之意同，至后面'君子秉心，维其忍之'与'君子不惠，不舒究之'，分明是怨其亲，却与舜怨慕之意似不同。"曰:"作小弁者自是未到得舜地位,盖亦常人之情耳。只'我罪伊何'上面说'何辜于天',亦一似自以为无罪相似,未可与舜同日而语也。"问:"小弁末章'莫高匪山,莫浚匪泉。君子无易由言,耳属于垣',集传作赋体,疑莫是以上两句兴下两句耶?"曰:"此只是赋。盖以为莫高如山,莫浚如泉,而君子亦不可易其言,亦恐有人闻之也。"又曰:"看小雅虽未毕,且并看大雅。小雅后数篇大概相似,只消兼看。"因言:"诗人所见极大,如巧言诗'奕奕寝庙,君子作之。秩秩大猷,圣人莫之。他人有心,予忖度之。跃跃毚兔,遇犬获之',此一章本意只是恶巧言谗谮之人,却以'奕奕寝庙'与'秩秩大猷'起兴。盖以其大者兴其小者,便见其所见极大,形于言者无非理义之极致也。"时举云:"此亦是先王之泽未泯,礼义根于其心,故其形于言者自无非义理。"先生颔之。时举。

谷风之什

楚茨

○ 楚茨一诗精深宏博,如何做得变雅! 方子。

○ 文蔚问:"楚茨诗言'先祖是皇,神保是飨',诗传谓神保是鬼神之嘉号,引楚词语'思灵保兮贤姱'。但诗中既说'先祖是皇',又说'神保是飨',似语意重复,如何?"曰:"近见洪庆善说,灵保是巫。今诗中不说巫,当便是尸。却是向来解错了此两字。"文蔚。

甫田之什

瞻彼洛矣

○ 贺孙问："瞻彼洛矣，洛水或云两处。"曰："只是这一洛，有统言之，有说小地名。东西京共千里，东京六百里，西京四百里。"贺孙。此洛只就洛邑言之，非指关洛。

〔车牵〕

○ 〔问："列女传引诗'辰彼硕女'，作'展彼硕女'。"先生以为然，且云："向来煞寻得。"方子。〕

宾之初筵

○ 贺孙问："'钛䡎有奭。'钛䡎，毛郑以为祭服，王氏以为戎服。"曰："只是戎服。左传云'有钛韦之跗注'是也。"又曰："诗多有酬酢应答之篇。瞻彼洛矣是臣归美其君。君子指君也，当时朝会于洛水之上，而臣祝其君如此。裳裳者华又是君报其臣，桑扈、鸳鸯皆然。"贺孙。

○ 或问："宾之初筵诗是自作否?"曰："有时亦是因饮酒之后作

此自戒，也未可知。"卓。

〔渐渐之石〕

○ 〔周家初兴时，"周原膴膴，堇荼如饴"，苦底物事亦甜。及其衰也，"牂羊坟首，三星在罶。人可以食，鲜可以饱"，直恁地萧索。文蔚。〕

大雅　文王之什

文王

○ 问："周受命如何？"曰："命如何受于天？只是人与天同。然观周自后稷以来，积仁累义，到此时人心奔赴自有不可已。"又问："太王翦商，左氏云'太伯不从，是以不（祀）〔嗣〕'，莫是此意？"曰："此事难明。但太王居于夷狄之邦，强大已久，商之政令亦未必行于周。大要天下公器，所谓'有德者易以兴，无德者易以亡'。使纣无道，太王取之何害？今必言太王不取，则是武王为乱臣贼子。若文王之事，则分明是盛德过人处。孔子于泰伯亦云'至德'。"可学。

○ "在帝左右"，察天理而左右也。古注亦如此。左氏传"天子所右，寡君亦右之；所左，亦左之"之意。人杰。

○ "於缉熙敬止"，缉熙是工夫，敬止是功效收杀处。寓。

○　马节之问"无遏尔躬"一章。先生曰："无自遏绝于尔躬，如家自毁，国自伐。"盖卿。

绵

○　"'虞芮质厥成，文王蹶厥生。'蹶，动也；生，是兴起之意。当时一日之间，虞芮质成而来归者四十余国，其势张盛，一时见之，如忽然跳起。"又曰："粗说时，一如今人言敌势益张样。"义刚。

○　旧尝见横渠诗传中说，周至太王辟国已甚大，其所据有之地皆是中国与夷狄夹界所空不耕之地，今亦不复见此书矣。意者，周之兴与元魏相似。初自极北起来，渐渐强大，到得后来中原无主，遂被他取了。广。

棫朴

○　"遐不作人"，古注并诸家皆作"远"字，甚无道理。礼记注训"胡"字，甚好。人杰。去伪录同，下注云："道随事著也。"

○　"遐不作人"只是胡不作人。敬仲。

皇矣

○　时举说皇矣诗。先生谓："此诗称文王德处是从'无然畔援，无然歆羡'上说起，后面却说'不识不知，顺帝之则'。见得文王先有这个工夫，此心无一毫之私，故见于伐崇、伐密皆是道理合着恁地，初非圣人之私怒也。"问："'无然畔援，无然歆羡'，窃恐是说文王生知之资得于天之所命，自然无畔援歆羡之意。后面'不识不知，顺帝之则'乃是文王做工夫处。"先生曰："然。"时举。

下武

○ "昭兹来许"，汉碑作"昭哉"。洪氏隶释"兹"、"哉"叶韵。柏梁台诗末句韵亦同。方子。

文王有声

○ 问："镐至丰邑止二十五里，武王何故自丰迁镐?"曰："此只以后来事推之可见。秦始皇营朝宫渭南，史以为咸阳人多，先王之宫廷小，故作之。想得迁镐之意亦是如此。周得天下，诸侯尽来朝觐，丰之故宫不足以容之尔。"广。

生民之什

生民

○ 问"履帝武敏"。曰："此亦不知其何如，但诗中有此语，自欧公不信祥瑞，故后人才见说祥瑞者皆辟之。若如后世所谓祥瑞，固多是伪妄，然岂可因后世之伪妄而并真实者皆以为无乎？'凤鸟不至，河不出图'，孔子之言不成亦以为非！"广。

○ 时举说生民诗至"履帝武敏，歆攸介攸止"处。先生曰："'敏'字当为绝句。盖作母鄙反，叶上韵耳。履巨迹之事有此理，且如契之生，诗中亦云'天命玄鸟，降而生商'。盖以为稷契皆天生之尔，非有人道之感，非可以常理论也。汉高祖之生亦类此。此等不可以言尽，当意会之可也。"时举。

既醉

○ 时举说既醉诗，以为古人祝颂多以寿考及子孙众多为言。如华封人祝尧，以为"愿圣人寿，愿圣人多男子"，亦是此意。先生曰："此两事，孰有大于此者乎？"曰："观行苇及既醉二诗，见古之人君尽其诚敬于祭祀之时，极其恩义于燕饮之际。凡父兄耆老所以祝望之者如此，则其获福也宜矣，此所谓'祸福无不自己求之者'也。"先生颔之。

假乐

○ "千禄百福，子孙千亿"是愿其子孙之众多。"穆穆皇皇，宜君宜王。不愆不忘，率由旧章"是愿其子孙之贤。道夫。

○ 舜功问："'不愆不忘，率由旧章'，是勿忘、勿助长之意？"先生曰："不必如此说。不愆是不得过，不忘是不得忘。能如此则能'率由旧章'。"<u>可学</u>。

○ <u>时举</u>说假乐诗。先生曰:"此诗末章即承上章之意,故上章云'四方之纲',而下章即继之曰'之纲之纪'。盖张之为纲,理之为纪。下面'百辟卿士'至于庶民,皆是赖君以为纲。所谓'不解于位'者,盖欲纲常张而不弛也。"<u>时举</u>。

公刘

○ 又问:"第二章说'既庶既繁,既顺乃宣',而第四章方言居邑之成。不知未成邑之时,何以得民居之繁庶也?"先生曰:"<u>公刘</u>始于草创,而人之从之者已若是其盛,是以居邑由是而成也。"问第四章"君(子武)〔之宗〕之"处。先生曰:"<u>东莱</u>以为为之立君立宗,恐未必是如此,只是<u>公刘</u>自为群臣之君宗耳。盖此章言其一时燕飨,恐未说及立宗事也。"问"彻田为粮"处。先生以为"彻,通也"之说乃是<u>横渠</u>说。然以<u>孟子</u>考之,只曰"八家皆私百亩,同养公田"。又<u>公羊</u>云"公田不治则非民,私田不治则非吏"。似又与<u>横渠</u>之说不同,盖未必是计亩而分也。又问:"此诗与<u>豳</u>七月诗皆言<u>公刘</u>得民之盛。想<u>周</u>家自<u>后稷</u>以来,至<u>公刘</u>始稍盛耳。"先生曰:"自<u>后稷</u>之后至于<u>不窋</u>,盖已失其官守,故'<u>文武</u>不先<u>不窋</u>'。至于<u>公刘</u>乃始复修其业,故<u>周</u>室由是而兴也。"<u>时举</u>。

○ <u>时举</u>说:"<u>公刘</u>诗'鞞琫容刀',注云:'或曰:"容刀如言容臭,谓鞞琫之中容此刀也。"'如何谓之容臭?"先生曰:"如今香囊是也。"<u>时举</u>。

卷阿

○ 时举说卷阿诗毕，以为："诗中凡称颂人君之寿考福禄者，必归于得人之盛。故既醉诗云'君子万年，介尔景福'，而必曰'朋友攸摄，摄以威仪'。假乐诗言'受天之禄'与'千禄百福'，而必曰'率由群匹'与'百辟卿士，媚于天子'。盖人君所以致福禄者，未有不自得人始也。"先生颔之。<u>时举</u>。

民劳

○ 时举说<u>民劳</u>诗："窃谓每章上四句是刺<u>厉王</u>，下六句是戒其同列。如此是否？"曰："皆只是戒其同列。然铺叙如此，便自可见。故某以为古人非是直作一诗以刺其王，只陈其政事之失，自可以为戒矣。"<u>时举</u>因谓："第二章末谓'无弃尔劳，以为王休'，盖以为王者之休莫大于得人，惟群臣无弃其功，然后可以为王之休美。至第三章后二句谓'敬慎威仪，以近有德'，盖以为既能拒绝小人必须自反于己，能自反于己又不可以不亲有德之人。不然，则虽欲绝去小人，未必有以服其心也。后二章'无俾正败'、'无俾正反'，尤见诗人忧虑之深。盖'正败'则惟败坏吾之正道，而'正反'则全然反乎正矣。其忧虑之意，盖一章切于一章也。"先生颔之。<u>时举</u>。

〔板〕

○ 时举说<u>板</u>诗，问："<u>张子</u>谓'天体物而不遗，犹仁体事而无不在也'。'天体物而不遗'是指理而言,'仁体事而无不在'是指人而言否?"曰:"'体事而无不在'是指心而言也。天下一切事皆此心发见尔。"因言:"读书穷理当体之于身。凡平日所讲贯穷究者,不知逐日常见得在吾心目间否?不然,则随文逐义,赶趁期限,不见悦处,恐终无益。"时举。〔余见张子书类。〕

○ "'昊天曰明,及尔出王;昊天曰旦,及尔游衍。'旦与明只一意。这个岂是人自如此?皆有来处。才有些放肆则他便知,〔贺孙录云:"这里若有些违理,恰似天知得一般。"〕所以曰'日监在兹'。"又曰"敬天之怒,无敢戏豫。敬天之渝,无敢驰驱"。道夫问:"'渝'字如何?"曰:"变也,如'迅雷风烈必变'之'变',但未至怒耳。"道夫。〔贺孙录同。〕

○ 道夫言:"昨来所论'昊天曰明'云云至'游衍',此意莫只是言人之所以为人者皆天之所为,故虽起居动作之顷而所谓天者未尝不在也?"曰:"公说'天体物不遗',既说得是,则所谓'仁体事而无不在'者亦不过如此。今所以理会不透只是以天与仁为有二也,今须将圣贤言仁处就自家身上思量,久之自见。记曰:'两君相见,揖让而入门,入门而县兴;揖让而升堂,升堂而乐阕。下管象武,夏篇序兴,陈其荐俎,序其礼乐,备其百官,如此而后君子知仁焉。'又曰:'宾入大门而奏肆夏,示易以敬也。卒爵而乐阕,孔子屡叹之。'"道夫曰:"如此,则是合正理而不紊其序便是仁。"曰:"恁地猜终是血脉不贯,且反复熟看。"道夫。

荡之什

抑

○ 时举说荡诗云："首章前四句有怨天之辞。后四句乃解前四句，谓天之降命本无不善，惟人不以善道自终，故天命亦不克终，如疾威而多邪僻也。此章之意既如此，故自次章以下托文王言纣之辞而皆就人君身上说，使知其非天之过。如'女兴是力'、'尔德不明'与'天不湎尔以酒'、'匪上帝不时'之类，皆自发明首章之意。大略如此，未知是否？"先生颔之。时举。

○ 先生说："抑诗煞好。"郑谓："东莱硬要做刺厉王，缘以'尔'、'汝'字碍。"先生曰："如'幕中之辨，人反以汝为叛；台中之评，人反以汝为倾'等类，亦是自谓。古人此样多。大抵他〔说〕诗，其原生于不敢异先儒，将诗去就那序。前面被这些子碍便转来又穿凿胡说，更不向前求前面广大处去。或有两三说，则俱要存之。如一句，或为兴，或为比，或为赋，则曰诗兼备此体。某谓既取兴体，则更不应又取比体；既取比体，则更不应又取赋体。（设）〔说〕狡童便引石虎事证，且要有字不曳白。南轩不解诗，道诗不用解，诸先生说好了。南轩却易晓，说与他便转。"淳。

云汉

○ 问："云汉诗乃他人述宣王之意，然责己处太少。"曰："然。"可学。

崧高

○ 问："崧高、烝民二诗是皆遣大臣出为诸侯筑城。"曰："此也晓不得。封诸侯固是大事。看黍苗诗，当初召伯带领许多车徒人马去，也自劳攘。古人做事有不可晓者，如汉筑长安城，都是去别处调发人来，又只是数日便休。诗云'溥彼韩城，燕师所完'，注家多说是燕安之众，某说即召公所封燕国之师。不知当初何故不只教本土人筑，又须去别处发人来，岂不大劳攘？古人重劳民，如此等事又却不然，更不可晓，强说便成穿凿。"又曰："看烝民诗及左传、国语，周人说底话多有好处。也是文、武、周公立学校，教养得许多人，所以传得这些言语。如烝民诗大故细腻，刘子曰'人受天地之中以生'，皆说得好。"夔孙。

义刚录同而少异，云："林子武问：'宣王诗不知如何都使人臣去筑城？'□曰：'也是不可晓。封诸侯也是一件大事。看召伯当时□□，封申伯、仲山甫也。夫筑城但古制也，有难考处。且如汉筑长安城，皆于数千里外调发来，又皆只是数日便罢。怎地千乡万里来做什么？都不晓古人之意。且如说"召伯有成王心则宁"，"我徒我旅"，怎地带许多人来，也自是劳苦。古人重民□，又不知不只用地头人却用远处人做什么？且如□□建州、南剑上下筑城，却去建康府发人来。这般都晓不得，强为之说便穿凿。'"。

○ "往近（南）〔王〕舅"，"近"音"记"，说文自从企从丌，文字差讹，一至于此。道夫。

烝民

○ 问："烝民诗解云'仲山甫盖以冢宰兼太保'，何以知之？"曰：

"其言'式是百辟',则是为宰相可知。其曰'保兹天子'、'王躬是保',则是为太保可知。此正召康公之旧职。"广。

○ 烝民诗"仲山甫之德,柔嘉维则",诗传中用东莱吕氏说。文蔚举似及此。先生曰:"记得他甚主张那'柔'字。"文蔚曰:"他后面一章云'柔亦不茹,刚亦不吐',此言仲山甫之德刚柔不偏也。而二章首举'仲山甫之德',独以'柔嘉维则'蔽之。崧高称'申伯〔番番〕',终论其德亦曰'柔惠且直',然则入德之方其可知矣。"曰:"如此,则乾卦不用得了。人之姿禀自有柔德胜者,自有刚德胜者。如本朝范文正公、富郑公辈是以刚德胜,如范忠宣、范淳夫、赵清献、苏子容辈是以柔德胜,只是他柔却柔得好。今仲山甫'令仪令色,小心翼翼'却是柔,但其中自有骨子,不是一向如此柔去。便是人看文字要得言外之意。若以仲山甫'柔嘉维则'必要以此为入德之方则不可,人之进德须用刚健不息。"文蔚。

○ 又论"既明且哲,以保其身"。曰:"只是上文'肃肃王命,仲山甫将之。邦国若否,仲山甫明之',便是明哲。所谓'明哲'者只是晓天下事(班)〔理〕,顺理而行自然灾害不及其身,可以保其禄位。今人以邪心读诗,谓明哲是见几知微,先去占取便宜。如扬子云说'明哲煌煌,旁烛无疆。逊于不虞,以保天命',便是占便宜底说话,所以它一生被这几句误。然'明哲保身'亦只是常法,若到那舍生取义处,又不如此论。"文蔚。

颂

周颂 清庙之什

〔清庙〕

○ 〔"假以溢我",当从左氏作"何以恤我"。"何""遏"通转而为"假"也。方子。〕

〔昊天有成命〕

○ 〔昊天有成命诗"成王不敢康",诗传皆断以为成王诗。某问:"下武言'成王之孚',如何?"曰:"这个且只得做武王说。"炎。〕

我将

○ 问:"我将之诗乃祀文王于明堂之乐章。诗传以谓'物成形于帝,人成形于父,故季秋祀帝于明堂而以父配之,取其成物之时也。此乃周公以义起之,非古礼也'。不知周公以后将以文王配耶,以时王之父配耶?"曰:"诸儒正持此二议,至今不决,看来只得以文王配。且周公所制之礼不知在武王之时,在成王之时?若在成王,则文王乃其祖也,亦自可见。"又问:"继周者如何?"曰:"只得以有功之祖配之。"偶。

臣工之什

敬之

○ "日就月将"是日成月长。就，成也；将，大也。<u>节</u>。

丝衣

○ 绎，祭之明日也。宾尸，以宾客之礼燕为尸者。<u>敬仲</u>。

鲁颂泮水

○ 泮宫小序，诗传不取。或言诗中"既作泮宫"，则未必非修也。直卿云："此落成之诗。"<u>佐</u>。

闷宫

○ <u>太王翦商</u>，<u>武王</u>所言。<u>中庸</u>言"<u>武王</u>缵<u>太王</u>、<u>王季</u>、<u>文王</u>之绪"，是其事素定矣。<u>横渠</u>亦言<u>周</u>之于<u>商</u>有不纯臣之义。盖自其祖宗迁<u>豳</u>，迁<u>邠</u>，皆其僻远自居，非<u>商</u>之所封土也。<u>扬</u>。

商颂

○ 商颂简奥。公谨。

玄鸟

○ 问："玄鸟诗吞卵事，亦有此否?"先生曰："当时恁地说，必是有此。今不可以闻见不及定其为必无。"淳。

〔长发〕

○ 〔"汤降不迟，圣敬日跻。"天之生汤，恰好到合生时节；汤之修德，又无一日间断。瓒。〕

朱子语类卷第八十二

孝经

○ 或问："孝经是圣人全书否？"先生曰："某自有考孝经说。早晚寻出。"时举。

○ 古文孝经却有不似今文顺者。如"父母生之，续莫大焉"，又着一个"子曰"字，方说"不爱其亲而爱他人者谓之悖德"。兼上更有个"子曰"，亦觉无意思。此本是一段，以"子曰"分为三，恐不是。温公家范以父子、兄弟、夫妇等分门，却成一个文字，但其间有欠商量未通行者耳。本作一段联写去，今印者分作小段，无意思。伯恭阙范无伦序，其所编书多是如此。贺孙。

○ 孝经疑非圣人之言。且如"先王有至德要道"，此是说得好处。然下面都不曾说得切要处着，但说得孝之效如此。如论语中说孝，皆亲切有味，都不如此。士庶人章说得更好，只是下面都不亲切。赐。

○ 问："'郊祀后稷以配天，宗祀文王以配上帝'，帝只是天，天只是帝，却分祭，何也？"曰："为坛而祭故谓之天，祭于屋下而以神祇祭之故谓之帝。"寓。

○ 问："周公'郊祀后稷以配天，宗祀文王于明堂以配上帝'，此说如何？"曰："此自是周公创立一个法如此，将文王配明堂，永为定例。以<u>后稷</u>配郊，推之自可见。后来妄将'严父'之说乱了。"<u>赐</u>。

○ 问："向见先生说，<u>孝经</u>中'孝莫大于严父，严父莫大于配天'非是圣人之言。必若此而后可以为孝，岂不启人僭乱之心？而<u>中庸</u>说<u>舜</u>、<u>武王</u>之孝，亦以'尊为天子，富有四海之内'言之，如何？"曰："<u>中庸</u>是著<u>舜</u>、<u>武王</u>言之，何害？若泛言人之孝而必以此为说，则不可。"<u>广</u>。

○ 问："<u>孝经</u>一书文字不多，先生何故不为理会过？"曰："此亦难说。据此书，只是前面一段自"<u>仲尼居</u>"至"<u>未之有也</u>"。是当时<u>曾子</u>闻于<u>孔子</u>者，后面皆是后人缀缉而成。"问："如'天地之性人为贵'、'人之行莫大于孝'，恐非圣人不能言此。"曰："此两句固好。如下面说'孝莫大于严父，严父莫大于配天'，则岂不害理！傥如此则须是如<u>武王</u>、<u>周公</u>方能尽孝道，寻常人都无分尽孝道也，岂不启人僭乱之心？其中煞有<u>左传</u>及<u>国语</u>中言语。"或问："莫是<u>左氏</u>引<u>孝经</u>中言语否？"曰："不然。其言在<u>左氏传</u>、<u>国语</u>中即上下句文理相接，在<u>孝经</u>中却不成文理。见<u>程沙随</u>说，向时<u>汪端明</u>亦尝疑此书是后人伪为者。"<u>广</u>。

○ <u>器之</u>又问"严父配天"。曰："'严父'，只是<u>周公</u>于<u>文王</u>如此称才是，<u>成王</u>便是祖。此等处尽有理会不得处。大约必是郊时以<u>后稷</u>配天，明堂则以<u>文王</u>配帝。<u>孝经</u>亦是凑合之书，不可尽信，但以义起，亦是如此。"因说："<u>孝经</u>只有前一段，后皆云'广至德'、'广要道'，都是凑合来演说前意，(得)〔但〕其文多不全。只是如谏诤、五刑、丧亲三篇稍是全文。如'配天'等说，亦不是圣人说孝来历，岂有人人皆可以配天？岂有必配天斯可以为孝？如<u>礼记</u>煞有好处，可附于<u>孝经</u>。"<u>贺孙</u>问："恐后人凑合成<u>孝经</u>时亦未必见<u>礼记</u>。如曲礼、少仪之类，犹是说礼节。若祭义后面许多说孝处说得极好，岂不可为<u>孝经</u>？"曰："然。

今看<u>孝经</u>中有得一段似这个否?"<u>贺孙</u>。

○ "事地察"、"天地明察"、"上下察"、"察乎天地"、"文理密察",皆明著之意。<u>闳祖</u>。

○ "明"、"察"是彰著之义。能事父孝则事天之理自然明,能事母孝则事地之理自然察。<u>道夫</u>。

朱子语类卷第八十三

春秋

纲领

○ 春秋获麟，某不敢指定是书成感麟，亦不敢指定是感麟作。大概出非其时，被人杀了，是不祥。淳。

○ 春秋今来大纲是从胡文定说，但中间也自有难稳处。如叔孙婼祈死事，昭公二十五年。把他做死节，本自无据。后却将"至自晋"一项说，又因穀梁"公孙舍"云云。他若是到归来，也须问我屋里人，如何同去弑君？也须诛讨斯得，自死是如何？春秋难说。若只消轻看过，不知是如何。如孟子说道"春秋无义战，彼善于此"，只将这意看如何。左氏是三晋之后，不知是甚么人。看他说魏毕万之后必大，如说陈氏代齐之类，皆是后来设为豫定之言。春秋分明处只是如"晋士匄侵齐，至穀闻齐侯卒，乃还"，这分明是与他。贺孙。

○ 说春秋。云："程子所谓'春秋大义数十，炳如日星'者，如'成宋乱'、'宋灾故'之类，乃是圣人直著诛贬，自是分明。如胡氏谓书'晋侯'为以常情待晋襄，书'秦人'为以王事责秦穆处，却恐未必如此。须是己之心果与圣人之心神交心契，始可断他所书之旨，不然则未易言也。程子所谓'微辞隐义、时措从宜者为难知'耳。"人杰。

○ 问："春秋当如何看？"曰："只如看史样看。"时举云："程子所谓'以传考经之事迹，以经别传之真伪'，此意如何？"曰："便是亦有不可考处。"时举云："其间不知是圣人果有褒贬否？"曰："也见不得。"时举云："如许世子止尝药之类如何？"曰："圣人亦只因国史所载而录之耳。圣人光明正大，不应以一二字加褒贬于人。若如此屑屑求之，恐非圣人之本意。"时举。

○ 义刚问："文定公据孟子'春秋天子之事'一句作骨，如此则是圣人有意诛赏。"曰："文定是如此说，道理也是恁地。但圣人只是书放那里，使后世因此去考见道理如何便为是，如何便为不是。若说道圣人当时之意，说他当如此我便书这一字，〔淳录云："以褒之。"〕他当如彼我便书那一字，〔淳录云："以贬之。"别本云："如此便为予，如彼便为夺。"〕则恐圣人不解恁地。圣人当初只直写那事在上面，如说张三打李四，李四打张三，未尝断他罪，某人杖六十，某人杖八十。如孟子便是说得那地步阔。圣人之意只是如此，不解恁地细碎。且如'季子来归'，诸公说得恁地好。据某看来，季友之罪与庆父也不争多。但是他归来后会平了难，鲁人归之，故如此说。况他世执鲁之大权，人自是怕他。史官书得恁地，孔子因而存此，盖以见他执权之渐耳。"义刚。陈淳及别本录同而略。

○ "世间人解经多是杜撰。且如春秋只据赴告而后书之，孔子只因旧史而作春秋，非有许多曲折。且如书郑忽与突事，才书'忽'又书'郑忽'，又书'郑伯突'，胡文定便要说突有君国之德，须要因'郑伯'两字（字）上求他是处，似此皆是杜撰。大概自成、哀已前旧史不全，有舛（逆）〔逸〕，故所记各有不同。若昭、哀已后皆圣人亲见其事，故记得其实，不至于有遗处。如何却说圣人予其爵、削其爵，赏其功、罚其罪，是甚说话！"祖道问曰："孟子说'春秋，天子之事'，如何？"曰："只是被孔子写取在此，人见者自有所畏惧耳。若要说孔子去褒贬他，去其爵、与其爵，赏其功、罚其罪，岂不是谬也！其爵之有无与人之有功有罪，孔子也予夺他不得。"祖道。

○ 苏子由解春秋，谓其从赴告，此说亦是。既书"郑伯突"又书"郑世子忽"，据史文而书耳。定、哀之时，圣人亲见，据实而书。隐、威之世，时既远，史册亦有简略处，夫子亦但据史册而写出耳。人杰。

○ 或说："沈卿说春秋，云：'不当以褒贬看。圣人只备录是非使人自见。如"克段"之书而兄弟之义自见，如蔑之书而私盟之罪自见，来赗仲子便自见得以天王之尊下赗诸侯之妾。圣人以公平正大之心，何尝规规于褒贬？'"先生曰："只是中间不可以一例说，自有晓不得处。公且道如'翚帅师'之类是如何？"曰："未赐族，如挟、柔、无骇之类。无骇，鲁卿，隐二年书'无骇'，九年书'挟卒'，庄十一年书'柔'，皆未命也。到庄以后，却不待赐而诸侯自予之。"先生曰："便是这般所在，那里见得这个是赐、那个是未赐？三传唯左氏近之。或云左氏是楚左史倚相之后，故载楚事较详。国语与左传似出一手，然国语使人厌看。如齐、楚、吴、越诸处又精采。如纪周、鲁自是无可说，将虚文敷衍，如说籍田等处令人厌看。左氏必不解是丘明，如圣人所称，煞是正直底人。如左传之文自有纵横意思。史记却说'左丘失明，厥有国语'。或云左丘明，左丘，其姓也。左传自是左姓人作。又如秦始有腊祭，而左氏谓'虞不腊矣'，是秦时文字分明。"贺孙。

○ 春秋大旨其可见者，诛乱臣讨贼子、内中国外夷狄、贵王贱伯而已，未必如先儒所言字字有义也。想孔子当时只是要备二三百年之事，故取史文写在这里，何尝云某事用某法、某事用某例邪？且如书会盟侵伐，大意不过见诸侯擅兴自肆耳。书郊禘，大意不过见鲁僭礼耳。至如三卜四卜，〔牛伤牛死，〕是失礼之中又失礼也。如"不郊，犹三望"，是不必望而犹望也。如书"仲遂卒，犹绎"，是不必绎而犹绎也。如此等义却自分明。近世如苏子由、吕居仁却看得平。闳祖。

○　春秋只是直载当时之事，要见当时治乱兴衰，非是于一字上定褒贬。初间王政不行，天下都无统属，及五伯出来扶持，方有统属，"礼乐征伐，自诸侯出"。到后来五伯又衰，政自大夫出。到孔子时，皇、帝、王、伯之道扫地，故孔子作春秋，据它事实写在那里，教人见得当时事是如此，安知用旧史与不用旧史？今硬说那个字是孔子文，那个字是旧史文，如何验得？果圣人所书，好恶自易见。如葵丘之会、召陵之师、践土之盟自是好，本末自是别。及后来五伯既衰，溴梁之盟，大夫亦出与诸侯之会，这个自是差异不好。今要去一字两字上讨意思，甚至以日月、爵氏、名字上皆寓褒贬。如"王人子突救卫"，自是当救卫，当时是有个子突，孔子因存他名字。今诸公解却道王人本不书字，缘其救卫故书字。又如季子来归，诸解多做好看。某看季子之罪与庆父不争多，只是它归来会平了难，故鲁人如此说。更是它家世执鲁之大权，史官怕它，自是恁地书。孔子因而存之，以见季氏之专萌芽于此。如孟子说："臣弑其君者有之，子弑其父者有之。孔子惧，作春秋。"说得极是。又曰："春秋无义战，彼善于此则有之矣。"此等皆看得地步阔。圣人之意只是如此，不解恁地细碎。淳。义刚录少异，云："或问春秋。曰：'春秋，某便不敢似诸公道圣人是于一字半字上定去取。圣人只是存得那事在，要见当时治乱兴衰。如那一部左传载得许多事，也未知是与不是，但是道理也是恁地，今且把来参考。见得其初王政不行，天下皆无统属，及五伯出来，如此扶持，方有统属。恁地便见得天王都做主不起。'"后同。

○ 看春秋且须看得一部左传首尾意思通贯，方能略见圣人笔削与当时事之大意。道夫。

○ 春秋之书且据左氏。当时天下大乱，圣人且据实而书之，其是非得失付诸后世公论，盖有言外之意。若必于一字一辞之间求褒贬所在，窃恐不然。齐（威）〔桓〕、晋文所以有功于王室者，盖当时楚最强大，时复加兵于郑，郑则在王畿之内。又伐陆浑之戎，观兵周疆，其势与六国不同。盖六国势均力敌，不敢先动。楚在春秋时，他国皆不及其强，向非威、文有以遏之，则周室为其所并矣。又，诸侯不朝聘于周而周反下聘于列国，是甚道理！广。

○ 问春秋。曰："此是圣人据鲁史以书其事，使人自观之以为鉴戒尔。其事则齐（威）〔桓〕、晋文有足称，其义则诛乱臣贼子。若欲推求一字之间，以为圣人褒善贬恶专在于是，切恐不是圣人之意。如书即位者是鲁君行即位之礼，继故不书即位者是不行即位之礼。若（威）〔桓〕公之书即位则是（威）〔桓〕公自正其即位之礼耳。其他崩、薨、卒、葬，亦无意义。"人杰。

○ 或有解春秋者专以日月为褒贬，书时月则以为贬，书日则以为褒，穿凿得全无义理。若胡文定公所解乃是以义理穿凿，故可观。人杰。

○ 春秋所书，如某人为某事，本据鲁史旧文笔削而成。今人看春秋必要谓某字必讥某人，如此则是孔子专任私意，妄为褒贬。孔子但据直书而善恶自著。今若必要如此推说，须是得鲁史旧文参校笔削异同，然后为可见。而亦岂复可得也？谟。

○ 书"人"恐只是微者。然朝非微者之礼而有书"人"者，此类亦不可晓。<u>闳祖</u>。

○ 问："'春王正月'是用<u>周</u>正，用<u>夏</u>正？"曰："两边都有证据，将何从？某向来只管理会此，不放下，竟担阁了。吾友读书不多，不见得此等处。某读书多后，有时此字也不敢唤做此字。如<u>家语周公</u>祝成<u>王</u>冠辞：'近尔民，远尔年，啬尔时，惠尔财，亲贤任能。''近尔民'言得民之亲爱也，'远尔年'言寿也。'年'与'民'叶，音纫。'能'与'财'叶，囊来反；与'时'叶，音尼，'财'音慈。"<u>淳</u>。义刚录云："<u>陈安卿</u>问：'"王正月"是周正，或是夏正？'先生曰：'这个难稽考，莫要理会这个。'"〔<u>义刚</u>录云："'能'字通得三音，若作十灰韵，则与'才'字叶，与'时'字又不叶。今更不可理会。据今叶'时'字，则当作'尼'字读。"〕

○ 春秋有书"天王"者，有书"王"者，此皆难晓。或以为王不称"天"，贬之。某谓若书"天王"，其罪自见。<u>宰咺</u>以为冢宰亦未敢信，其他如<u>莒去疾</u>、<u>莒展舆</u>、<u>齐阳生</u>，恐只据旧史文。若谓添一个字、减一个字便是褒贬，某不敢信。(威)〔桓〕公不书秋冬，史阙文也。或谓贬天王之失刑，不成议论，可谓乱道。夫子平时称<u>颜子</u>"不迁怒，不贰过"，至作春秋却因恶<u>鲁威</u>而及天子，可谓"桑树着刀，穀树汁出"者。<u>鲁威</u>之弑，天王之不能讨，罪恶自著，何待于去秋冬而后见乎！又如贬<u>滕</u>称"子"，而<u>滕</u>遂至于终春秋称"子"，岂有此理！今朝廷立法，降官者犹经赦叙复，岂有因<u>滕</u>子之朝<u>威</u>，遂并其子孙而降爵乎？<u>人杰</u>。

○ "<u>胡文定</u>说春秋'公即位'终是不通。且逾年即位，凶服如何入庙？<u>胡文定</u>却说是冢宰摄行。他事可摄，即位岂可摄？且如'十一月乙丑，<u>伊尹</u>以冕服奉嗣王'，'惟十有三祀'却是除服了。<u>康王之诰</u>，<u>东坡</u>道是<u>召公</u>失礼处。想古时是这般大事必有个权宜，如借吉之例。"或问："<u>金縢</u>，前辈谓非全书。"曰："<u>周公</u>以身代武王之说只缘人看错了。

此乃周公诚意笃切以庶几其万一。'丕子之责于天'，只是以武王受事天之责任。如今人说话他要个人来服事，周公便说是他不能服事天，不似我多才多艺自能服事天。"贺孙。

〇 某问："胡氏传春秋盟誓处，以为春秋皆恶之。杨龟山亦尝议之矣。自今观之，岂不可因其言〔盟〕之〔能守〕与否而褒贬之乎？今民'泯泯棼棼，罔中于信，以覆（谊）〔诅〕盟'之时，而遽责以未施信而民信之事，恐非化俗以渐之意也。"先生曰："不然。盟（谊）〔诅〕必竟非君子之所为，故曰'君子屡盟，乱是用长'。将欲变之，非去盟崇信，俗不可得而变也。故伊川有言曰：'凡委靡随俗者不能随时，惟刚惟毅特立，乃所以随时也。'斯言可见矣。"先生问洽："寻常如何理会胥命？"洽曰："尝考之矣，当从刘侍读之说。自王命不行，则诸侯上僭之事由阶而升，然必与势力之不相上下者〔池录作："如厉阶而升以至于极。盖既无王命，必择势力之相敌者。"〕共为之，所以布于众而成其僭也。齐、卫当时势敌，故齐僖自以为小伯而黎人责卫以方伯之事。当时王不敢命伯而欲自为伯，故于此彼此相命以成其私也。及其久也，则力之能为者专之矣，故（威）〔桓〕公遂自称伯。以至战国诸侯各有称王之意，不敢独称于国，必与势力之相侔者共约而为之，齐、魏会于苴泽以相王是也。其后七国皆王，秦人思有以胜之，于是使人致帝于齐，约共称帝，岂非相帝？自相命而至于相王，自相王而至于相帝，僭窃之渐势必至此，〔池录云："春秋于此，盖纪王命不行而诸侯僭窃之端也。"〕岂非其明证乎？"先生曰："然则左传所谓'胥命于弭'，何也？"某曰："此以纳王之事相让相先也。"先生云："说亦有理。"洽。〔池录少异。〕

〇 黄问："春秋诸臣多晓义理。"曰："那时多是世臣，君臣之分密，其情亦自不能相舍，非皆由晓义理。古者君臣素讲自一家一国以及天下，大处有大君臣，小处有小君臣。今世在士人犹略知有君臣，如田夫岂识君臣是如何？<u>太祖</u>军法曰'一阶一级皆存服事之仪'，向来军中却有定分。"<u>淳</u>。

○ <u>张元德</u>问春秋<u>周礼</u>疑难。先生曰："此等皆无佐证，强说不得。若穿凿说出来便是侮圣言。不如且研穷义理，义理明则皆可遍通矣。"因曰："看文字且先看明白易晓者。此语是某发出来，诸公可记取。"<u>时举</u>。

经

○ <u>薛士龙</u>曰"<u>鲁隐</u>初僭史"，殊不知<u>周官</u>所谓"外史合四方之志"，便是四方诸侯皆有史。诸侯若无史，外史何所稽考而为史？如古人生子则闾史书之。且二十五家为闾，闾尚有史，况一国乎！<u>正卿</u>。隐元年。

○ <u>惠公</u> <u>仲子</u>恐是<u>惠公</u>之妾，<u>僖公</u> <u>成风</u>却是<u>僖公</u>之母，不可一例看，不必如<u>孙明复</u>之说。<u>闳祖</u>。<u>孙明复</u>云："<u>文</u>九年冬，<u>秦</u>〔人来〕归<u>僖公</u> <u>成风</u>之襚，与此不称夫人义同，讥其不及事而又兼之贬也。"

○ "夫人子氏薨"只是<u>仲子</u>。<u>左氏</u>"豫凶事"之说亦〔有此〕理。"考<u>仲子</u>之宫"是（到）〔别〕立庙。<u>人杰</u>。二年。

○ <u>陈仲蔚</u>说"公矢鱼于棠"，云："或谓'矢'如'皋陶矢厥谟'之'矢'。"先生曰："便是乱说。今据传曰'则君不射'，则〔'矢鱼'〕是将弓矢去射之，如<u>汉武帝</u>亲射江中蛟之类。〔何以〕见得？夫子作春秋，征只书征，伐只书伐，不曾恁〔地下〕一字。如何平白无事，陈鱼不只写作'陈'字，却要下个'矢'字则么？'遂往陈鱼而观之'这几句却是<u>左氏</u>自说，据他上文则无此意。"<u>义刚</u>。五年。

○　问："书<u>蔡威侯</u>，<u>文定</u>以为<u>蔡季</u>之贤知请谥，如何？"曰："此只是文误。"<u>人杰</u>。桓十七年。

○　问："<u>鲁桓公</u>为<u>齐襄公</u>所杀，其子<u>庄公</u>与<u>桓公</u>会而不复雠，先儒谓<u>春秋</u>不讥，是否？"曰："他当初只是据事如此写在，如何见他讥与不讥？当<u>桓公</u>被杀之初便合与他理会，使上有明天子，下有贤方伯，〔便合上告天子，下告方伯，〕兴复雠之师。只缘<u>周</u>家衰弱，无（告）〔赴〕愬处，<u>庄公</u>又无理会，便自与之主婚，以王姬嫁<u>齐</u>。及到<u>桓公</u>时，又自隔一重了。况到此，事体又别，<u>桓公</u>率诸侯以尊<u>周</u>室，<u>庄公</u>安得不去？若是不去，却不是叛<u>齐</u>，乃是叛<u>周</u>。"<u>文蔚</u>曰："使<u>庄公</u>当初自能举兵杀了<u>襄公</u>，还可更赴<u>桓公</u>之会否？"曰："他若是能杀<u>襄公</u>，他却自会做霸主，不用去随<u>桓公</u>。若是如此，便是这事结绝了。"<u>文蔚</u>。

○　问："<u>穀梁</u>释'夫人孙于<u>齐</u>'，其文义如何？"曰："'始人之也'犹言始以人道治<u>庄公</u>也。命犹名也，犹曰'若于道'、'若于言'，天人皆以为然，则是吾受是名也。'臣子〔大〕受命'，谨其所受命之名而已。大抵<u>齐鲁</u>之儒多质实，当时或传诵师说，见理不明，故其言多不备。<u>礼记</u>中亦然，如云'仁者右也，义者左也'，道它不是不得。"<u>人杰</u>。
<u>庄元年</u>。<u>穀梁</u>曰："'夫人孙于<u>齐</u>'，讳奔也。接练时录母之变，始人之也。不言氏姓，贬之也。人之于天也，以道受命于人也；以言受命不若于道者，天绝之也；不若于言者，人绝之也。臣子大受命。"

○　<u>荆楚</u>初书国，后进称人、称爵，乃自是他初间不敢骤交于中

国，故从卑称。后渐大，故称爵。贺孙。〔庄〕十（一）年。

○　吴楚盟会不书王，恐是吴楚当时虽自称王于其国，至与诸侯盟会则未必称也。闳祖。（十二）〔二十一〕年。

○　"'季子来归'如'高子来盟'、'齐仲孙来'之类。当时鲁国内乱，得一季子归国则国人皆有慰望之意，故鲁史喜而书之。夫子直书史家之辞。其实季子无状，观于成风（之事）〔事之〕可见。一书'季子来归'，而季氏得政、权失公室之渐皆由此起矣。"问："鲁君弑而书'薨'，如何？"曰："如晋史书赵盾弑君，齐史书崔杼弑君，鲁却不然，盖恐是周公之垂法，史书之旧章。韩宣子所谓周礼在鲁者，亦其一事也。"问诸侯书"卒"。曰："刘道原尝言之，此固当书'卒'。"问："鲁君书'薨'而诸侯书'卒'，内大夫卒而略外大夫，只是别内外之辞。"曰："固是。且如今房主死，其国必来告哀，史官必书房主之死。若房中宰相大臣，彼亦不告，此亦必不书之也。但书'王猛'又书'王子猛'，皆不可晓。所谓'天子未除丧曰"予小子"，生名之，死亦名之'，此乃据春秋例以为之说耳。"人杰。闵元年。

○　问季友之为人。曰："此人亦多可疑。诸家多言季友'来归'为圣人美之之辞。据某看，此一句正是圣人著季氏所以专国为祸之基。又'成风闻季氏之繇，乃事之'，左氏记此数句亦有说话。成风没巴鼻，事之则甚？据某看，此等人皆是鲁国之贼耳。"又问子家子。曰："它却是忠于昭公。只是也无计画，不过只欲劝昭公且泯默含垢受辱，因季氏之来请而归鲁耳。昭公所以不归，必是要逐季氏而后归也。当时列国之大夫，如晋之栾、鲁之季氏、郑之伯有之徒，国国皆然。二百四十二年，真所谓五浊恶世，不成世界！孔子说'有用我者，吾其为东周乎'，不知如何地做，从何处做起。某实晓不得。"或曰："相鲁可见。"曰：

"他合下只说得季威子透，威子事事信之，所以做得。及后来被公敛处父一说破了，威子便不信之，孔子遂做不得矣。孟子说五年七年可'为政于天下'，不知如何做，孔子不甚说出来。孟子自担负不浅，不知怎生做也。"偰。

○ "成风事季友与敬嬴事襄仲一般，春秋何故褒季友？如书'季子来归'是也。"人杰谓："季子既归，而闵公被弑，庆父出奔。季子不能讨贼，是其意在于立僖公也。"先生曰："纵失庆父之罪小，而季子自有大恶，今春秋不贬之而反褒之，殆不可晓。盖如高子、仲孙之徒，只是旧史书之，圣人因其文而不革。所以书之者，欲见当时事迹付诸后人之公议耳。若谓季子为命大夫，则叔孙婼尝受命服，何为书名乎？"人杰。〔闵元年。〕

○ 春秋书"会王世子"，与齐（威）〔桓〕公也。广。僖五年。

○ 晋里克事只以春秋所书，未见其是非。国语载骊姬阴托里克之妻，其后里克守不定，遂有中立之说。他当时只难里克，里克若不变，太子可安。由是观之，里克之罪明矣。后来杀（夷）〔奚〕齐、卓子，亦自快国人之意，且与申生伸冤。如春秋所书多有不可晓。如里克等事，只当时人已自不知孰是孰非，况后世乎？如蔡人杀陈佗，都不曾有陈佗弑君踪迹。"会王世子"却是（威）〔桓〕公做得好。贺孙。（七）〔九〕年。

○ 或问："春秋书'晋杀其大夫荀息'，是取他否？"曰："荀息亦未见有可取者，但始终一节，死君之难，亦可取耳。后又书'晋杀其大夫里克'者，不以弑君之罪讨之也。然克之罪则在中立。今左传中却不见其事，国语中所载甚详。"广。十年。

○ 文蔚问："里克、丕郑、荀息三人，当初晋献公欲废太子申生，立奚齐，荀息便谓'君命立之，臣安敢贰'，略不能谏君以义，此大段不是。里克、丕郑谓'从君之义，不从君之惑'，所见甚正，只是后来却做不彻。"答曰："他倒了处便在那中立上。天下无中立之事，自家若排得他退便用排退他，若奈何不得便用自死。今骊姬一许他中立，便他事便了，便是他只要求生避祸。正如隋高祖篡周，韦孝宽初甚不能平，一见众人被杀便去降他，反教他添做几件不好底事。看史到此，使人气闷。"或曰："（晋）〔看〕荀息亦有不是处。"曰："全然不是。岂止有不是处？只是办得一死亦是难事。"文蔚曰："里克当献公在时不能极力理会，及献公死后却杀奚齐，此亦未是。"曰："这般事便是难说。献公在日，与他说不听，又怎生奈何得他？后来亦用理会，只是不合杀了他。"文蔚。

○ "诸侯灭国未尝书名。'卫侯毁灭邢'，说者以为灭同姓之故。今经文只隔'夏四月癸酉'一句，便书'卫侯毁卒'，恐是因而传写之误，亦未可知。"又曰："鲁君书'薨'，外诸侯书'卒'。刘原父答温公书，谓'薨'者臣子之词，温公亦以为然。以'卒'为贬词者恐亦非是。"儒用。人杰录同。二十五年。

○ 僖公成风与东晋简文帝郑太后一也，皆所以著妾母之义。至本朝真宗既崩，始以三后并配。当时群臣亦尝争之，为其创见也。后来遂以为常，此礼于是乎紊矣。人杰。文四年。

○ "公孙敖如京师，不至而复。"延平先生云："只不至而复便是大不恭。又鲁更不再使人往，皆罪也。"胡氏只贬他从己氏之过。经文元不及此事。人杰。八年。

○ 问:"滕本侯爵,降而称子。胡文定以为'朝弑君之贼',然终春秋之世以子书,似有可疑者。"先生曰:"程沙随说此却颇有理。谓此乃自贬之爵,盖惧以侯爵贡,故以子礼来。如郑子产争承曰:'郑伯,男也。而使从公侯之贡,惧弗给也。'恐类是。"十二年。争承,见昭十三年。儒用。

○ "遂以夫人姜氏至自齐",恐是当时史官所书如此。盖为如今鲁史不存,无以知何者是旧文,何者是圣人笔削,怎见得圣人之意?闳祖。宣元年。

○ 宣公十五年,"公孙归父会楚子于宋。夏五月,宋人及楚人平"。春秋之责宋、郑,正以其叛中国而从夷狄尔。中间讳言此事,故学者不敢正言,今犹守之而不变,此不知时务之过也。罪其贰霸亦非是,春秋岂率天下诸侯以从三〔五〕〔王〕之罪人哉!特罪其叛中国尔。道夫。此章,先生亲批章浦县学课簿。

○ 因问:"胡氏传栾书,载晋厉公事,其意若许栾书之弑,何也?"先生曰:"旧亦尝疑之,后见〔文定之甥〕范伯达而问焉。伯达曰:'文定公之意,盖以为栾书执国之政而厉公无道如此,亦不得坐视。为栾书之计,厉公可废而不可杀也。'"某曰:"传中全不见此意。"先生曰:"文定既以为其人当如此作传,虽不可明言,岂不可微示其意乎?今累数百言而其意绝不可晓,是亦拙于传经者也。"浍。

○ 胡解"晋弑其君州蒲"一段,意不分明,似是为栾书出脱。曾问胡伯逢,伯逢曰:"厉公无道,但当废之。"闳祖。成十〔九〕〔八〕年。

○ 春秋书"蔡人杀陈佗",此是夫子据鲁史书之。佗之弑君初不

见于经者，亦是鲁史无之耳。广。〔六年。〕

○　杨至之问：“左传'元者体之长'等句是左氏引孔子语，抑古有此语？”曰：“或是古已有此语，孔子引他，也未可知。左传又云'克己复礼，仁也'。'克己复礼'四字亦是古已有此语。”淳。〔九年。〕以下论三传。

○　义刚问：“石碏谏得已自好了，如何更要那'将立州吁'四句？”曰：“也是要得不杀那桓公。”又问：“如何不禁其子与州吁游？”曰：“次第也是那石碏老后，奈那儿子不何。”又问：“杀之如何要引他从陈去？忽然陈不杀却如何。”曰：“如吃饭样，不成说道吃不得后便不吃，也只得吃。”义刚。〔三年。〕

○　义刚曰：“庄公见颍考叔而告之悔，此只是他天理已渐渐明了。考叔当时闻庄公之事而欲见之，此盖是他欲拨动他机，及其既动却好开明义理之说，使其心豁然知有天伦之亲。今却教恁地去做，则母子全恩依旧不出于真理。此其母子之间虽能如此，而其私欲固未能莹然消释。其所以略能保全而不复开其隙者，特幸耳。”先生曰：“恁地看得细碎，不消如此。某便是不喜伯恭博议时，他便都是这般议论，恁地忒细碎，不济得事。且如这样，他是且欲全他母子之恩。以他重那盟誓未肯变，故且教他恁地做。这且得他全得大义，未暇计较这个，又何必如此去论他？”义刚。

○　陈仲蔚问：“东莱论颍考叔之说是否？”曰：“古人也是重那盟誓。”又问：“左传于释经处但略过，如何？”曰：“他释经也有好处。如说'段不弟故不言弟。称"郑伯"，讥失教也'，这样处说得也好，盖说得阔。”又问：“'宋宣公可谓知人矣，立穆公，其子享之'，这也不可谓知人。"曰:"这样处却说得无巴鼻。如公羊说,宣公却是宋之罪脑。公羊曰:"宋之祸,宣公为之也。"左氏有一个大病(时)是他好以成败论人,遇他做得来好时便说他好,做得来不好时便说他不是,却都不(祈)〔折〕之以理之是非,这却是他大病。叙事时,左氏却多是,公、穀却都是胡撰。他去圣人远了,只是想〔象〕(是)胡说。"或问:"左氏果丘明否?"曰:"左氏叙至韩、魏、赵杀智伯事,去孔子六七十年,决非丘明。"义刚。

○ 林黄中谓:"左传'君子曰'是刘歆之辞。胡先生谓周礼是刘歆所作,不知是如何。""左传'君子曰'最无意思。"因举:"'芟夷蕴崇之'一段是关上文甚事?"贺孙。

○ 晋"骊姬之乱,诅无畜群公子,自是晋无公族",而以卿为公室大夫,这个便是六卿分晋之渐也。始骊姬谏逐群公子,欲立奚齐、卓子尔。后来遂以为例,则疑六卿之阴谋也。然亦不可晓。侗。〔二年。〕

○ 昔尝闻长上言:"齐(威)〔桓〕公伐楚不责以僭王之罪者,盖(威)〔桓〕公每事持重,不是一个率然不思后手者。当时楚甚强大,僭王已非一日。(威)〔桓〕公若以此问之,只宜楚即服罪,不然齐岂遽保其必胜楚哉?"及闻先生言及,亦以为然。处谦。

○ 杨至之问晋悼公。先生曰:"甚次第。他才大段高,观当初人去周迎他时只十四岁,他说几句话便乖,便有操有纵。才归晋做得便别。当时厉公恁地弄得狼当,被人揎掇,胡乱杀了,晋室大段费力。及悼公归来不知如何便被他做得恁地好,恰如久雨积阴忽遇天晴,光景便别,赫然为之一新。"又问:"胜威文否?"先生曰:"尽胜。但威文是白地做起来,悼公是见成基址。某尝谓晋悼公、宇文周武帝、周世宗三人之才一般，却做得事，都是一做便成，及才成又便死了，不知怎生地。"义刚。陈淳、人杰录同。

○ 植因举楚人"卒偏之两"乃一百七十五人。先生曰："一广有百七十五人，二广计三百五十。楚分为左、右广，前后更番，次举额牒。"植。〔十二年。〕

○ 春秋权臣得政者皆是厚施于民，故晏子对景公之辞曰"在礼，家施不及国"，乃先王防闲之意。人杰。

○ 陈仲卿问："三卿为侯，司马、胡氏之说孰正？"先生曰："胡氏说也如此。但他也只从春秋中间说起，这却不特如此。盖自平王以来便恁地无理会，缘是如此日降一日，到下梢自是没奈他何。而今看春秋初时，天王尚略略有战伐之属，到后来都无事，及到定哀之后更不敢说着他。然其初只是诸侯出来抗衡，到后来诸侯才不奈何便又被大夫出来做，及大夫稍做得没奈何又被陪臣出来做。这便似唐之藩镇样，其初是节度抗衡，后来牙将、孔目官、虞候之属，皆杀了节度使后出来做。当时被他出来握天下之权，恣意恁地做后更没奈他何，这个自是其势必如此。如夫子说'礼乐征伐自天子出'一段，这个说得极分晓。"义刚。

○ 臧文仲废六关，若以为不知利害而轻废，则但可言"不知"，所以言"不仁"者，必有私意害民之事。但古事既远，不可考耳。〔有言："臧文仲知征之为害而去之，遂并无以识察奸伪。"故先生云然。〕从周。董铢录同。〔文二年。〕

○ 或问："子产相郑，铸刑书，作丘赋，时人不以为然。是他不达'为国以礼'底道理，徒恃法制以为国，故郑国日以衰削。"曰："是他力量只到得这里。观他与<u>韩宣子</u>争时似守得定，及到<u>伯有</u>、<u>子晳</u>之徒挠他时，则度其可治者治之，若治他不得便只含糊了过。亦缘当时列国世卿，每（族）〔国〕须有三两族强大，根株盘互，势力相依倚，卒急动他不得。不比如今大臣，才被人论便可逐去。故当时自有一般议论，如<u>郤献子</u>'分谤'之说，只是要大家含糊了过，不要见得我是你不是。又如<u>鲁</u>以相忍为国，意思都如此。后来<u>张文潜</u>深取之，故其所著虽连篇累牍，不过只是这一意。"<u>广</u>。〔<u>昭六年</u>。〕

○ "我思古人，实获我心"言古人所为恰与我相合，只此便是至善。前乎百世之已往，后乎千世之未来，只是此个道理。<u>孟子</u>所谓"得志行乎中国，若合符节"，政谓是尔。<u>偶</u>。

○ 问："<u>季札</u>观乐，如何知得如此之审？"曰："此是<u>左氏</u>妆点出来，亦自难信。如闻<u>齐</u>乐而曰'国未可量'，然一再传而为<u>田氏</u>，乌在其为未可量也！此处皆是难信处。"<u>时举</u>。〔<u>二十九年</u>。〕

○ 某常疑诛<u>少正卯</u>无此事，出于<u>齐鲁</u>陋儒欲尊夫子之道，而造为之说。若果有之，则<u>左氏</u>记载当时人物甚详，何故有一人如许劳攘，而略不及之也？史传间不足信事如此者甚多。<u>偶</u>。

○ 问："'自<u>陕</u>以东，<u>周公</u>主之；自<u>陕</u>以西，<u>召公</u>主之。'周召既为左右相，如何又主二伯事？"曰："此春秋说所未详，如顾命说<u>召公</u>率西方诸侯入<u>应门</u>左，<u>毕公</u>率东方诸侯入<u>应门</u>右，所可见者，其略如此。"〔<u>公羊隐五年</u>〕

○ 先生问<u>人杰</u>："记<u>左传</u>分谤事否？"<u>人杰</u>以<u>韩献子</u>将杀人，<u>郤献子</u>驰救不及，使速以徇对。事见<u>成二年</u>。<u>左传</u>。先生曰："近世士大夫多是如此，只要徇人情。如荀林父邲之役，先縠违命而济，乃谓'与其专罪，六人同之'，是何等见识！当时为林父者，只合按兵不动，召先縠而诛之。"人杰曰："若如此，岂止全军，虽进而救郑可也。"因问："韩厥杀人事，在郤克只得如此。"先生云："既欲驰救，则杀之未得为是，然这事却且莫管。"因云："当时楚孙叔敖不欲战，伍参争之。若事有合争处须当力争，不可苟徇人情也。"人杰。

○ "形民之力而无醉饱之心"，左传作"形"字解者，胡说。今家语作"刑民"，注云"伤也"，极分晓。盖言伤民之力以为养而无餍足之心也。又如礼记中说"耆欲将至，有开必先"，家语作"有物将至，其兆必先"为是。盖"有"字似"耆"字，"物"字似"欲"字，"其"字似"有"字，"兆"字篆文似"開"字之"門"，必误无疑。今欲作"有开"解亦可，但无意思尔。王肃所引证也有好处。后汉郑玄与王肃之学互相诋訾，王肃固多非是，然亦有考援得好处。僩。

○ 左传"形民之力而无醉饱之心"，杜预煞费力去解。后王肃只解作刑罚之"刑"，甚易晓，便是杜预不及他。李百药也有两处说，皆作"刑罚"字说。义刚。见昭十二年。

○ 问："左氏驹支之辩，见襄公十四年。刘侍读以为无是事。"曰："某亦疑之。既曰'言语衣服，不与华同'，又却能赋青蝇，何也？又，太子申生伐东山皋落氏，撺掇申生之死，乃数公也。申生以闵二年十二月出师，衣之偏衣，佩之金玦，数公议论如此，献公更举事不得，便有'逆诈、亿不信'底意思。左氏一部书都是这意思，文章浮艳，更无事实。盖周衰时自有这一等迂阔人，观国语之文可见周之衰也。某尝读宣王欲籍千亩事便心烦。及战国时人却尚事实，观太史公之史记可见。公子成与赵武灵王争胡服，甘龙与卫鞅争变法，其他如苏张之辩，莫不皆然。卫鞅之在魏，其相公孙痤劝魏君用之，不然须杀之。魏君不从则又与鞅明言之，鞅以为不能用我焉能杀我。及秦孝公下令，鞅西入秦。然观孝公下令数语，如此气势，乃是吞六国规模。鞅之初见孝公，说以帝道王道，想见好笑，其实乃是霸道。鞅之如此，所以坚孝公之心，后来迂阔之说更不能入。使当时无卫鞅必须别有人出来，观孝公之意定是不用孟子。史记所载事实，左氏安得有此！" 人杰。

○ 左氏说得春秋事有七八分。泳。

○ 春秋传例多不可信。圣人记事安有许多义例！如书伐国，恶诸侯之擅兴；书山崩、地震、螽、蝗之类，知灾异有所自致也。德明。

○ 或论及春秋之凡例。先生曰："春秋之有例固矣，奈何非夫子之为也。昔尝见有人言及命格，予曰：'命格，果谁之所为乎？'人曰：'善谈五行者为之也。'予曰：'然则何贵？设若自天而降，具言其为美为恶，则诚可信矣。今特出于人为，乌可信也？'知此则知春秋之例矣。"又曰："'季子来归'，以为季子之在鲁不过有立僖之私恩耳，初何有大功于鲁！又况通于成风，与庆父之徒何异？然则其归也何足喜？盖以启季氏之事而书之乎！" 处谦。

○ 先生因或人论春秋，以为多有变例，所以前后所书之法多有不同。先生曰："此乌可信！圣人作春秋正欲褒善贬恶，示万世不易之法。今乃忽用此说以诛人，未几又用此说以赏人，使天下后世皆求之而莫识其意，是乃后世弄法舞文之吏之所为也，曾谓大中至正之道而如此乎！" 处谦。

○ 胡叔器问读左传法。先生曰："也只是平心看那事理、事情、事势。春秋十二公时各不同。如隐、桓之时，王室新东迁，号令不行，天下都星散无主。庄、僖之时，威、文迭伯，政自诸侯出，天下始有统一。宣公之时，楚庄王盛强，夷狄主盟，中国诸侯服齐者亦皆朝楚，服晋者亦皆朝楚。及成公之世，悼公出来整顿一番，楚始退去；继而吴越又强入来争伯。定、哀之时，政皆自大夫出，鲁有三家，晋有六卿，齐有田氏，宋有华向，被他肆意，故终春秋之世更没奈何。但是某尝说，春秋之末与初年大不同。然是〔时〕诸侯征战只如戏样，亦无甚大杀戮。及战国七国争雄，那时便多是胡相杀。如雁门斩首四万，不知怎生地杀了许多。又其后秦人长平之战四十万人坑死，是杀了多少，不知如何有许多人。如后来项羽也坑十五万，不知他如何地掘那坑后那死底都不知，当时不知如何地对副许多人。"陈安卿曰："恐非掘坑。"先生曰："是掘坑。尝见邓艾伐蜀坑许多人，载说是掘坑。"义刚。淳录同。□□魏志："胡烈绐语亲兵曰：'会已作大坑。'"钟会伐蜀见本传。

○ 左氏之病是以成败论是非，而不本于义理之正。尝谓左氏是个猾头熟事、趋炎附势之人。夔孙。

○ 李丈问："左传如何？"曰："左传一部载许多事未知是与不是，但道理亦是如此，今且把来参考。"又问："公穀如何？"曰："据他说亦是有那道理，但恐圣人当初无此等意。如孙明复、赵啖、陆淳、胡文定皆说得好，道理皆是如此。但后世因春秋去考时当如此区处。若论圣人当初作春秋时，其意不解有许多说话。"林丈说："文定说得理太多，尽堆在里面。"先生曰："不是如此底，亦压从理上来。"淳。〔义刚录少异。〕

○ 左氏传是个博记人做，只是以世俗见识断当它事，皆功利之说。公、穀虽陋，亦有是处，但皆得于传闻，多讹谬。德明。

○ 国秀问三传优劣。曰："左氏曾见国史，考事颇精，只是不知大义，专去小处理会，往往不曾讲学。公羊、穀梁考事甚疏，然义理却精。此二人乃是经生，传得许多说话，往往都不曾见国史。"时举。

○ "孔子作春秋，当时亦须与门人讲说，所以公、穀、左氏得一个源流，只是渐渐讹舛。当初若是全无传授，如何凿空撰得？"文蔚问："今欲看春秋，且将胡文定说为正，如何？"曰："便是他亦有太过处。苏子由教人只读左传，只是他春秋亦自分晓。且如'公与夫人如齐'必竟是理会甚事自可见，又如季氏逐昭公毕竟因甚如此。今理会得一个义理后将他事来处置，合于义理者为是，不合于义理者为非。亦有唤做是而未尽善者，亦有谓之不是而彼善于此者。且如读史记，便见得秦之所以亡，汉之所以兴，及至后来刘、项事又知刘之所以得、项之所以失，不难判断。只是春秋却精细，他都不说破，教后人自将义理去折衷。"文蔚。

○ 问："公、穀传大概皆同？"曰："所以林黄中说只是一人。只是看他文字疑若非一手者。"或曰："疑当时皆有所传授，其后门人弟子始笔之于书尔。"曰："想得皆是齐鲁间儒，其所著之书恐有所传授，但皆杂以己意，所以多差舛。其有合道理者疑是圣人之旧。"僩。

○ 近时言春秋者皆是计较利害，大义却不曾见。如唐之陆淳、本朝孙明复之徒，他虽未曾深于圣经，然观其推言治道凛凛然可畏，终是得圣人个意思。春秋之作盖以当时人欲横流，遂以二百四十二年行事寓其褒贬。恰如今之事送在法司相似，极是严谨，一字不轻易。若如今之说，只是个权谋智略兵机谲诈之书尔。圣人晚年痛哭流涕，笔为此书，岂肯恁地纤巧！岂至恁地不济事！道夫。

○　或问伊川先生春秋序后条。曰："四代之礼乐，此是经世之大法也。春秋之书亦经世之大法也。然四代之礼乐是以善者为法，春秋是以不善者为戒。"又问："孔子有取乎五霸，岂非时措从宜？"曰："是。"又曰："观其予五霸，其中便有一个夺底意思。"贺孙。

○　今日得程春秋解，中间有说好处。如难理会处，他亦不为决然之论。如向见沙随作春秋解，只有说滕子来朝一处最好。如隐十一年方书"滕侯、薛侯"来朝，如何到桓二年便书"滕子来朝"？先辈为说甚多，或以为时王所黜故降而书"子"，不知是时时王已不能行黜陟之典。就使能黜陟诸侯，当时亦不止一滕之可黜。或以春秋恶其朝桓，特削而书"子"。自此之后滕一向书"子"，岂春秋恶其朝桓而并后代子孙削之乎？或以为当丧未君，前又不见滕侯卒。皆不通之论。沙随则谓此见得春秋时小国事大国，其朝聘贡赋之多寡随其爵之崇卑。滕子之事鲁以侯礼见则所供者多，故自贬降而以子礼见，庶得贡赋省少易供。此说却恐是。如此何故？缘后面郑朝晋云："郑伯，男也，而使从公侯之赋。"见得郑本是男爵，后袭用侯伯之礼以交于大国，初焉不觉其贡赋之难办，后来益困于此，方说出此等话。非独是郑，想当时小国多是如此。今程公春秋亦如此说滕子。程是绍兴以前文字。不知沙随见此而为之说，还是自见得此意。贺孙。

○　问："诸家春秋解如何？"曰："某尽信不及。如胡文定春秋，某也信不及。知得圣人意里是如此说否？今只眼前朝报差除尚未知他朝廷意思如何，况生乎千百载之下而欲逆推乎千百载上圣人之心。况自家之心又未如得圣人，如何知得圣人肚里事。某所以都不敢信诸家解，除非是得孔子还魂亲说出。不知如何也。"僩。

○　胡文定公春秋非不好，却不合这件事圣人意是如何下字，那件事圣人意又如何下字。要之，圣人只是直笔据见在而书，岂有许多切切怛！友仁。

○　胡春秋传有牵强处，然议论有开合精神。闳祖。

○　时举问："胡春秋大抵如何？"曰："胡春秋大义正，但春秋自难理会。如左氏尤有浅陋处，如'君子曰'之类病处甚多。林黄中尝疑之，却见得是。"时举。

○　胡文定说春秋高而不晓事情。说"元年"不要年号。且如今中兴以来更七个元年，若无号，则契券能无欺弊者乎？淳。

○　吕居仁春秋亦甚明白，正如某诗传相似。道夫。

○　"春秋难看，三家皆非亲见孔子。或以'左丘明耻之'是姓左作传，左氏乃楚左史倚相〔之后〕，故载楚事极详。吕舍人春秋不甚主张胡氏，要是此书难看。如刘原父春秋亦好。"可学云："文定解'宋灾故'一段乃是原父说。林黄中春秋又怪异，云隐公篡桓公。可学云黄中说'归仲子之赗'，乃是周王以此为正其分。"先生曰："要正分更有多少般，却如此不契勘！"某又云："杜预每到不通处多云告辞略。经、传互异不云传误，云经误。"先生云："可怪！是何识见！"可学。

○　薛常州解春秋不知如何率意如此，只是几日成此文字。如何说诸侯无史？内则尚有"闾史"。又如赵盾事，初灵公要杀盾，盾所以走出，赵穿便弑公，想是他本意如此，这个罪首合是谁做！贺孙。

○　东莱有左氏说，亦好，是人记录他语言。淳。

○ 昔楚相作燕相书，其烛暗而不明。楚相曰："举烛。"书者不察，遂书"举烛"字于书中。燕相得之曰："举烛者，欲我之明于举贤也。"于是举贤退不肖而燕国大治，故曰"不是郢书，乃成燕说"。今之说春秋者正此类也。人杰。〔扬录少异。〕

○ 学春秋者多凿说。后汉五行志注中载汉末有人发范明友奴冢，奴犹活。明友，霍光女婿。说光家事及废立之际多与汉书相应。某尝说与学春秋者曰："今如此穿凿说亦不妨，只恐一旦有于地中得夫子家奴出来，说夫子当时之意不如此尔。"广。

○ 林问："先生论春秋一经本是明道正谊、权衡万世典刑之书。如朝聘、会盟、侵伐等事，皆是因人心之敬肆为之详略；或书字，或书名，皆就其事而为之义理。最是斟酌毫忽不差。后之学春秋多是较量齐、鲁长短。自此以后，如宋襄、晋悼等事，皆是论霸事业。不知当时为王道作邪，为伯者作邪？若是为伯者作，则此书岂足为义理之书？"曰："大率本为王道正其纪纲。看已前春秋文字虽牾，尚知有圣人明道正谊道理，尚可看。近来止说得霸业〔权〕谲底意思，更开眼不得。此义不可不知。"寓。

○ 春秋本是明道正谊之书，今人只较齐、晋伯业优劣，反成谋利，大义都晦了。且如今人做义，且做得齐（威）〔桓〕、晋文优劣论。铢。

○ 春秋之作不为晋国伯业之盛衰，此篇大意失之，亦近岁言春秋者之通病也。正谊不谋利，明道不计功；尊王，贱霸；内诸夏，外夷狄，此春秋之大指，不可不知也。〔此亦先生亲笔。〕道夫。

○ 问："今科举习春秋学，只将霸者事业缠在心胸。则春秋先儒谓尊王之书，其然邪？"曰："公莫道'这个物事是取士弊，如此免（得不）〔不得〕应之'。今将六经做时文，最说得无道理是易与春秋。他经犹自可。"窒。

○ 今之治春秋者都只〔将〕许多权谋变诈为说，气象局促，不识圣人之意，不论王道之得失，而言霸业之盛衰，失其旨远矣！"公即位"，要必当时别有即位礼数。不书即位者，此礼不备故也。今不可考，其义难见，诸家之说所以纷纷。"晋侯侵曹"、"晋侯伐卫"，皆是文公谲处，考之左氏可见，皆所以致楚师也。谟。

○ 先生话间说春秋，因语及"今之做春秋义都是一般巧说，专是计较利害，将圣人之经做一个权谋机变之书。如此不是圣经，却成一个百将传"。因说："前辈做春秋义，言辞虽粗率，却说得圣人大意出。年来一味巧曲，但将孟子'何以利吾国'句说尽一部春秋。这文字不是今时方恁地。自秦师垣主和议，一时去趋媚他，春秋义才出会夷狄处。此最是春秋诛绝底事，人却都做好说。看来此书自将来做文字不得，才说出便有忌讳。常劝人不必做此经，他经皆可做，何必去做春秋？这处也是世变。如二程未出时，便有胡安定、孙泰山、石徂徕，他们说经虽是甚有疏略处，观其推明治道，直是凛凛然可畏。春秋本是严底文字，圣人此书之作遇人欲横流，遂以二百四十二年行事寓其褒贬。恰如大辟罪人，事在款司，极是严紧，一字不敢胡乱下。使圣人作经有今人巧曲意思，圣人亦不解作得。"因问文定春秋。先生曰："某相识中多有不取其说者。'正其义不谋其利，明其道不计其功'，春秋大法正是如此。今人却不正其义而谋其利，不明其道而计其功。不知圣人将死，作一部书如此感麟涕洟，雨泪沾襟，这般意思是岂徒然！"问："春秋繁露如何？"曰："尤延之以此书为伪，某看来不是董子书。"又言："吕舍人春秋却好，白直说去。卷首与末梢又好，中间不似。<u>伯恭</u>以为此书只妆点为说。"<u>寓</u>。

○ <u>春秋</u>固是尊诸夏、外夷狄。然圣人当初作经，〔岂〕是要率天下诸侯而尊<u>齐</u>、<u>晋</u>！自<u>秦桧</u>和戎之后，士人讳言内外，而<u>春秋</u>大义晦矣。<u>淳</u>。

○ 问："<u>春秋</u>一经，夫子亲笔，先生不可使此一经不明于天下后世。"答曰："某实看不得。"问："以先生之高明，看如何难？"答曰："劈头一个'王正月'便说不去。"<u>刘</u>曰："六经无建子月，惟是<u>礼记</u>杂记中有个'正月日至，可以有事于上帝；七月日至，可以有事于先王'，其他不见说建子月。"先生曰："惟是<u>孟子</u>出来作闹，'七八月之间旱则苗槁矣'，便是而今五、六月，此句又可鹘突。'岁十一月徒杠成，十二月舆梁成'，是而今九月、十月，若作今十一月、十二月，此去天气较暖便可涉过，唯是九月、十月不可涉过。止有此处说，其他便不可说。"<u>刘</u>云："若看<u>春秋</u>，要信<u>传</u>不可。"先生曰："如何见得？"答曰："'天王使<u>宰咺</u>来归<u>仲子</u>之赗'，<u>传</u>谓'预凶事'，此非人情。天王归赗于<u>鲁</u>，正要得牢笼<u>鲁</u>。这人未死，却归之赗，正所以怒<u>鲁</u>也。"先生曰："天王正以此厚<u>鲁</u>。古人却不讳死。"举<u>汉</u> <u>梁王</u>事云云，又"<u>季武子</u>成寝，<u>杜氏</u>之葬在西阶之下，请合葬焉"云云一段。先生举此大笑，云："似一个人家，一火人扛个棺椁入来哭，岂不可笑？古者大夫入国以棺随其后，使人抬扛个棺椁随行，死便要用，看古人不讳凶事。"<u>砥</u>。〔<u>寓</u>录略。〕

○ <u>春秋</u>，某煞有不可晓处，不知是圣人真个说底话否。<u>泳</u>。

○ 问："先生于二<u>礼</u>书<u>春秋</u>未有说，何也？"答曰："<u>春秋</u>是当时实事，<u>孔子</u>书在册子上。后世诸儒学未至而各以己意猜抟，正<u>横渠</u>所谓

'非理明义精而治之，故其说多凿'是也。唯伊川以为'经世之大法'，得其旨矣。然其间极有无定当难处置处，今不若且存取胡文定本子与后世看，纵未能尽得之，然不中不远矣。书中间亦极有难考处，只如禹贡说三江及荆、扬间地理，是吾辈亲目见者，皆有疑。至北方即无疑，此无他，是不曾见耳。康诰以下三篇更难理会，如酒诰却是戒饮酒，乃曰'肇牵车牛远服贾'，何也？梓材又自是臣告君之辞，更不可晓。其他诸篇亦多可疑处。解将去固易，岂免有疑？礼经要须编成门类，如冠、昏、丧、祭及他杂碎礼数，皆须分门类编出，考其异同而订其当否方见得。然今精力已不逮矣，姑存与后人。"赵几道又问："礼合如何修？"答曰："礼非全书，而礼记尤杂。今合取仪礼为正，然后取礼记诸书之说以类相从，更取诸儒剖击之说各附其下，庶便搜阅。"又曰："前此三礼同为一经，故有三礼学究。王介甫废了仪礼，取礼记。某以此知其无识。"大雅。

○　春秋难看，此生不敢问。如郑伯髡顽之事，传家甚异。〔可学。〕

朱子语类卷第八十四

论考礼纲领

○ 东坡见伊川主司马文正之丧，讥其父在何以学得丧礼如此熟。后人遂为伊川解说，道伊川先丁母难。也不消如此。人自少读书，如礼记仪礼便都已理会了。古人谓居丧读丧礼，亦平时理会了，到这时更把来温审，不是方始理会。贺孙。

○ 南北朝是甚时〔节〕，〔而士大〕夫间礼学不废。有考礼者说得亦好。淳。

○ "礼经难考。今〔若看得一两般书〕犹自得，若看上三四般去后便无〔讨头处〕。〔如孟子〕当时自是无可寻处了，今看孟子考礼〔亦疏〕，〔理会古〕制亦不甚得。如'诸侯之礼，吾未之学'。"又曰："其详不可得闻。又如说井田，引诗'雨我公田，遂及我私'，'惟助为有公田，由此观之，虽周亦助也'。似此样证皆疏。周礼一书，他皆不曾见。如说夏后氏五十而贡，殷人七十而助，其终不敢十分信。且如今一家有五十亩，其中疆界沟洫庐舍已定，今忽然添二十亩，又须改易疆界沟洫庐舍再为分画。东迁西移，天下骚然不宁，是费多少心力。切恐不然，疑自古皆只是百亩。向解孟子且随文如此解，若实行之则大不然。"淳。

○ 古礼难行。后世苟有作者必须酌古今之宜。若是古人如此烦缛，如何教今人要行得！古人上下习熟，不待家至户晓，皆如饥食而渴饮，略不见其为难。本朝陆农师之徒大抵说礼都要先求其义，岂知古人所以讲明其义者，盖缘其仪皆在，其具并存，耳闻目见无非是礼，所谓"三千"、"三百"者较然可知，故于此论说其义皆有据依。〔若是如〕今古礼散失百无一二存者，如何悬空于〔上面说义〕，〔是说〕得甚么义。须是且将散失诸礼错〔综参考〕，〔令节文度〕数一一着实，方可推明其义，若错综〔得实〕，〔其义亦不〕待说而自明矣。贺孙。

○ "〔若〕圣人有作，古〔礼未必尽用〕，〔须〕别有个措置；〔若圣人有作，〕视许多琐细制度，〔皆若具文，〕且是要理会大本大原。曾子临死丁宁说〔及〕'君子所贵乎道者三：动容貌，斯远暴慢矣；正颜色，斯近信矣；出辞气，斯远鄙倍矣。笾豆之事则有司存'，上许多正是大本大原。如今所理会许多正是笾豆之事，曾子临死教人不要去理会这个。'夫子焉不学，（则）〔而〕亦何常师之有'，非是孔子如何尽做这事？到孟子已是不说到〔这〕细碎上，〔答滕文公丧礼〕只说'诸侯之礼，吾未之学也。吾尝闻之矣，〔三年之丧，〕齐疏之服，饘粥之食，自天子达于庶人'，这三项便是大原大本。又如说井田，也不曾见周礼，只据诗里说'雨我公田，遂及我私'，'由此观之，虽周亦助也'。这是不曾识周礼，只用诗意带将去。后面（都）〔却〕说'乡田同井，出入相友，守望相助，疾病相扶持'，'井九百亩，其中为公田，八家皆私百亩，同养公田'，说井田只说这几句是多少好。这也是大原大本处。看孟子不去理会许多细碎，只理会许多大原大本。"又曰："理会周礼，非位至宰相不能行其事。自〔一介论之更自〕远在，且要就切实理会受用处。若做〔到宰相，亦须上〕遇文武之君，始可以得行其志。"又曰："〔且如孙吴专〕说用兵，如他说也有个本原。如说'一曰道：〔道者，与上〕同意，可与之死、可与之生。有道之主将用其民，先和而后造大事'，若使不合于道理，不和于人神，虽有必胜之法，无所用之。"问嚣远："昨日又得书，说得大纲也是如此。只是某看仙乡为学，一言以蔽之，只是说得都似。须是理会到十分是始得。如（人）〔人〕射一般，须是要中红心。如今直要中的，少间犹且不会中的；若只要中帖，只会中垛，少间都是胡乱发，枉了气力。二百步外若不曾中的，只是枉矢。如今且要分别是非，是底直是是，非底直是非，少间做出便会是。〔若依希底也唤作是便了，下梢只是非。须是要做第一等人，若决是要做第一等人，若〕才力不逮也只做得第四五等人。今合下便要做第四五等人，说道就他才地如此，下梢成甚么物事。"又曰："须是先理会本领端正，其余事物渐渐理会到上面。若不理会本领了，假饶你百灵百会，若有些子私意便粉碎了。只是这私意如何卒急除得！如颜子天姿如此，孔子也只教他'克己复礼'。其余弟子，告之虽不同，莫不以此意望之。公书所说冉求、仲由，当初他这是只要〔做到如此〕。〔圣人〕教由、求之徒莫不以曾、颜望之，无〔奈何他才质只做〕到这里。如'可使治其赋'、'可使为之宰'，〔他当初也不止〕是要恁（他）〔地〕。"又曰："胡氏开治道斋亦非〔独只理会这些〕。如所谓'头容直，足容重，手容恭'，许多说话都是本原。"又曰："君举所说，某非谓其理会不是，只不是次序。如庄子云'语道非其序，则非其道也'，他这说自说得好。如今人且须是理会身心。如一片地相似，须是用力子细开垦。未能如此，只管说种东种西，其实种得甚么物事。"又曰："某尝说佛老也自有快活得人处，是那里？只缘他打并得心下净洁。所以本朝如李文靖公、王文正公、杨文公、刘元城、吕申公都是恁么地人，也都去学他。"又曰："论来〔那样事不着理会？若本领是了，少间如两汉之所以盛是如何，所以衰是如何，三国分并是如何，唐初间如何兴起，后来如何衰，以至于本朝大纲，自可理会。若有工夫更就里面看，若更有工夫就里面讨些光采更好。某之诸生，度得他脚手也未可与拈尽许多，只是且教他就切身处理会。如读虞、夏、商、周之书许多，圣人亦有说赏罚，亦有说兵刑，只是这个不是本领。"问："封建，周礼说公五百里，孟子说百里，如何不同？"曰："看汉儒注书，于不通处即说道这是夏商之制，大抵且要赖将去。若将这说来看二项，却怕孟子说是。夏商之制，孟子不详考，亦只说'尝闻其略也'。若夏商时诸处广阔，人各自聚为一国，其大者止百里，故禹合诸侯，执玉帛者万国。到周时渐渐吞并，地里只管添，国数只管少。到周时只千八百国，较之万国，五分已灭了四分已上，此时诸国已自大了。到得封诸公，非五百里不得。如周公封鲁七百里，盖欲优于其他诸公。如左氏说云，大国多兼数圻，也是如此。后来只管并来并去，到周衰便制他不得，也是尾大了。到孟子时只有七国，这是事势必到这里，虽有大圣大智，亦不能遏其冲。今人只说汉封诸侯王土地太过，〕看来也是不如此不得。初间高祖定天下，不能得韩、彭、英、卢许多人来使，所得地又未定是我底。当时要杀项羽，若有人说道：'中分天下与我，我便与你杀项羽。'也没奈何与他。到少间封自子弟也自要狭小不得，须是教当得许多异姓过。"又曰："公今且收拾这心下，勿为事物所胜。且如一日全不得去讲明道理，不得读书，只去应事，也须使这心常常在这里。若不先去理会得这本〔领〕，〔只要去〕就事上理会，虽是理会得许多骨董，〔只是添得许多杂〕乱，只是添得许多骄吝。某这说的〔定是恁地〕，〔虽孔子复生〕不能易其说，这道理只一而〔已〕。"〔贺孙。〕

○ 胡兄问礼。曰："'礼〔，时为大〕'，〔有圣人〕者作，必将因今之礼而裁酌其中，取其简易〔易〕晓而可行，必不至复取古人繁缛之礼而施之于今也。古礼如此零碎繁冗，今岂可行？亦且得随时裁损尔。孔子'从先进'恐已有此意。"或曰："礼之所以亡，正以其太繁而难行耳。""然。苏子由古史说忠、质、文处亦有此意，只是发挥不出，首尾不相照应，不知文字何故如此。其说云'自夏商周以来，人情日趋于文'，其终却云'今须复行夏商之质乃可'。夫人情既日趋于文矣，安能复行夏商之质？其意本欲如'先进'之说，但辞不足以达之耳。"侗。

○　古礼于今实是难行。当祭之时献神处少，只祝酌奠。卒祝、迎尸以后都是人自食了。主人献尸，尸又酢主人，酢主妇，酢祝，及佐食、宰、赞、众宾等，交相劝酬，甚繁且久，所以季氏之祭至于继之以烛。窃谓后世有大圣人者作，与他整理一过，令人苏醒，必不一一如古人之繁，但放古人〔大〕意，简而易行耳。〔温〕公仪人所惮行者，只为闲辞多，〔长篇浩瀚，〕令人难读，其实行礼处无多。（其）〔某〕尝修祭〔仪〕，〔只就中间行礼〕处分作五六段，甚简易晓。后被人〔窃去〕〔，亡之矣〕。〔淳。李丈问："祭仪更有修改否？"曰："大概只是温公仪，无修改处。"〕

○　凶服古而吉服〔今〕，〔不相抵接。〕〔释奠惟〕三献法服，其余皆今服。〔至录云："文质之变相生。"〕某谓〔百世以下有圣贤〕出，必不踏旧本子，必须〔斩〕新别做。如〔周礼如此繁〕密，必不可行。且以明堂位观之，周人每事〔皆添四〕重虞蔽，不过是一水（担）〔檐〕相似。夏火、殷藻、周龙章皆重添去。若圣贤有作，必须简易疏通，使见之而易知，推之而易行。盖文、质相生，秦汉初已自趣于质了。太史公、董仲舒每欲改用夏之忠，不知其初盖已是质也。国朝文德殿正衙常朝，升朝官已上皆排班，宰相押班，再行拜而出。时归班官甚苦之，其后遂废，致王乐道以此攻魏公，盖以人情趋于简便故也。方子。

○　胡伯量问："殡礼可行否？"曰："此不用问人，当自观其宜。今以不漆不灰之棺而欲以砖土围之，此可不可耶？必不可矣。数日见公说丧礼太繁絮，礼不如此看，说得人都心闷。须讨个活物事弄，如弄活蛇相似方好。公今只是弄得一条死蛇，不济事。某尝说，古者之礼今只是存它一个大概，令勿散失，使人知其意义，要之必不可尽行。如〔始丧一段〕，〔若〕必欲尽行〔古礼〕，则必无哀戚哭泣之〔情〕。〔何者？〕

〔方哀苦荒〕迷之际，有何心情——如古礼〔之繁细委曲〕？〔古〕者〔有〕相礼者，所以导孝子为之。若欲孝子〔一一尽依古礼必躬〕必亲，则必无哀戚之情矣。况只〔依今世俗之礼〕亦未为失，但使哀戚之情尽耳。<u>有虞氏瓦棺而葬</u>，<u>夏后氏堲周</u>，必无周人之繁文委曲也。又礼，圹中用生体之属，久之必溃烂，却引虫蚁，非所以为亡者虑久远也。古人圹中置物甚多。以某观之，礼文之意太备则防患之意反不足。要之，只当防虑久远，'毋使土亲肤'而已，其他礼文皆可略也。又如古者棺不钉，不用漆粘。而今灰漆如此坚密犹有蚁子入去，何况不使钉漆？此皆不可行。<u>孔子</u>曰'如用之则吾从先进'，已是厌<u>周</u>之文了。又曰'行<u>夏</u>之时，乘<u>殷</u>之辂'，此意皆可见。使有圣贤者作，必不尽如古之礼，必当裁酌从今之宜而为之也。又如士相见礼、乡饮酒礼、射礼之属，而今去那里行？只是当存他大概，使人不可不知。方当<u>周</u>之盛时礼文全体皆备，所以不可有纤毫之差。今世尽不见，徒掇拾编缉于残编断简之余，如何必欲尽仿古之礼得！"或曰："'郁郁乎文哉，吾从<u>周</u>'，圣人又欲从<u>周</u>之文，何也？"曰："圣人之言固非一端。〔盖圣人生〕于<u>周</u>之世，<u>周</u>之一代礼文皆备，诚是〔整齐〕，〔圣人如何不〕从得！只是'如用之，则吾从先进'，谓〔自为邦则从〕先进。"〔侗。〕

○ <u>高宗</u>登遐，〔<u>寿皇</u>麻衣不离身，而〕臣子晏然朝服如常，只于朝见时〔略换皂带以为〕服至尊之服。冠有数样，衣有数样，所以当来如此者，乃是甚么时便着甚么样冠服。昨闻朝廷无所折衷，将许多衣服一齐重叠着了。古礼恐难行，如今来却自有古人做未到处。如古者以皮束棺，如何会弥缝？又，设熬黍稷于棺旁以惑蚍蜉，可见少智。然三日便殡了，又见得防虑之深远。今棺以用漆为固，要拘三日便殡亦难。丧最要不失大本。如不用浮屠，送葬不用乐，这也须除却。所谓古礼难行者，非是礼不当行，只怕少间止了得要合那边，要合这边，到这里一重大利害处却没理会，却便成易了。古人已自有个活法，如身执事者面垢

而已之类。〔贺孙。〕

○ 今日百事无人理会。姑以礼言之，古礼既莫之考，至于后世之沿革因袭者亦浸失其意而莫之知矣。非止浸失其意，以至名物度数亦莫有晓者，差舛讹谬不堪着眼。三代之礼今固难以尽见，其略幸散见于他书，如仪礼十〔七篇多是士〕礼，邦国礼人君者仅存一二。遭秦人〔焚灭之后〕，〔至河间〕献王始得邦国礼五十八篇献〔之〕，〔惜乎不行。〕〔至〕唐〔此书〕（向）〔尚〕在，诸儒注疏犹时有引为说〔者〕。〔及后来无人说着〕则书亡矣，岂不大可惜！叔孙通所〔制汉仪，及曹褒〕所修固已非古，然今亦不存。唐有开元、显〔庆二〕礼，显庆已亡，开元袭隋旧为之。本朝修开宝礼多本开元而颇加详备。及政和间修五礼，一时奸邪以私智损益，疏略抵牾，更没理会，又不如开元礼。僩。

○ 尝见刘昭信云"礼之趋翔、登降、揖逊皆须习"，也是如此。汉时如其大射等礼，虽不行，却依旧令人习，人自传得一般。今虽是不能行，亦须是立科，令人习得，也是一事。

论后世礼书

○ 开宝礼全体是开元礼，但略改动。五礼新仪其间有难定者，皆称"御制"以决之。如祷山川者，又只开元礼内有。方子。

○ 祖宗时有开宝通礼科，学究试默义，须是念得礼熟始得，礼官用此等人为之。介甫一切罢去，尽令做大义。故今之礼官不问是甚人皆可做。某尝谓朝廷须留此等专科，如史〔科亦当有〕。方子。

○ 问五礼新仪。曰："〔古人于礼直如〕今人相揖相似，终日周旋于其间，〔自然使人有〕感化处。后世安得如此！"可学。

○ 横渠所制礼〔多不本诸仪礼，有自〕杜撰处。如温公却是本诸仪礼，最〔为适古今之宜〕。义刚。

○ 胡叔器问四先生礼。先生曰："二程与横渠多是古礼，温公则大概本仪礼而参以今之可行者。要之，温公较稳，其中与古不甚远，是七分好。若伊川礼则祭祀可用，婚礼则惟温公者好。大抵古礼不可全用，如古服古器，今皆难用。"又问："向见人设主，有父在子死而主牌书'父主祀'字，如何？"先生曰："便是礼书中说得不甚分晓，此类只得不写，若向上尊长则写。"又问："温公所作主牌甚大，阔四寸，厚五寸八分，不知大小当以何者为是？"先生曰："便是温公错了，他却本荀勖礼。"义刚。

○ 吕与叔集诸家礼补仪，以仪礼为骨。方子。

○ 福州有前辈三人皆以明礼称：王普，字伯照；刘藻，字昭信；任文荐，字希纯。某不及见王伯照而观其书，其学似最优，说得皆有证据，尽有议论，却不似今人杜撰胡说。麻沙有王伯照文字三件，今合为一书。广。

○ "福州王侍郎普，字伯照，礼学、律历皆极精深。盖其所著皆据本而言，非出〔私臆。某〕细考其书，皆有来历，可行。考订精确，〔极不易得。林黄中〕屡称王伯照，他何尝得其仿佛，都〔是杜撰。"或言：〕"福州黄继道枢密祖舜。与伯照齐名。"曰："不同。〔黄只是读书，不曾〕理会这功夫。是时福州以礼学齐〔名者三人〕：〔王伯〕照、任希纯、刘昭信。某识任、刘二公。任搭乾不晓事，问东答西，不可晓。刘说话极子细，有来历，可听。某尝问以易说，其解亦有好处。如云'见险而止为需，见险而不止为讼；需讼下卦皆坎。能通其变为随，不能通其变为蛊'之类。想有成书，近来解易者多引之。"僩。

○ "古者礼学是专门名家，始终理会此事，故学者有所传授，终身守而行之。凡欲行礼，有疑者辄就质问，所以上自宗庙朝廷，下至士庶乡党，典礼各各分明。汉唐时犹有此意。如今直是无人如前者。某人丁所生继母忧，礼经必有明文。当时满朝更无一人知道合当是如何，大家打哄一场，后来只说莫若从厚。恰似无奈何，本不当如此，姑徇人情从厚为之。是何所为如此？岂有堂堂中国朝廷之上以至天下儒生，无一人识此礼者！然而也是无此人。州州县县秀才与太学秀才，治周礼者不曾理会得周礼，治礼记者不曾理会得礼记，治周易者不曾理会得周易，以至春秋、诗都恁地，国〔家何赖焉〕！"〔因问张〕舅，淳。闻其已死，再三称叹，且询其〔子孙能守其家学否〕？且云："可惜朝廷不举用之使典礼〔仪〕。'〔天叙有典，自我〕五典五〔敦〕〔惇〕哉！天秩有礼，自我五礼〔五庸哉'，这个典〕礼自是天理之当然，欠他一毫不得，添他一毫不得。惟是圣人之心与天合一，故行出这礼无一不与天合，其间曲折厚薄浅深莫不恰好。这都不是圣人（白）〔自〕撰出，都是天理决定合着如此。后之人此心未得似圣人之心，只得将圣人已行底，圣人所传于后世底，依这样子做，做得合时，便是合天理之自然。"贺孙。

○ 刘原父好古，在长安偶得一周敦，其中刻云"弡中"，原父遂以为周张仲之器。后又得一枚，刻云"弡伯"，遂以为张伯。曰："诗言'张仲孝友'，则仲必有兄矣。"遂作铭述其事。后来赵明诚金石录辨之，云"乩"非"张",乃某字也。今之说礼无所据而杜撰者,此类也。广。

论仪礼经传通解

○　"'礼,时为大。'使圣贤有作,必不一切从古之礼。疑只是以古礼减杀,从今世俗之礼,令稍有防范节文,不至太简而已。观孔子欲'从先进',又曰'行夏之时,乘殷之辂',便是有意于损〔周之文〕,从古之朴矣。今所〔以〕集礼书也只是略〔存古〕之制度,〔使后〕之人自去减杀,求其可行者而〔已。若必欲一一〕尽如古人衣服冠屦之纤悉毕备,其势〔也行〕不得。"问:"温公所集之礼如何?"曰:"早是详了。又,丧服一节〔也太详〕。为人子者方遭丧祸,使其一一欲纤悉尽如古人制度,有甚么心情去理会?古人此等衣服冠屦,每日接熟于耳目,所以一旦丧祸,不待讲究便可以如礼。今却闲时不曾理会,一旦荒迷之际欲旋讲究,势之必难行者。必不得已,且得从俗之礼而已。若有识礼者相之可也。"〔僴。〕

○　问:"所编礼今可一一遵行否?"曰:"人不可不知此源流,岂能一一尽行?后世有圣人出来亦须着变。夏、商、周之礼已自不同,今人只得且把周之礼文行。"贺孙。

○　先生问贺孙所编礼书,曰:"某尝说,使有圣王复兴为今日礼,且怕必不能悉如古制。今且要得大纲是,若其小处,亦难尽用。且如丧礼、冠服、斩衰如此而吉服全不相似,却到遭丧时方做一副当如此着,也是咤异。"贺孙问:"今齐斩尚存此意。而齐衰期便太轻,大功、小功以下又轻,又且无降杀。今若得斟酌古今之仪制为一式,庶几行之无碍，方始立得住。"先生曰："上面既如此，下面如何尽整顿得！这须是一齐都整顿过方好。未说其〔他琐细处，且如冠〕便须于祭祀当用如何底，于军〔旅当用如何底，于平〕居当用如何底，于见长上当用如〔何底，于朝廷治事当〕用如何底，天子之制当如何，卿、大夫之〔制当如何，士〕当如何，庶人当如何，这是许多冠都定了。更须理会衣服等差，须用上衣下裳。若佩玉之类只于大朝会、大祭祀用之。五服亦各用上衣下裳。齐斩用粗布，期功以下又各为降杀。如上纽衫一等纰缪鄙陋服色都除了，如此便得大纲正。今若只去零零碎碎理会些小，不济事，如今若考究礼经，须是一一自着考究教定。"贺孙。

○ 贺孙因问："祭礼附祭义，如说孝许多，如何来得？"曰："便是祭礼难附。兼祭义前所说多是天子礼，若仪礼所存，唯少牢馈食、特牲馈食礼是诸侯大夫礼。兼又只是有馈食。若天子祭便合有初间祭腥等事，如所谓'建设朝事，燔燎膻芗'。若附仪礼，此等皆无入头处。意间欲将周礼中天子祭礼逐项作一总脑，却以礼记附。如疏中有说天子处皆编出。"因云："某已衰老，其间合要理会文字皆起得个头在，及见其成与不见其成皆未可知。万一不及见此书之成，诸公千万勉力整理。得成此书，所系甚大！"贺孙问："前日承教，喻以五服之制乃〔上有制作之君，其等〕差如此。今在下有志之士欲依古〔礼行之既〕不可，若一向徇俗之鄙陋又觉大不经，〔于心极〕不安，如何？"曰："'非天子不议礼，不制度，不考文。'这事〔要整顿便着从〕头整顿，吉凶皆相称。今吉服既不如古，独于丧服欲如古（已）〔也〕不可。古礼也须一一考究着所在在这〔里〕，却始酌今之宜而损益之。若今便要理会一二项小小去处不济事，须大看世间都得其宜方好。"问："如今父母丧且如古服，如齐衰期乃兄弟、祖父母、伯叔父母，此岂可从俗轻薄如此？"曰："自圣贤不得位，此事终无由正。"又云："使郑康成之徒制作，也须略成个模样，未说待周公出制作。如今全然没理会，奈何！若有考礼之人，又须得上之人信得及这事，行之天下亦不难。且如冠制尊卑，且以中梁为等差。如今天子者用二十四，如何安顿？所以甚大而不宜。要好，天子以十二梁，一品官以九，升朝以七，选人以五，士以三，庶人只用纱帛裹髻。如今道人自有此意思。"贺孙问："且如权宜期丧当如何？"曰："且依四脚帽子加绖。此帽本只是巾，前二脚缚于后，后（一）〔二〕脚反前缚于上，今硬帽、幞头皆是。后来渐变重迟，不便于事。如初用冠带，一时似好。某必知其易变，今果如此。若一个紫衫凉衫，便可怀袖间去见人，又费轻。如帽带皂衫是多少费，穷秀才如何得许多钱？是应必废也。"居父问："期之服合如何？用上领衫而加衰可乎？"曰："上领衫已不是。"曰："用深衣制，而粗布加衰可乎？"曰："深衣于古便服。'朝玄端，夕深衣'，深衣是简便之衣。吉服依玄端制，却于凶服亦仿为之，则宜矣。"问："士礼，如丧祭等可通行否？古有命士，有不命士，今如之何？"曰："丧祭礼节繁多，今士人亦难行。但古今士不同。古时诸侯大夫皆可以用士，如今簿、尉之类，乃邑宰之士；节推、判官之属，则是太守之士。只一县一州之中有人才，自家便可取将来使，便是士。如藩镇之制尚存此意。最无奈何，便是如今将下面一齐都截了，尽教做一门入，尽教由科举而得，是将奈何！"叹息久之。器之问："国初衙前役用乡户？"曰："客将次于太守，其权甚重，一州之兵皆其将之，凡教阅出入，皆主其事。当时既是大户做，亦自爱惜家产，上下相体悉。若做得好底且教他做。更次一等户便为公人，各管逐项职事。更次一等户为吏人，掌文书简牍。极下户为胥徒，是今弓手、节级、奔走之属。其终各各有弊。英宗时有诏，韩绛等要变不成。王荆公做参政，一变变了。"

○　杨通老问礼书。曰："看礼书，见古人极有精密处，事无微细，各各有义理。然又须自家工夫到，方看得古人意思出，若自家工夫未到，只见得度数文为之末，如此岂能识得深意？如将一碗干硬底饭来吃，有甚滋味！若白地将自家所见揣摸他本来意思不如此，也不济事。兼自家工夫未到，只去理会这个，下梢溺于器数，一齐都昏倒了。如今度得未可尽晓其意，且要识得大纲。"贺孙。

○　语次，问："闻郡中近已开六经。"先生云："已开诗、书、易、春秋，惟二礼未暇及。诗、书序各置于后以还其旧。易用吕伯恭所定本。周礼自是一书。惟礼尚有说话。仪礼，礼之根本，而礼记乃其枝叶。礼记本秦、汉上下诸儒解释仪礼之书，又有他说附益于其间。今欲定作一书，先以仪礼篇目置于前，而附礼记于其后。如射礼，则附以射义，似此类已得二十余篇。若其余曲礼、少仪，又自作一项而以类相从。若疏中有说制度处亦当采取以益之。旧尝以此例授潘恭叔，渠亦曾整理数篇来。今居丧无事，想必下手。仪礼旧与六经、三传并行，至王介甫始罢去。其后虽复春秋，而仪礼卒废。今士人读礼记而不读仪礼，故不能见其本末。场屋中礼义，格调皆凡下。盖礼记解行于世者，如方、马之属，源流出于熙、丰。士人作义者多读此，故然。"可学。

○　贺孙问礼书。曰："惟仪礼是古全书。若曲礼、玉藻诸篇，皆战国士人及汉儒所裒集。王制、月令、内则是成书。要好，自将说礼物处，如内则、王制、月令诸篇，附仪礼成一书，如中间却将曲礼、玉藻又附在末后；不说礼物处，如孔子闲居、孔子燕居、表记、缁衣、儒行诸篇，却自成一书。乐记文章颇粹，怕不是汉儒做，自与史记、荀子是一套，怕只是荀子作。家语中说话犹得，孔丛子分明是后来文字，弱甚。天下多少是伪书，开眼看得透，自无多书可读。"贺孙。

○　因理会所编礼书分经分传而言曰："经文精确峻洁，传文则词语泛滥。国语所载事迹多如此。如今人作文，因一件事便要泛滥成章。"人杰。

○ "周礼自是全书。如今礼书欲编入，又恐分拆了周礼，殊未有所处。"因说："周礼只是说礼之条目，其间煞有文字，如'八法'、'八则'、'三易'、'三兆'之类，须各自别有书。"子升问："仪礼传记是谁作?"曰："传是子夏作，记是子夏以后人作。"子升云："今礼书更附入后世变礼亦好。"曰："有此意。"木之。

○ "余正父欲用国语而不用周礼，然周礼岂可不入! 国语辞多理寡，乃衰世之书，支离蔓衍，大不及左传。看此时文章若此，如何会兴起国家!"坐间朋友问是谁做。曰："见说是左丘明做。"此条以编礼书而言。贺孙。

○ 礼编，才到长沙，即欲诸公来同共理会。后见彼事丛，且不为久留计，遂止。后至都下，庶几事体稍定，做个规模，尽唤天下识礼者修书，如余正父诸人皆教来。今日休矣。贺孙。

○ 或问："礼书修得有次第否?"曰："散在诸处，收拾不聚。最苦每日应酬多，工夫不得专一。若得数月之闲，更得一两个朋友相助，则可毕矣。顷在朝欲奏乞专创一局，召四方朋友习礼者数人入局编修。俟书成将上，然后乞朝廷命之以官以酬其劳，亦以少助朝廷蒐用遗才之意。事未及举而某已去国矣。"㽦。

○ 文蔚问："礼书学礼首引舜命契为司徒敷五教、命夔典乐教胄子两条。文蔚切谓古人教学不出此两者。契敷五教，是欲使人明于人伦，晓得这道理;夔典乐教胄子，是欲使人养其德性而实有诸己。此是一篇纲领。"答曰："固是如此。后面只是明此一意，如大司徒之教只是契敷教事，大司乐之教即是夔乐事。"因曰："'直而温，宽而栗'，直与宽本自是好，但济之以温与栗则尽善。至如'刚'、'简'二字则微觉有弊，故戒之以'无虐'、'无傲'，盖所以防其失也。某所以特与分开，欲见防其失者，专为'刚'、'简'而设，不蒙上'直'、'宽'二句。'直'、'宽'但曰'而温'、'而栗'，至'刚'、'简'则曰'无虐'、'无傲'，观其立言之意自可见。"<u>文蔚</u>曰："教以人伦者固是又欲养其德性，要养德性便只是下面'诗言志，歌永言，声依永，律和声'四句上。"曰："然。讽诵歌咏之间足以和其心气，但上面三句抑扬高下尚且由人，到那'律和声'处直是不可走作，所以咏歌之际深足养人情性。至如播之金石、被之管弦，非是不和，终是不若人声自然。故<u>晋</u>人<u>孟嘉</u>有言'丝不如竹，竹不如肉'，谓'渐近自然'。至'八音克谐，无相夺伦，神人以和'，此是言祭祀燕享时事，又是一节。"<u>文蔚</u>。

○ 或问："礼书所引<u>伊川</u>言'古者养士，其公卿大夫士之子弟固不患于无养，而庶人子弟之入学者亦皆有以养之'，不知是否？"曰："恐不然。此段<u>明州</u>诸公添入，当删。不然则注其下云：'今按，<u>程子</u>之言，未知何所据也。'古者教士，其比闾之学则乡老坐于门而察其出入。其来学也有时，既受学则退而习于其家。及其升而上也则亦有时。春夏耕耘，余时肄业，未闻上之人复有以养之也。夫既给之以百亩之田矣，又给之以学粮，亦安得许多粮给之耶！<u>周礼</u>自有士田可考。<u>史记</u>言<u>孔子</u>养弟子三千人，而<u>子由</u>古史亦遽信而取之，恐不然也。想得弟子来从学者则自赍粮，而从<u>孔子</u>出游列国者则食<u>孔子</u>之食耳。然<u>孔子</u>亦安得许多粮？想亦取之列国之馈尔。<u>孔子</u>居<u>卫</u>最久，所以<u>灵公</u>、<u>孝公</u>有交际、公养之仕，其所以奉<u>孔子</u>者必厚，至他国则不然矣。故<u>晏子</u>谏<u>齐景公</u>勿用<u>孔子</u>之言曰'游说丐贷，不可以为国'。<u>孟子</u>之时，徒众尤盛。当时诸侯重士又非<u>孔子</u>之时之比。<u>春秋</u>时人淳，未甚有事，故<u>齐</u>、<u>晋</u>皆累世为伯主，人莫敢争。<u>战国</u>之时人多奸诈，列国纷争，急于收拾人才以为用，故不得不厚待士。"又曰："古者三年大比，兴其贤者、能者而进于天子，大国三人，中国二人，小国一人，不进则有罚。看来数年后所进极多。然天子之国亦小，其员数亦有限，不知如何用得许多人？今以天下之大，三年一番进士犹无安顿处，何况当时？白虎通曰：'古者诸侯进士，一不当则有罚，再不当则削其地，三不当则罢之废之，而托于诸侯为寓公。'恐无此理，盖出后世儒者之傅会。进士不当有甚大过而遂废其君、绝其社稷耶！"或曰："想得周家此法行之殊不能久。成、康数世之后，诸侯擅政，天子诸侯之公卿大夫皆为世臣盘据，岂复容外人为之耶？"曰："然。兼当时诸侯国中亦自要人才用，必不会再贡之于天子。天子亦自拥虚器，无用它处也。当时天子威令不行，公卿大夫世袭，诸侯之国犹宽，故人才之穷而在下者多仕于诸侯之国。及公室又弱，而人才复多仕于列国之大夫。当时为大夫之陪臣者其权甚重，大夫执一国之权而陪臣复执大夫之权。所以说'禄去公室'、'陪臣执国命'。"又曰："以爵位言之则大夫亦未甚尊，以权势言之则甚重。自天子而下三等便至大夫。"又曰："再命为士，三命为大夫，天子之大夫四命，小国之大夫再命或一命。一样小小官职皆无命。他命礼极重。"又问："当时庶民之秀者，其进而上之不过为大夫极矣。至于公卿之贵皆世臣世袭，非若今之可以更进而代为也，则士之生于斯时者，亦可谓不幸矣。"曰："然。然当时之大夫宰臣，其权甚重。如晋、楚、齐诸国，其大夫皆握天下之权，操纵旨麾，天下莫不从之；其宰臣复握大夫之权。盖当时其重在下，其轻在上；今日则其重在内，其轻在外，故不同也。"僩。

朱子语类卷第八十五

仪礼

总论

○　汉河间献王得古礼五十六篇，想必有可观。但当时君臣间有所不晓，遂至无传。故先儒谓圣经不亡于秦火而坏于汉儒，其说亦好。温公论景帝太子既亡，当时若立献王为嗣，则汉之礼乐制度必有可观。又胡致堂谓武帝若使董仲舒为相、汲黯为御史大夫，则汉治必盛。某常谓："若如此差除，那里得来！"广。人杰录同。

○　先王之礼今存者无几。汉初自有文字都无人收拾。河间献王既得雅乐，又有礼书五十六篇，惜乎不见于后世。是当时儒者专门名家，自一经之外都不暇讲，况在上又无兴礼乐之主。故胡氏说道，使河间献王为君、董仲舒为相、汲黯为御史，则汉之礼乐必兴。这三个差除岂不甚盛！贺孙。

○　今仪礼多是士礼，天子诸侯丧祭之礼皆不存，其中不过有些小朝聘燕享之礼。自汉以来，凡天子之礼皆是将士礼来增加为之。汉河间献王所得礼五十六篇却有天子诸侯之礼，故班固谓"愈于推士礼以为天子诸侯之礼者"。班固作汉书时此礼犹在，不知何代何年失了，可惜！

可惜！<u>广</u>。〔<u>贺孙</u>录略。〕

○ "今之<u>仪礼</u>只是士大夫礼，无天子诸侯礼。<u>河间献王</u>五十六篇
却有天子诸侯礼，<u>班固</u>作<u>汉书</u>时此礼尚存，不知如何失了。故<u>班固</u>云，
今之言礼，愈于推士礼以达天子，岂若用此礼哉？"<u>贺孙</u>问："女子子已
嫁不为父母禫否？今礼文只有'父在为母、为妻禫'。"曰："想是无此
礼。所谓父在为母、妻禫，乃是只主男子而言。"<u>贺孙</u>。

○ <u>河间献王</u>集礼古经五十六篇。时谓愈于<u>仪礼</u>，推士礼以知天子
诸侯之礼。<u>班固</u>作<u>汉书</u>时其书想尚在，不知是甚时失了。<u>方子</u>索<u>汉书艺文
志</u>□古礼五十六卷，经七十篇。□□□记百三十一篇。七十子从礼学者所记。
"礼古经出于<u>鲁淹中</u>及<u>孔氏</u>，（存七十）〔与十七〕篇文相似，多三十九
篇。及<u>明堂阴阳</u>、<u>王史氏</u>记所见，多天子诸侯卿大夫之制，虽不能备，
犹愈<u>仓</u>等推士礼以至于天子之说。"其言正如此，无<u>河间献王</u>集之文，
疑听之误也。

○ 礼书如<u>仪礼</u>，尚完备如他书。<u>儒用</u>。

○ <u>仪礼</u>不是古人预作一书如此。初间只以义起，渐渐相袭，行得
好，只管〔巧，〕乃至于情文极细密、施周致处。圣人见此意思好，故
录成书。只看古人君臣之际，如公前日所画图子，君临臣丧，坐抚当心
要（经）〔绖〕而踊。今日之事至于死生之际，恝然不相关，不啻如路
人。所谓君臣之恩义安在！祖宗时于旧执政丧亦尝亲临，自渡江以来一
向废此。只<u>秦桧</u>之死，<u>高宗</u>临之，后来不复举。如<u>陈福公</u>，<u>寿皇</u>眷之如
此隆至，其死亦不亲临。祖宗凡大臣死，远地不及临者必遣郎官往吊。
今来一向如此。<u>寿皇</u>凡百提掇得意思，这般处却恁地不觉。今日便一向
废却。<u>贺孙</u>。

○ 礼有经有变。经者，常也；变者，常之变也。先儒以曲礼为变礼，看来全以为变礼亦不可。盖曲者委曲之义，故以曲礼为变礼。然"毋不敬，安定辞，安民哉"，此三句岂可谓之变礼？先儒以仪礼为经礼。然仪礼中亦自有变，变礼中又自有经，不可一律看也。礼记，圣人说礼及学者问答处，多是说礼之变。上古礼书极多，如河间献王收拾得五十六篇，后来藏在秘府，郑玄辈尚及见之，今注疏中有引援处，后来遂失不传，可惜！可惜！仪礼古亦多有，今所余十七篇，但多士礼耳。佣。

○ "仪礼是经，礼记是解仪礼。且如仪礼有冠礼，礼记便有冠义；仪礼有昏礼，礼记便有昏义。以至燕、射之类，莫不皆然。只是仪礼有士相见礼，礼记却无士相见义。后来刘原父补成一篇。"文蔚问："他补得如何？"曰："他亦学礼记下言语，只是解他仪礼。"文蔚。

○ 鲁共王坏孔子宅得古文仪礼五十六篇，其中十七篇与高堂生所传十七篇同。郑康成注此十七篇多举古文作某，则是他当时亦见此壁中之书。不知如何只解此十七篇而三十九篇不解，竟无传焉。淳。

○ 仪礼疏说得不甚分明。温公礼有疏漏处，高氏送终礼胜得温公礼。抚州学有板本。淳。

○ 永嘉张忠甫所校仪礼甚子细，然却于目录中冠礼玄端处便错了。但此本较他本为最胜。贺孙。

○ 陈振叔亦尽得。见其说仪礼云："此乃是（义）〔仪〕，更须有礼书。仪礼只载行礼之威仪，所谓'威仪三千'是也。礼书如云'天子七庙，诸侯五，大夫三，士二'之类，是说大经处。（道）〔这〕是礼，须自有个文字。"贺孙。

士冠

○ 问："士冠礼'筮于庙门'，其礼甚详。而昏礼止云'将加诸卜，占曰，吉'。既无筮而卜礼略，何也?"曰："恐卜筮通言之。"又问："礼家之意，莫是冠礼既详其筮，则于昏礼不必更详，且从省文之义，如何?"曰："亦恐如此。然仪礼中亦自有不备处，如父母戒女，止有其辞而不言于某处之类。"<u>人杰</u>。

○ 古朝服用布，祭则用<u>丝</u>，诗<u>丝衣</u>"绎宾尸也"。"皮弁素积"，皮弁，以白鹿皮为之；素积，白布为裙。<u>泳</u>。

○ 寓问："士冠礼有所谓'始加'、'再加'、'三加'，如何?"曰："所谓'三加弥尊'只是三次加：初是缁布冠，以粗布为之；次皮弁；次爵弁。爵弁，诸家皆作画爵，看来亦只是皮弁模样，皆以白皮为之。缁布冠古来有之，初是缁布冠，齐则缁之。次皮弁者，只是朝服；爵弁，士之祭服。周礼，爵弁居五冕之下。"又问："'致美乎黻冕'，注言'皆祭服也'。黻冕恐不全是祭服否?"曰："祭服谓之'黻冕'，朝服谓之'韠'，如诗'鞞琫有珌'、<u>内则</u>'端韠绅'皆是。"问："士冠礼'一加'、'再加'，〔言〕'吉月'、'令月'，至'三加'言'以岁之正'。'正'不知是同时否?"曰："只是一时节行此文，自如此说。加缁布冠，少顷又更加皮弁，少顷又更加爵弁，然后成礼。如<u>温公</u>冠礼亦仿此：初裹巾，次帽，次幞头。"又问："黻冕，（蔽蔽）〔韠，蔽〕膝也，以韦为之。<u>舜</u>之画衣裳有黼、黻、𫄨、绣，不知又如何画于服上?"曰："亦有不可晓。黻在裳之前，亦画黼于其上。"<u>寓</u>。

○ 陈仲蔚问冠时威仪。先生曰:"凡妇人见男子每先一拜,男拜,又答拜。再拜亦然。若子冠则见母亦如之,重成人也。寻常则不如此。但古人无受拜礼,虽兄亦答拜,君亦然。但诸侯见君,则两拜还一拜。"义刚。

○ 冠者见母与兄弟,而母与兄弟皆先拜,此一节亦差异。昏礼亦然。妇始见舅姑,舅姑亦拜。义刚。陈淳录同。

○ 古人祭酒于地。祭食于豆间,有板盛之,卒食撤去。人杰。

○ "有体,有俎。"祭享:体,半边也。俎以骨为断。卓。

○ 木豆为豆,铜豆为登。"登"本作"镫"。道夫。

○ "死谥,周道也。"史云夏商以上无谥,以其号为谥,如尧、舜、禹之类。看来尧、舜、禹为谥也无意义。"尧"字从三土,如土之尧然而高;"舜"只是花名,所谓"颜如舜华";"禹"者,兽迹,今篆文"禹"字如兽之迹。若死而以此为谥号也无意义,况虞舜侧微时已云"有鳏在下曰虞舜",则不得为死而后加之谥号矣。看来尧、舜、禹只是名,非号也。偰。

士昏

○ 仪礼昏礼"下达用雁",注谓"在下之人,达二家之好而用雁",非也。此只是公卿大夫下达庶人皆用雁,后得陆农师解亦如此说。

陆，名佃。陆解多杜撰，亦煞有好处，但简略难看。陈祥道礼书考得亦稳。淳。〔义刚录云："择之云：'自通典后无人理会礼。本朝但有陈祥道、陆佃略理会来。'曰：'陈祥道理会得也稳，陆农师也有好处，但杜撰处多，如仪礼'云云。"〕

○ 问："昏礼用雁，'婿执雁'，或谓取其不再偶，或谓取其顺阴阳往来之义。"先生曰："士昏礼谓之'摄盛'，盖以士而服大夫之服，乘大夫之车，则当用大夫之贽。前说恐傅会。"又曰："重其礼而盛其服。"儒用。賜录同而略，云："昏礼用雁礼，谓之摄盛。盖以士而服大夫之服，(雀)〔爵〕弁。乘大夫之车，墨车。执大夫之挚。盖重其礼，故盛其服。"

○ 门是外门，双扇。户是室中之户，只扇。观仪礼中可见。淳。义刚录略同。

○ 几是坐物，有可以按手者，如今之三清椅。明作。

○ 或问："礼经，妇三月而后庙见，与左氏不同。"曰："左氏说礼处多与礼经不同，恐是他当时俗礼，非必合于礼经。"又问："既为妇便当庙见，必待三月之久，何邪?"曰："三月而后事定。三月以前恐更有可去等事，至三月不可去则为妇定矣，故必待三月而后庙见。"或曰："未庙见而死则以妾〔礼〕葬之。"先生曰："归葬于妇氏之党。"文蔚。

士相见

○ 刘原父补亡记，如士相见义、公食大夫义尽好。盖偏会学人文字，如今人善为百家书者。又如学古乐府，皆好。意林是专学公羊，亦似公羊。其他所自为文章，如杂著等，却不甚佳。人杰。

乡饮酒

○　乡饮酒云："笙入，乐南陔、白华、华黍。"想是笙入吹此诗而乐亦奏此诗，乐便是众乐皆奏之也。庚。

○　"旅酬"是客劝主人，主人复劝客，〔客〕又劝次客，次客又劝第三客，以次传去。如客多，则两头劝起。义刚。

大射

○　镈钟甚大，特悬钟也。众乐未作，先击特钟以发其声；众乐既阕，乃击特磬以收其韵。佃。卓录同。

聘礼

○　问聘礼所言"君行一，臣行二"之义。曰："君行步阔而迟，臣行步狭而疾，故君行一步而臣行两步，盖不敢同君之行而践其迹也。国语齐君、晏子行，子贡怪之，问孔子君臣交际之礼一段，说得甚分晓。"僩。

公食大夫礼

○ 公食大夫礼乃是专飨大夫。为主人者时出劝宾,宾辞而独飨。人杰。

觐礼

○ 天子常服皮弁。惟诸侯来朝见于庙中,服冕服,用郁鬯之酒灌神。文蔚。

○ 觐是正君臣之礼,较严。天子当依而立,不下堂而见诸侯。朝是讲宾主之仪,天子当宁而立,在路寝门之外相与揖逊而入。义刚。陈淳录同。

丧服经传

○ 今人齐衰用布太细,又大功、小功皆用苎布,恐皆非礼。大功须用市中所卖火麻布稍细者,或熟麻布亦可。小功须用虑布之属。古者布帛精粗皆有升数,所以说"布帛精粗不中(数)〔度〕不鬻于市"。今更无此制，听民之所为，所以仓卒难得中度者，只得买来自以意（释）〔择〕制之尔。偭。

○ 丧服葛布极粗，非若今之细也。偭。

○ "缌十五升，抽其半"者，是一籅只用一经。如今广中有一种疏布，又如单经黄草布，皆只一经也。然小功十二升则其缕反多于缌矣，又不知是如何。闳祖。

○ 问妇人首绖之制。曰："亦只是大麻索作一环耳。"淳。

○ 首绖大一搤，只是拇指与第二指一围。要绖较小，此绞带又小于要绖。〔要绖〕象大带，两头长垂下。绞带象革带，一头有圈子，以一头穿于中而束之。淳。

○ 问："温公仪，首绖缀于冠，而仪礼疏说别材而不相缀。"曰："缀也得，无（系）〔紧〕要。"淳。

○ （缌）〔总〕如今之髻巾。括发是束发为髻。淳。

○ 淳问："郑氏仪礼注及疏，以男子括发与免及妇人髻，皆云'如着幓头音骚'。所谓幓头者，如何？"曰："幓头只如今之着头鞭样，自项而前交于额上，却绕髻也。'免'字或读，不音问而只音悦，谓去冠耳。"淳。

○ 或问服制。曰："仪礼事事都载在里面，其间曲折难行处，他都有个措置得恰好。"因举一项："父卒，继母嫁，后为之服报。传曰：

'何以期也？贵终也。'尝为母子，贵终其恩，此为继母服之义。"贺孙。

○　问"妾母"之称。曰："恐也只得称母，他无可称。在经只得云'妾母'，不然无以别于他母也。"又问："吊慰人妾母之死，合称之云何？"曰："恐也只得随其子平日所称而称之。"或曰："五峰称妾母为'少母'，南轩亦然。据尔雅，亦有'少姑'之文，五峰想是本此。"先生又曰："'为人后者为其父母服。'本朝濮王之议欲加'皇考'字，引此为证。当时虽是众人争得住，然至今士大夫犹以为未然。盖不知礼经中若不称作为其父母，别无个称呼，只得如此说也。"㽦。

○　沈存中说，丧服中，曾祖齐衰服，曾祖以上皆谓之曾祖。恐是如此。如此则皆合有齐衰三月服。看来高祖死，岂有不为服之理？须合行齐衰三月也。伊川顷言祖父母丧须是不赴举，后来不曾行。法令虽无明文，看来为士者为祖父母期服内不当赴举。㽦。

○　沈存中云，高祖齐衰三月，不特四世祖为然，自四世以上，凡（逮）〔建〕事皆当服衰麻三月，高祖盖通称耳。闳祖。

○　问："某人不丁所生母忧。"先生云："礼为所生父母齐衰杖期，律文许其申心丧。若所生父再娶，亦当从律，某人是也。"又问："若所生父与所继父俱再娶，当持六丧乎？"先生云："固是。"又问先儒争濮议事。先生云："此只是理会称亲。当时盖有引庋园事欲称'皇考'者。"又问："称'皇考'是否？"曰："不是。〔然〕近世儒者亦有多言合称'皇考'者。"人杰。

○　仪礼"期丧"条内，注说："国君有疾不能为祖父母、曾祖父母服，则世子斩。"又曰："'君丧皆斩'，说已分明。天子无期丧。凡有服，则必斩三年。"<u>淳</u>。

○ 因言孙为人君，为祖承重。顷在朝，检此条不见。后归家检<u>仪礼疏</u>，说得甚详，正与今日之事一般，乃知书多看不办。旧来有明经科，便有人去读这般书，<u>注疏</u>都读过。自<u>王介甫</u>新经出，废明经学究科，人更不读书。卒有礼文之变，更无人晓得，为害不细。如今秀才和那本经也有不看底，朝廷更要将经义、赋、论、策颁行印下教人在。<u>偏</u>。

○ "与为人后者不入。""与为人后者"，谓大宗已有后而小宗复为之后，却无意思。因言<u>李光祖</u>尝为人后，其家甚富，其父母死，竭家赀以葬之，而<u>光祖</u>遂至于贫。虽不中节，然意思却好。<u>人杰</u>。

○ 无大功尊。父母本是期，加成三年。祖父母、世父母、叔父母本是大功，加成期。其曾祖父母小功及从祖、伯父母、叔父母小功者，乃正服之不加者耳。<u>闳祖</u>。

○ 母之姊妹服反重于母之兄弟，缘于兄弟既嫁则降服，而母于姊妹之服则未尝降。故为子者于舅服缌，于姨母服小功也。<u>贺孙</u>。

○ 舅于甥之妻有服，甥之妻于夫之舅却无服，此也是可疑。恐是舅则从父身上推将来故广，甥之妻则从夫身上推将来故狭。<u>夔孙</u>。<u>义刚</u>录同而少异。

○ "礼，妻之父曰舅，'谓我舅者，吾谓之甥'。古礼'甥'字用处极多，如婿谓之'甥'，姑之子亦曰'甥'。"或问："'侄'字，本非兄弟之子所当称？"曰："然。<u>伊川</u>尝言之。<u>胡文定</u>家子弟称'犹子'，礼'兄弟之子,犹子也',亦不成称呼。尝见<u>文定</u>家藏<u>伊川</u>语录,凡家书说'侄'处皆(非)〔作〕'犹子',私常怪之。后见他本只作'侄'字,乃知'犹子'字<u>文定</u>所改,以<u>伊川</u>尝非之之故也。殊不知<u>伊川</u>虽非之,然未有一字替得,亦且只得从俗。若改为'犹子',岂不骇俗!据礼,兄弟之子当称'从子'为是。自曾祖而下三代称'从子',自高祖四世而止称'族子'。"<u>僩</u>。

○ 始封之君不臣其兄弟,封君之子不臣其诸父,不忘其旧也。<u>公谨</u>。

○ 丧服,五服皆用麻。朋友麻,是加麻于吊服之上。麻谓绖也。<u>闳祖</u>。

既夕

○ 问:"朝祖时有迁祖奠,恐在祖庙之前。祖无奠而亡者难独享否?"曰:"不须如此理会。礼说有奠处便是合有奠,无奠处便是合无奠,更何用疑?其他可疑处却多。如<u>温公仪</u>斩、齐古制,而功、缌又却不古制,是何说也?古者五服皆用麻,但有等差,皆有冠绖,但功、缌之绖小耳。今人吉服不古而凶服古,亦无谓也。今俗丧服之制,下用横布作襕,惟斩衰用不得。"<u>淳</u>。〔义刚同。〕

○ <u>李守约</u>问:"丧未葬可行虞祔否?"曰:"虞,所以安神,故既葬而虞。未葬,不可也。"<u>僩</u>。

特牲馈食

○ <u>杜佑</u>云："祭用尸是上古朴野之俗。"先生制礼，本欲变朴野之俗，此等是去不尽者。<u>文蔚</u>。

少牢馈食

○ 先生曰："仪礼'日用丁巳'，按注家说则当作'丁、己'，盖十干中柔日也。"<u>雉</u>。

有司

○ 绎，祭之明日也。宾尸，以宾客之礼燕为尸者。<u>敬仲</u>。

朱子语类卷第八十六

周礼

总论

○〔曹〕问周礼。先生曰："不敢教人学。此非是不可学，亦非是不当学，只为学有先后，先须理会自家身心合做底，学周礼却是后一截事。而今且把来说看，还有一句干涉吾人身心上事否?"庚。

○"今只有周礼仪礼可全信。礼记有信不得处。"又曰："周礼只疑得有行未尽处。看来周礼规模皆是周公做，但其言语是他人做。如今时宰相提举敕令，岂是宰相一一下笔? 有不是处周公须与改，至小可处或未及改，或是周公晚年作此书。"庚。

○"大抵说制度之书，惟周礼仪礼可信，礼记便不可深信。周礼毕竟出于一家。谓是周公亲笔做成固不可，然大纲却是周公意思。某所疑者，但恐周公立下此法却不曾行得尽。"文蔚。僩录同，而沈又注云："周礼是一个草本，尚未曾行。"

○周礼，胡氏父子以为是王莽令刘歆撰著，此恐不然。周礼是周公遗典也。德〔明〕。

○ 周礼一书好看，广大精密，周家法度在里许，但未敢令学者看。方子。

○ 周礼一书也是做得来缜密，真个盛水不漏。广。

○ 子升问："周礼合如何看？"曰："也且循注疏看去。第一要见得圣人是个公平底意思。如陈君举说，天官之职，如膳羞衣服之官皆属之，此是治人主之身，此说自是。到得中间有官属相错综处，皆谓圣人有使之相防察之意，这便不是。天官是正人主之身，兼统百官；地官主教民之事，大纲已具矣。春、夏、秋、冬之官各有所掌，如太史等官属之宗伯，盖以祝、史之事用之祭祀之故；职方氏等属之司马，盖司马掌封疆之政。最是大行人等官属之司寇难晓，盖仪礼觐礼，诸侯行礼既毕，出，'乃右肉袒于庙门之东'。王曰：'伯父无事，归宁乃邦。'然后再拜稽首，出自屏。此所谓'怀诸侯则天下畏之'是也，所以属之司寇。如此等处皆是合着如此，初非圣人私意。大纲要得如此看。如其间节目有不可晓处，如官职之多与子由所疑三处之类，只得且缺之，所谓'其详不可得而闻也'。或谓周公作此书有未及尽行之者，恐亦有此理。只如今时法令，其间颇有不曾行者。"木之因说："旧时妄意看此书，大纲是要人主正心、修身、齐家、治国、平天下，使天下之民无不被其泽，又推而至于鸟兽草木，无一不得其所而〔后〕已。不如是不足以谓之裁成辅相、参赞天地耳。"曰："是恁地，须要识公平意思。"因说："如今学问不考古固不得，若一向去采摭故事、零碎凑合说出来，也无甚益。孟子慨然以天下自任，曰'当今（天下）〔之世〕，舍我其谁哉'，到说制度处也只说'诸侯之礼，吾未之学也，尝闻其略也'。要之，后世若有圣贤出来，如仪礼等书也不应便行得。如封建诸侯，柳子厚之说自是。当时却是他各自推戴为主，圣人从而定之耳。如今若要将一州一县封某人为诸侯，人亦未必安之，兼数世之后其弊非一。如乡饮酒之礼若要教天下之人都如此行，也未必能。只后世太无制度。若有圣贤，为之就中定其尊卑隆杀之数，使人可以通行，这便是礼；为之去其哇淫鄙俚之辞，使之不失中和欢悦之意，这便是乐。"木之。

○ 〔尧卿〕问："社主平时藏在何处？"曰："向来沙随说以所宜木刻而为主。某尝辨之，后来觉得却是，但以所宜木为主，如今世俗神树模样，非是将木来截作主也。以木为社，如栎社、枌榆社之类。"又问社稷之神。先生曰："说得不同。或云稷是山林原隰之神，或云是谷神，看来谷神较是。社是土神。"又问："社何以有神？"曰："能生物便是神也。"又曰："周礼，亡国之社却用刑人为尸。一部周礼却是见得天理都烂熟也。"夔孙。

○ 周礼中多有说事之纲目者。如属民读法，其法不可知。司马职"乃陈车徒，如战之陈"，其陈法亦不可见矣。人杰。

○ "周都圭、镐，则王畿之内当有西北之戎，如此则稍、甸、县、都如之何其可为也？"答曰："周礼一书，圣人姑为一代之法尔。到不可用法处，圣人须别有通变之道。"谟。去伪、人杰录并同。

○ 今人不信周宫，若据某言却不恁地。盖古人立法无所不有，天下有是事，他便立此一官，但只是要不失正耳。且如女巫之职，掌宫中巫、祝之事，凡宫中所祝皆在此人。次第如此则便无后世巫蛊之事矣。道夫。

○ 五峰以周礼为非周公致太平之书，谓如天官冢宰却管甚宫阃之事，其意只是见后世宰相请托宫闱，交结近习，以为不可。殊不知此正人君治国、平天下之本，岂可以后世之弊而并废圣人之良法美意哉！又如王后不当交通外朝之说，他亦是惩后世之弊。要之，仪礼中亦分明自载此礼在。至若所谓"女祝掌凡内祷、祠、禬、禳之事"，使后世有此官，则巫蛊之事安从有哉！道夫。

论近世诸儒说

○ 于丘子服处见陈、徐二先生周礼制度菁华。下半册徐元德作，上半册即陈君举所奏周官说。先生云："孝宗尝问君举：'闻卿博学，不知读书之法当如何？'陈奏云：'臣生平于周官粗尝用心推考。今周官数篇已属稿，容臣退，缮写进呈。'遂写进御。大概推周官制度亦稍详，然亦有杜撰错说处。〔儒用录云："但说官属，不悉以类聚，错综互见，事必相关处却多含糊。或者又谓有互相检制之意，此尤不然。"〕如云冢宰之职，不特朝廷之事，凡内而天子饮食、服御、宫掖之事无不毕管。盖冢宰以道诏王，格（群）〔君〕心之非，所以如〔此〕。此说固是。但云主客行人之官合属春官宗伯，而乃掌于司寇；宗伯典礼，司寇典刑。〔儒用录云："大行人司仪掌宾客之事，当属春官，而乃领于司寇。"〕土地疆域之事合掌于司徒，乃掌于司马。〔儒用录云："怀方氏辨正封疆之事，当属地官，而乃领于司马。"〕盖周家设六官互相检制之意。此大不然！何圣人不以君子长者之道待其臣？既任之而复疑之邪？"或问："如何？"先生曰："宾客属秋官者，盖诸侯朝觐、会同之礼既毕，则降而肉袒请刑，司寇主刑，所以属之，有威怀诸侯之意。夏官掌诸侯土地封疆，如职方氏皆属夏官。盖诸侯有变则六师移之，〔儒用录云："不得有其土地。司马主兵，有威怀诸侯之义故也。"〕所以属司马也。"又问："冬官司空掌何事？"曰："次第是管土田之事。盖司马职方氏存〔儒用录作"正"。〕其疆域之定制，至于申画井田，创置纤悉，必属于司空，而今亡矣。"又云："陈、徐周礼制度讲三公宰相处甚详，然皆是自秦汉以下说起。云汉承秦旧，置三公之官。若仍秦旧，何不只仿秦为丞相、太尉、御史大夫？却置司马、司徒者，何故？盖他不知前汉诸儒未见孔壁古文尚书有周官一篇，说太师、太傅、太保为三公尔。孔安国古文尚书藏之秘府，诸儒专门伏生二十五篇，一向不取孔氏所藏古文者。及至魏晋间，古文者始出而行于世。汉初亦只仍秦旧，置丞相、御史、太尉为三公。及武帝始改太尉为大司马。然武帝亦非是有意于复古，但以卫霍功高官大，上面去不得，故于骠骑大将军之上加大司马以宠异之，如加阶官'冠军'之号尔，其职无以异于大将军也。及何武欲改三公，他见是时大司马已典兵，兼名号已正，故但去大字，而以丞相为司徒，御史大夫为司空。后汉仍旧改司马为太尉，而司徒、司空之官如故。然政事归于台阁，三公备员。后来三公之职遂废，而侍中、中书、尚书之权独重，以至今日。"庚。〔儒用略。〕

○ 君举说井田，道是周礼、王制、孟子三处说皆通。他说千里不平直量四边，又突出圆算，则是有千二百五十里。说出亦自好看，今考来乃不然。周礼，郑氏自于匠人注内说得极子细。前面正说处却未见，却于后面僻处说。先儒这般处极子细。君举于周礼甚熟，不是不知，只是做个新样好话谩人。本文自说"百里之国"、"五十里之国"。贺孙。

○ 周礼有井田之制，有沟洫之制。井田是四数，沟洫是十数。今永嘉诸儒论田制乃欲混井田、沟洫为一，则不可行。郑氏注解分作两项，却是。人杰。

○ 沟洫以十为数，井田以九为数，决不可合，永嘉必欲合之。王制、孟子、武成分土皆言三等，周礼乃有五等，决不合，永嘉必欲合之。闳祖。

○ "诸公之地，封疆方五百里。"又云："凡千里，以方五百里封四公。"则是每个方五百里，甚是分明。陈乃云方一百二十五里，又以为合加地、赏田、附庸而言之，何欺诳之甚！闳祖。

○ 向来君举进制度说，周礼封疆方五百里是周围五百里、径只百二十五里，方四百里者径只百里，方三百里者径只七十五里，方二百里者径只五十里，方百里者径只二十五里。自奇其说与王制等语相合。然本文"方千里之地，以封公则四公，以封侯则六侯，以封伯则七伯，以封子则二十五子，以封男则百男，其地已有定数"，此说如何可通？况男国二十五里之小，则国君即今之一耆长耳，何以为国君？某尝作辨，与逐项破其说。淳。

○ 先生以礼钥授黄直卿，令诵一遍毕。先生曰："他论封国将孟子说在前，而后又引周礼'诸公之地封疆方五百里'说，非是。"直卿问："孟子所论五等之地是如何与周礼不合？"先生曰："先儒说孟子所论（又）〔乃〕夏商以前之制，周礼是成王之制，此说是了。但又说是周斥大封域而封之，其说又不是。若是恁地每一国添了许多地，便着移了许多人家社稷，某便说道恐无此理。这个只是夏商以来渐渐相吞并后，至周自恁地大了。周公也是不奈他何后就见在封他，且如当初许多国也不是先王要恁地封。便如柳子厚说样，他是为人占得这些子地在，故先王从而命之以爵，不意到后来相吞并得恁地大了。且如今孟子说：'周公之封于鲁也，地非不足也，而俭于百里；太公之封于齐也，地非不足也，而俭于百里。'这个也不是。当时封许多功臣亲戚，也是要他国因而藩卫王室。他那旧时国都恁地大了，便却封得恁地小，教他与那大国杂居，也于理势不顺。据今看左传所说'东至于海，西至于河，南至于穆陵，北至于无棣'，齐是恁地阔。诗'复周公之宇'，鲁是恁地阔。这个也是势着恁地。陈君举却说只是封疆方五百里，四维各一面只二百五十里，盖以（维）〔径〕言则只百二十五里。某说，若恁地，则男国不过似一耆长，如何是建国？他那职方氏说一千里封四伯、一千里封六侯之类，此说极分明了。这一千里，纵横是四个五百里，便是开破可以封四个伯。他那算得国数极定，更无可疑。君举又却云，一千里地封四伯外，余地只是存留得在那里。某说，不知恁地存留得作甚么？若是恁地，则一千里只将三十来同封了四伯，那七十来同却不知留得作何用？"直卿曰："武王'分土惟三'，则百里、七十里、五十里似是周制。"先生曰："武王是初得天下，事势未定，且大概恁地。如文王治岐，那制度也自不同。"先生论至此，蹙眉曰："这个也且大概恁地说，不知当时子细是如何。"义刚问："孟子想是不见周礼？"先生曰："孟子是不见周礼。"直卿曰："观子产责晋之辞，则也恐不解封得恁地大。"先生曰："子产是应急之说。他一时急后且恁地放雕，云何故侵小。这非是至论。"直卿曰："府、史、胥、徒则是庶人在官者，不知如何有许多？"先生曰："尝看子由古史，他疑三事：其一，谓府、史、胥、徒太多。这个当时却都是兼官，其实府、史、胥、徒无许多。"直卿曰："那司市一官更动诞不得，法可谓甚严。"先生曰："周公当时做得法大段齐整。如市，他便不放教人四散去买卖，他只立得一市在那里，要买物事便入那市中去。不似而今要买物只于门前，自有人担来卖。更是一日三次会合，亦通人情。看他所立法极是齐整，但不知周公此书行得几时耳。"义刚。按，池本无自"若是恁地"至"留得作何用"一节。

天官

○　"天官之职是总五官者，若其心不大，如何包得许多事？且冢宰，内自王之饮食衣服，外至五官庶事，自大至小，自本至末，千头万绪。若不是大其心者区处应副，事到面前便且区处不下。况于先事措置，思患预防，是着多少精神，所以记得此复忘彼。佛氏只合下将那心顿（下）〔在〕无用处，才动步便疏脱。所以吾儒贵穷理致知，便须事事物物理会过。"舜明于庶物"，物即是物，只是明便见皆有其则。今文字在面前尚且看不得，况许多事到面前，如何奈得他！须襟怀大底人〔始得〕。"又云："后人皆以周礼非圣人书。其间细碎处虽可疑，其大体直是非圣人做不得！"贺孙。以下冢宰。

○　"周之天官统六卿之职尔，是提其大纲。至其他卿则一人理一事。然天官之职，至于阍寺、宫嫔、醯酱、鱼盐之属，无不领之。"道夫问："古人命官之意，莫是以其切于君身，故使之领否？"曰："然。"道夫。

○　问："宫伯、宫正所率之属五百人皆入宫中，似不便否？"曰："此只是宿卫在外，不是入宫。皆公卿王族之子弟为之，不是兵卒。"淳。宫伯、宫正。

地官

○　义刚问："司徒职在'敬敷五教'，而地官言教者甚略，而言山林陵麓之事却甚详。"曰："也须是教他有饭吃、有衣着，五方之民各得其所，方可去教他。若不恁地，教如何地施？但是其中言教也（大）〔不〕略，如闾胥书其孝悌姻恤、属民读法之类，皆是。"义刚。

○　问："大司徒掌邦教而多主于山陵林麓之事者，何也？"曰：

"民无住处，无物吃，亦如何教得？所以辨五方之宜以定民居，使之各得其所，而后教可行也。"淳。

○ 直卿问："司徒所谓教只是十二教否？"曰："非也。只如教民以六德、六行、六艺及岁时读法之类。"淳。

○ 周礼中说教民处止及于畿内之民，都不及畿外之民，不知如何。岂应如此？广。

○ 问六德"智"、"圣"。曰："智是知得事理。圣便高似智，盖无所不通明底意思。"伯羽。

○ 直卿问："古以百步为亩，今如何？"曰："今以二百四十步为亩。百亩当今四十一亩。"贺孙。

○ 问："一夫均受田百亩，而有食九人、八人、七人、六人、五人多少之不等者，何以能均？"曰："田均受百亩。此等数乃言人勤惰之不齐耳。上农夫勤于耕则可食得九人，下不勤则可食得五人。故庶人在官者之禄，亦准是以为差也。"淳。

○ 古者百亩之地收皆亩一钟，为米四石六斗。以今量较之，为米一石五斗尔。偰。

○ 今谓周官非圣人之书。至如比、闾、族、党之法，正周公建太平之基本也。他这个一如棋盘相似，秤布定后棋子方有放处。道夫。

○ 二十五家为闾。闾，吕也，如身之有脊吕骨。盖闾长之居当中而二十四家列于两旁，如身之脊吕骨当中而肋骨分布两旁也。个。

○ 先生与曹兄论井田，先生云："当时须自有个道理。天下安得有个王畿千里之地，将郑康成图来安顿于上！今看古人地制，如丰、镐皆在山谷之间，洛邑、伊阙之地亦多是小溪涧，不知如何措置。"卓。

○ 问："畿内采地只是仕于王朝而食禄，退则无此否？"曰："采地不世袭，所谓'外诸侯嗣也，内诸侯禄也'。然后来亦各占其地，竞相侵削，天子只得乡、遂而已。"淳。

○ "子约疑井田之法，一乡一遂为一万有余夫，多沟洫川浍，而匠人一同为九万夫，川浍沟洫反少者，此以地有远近，故治有详略也。乡遂近王都，人众稠密，家家胜兵，不如此则不足以尽地利而养民，且又纵横为沟洫川浍，所以寓设险之意而限车马之冲突也，故治近为甚详。若乡遂之外则民少而地多，欲尽开治则民力不足，故其治甚略。晋郤克帅诸国伐齐，齐求盟，晋人曰'必以萧同叔子为质而尽东其亩'，齐人曰'唯吾子戎车是利，无顾土宜'云云，晋谋遂塞。盖乡遂之亩，如中间是田，两边是沟，向东直去，而前复有横亩向南，沟复南流。一东一南，十字相交在此，所以险阻多而非车马之利也。晋欲使齐尽东其亩，欲为侵伐之利耳。而齐觉之，若尽东其亩则无纵横相衔，但一直向东，戎马可以长驱而来矣。"次日又曰："昨夜说匠人九夫之制无许多沟洫，其实不然。适间检看许多沟洫川浍与乡遂之地一般，乃是子约看不子细耳。"个。

○ 周家每年一推排，十六岁受田，六十者归田。其后想亦不能无弊，故蔡泽言商君决裂井田，废坏阡陌，以静百姓之业而一其志。唐制，每岁十月一日，应受田者皆集于县令廷中而升降之，若县令非才，则是日乃胥吏之利耳。方子。

○ “五家为比，五比为闾，四闾为族，五族为党，五党为州，五州为乡”，“五家为邻，五邻为里，四里为酂，五酂为鄙，五鄙为县，五县为遂”，此乡遂制田里之法也。“五人为伍，五伍为两，四两为卒，五卒为旅，五旅为师，五师为军”，此乡遂出兵之法也。故曰：“凡起徒役，无过家一人。”既一家出一人，则兵数宜甚多，然只是拥卫王室，如今禁卫相似，不令征行也。都鄙之法，则“九夫为井，四井为邑，四邑为丘，四丘为甸”，然后出长毂一乘、甲士三人、步卒七十二人。以五百一十二家而共只出七十五人，则可谓甚少。然有征行，则发此都鄙之兵，悉调者不用而用者不悉调。此二法所以不同，而贡、助之法亦异。大率乡遂以十为数，是长连排去；井田以九为数，是一个方底物事。自是不同。而永嘉必欲合之，如何合得！闳祖。以下小司徒。

○ 淳问：“郑氏‘旁加一里’之说是否？”曰：“如此方得数相合，亦不见所凭据处，今且大概依他如此看。”淳。

○ 乡遂虽用贡法，然“巡野观稼，以年之上中下出敛法”，则亦未尝拘也。闳祖。

○ 周制乡遂用贡法，故十夫治沟，长底是十，方底是百，长底是千，方底是万。都鄙用助法，故八家同沟共井。乡遂则以五为数，家出一人为兵以守卫王畿，役次必简。如周礼，惟挽枢则用之，此役之最轻者。都鄙则以四为数，六七家始出一人，故甸出甲士三人、步卒七十二人、马四匹、牛三头。乡遂所以必为沟洫而不为井者，以欲起兵数故也。五比、五邻、五伍之后，变五为四闾、四里、四两者，用四则成百之数，复用五，则自此奇零不整齐矣。如曰周制皆井者，此欺人之说，不可行也。因言永嘉之说，受田则用沟洫，起赋敛则依井。方子。

○ 天子六卿，故有六军；诸侯三卿，故有三军。所谓"五家为比"，比即伍也；"五比为闾"，闾即两也；"四闾为族"，族即卒也，则是夫人为兵矣。至于"九夫为井，四井为邑，四邑为丘，四丘为甸"，甸出兵车一乘。且以九夫言之，中为公田，只是八夫甸，则五百一十二夫，何其少于乡遂也？便是难晓。以某观之，乡遂之民以卫王畿，凡有征讨止用丘甸之民。又，学校之制所以取士者但见于乡遂，之外不闻教养之制，亦可疑也。人杰。

○ 问："都鄙四丘为甸，甸六十四井，出车一乘、甲士三人、步卒七十二人。不审乡遂车赋则如何？"曰："乡遂亦有车，但不可见其制。六乡一家出一人，排门是兵。都鄙七家而出〔一〕兵。在内者役重而赋轻，在外者役轻而赋重。六军只是六乡之众，六遂不与。六遂亦有军，但不可见其数。侯国三军亦只是三郊之众，三遂不与。大国三郊，次国二郊，小国一郊。蔡季通说，车一乘不止甲士三人、步卒七十二人，此是轻车用马驰者，更有二十五人将重车在后，用牛载糗粮戈甲衣装，见七书。如鲁颂'公徒三万'，亦具其说矣。"淳。

○ 问："司马法车乘士徒之数与周礼不同，如何？"曰："古制不明，皆不可考，此只见于郑氏注。七书中司马法又不是。此林勋本政书错说，以为文王治岐之政。"曰："或以周礼乃常数，司马法乃调发时数，是否？"曰："不通处如何硬要通？不须恁思量，枉费心力。"淳。

○ 问："侯国亦仿乡遂都鄙之制否？"曰："郑氏说侯国用都鄙法。然观'鲁人三郊三遂'，及孟子'请野九一而助，国中什一使自赋'，则亦是如此。"〔义刚录作"当亦是乡遂"。〕淳。

○ "'王受贤能之书，再拜受之，登于天府，内史贰之。'内史掌策命诸侯及群臣者，卿大夫既献贤能之书，王拜受，登于天府。其副本则内史掌之，以内史掌策命诸侯及群臣故也。古之王者封建诸侯，王坐，使内史读策命之。非特命诸侯，亦欲在廷询其可否。且如后世除拜百官亦合有策，只是辞免了。""祖宗之制亦如此否？"曰："自唐以上皆如此。今除宰相宣麻，是其遗意。立后以上用玉策，其次皆用竹策。汉常用策，缘他近古。其初亦不曾用，自〔武帝〕立三王始用起。"齐怀王闳、燕刺王旦、广陵王胥。卿大夫。〔文蔚。〕

○ 问："周礼党正谓：'一命齿于乡里，再命齿于父族，三命不齿。'若据如此，虽说'乡党莫如齿'，到得爵尊后又不复序齿。"曰："古人贵贵长长，并行而不悖。他虽说不序，亦不相压。自别设一位，如今之挂位然。"〔焘录云："犹而今别设卓也。"〕文蔚。以下党正。

○ 问："周礼书其'德行道艺'，德、行、艺三者犹有可指名者。'道'字不知当如何解？"曰："旧尝思之，未甚晓。看来'道'字只是晓得那道理而已。大而天地事物之理，以至古今治乱兴亡事变，圣贤之典策，一事一物之理，皆晓得所以然，谓之道。且如礼、乐、射、御、书、数，礼乐之文，却是祝史所掌，至于礼乐之理，则须是知道者方知得。如所谓'天高地下，万物散殊，而礼制行矣；流而不息，合同而化，而乐兴焉'之谓。又德是有德，行是有行，艺是有艺，道则知得那德、行、艺之理所以然也。注云'德行是贤者，道艺是能者'，盖晓得许多事物之理，所以属能。"侗。

○ 古制微细处今不可晓，但观其大概如此。"宅田、士田、贾田"、"官田、牛田、赏田、牧田"，郑康成作一说，郑司农又作一说，凭何者为是？淳。以下载师。

○ 问：“商贾是官司令民为之，抑民自为之邪？”曰：“自为之，亦受田，但少耳，如载师所谓‘贾田’者是也。”淳。

○ 问：“士人受田如何？”曰：“上士、中士、下士是有命之士也，有禄。如管子‘士乡十五’是未命之士，若民皆为士则无农矣，故乡止十五。亦受田，但不多，所谓‘士田’者是也。”淳。

○ “近郊十一，远郊二十而三，县、稍、都、（鄙）〔甸〕皆无过十二”，此即是田税。然远近轻重不等者，盖近处如六乡，排门皆兵，其役多，故税轻；远处如都鄙，井法七家而赋一兵，其役少，故税重。所谓“十二”者，是并杂税皆无过此数也。都鄙税亦只纳在采邑。淳。

○ 淳问：“‘山林川泽三分去一’之说如何？”先生曰：“此亦是解不行后便如此说。如蜀中有七百里之地，置处州皆平坦膏腴良田，如何三分去一？尝登云谷山顶，望见密密皆山，其间有些空隙黄白处是田，盖百分之二，又如何三分去一？”淳。

○ 周礼载师云：“凡宅不毛者有里布，凡田不耕者出屋粟，凡民无职事者出夫家之征。”闾师又云：“凡民无职者出夫布。”前重后轻者，前以待士大夫之有土者，后方是待庶民。“宅不毛”为其为亭台也，“田不耕”为其为池沼也。凡民无职事者，此是大夫家所养浮泛之人也。贺孙。

○ “周礼师氏‘居虎门，司王朝’。虎门，路寝门也。正义谓路寝庭朝、库门外朝非常朝。此是常朝，故知在路门外。”文蔚问：“路寝庭朝、库门外朝，如何不是常朝？”曰：“路寝庭在门之里，议政事则在此朝。库门外，是国有大事，询及众庶，则在此处，非每日常朝之所。若每日常朝，王但立于寝门外与群臣相揖而已。然王却先揖，揖群臣就位，王便入。只是揖亦不同，如'土揖庶姓，时揖异姓，天揖同姓'之类，各有高下。胡明仲尝云，近世朝礼每日拜跪乃是秦法，周人之制元不如此。"文蔚。师氏。

○ 古者教法，礼、乐、射、御、书、数，不可阙一。就中乐之教尤亲切。夔教胄子只用乐，大司徒之职也是用乐。盖是教人朝夕从事于此，拘束得心长在这上面。盖为乐有节奏，学他底，急也不得，慢也不得，久之，都换了他一副当情性。植。以下保氏。

○ 周礼"六书"，制字固有从形者，然为义各不同，却如何必欲说义理得！龟山有辩荆公字说三十余字。夫荆公字说，其说多矣，而止辩三十字，何益哉？又不去顶门上下一转语，而随其后屑屑与之辨。使其说转，则吾之说不行矣。僩。

○ 问："复仇之义，礼记疏云'穀梁春秋许百世复仇，庶人许五世复仇'。又云'国君许九世复仇'。又引鲁（威）〔桓〕公为齐襄公所杀，其子庄公与齐（威）〔桓〕公会盟，春秋不讥。自（威）〔桓〕至定九世，孔子相定公，会齐侯于夹谷，是九世不复仇也。此说如何？"曰："谓复百世之仇者，乱说也。许五世复仇者，谓亲亲之恩至五世而斩也。春秋许九世复仇与春秋不讥、春秋美之之事，皆解春秋者乱说也。圣人作春秋不过直书其事，美恶自见。后世言春秋者动引讥、美为言，不知你何从见圣人讥、美之意。皆是乱说。"〔又曰："事也多样。国君复仇之事又不同。"〕或云："夷狄乱华之祸，虽百世复之可也。"曰："这事难说。凡事贵谋始，也要及早乘势，才放冷了便做不得。如庄公之事，较之他亲见襄公杀其父，既不能复雠，反与之燕会，又与之主婚，筑王姬之馆于外，使周天子之女去嫁他。所为如此，岂特不能复而已？既亲与仇人如此，如何更责他去报齐（威）〔桓〕公？况更欲责定公夹谷之会，争那里去！见仇在面前，不曾报得，更欲报之于其子若孙，非惟事有所不可，也自做得没气势、无意思了。又况齐（威）〔桓〕公率诸侯尊周室以义而举，庄公虽欲不赴其盟会，岂可得哉！事又当权个时势义理轻重。若（威）〔桓〕公不是尊王室，无事自来召诸侯，如此，则庄公不赴可也。今（威）〔桓〕公名为尊王室，若庄公不赴，非是叛齐，乃叛周也。又况（威）〔桓〕公做得气势如此盛大，自家如何便复得仇？若欲复仇，则襄公杀其父之时，庄公当以不共戴天之故告之天子、方伯、连牧，必以复仇为事，杀得襄公而后已，如此方快。人既不能然，反亲与之燕会、与之主婚，尚何责焉？"又问："庄公若能杀得襄公，不知可复与（威）〔桓〕公盟会否？"曰："既杀襄公，则自家之事已了，两边方平，自与（威）〔桓〕公为会亦何妨？但庄公若能杀襄公，则'九合诸侯，一（正）〔匡〕天下'之功将在庄公而不在齐（威）〔桓〕矣。惟其不能，所以只得俯首而屈服事之也。只要乘气势做，及时做得方好。才到一二世后事便冷了，假使自家欲如此做，也自气不振。又况复仇须复得亲杀吾父兄之仇方好，若复其子孙，有甚意思！汉武帝引春秋'九世复仇'之说，遂征夷狄，名为高祖报仇，春秋何处有此说？诸公读此还信否？他自好大喜功，欲攘伐四夷，故姑托此以自诡尔。〔如本朝靖康虏人之祸，看来只是高宗初年，乘兀术、粘罕、斡离不及阿骨打未死之时，人心愤怒之日，以父兄不共戴天之仇，就此便打叠了他，方快人意。孝宗即位，锐意雪耻，然事已经隔，与吾敌者非亲杀吾父祖之人，自是鼓作人心不上。所以当时号为端人正士者，又以复仇为非、和议为是。而乘时喜功名、轻薄巧言之士则欲复仇。彼端人正士岂故欲忘此虏？盖度其时之不可而不足以激士心也。如王公明炎、虞斌父之徒百方劝用兵，孝宗尽被他说动。其实无能，用着辄败，只志在脱赚富贵而已。所以孝宗尽被这样底欺，做事不成，盖以此耳。"僩云："但不能杀虏主耳。若而今捉得虏人来杀之，少报父祖之怨，岂不快意？"曰：

"固是好，只是已不干他事，自是他祖父事。你若捉得他父祖来杀，岂不快人意！而今是他子孙，干他甚事。〕"又问："疏中说君以无辜杀其父，其子当报。引伍子胥事为证，以为圣人是之。如此则是报君，岂有此理？"曰："尽是疏家胡说，岂有此理！圣人何尝有明文是子胥来！今之解春秋者都是如此胡说。"问："疏中又引子思曰'今之君子，退人若将坠诸渊。毋为戎首，不亦善乎'，言亦当报之，但勿为兵首，从人以杀之可也。"曰："尽是胡解。子思之意，盖为或人问'礼为旧君有服'，礼欤？子思因言人君退人无礼如此，他不为戎首来杀你已自好了，何况更望其为你服？此乃自人君而言，盖甚之之辞，非言人臣不见礼于其君便可以如此也。读书不可窒塞，须看他大意。"侗。调人。

○ "泉府掌以市之征布，敛货之不售者"，或买，或赊，或贷。贷者以国服为息，此能几何？而云"凡国事之财用取具焉"，何也？闳祖。泉府。

○ 淳问："乡遂为沟洫、用贡法，都鄙为井田、行助法。何以如此分别？"曰："古制不明，亦不晓古人是如何。遂人沟洫之法，田不井授，而以夫数制之，'岁时登其夫家之众寡'，以令贡赋，便是用贡法。"淳。以下遂人。

○ 问："遂，何以上地特加莱五十亩？"曰："古制不明，亦不可晓。乡之田制亦如此，但此见于遂耳。大抵乡吏专主教，遂吏专主耕。"淳。

○ "稍"者，稍稍之义，言逐旋给与之也。不特待使者，凡百官廪禄皆然，犹今官中给俸米。侗。稍人。

春官

○ 周礼载用赤璋、白璧〔等敛〕，此岂长策？要是周公未思耳。观季孙斯死用玉，而孔子历阶言其不可，则是孔子方思量到，而周公思量未到也。义刚。大宗伯。

○ 黄问："周礼祀天神、地示、人鬼之乐，何以无商音？"曰："五音无一则不成乐。非是无商音，只是无商调。先儒谓商调是杀声，鬼神畏商调。"淳。以下大司乐。

○ 周礼不言祭地，止于大司乐一处言之。旧见陈君举亦云，社稷之祭乃是祭地，却不曾问大司乐祭地祇之事。人杰。

○ 因说及梦，曰："圣人无所不用其敬。"曰："虽至小没紧要底物事也用其敬。到得后世儒者方说得如此阔大没收杀。如周礼，梦亦有官掌之，此有甚紧要？然圣人亦将做一件事。某平生每梦见故旧亲戚，次日若不接其书信及见之，则必有人说及。看来惟此等是正梦，其他皆非正。"僩。

夏官

○ 大凡人不曾着实理会，则说道理皆是悬空。如读易不曾理会揲法，则说易亦是悬空。如周礼所载蒐田事云"如其阵之法"，便是古人自识了阵法，所以更不载。今人不曾理会阵法，则谈兵亦皆是脱空。道夫。大司马。

○ 路门外有鼓，谓之路鼓，王崩则击此鼓用以宣传四方。肺石，其形若肺，击之有声；冤民诉，击此石，如今登闻鼓。唐人亦有肺石。文蔚。太仆。

秋官

○ 人谓周公不言刑。秋官有许多刑，如何是不言刑！淳。

○ 义刚问："周礼五服之贡限以定名，不问其地之有无。与禹贡不合，何故？"先生曰："一代自有一代之制。他大概是近处贡重底物事，远处贡轻底物事，恰如禹贡所谓'纳铚、纳秸'之类。"义刚。大行人。

冬官

○ 车所以揉木又以围计者，盖是用生成圆木揉而为之，故坚耐，堪驰骋。〔闳祖。〕轮人。

朱子语类卷第八十七

小戴礼

总论

○ 节问：“看礼记、语、孟，孰先？”答曰：“礼记有说宗庙朝廷，说得远后，杂乱不切于日用。若欲观礼，须将礼记节出切于日用常行者看，节出玉藻、内则、曲礼、少仪看。”<u>节</u>。

○ 先生云：“学礼者先看仪礼。仪礼（无）〔是〕全书，其（全）〔他〕皆是讲说。如周礼王制是制度之书，大学中庸是说理之书。儒行乐记非圣人之书，乃战国贤士为之。”又云：“人不可以不庄严，所谓‘君子庄敬日强，安肆日偷’。”又曰：“‘智崇礼卑。’人之智识不可以不高明，而行之在乎小心。如大学之格物、致知是智崇处，正心、修身是礼卑处。”<u>卓</u>。

○ 有许顺之者说，人谓礼记是汉儒说，恐不然。汉儒最纯者莫如董仲舒，仲舒之文最纯者莫如三策，何尝有礼记中说话来！如乐记所谓“天高地下，万物散殊，而礼制行矣；流而不息，合同而化，而乐兴焉”，仲舒如何说得到这里？想必是古来流传得此个文字如此。<u>李</u>本作：“以是知礼记必出于孔门之徒无疑。顺之此言极是。”<u>广</u>。方子同而少异。

○ 问礼记正义载五养老、七养老之礼。曰："汉儒说制度有不合者，多推从殷礼去。大抵古人制度恐不便于今。如乡饮酒礼节文甚繁，今强行之毕竟无益，不若取今之礼酌而行之。"人杰。

○ 礼记有王肃注煞好。太史公乐书载乐记全文，注家兼存得王肃。又，郑氏注觉得好。如陆农师礼象、陈用之礼书亦该博，陈氏胜陆氏。如后世礼乐全不足取。但诸儒议礼颇有好处，此不可废，当别类作一书。六朝人多是精于此，必竟当时此学自专门名家，朝廷有礼事便用此等人议之，如今之刑法官只除用试大法人做。如本生父母事却在隋书刘子翼传，江西有士人方庭坚引处，今言者得以引用。赐。〔蘷孙同。〕

○ 郑康成是个好人，考礼名数大有功，事事都理会得。如汉律令亦有注，尽有许多精力。东汉风俗，诸儒煞好，卢植也好。淳。义刚同。

○ 王肃议礼必反郑玄。贺孙。

○ 问："礼记古注外无以加否？"答曰："郑注自好。看注、看疏自可了。"大雅。

○ 或曰："经文不可轻改。"答曰："改经文固是启学者不敬之心。然旧有一人专攻郑康成解礼记不合改其文。如'蛾子时术之'，亦不改，只（改）作'蚕蛾'字。云，如蚕种之生，循环不息。是何义也！且如大学云'举而不能先，命也'，若不改，成甚义理！"大雅。

○ 郑康成解"非天子不议礼"云："必圣人在天子之位然后可。"若解经得如此简而明，方好。大雅。

○ 汉儒初不要穷究义理，但是会读，记得多，便是学。义刚。

○ "方、马二解合当参考，尽有说好处，不可以其新学而黜之。如'君赐衣服，服以拜赐'。绝句是。'以辟之命，铭为烝彝鼎'，旧点'以辟之'为一句，极无义。辟乃君也，以君之命铭彝鼎。最是。又如陆农师点'人生十年曰幼'作一句，'学'作一句，下放此，亦有理。'圣人作'作一句，'为礼以教人'。学记'大学之教也'作一句，'时教必有正业，退息必有居学'。'乃言底可绩三载'，皆当如此。'不在此位也'，吕与叔作'岂不在此位也'，是。后看家语乃无'不'字，当从之。大戴礼或有注或无注，皆不可晓。其本文多错，注亦错。如武王诸铭有煞着题处，有全不着题处。或是当时偶有警戒之语便随处写记，不必恰好。不似今人为某铭，须要仿象本色。"贺孙因举问数铭可疑。先生曰："便是如盥盘之铭，又恰似可做船铭，亦是当时因见水而起意。然此等错杂亦未可知。如明堂篇，郑注于'二九四七五三六一八'之下，谓周室法龟文。看'二九四七五三六一八'正是洛书。他那时已自把九畴作洛书看了。"贺孙。

曲礼上

○ 陈叔晋云："经礼，如天子七庙、士二庙之类，当别有一书，今亡矣。曲礼，如威仪之类，〔至录云："是威仪纤悉处。"〕今曲礼仪礼是也。"恨不及问之。方子。

○ 曲礼必须别有一书协韵，如弟子职之类。如今篇首"若思"、"定辞"、"民哉"，兹。及"上堂声必扬"、"入户视必下"，户。皆是协韵。今上下二篇却是后人补凑而成，不是全篇做底，"若夫"等处文意都不接。内则却是全篇做底，但"曾子曰"一段不是。方子。

○ 问："艾轩解'毋不敬，俨若思，安定辞，安民哉'，训'思'字作助语，然否？"曰："训'思'字作助语尚庶几，至以'辞'字亦为助语，则全非也。他门大率偏枯，把心都在边角上用。"方子。

○ 文蔚问："曲礼篇首三句是从源头说来，此三句固是一篇纲领。要之，'俨若思，安定辞'又以'毋不敬'为本。"曰："然。"又曰："只是下面两句便是'毋不敬'。今人身上大节目只是一个容貌言语，便如'君子所贵乎道者三'，这里只是不曾说'正颜色'。要之，颜色、容貌亦不争多，只是颜色有个诚与伪。"沈录此下又云："箕子九畴，其要只在五事。"文蔚。

○ "若夫坐如尸，立如齐"本大戴礼之文。上意尊亲，因假说此乃成人之仪，非所以事亲也。记曲礼者撮其言，反带"若夫"二字，不成文理。而郑康成又以"丈夫"解之，益谬。他也是解书多后更不暇子细。此亦犹"子曰好学近乎智，力行近乎仁，知耻近乎勇"，家语答问甚详，子思取入中庸而删削不及，反衍此"子曰"两字。义刚。陈淳录同。

○ 文蔚问："'礼闻取于人，不闻取人；礼闻来学，不闻往教。'吕与叔谓上二句学者之道，下二句教者之道。取犹致也。取于人者，我为人所取而教之，在学者言之，则来学者也。取人者，我致人以教己，在教者言之，则往教者也。此说如何？"曰："道理亦大纲是如此，只是说得不甚分晓。据某所见，都只就教者身上说。取于人者，是人来求我，我因而教之；取人者，是我求人以教。今欲下一转语：取于人者便是'有朋自远方来'、'童蒙求我'；取人者便是'好为人师'、'我求童蒙'。"文蔚。

○ "班朝治军，莅官行法，非礼，威严不行；祷祠祭祀，供给鬼神，非礼，不诚不庄。"以"诚庄"对"威严"，则莅官当以威严为本。然恐其太严，又当以宽济之。德明。

○ 问："'七十老而传'则嫡子、嫡孙主祭。如此，则庙中神主都用改换作嫡子、嫡孙名奉祀。然父母犹在，于心安乎？"曰："然。此等也难行，也且得躬亲耳。"又问："嫡孙主祭则便须祧六世、七世庙主，自嫡孙言之则当祧。若叔祖尚在，则乃是祧其高曾祖，于心安乎？"曰："也只得如此。圣人立法，一定而不可易，兼当时人习惯，亦不以为异也。"又问："先生旧时立春祭先祖，冬至祭始祖，后来废之，何故？"曰："觉见得忒煞过当，和那禘、祫都包在里面了。恐太僭，遂废之。"侃。

○ 义刚问："'年长以倍则父事之'，这也只是同类则可行此礼否？"曰："他也是说得年辈当如此。"又问："如此则不必问德之高下，但一例如此否？"曰："德也隐微难见。德行底人，人也自是笃敬他。"又问："如此则不必问年之高下，但有德者皆笃敬之？"曰："若是师他则又不同，若朋友中德行底也自是较笃敬也。"义刚。

○ "为人子者，居不主奥。"古人室在东南隅开门，东北隅为突，西北隅为屋漏，西南隅为奥。人才进便先见东北隅，却到西北隅，然后始到西南隅，此是至深密之地。铢。

○ 尸用无父母者为之，故曰"食飨不为概，祭祀不为尸"。文蔚。

○ "父召无诺，唯而起"，唯速于诺。<u>文蔚</u>。

○ <u>文蔚</u>问："曲礼云'父不祭子，夫不祭妻'，何也?"曰："便是此一说，被人解得都无理会了。据某所见，此二句承上面'馂余不祭'说。盖谓馂余之物，虽父不可将去祭子，夫不可将去祭妻。且如<u>孔子</u>'君赐食，必正席先尝之；君赐腥，必熟而荐之'。君赐腥则必〔非〕馂余矣，虽熟之以荐先祖可也。赐食则或为馂余，但可正席先尝而已，固是不可祭先祖，虽妻子至卑，亦不可祭也。"<u>文蔚</u>。

○ "馂余不祭，父不祭子，夫不祭妻。"先儒自说一说，<u>横渠</u>又自为一说。看来只是祭祀之"祭"，此因"馂余"起文，谓父不以是祭其子，夫不以是祭其妻，举其轻者言，则他可知矣。<u>雉</u>。

○ "馂余不祭，父不祭子，夫不祭妻"，古注说不是。今思之，只是不敢以馂余又将去祭神。虽以父之尊，亦不可以祭其子之卑；夫之尊，亦不可以祭其妻之卑，盖不敢以鬼神之余复以祭也。"祭"非"饮食必有祭"之"祭"。<u>贺孙</u>。

○ 居丧，初无不得读书之文。"古人居丧不受业"者，业谓簨虡上一片板，不受业谓不敢作乐耳。古人礼乐不离身，惟居丧然后废乐，故曰"丧复常，读乐章"。周礼有司业者，谓司乐也。<u>佃</u>。

○ 凡有一物必有一个则，如"羹之有菜者用梜"。<u>祖道</u>。

○ 凡御车，皆御者居中、乘者居左。惟大将军之车，将自居中，所谓"鼓下"。大将自击此鼓，为三军听他节制。虽王亲征，亦自击鼓。<u>文蔚</u>。

檀弓上

○ 孔子令伯鱼丧出母而子上不丧者，盖犹子继祖，与祖为体。出母既得罪于祖，则不得入祖庙。不丧出母，礼也。孔子时人丧之，故亦令伯鱼、子思丧之；子上时人不丧之，故子上守法，亦不丧之。其实子上是正礼，孔子却是变礼也，故曰"道隆则从而隆，道污则从而污"。方子。

○ 问子上不丧出母。曰："今律文甚分明。"又问："伯鱼母死，期而犹哭，如何？"曰："既期则当除矣，而犹哭，是以夫子非之。"又问"道隆则从而隆，道污则从而污"。曰："以文意观之，道隆者，古人为出母无服，迨德下衰，有为出母制服者。夫子之听伯鱼丧出母，随时之义也。若子思之意，则以为我不能效先君子之所为，亦从古者无服之义耳。"人杰。

○ 问"不丧出母"。曰："子思所答与丧礼都不相应，不知何故。据其问意，则以孔子尝令子思丧之，却不令子上丧之，故疑而问之也。子思之母死，孔子令其哭于庙。盖伯鱼死，其妻再嫁于卫。子思答以道之污隆，则以孔子之时可以随俗，而今据正礼则为伋妻者则为白母，不为伋妻者是不为白母尔。礼，为父后者，为出母无服。只合以此答之。"侗。

○ "稽颡而后拜"，谓先以头至地而后下手，此丧拜也。若"拜而后稽颡"，则今人常用之拜也。人杰。

○ "稽颡而后拜"，稽颡者，首触地也。"拜"字从两手下。人杰。

○ 申生不辨骊姬，看来亦未是。若辨而后走，恐其他公子（亦不）〔或可〕免于难。方子。

○ 施问："每疑夫子言'我非生而知之'，'若圣与仁，则吾岂敢'，及至梦奠两楹之间则曰：'太山其颓乎！梁木其坏乎！哲人其萎乎！'由前似太谦，由后似太高。"先生曰："檀弓出于汉儒之杂记，恐未必得其真也。"㝢。

○ "曾子袭裘而吊，子游裼裘而吊"，裘似今之袄子，裼衣似今背子，袭衣似今凉衫公服。袭裘者，冒之不使外见；裼裘者，袒其半而以襌衣衬出之。"缁衣，羔裘；素衣，麑裘；黄衣，狐裘"，缁衣、素衣、黄衣即裼衣，襌衣也。欲其相称也。倜。

○ "从母之夫，舅之妻，二夫人相为服"，这恰似难晓。往往是外甥在舅家，见得〔嬒〕与姨夫相为服。其本来无服，故异之。〔贺孙。〕

○ 丧礼只〔二〕十五月，"是月禫，徙月乐"。文蔚。

檀弓下

○ "君之丧，诸达官之长，杖。"达官谓得自通于君者，如内则公卿、宰执与六曹之长、九寺五监之长，外则监司、郡守，得自通章奏于君者。凡此皆杖，次则不杖。如太常卿〔杖〕，太常少卿则不杖，若太常卿阙，则少卿代之杖。㑀。

○　问子贡、曾子入吊修容事。先生曰："未必恁地。"夔孙。〔池本
云："不知又出来作个甚嘴脸。"〕

王制

○　王制说王畿采地只是内诸侯之禄。后来如祭公、单父、刘子、
尹氏亦皆是世嗣，然其沾王教细密，人物皆好。刘康公所谓"民受天地
之中以生"，都是识这道理。想当时识这道理者亦多，所以孔子亦要行
一遭，问礼于老聃。淳。

○　问王制封国之制。曰："汉儒之说只是立下一个算法，非惟施
之当今有不可行，求之昔时亦有难晓。且如九州之地，冀州极阔，河
东、北皆属焉。雍州亦阔，陕西五路皆属焉。若青、兖、徐、豫，则疆
界有不足者矣。设如夏时封建之国革命之后，不成地多者削其国以予少
者，如此则彼未必服，或以生乱。又如周王以原田与晋文，其民不服，
至于伐之。盖世守其地，不肯遽从他人。若封王子弟，必须有空地方可
封。左氏载齐地蒲姑氏因之，而后太公因之。若成王不得蒲姑之地，太
公亦未有顿放处。"人杰。

○　王制、祭法庙制不同。以周制言之，恐王制为是。闳祖。

○　问"天子犆礿，祫禘，祫尝，祫烝"，正义所解数段。曰："此
亦难晓。礿祭以春物未成，其礼稍轻，须着逐庙各祭。祫、禘之类又却

合为一处，则禘反详而祫反略矣。又据正义，禘礼是四处各序昭穆，而大传谓'不王不禘。王者禘其祖之所自出，以其祖配之'，若周人禘喾，配以后稷，是也。如此，则说禘又不可通矣。"又云："春秋书'禘于太庙，用致夫人'，又不知禘于太庙其礼如何？太庙是周公之庙。先儒有谓鲁亦有文王庙。左氏载郑祖厉王。诸侯不敢祖天子，而当时越礼如此，故公庙设于私家，皆无理会处。"又问："'诸侯祫则不禘'一段，〔注谓〕是岁朝天子，废一时祭。"曰："春秋朝会无节，〔必大录云："若从征伐，或经岁方归。"〕岂止一岁废一时祭而已哉！不然，则或有世子，或大臣居守。〔岂不可以摄事？〕"人杰。〔必大录略。〕

月令

○ 黄直卿云："今仲冬中星，乃东壁。"义刚。

○ 明堂，想只是一个三间九架屋子。贺孙。

青阳右个	明堂左个〔门〕	明堂太庙	明堂右个〔门〕	总章左个
青阳太庙		太庙太室		总章太庙
青阳左个	玄堂右个〔门〕	玄堂太庙	玄堂左个〔门〕	总章右个

○ 论明堂之制者非一。某窃意当有九室，如井田之制：东之中为青阳太庙，东之南为青阳右个，东之北为青阳左个，南之中为明堂太

庙，南之东_{即东之南}。为明堂左个，南之西_{即西之南}。为明堂右个，西之中为总章太庙，西之南_{即南之西}。为总章左个，西之北_{即北之西}。为总章右个，北之中为玄堂太庙，北之东_{即东之北}。为玄堂右个，北之西_{即西之北}。为玄堂左个，中（是）〔央〕为太庙太室。凡四方之太庙异方所。其左个右个则青阳之右个乃明堂之左个，明堂之右个乃总章之左个也；总章之右个乃玄堂之左个，玄堂之左个乃青阳之右个也，但随其时之方位开门耳。太庙太室则每季十八日，天子居焉。古人制事多用井田遗意，此恐也是。_{砥。}

○ 问："礼注疏中所说祀五帝神名，如灵威仰、赤熛怒、白招拒、叶光纪之类，果有之否？"曰："皆是妄说。汉时已祀此神。汉是火德，故祀赤熛怒，谓之'感生帝'。本朝火德，亦祀之。"问"感生"之义。曰："如玄鸟卵、大人迹之类耳。""汉赤帝子事，果有之否？"曰："岂有此理，尽是鄙俗相传、傅会之谈。"又问："五行相生相胜之说，历代建国皆不之废，有此理否？"曰："须也有此理，只是他前代推得都没理会。如秦以水德，汉却黜秦为闰而自以火德继周。如汉初张苍自用水德，后来贾谊、公孙臣辈皆云当用土德，引黄龙见为证，遂用土德。直至汉末，方申火德之说。及光武以有赤伏符之应，遂用火德。历代相推去。唐用土德，五代后梁继之以金。及至后唐，又自以为唐之后，复用土德而不继梁。后晋以金继土，后汉以水，后周以木，本朝以火。是时诸公皆争以为本朝当用土德，改正五代之序而去其一以承周。至引太祖初生时，胞衣如菡萏，遍体如真金色，以为此真土德之瑞。一时煞争议，后来卒用火德。此等皆没理会。且如五代仅有三四年者亦占一德，此何足以系存亡之数！若以五代为当系，则岂应黜秦为闰？皆有不可晓者，不知如何。"又曰："五行之建，于国家初无利害，但腊日则用此推之耳。如本朝用戌日为腊，是取此义。"又曰："如秦以水德，以为水者刻深，遂专尚杀罚，此却大害事！"_{㑡。}

○ 又问："月令'仲春行秋令'云云，不知是天行令，是人行令？"先生曰："是人行此令，则召天之灾。"<u>辛</u>。

文王世子

○ "师保、疑丞"，"疑"字晓不得，想只是有疑即问他之意。<u>庚</u>。

○ "公族有罪无宫刑，不翦其类也。"纤剸于甸人，特不以示众耳，刑固不可免。今之法，乃杀人不死。祖宗时宗室至少，又聚于京师，犯法绝寡，故立此法。今散于四方万里，与常人无异，乃纵之杀人，是何法令？不可不革。<u>可学</u>。

礼运

○ 问："礼运似与老子同？"曰："不是圣人书。<u>胡明仲</u>云'礼运是<u>子游</u>作，乐记是<u>子贡</u>作'。计<u>子游</u>亦不至如此之浅。"问："乐记以乐为先，与<u>濂溪</u>异。"曰："他却将两者分开了。"<u>可学</u>。

○ <u>孔子</u>曰："我欲观<u>夏</u>道，是故之<u>杞</u>，而不足征也，吾得<u>夏时</u>焉；我欲观<u>殷</u>道，是故之<u>宋</u>，而不足征也，吾得<u>坤</u>、<u>乾</u>焉。"说者谓<u>夏小正</u>与<u>归藏</u>，然圣人读此二书必是大有发明处。<u>归藏</u>之书无传，然就使今人得二书读之，岂能有圣人意思也！<u>人杰</u>。

○ 杨问："礼运'故百姓则君以自治也',云云。注'则'字作'明'字,不知可从否?"曰:"只得作'明'字。"寓问:"六经中,注家所更定字不知尽从之否?"曰:"亦有不可依他处。"寓问:"礼记'主人既祖,填池,郑氏作'奠彻',恐只是'填池',是殡车所用者。"先生曰:"如'鱼跃拂池',固是如此。但见葬车用此,恐殡车不用此,此处亦有疑。"又问:"'其慎也,盖殡也','慎'(盖)〔改〕为'引',如何?"曰:"若此处皆未可晓。"寓。

○ 问:"七情,喜、爱、欲发于阳,怒、哀、惧、恶发于阴否?"曰:"也是如此。"问:"怒如何属阴?"曰:"怒毕竟属义,义属阴。怒与恶皆羞恶之发,所以属阴。爱与欲相似,欲又较深。爱是只说这物事好可爱而已,欲又是欲得之于己。他这物事又自分属五行。"问:"欲属水,喜属火,爱属木,恶与怒属金,哀与惧亦属水否?"曰:"然。"僩。

○ 问:"七情中爱与欲何以别?"曰:"爱是泛爱那物。欲则有意于必得,便要挈将来。"淳。

○ 贺孙问:"喜、怒、哀、惧、爱、恶、欲是七情,论来亦自性发。只是怒自羞恶发出,如喜、怒、哀、欲,恰都自恻隐上发。"曰:"哀、惧是那个发?看来也只是从恻隐发,盖惧亦是怵惕之甚者。但七情不可分配四端,七情自于四端横贯过了。"贺孙。

○ 问:"喜、爱、欲三者不同,如何分别?"曰:"这只各就他地头看。如诚只是实,就他本来说唤做诚,就自家身上说诚又自与本来不同。如信,就本然之理说是信,就自家身己说信又不同,就物上说又不同。要知也只是一个实。如曰'主忠信'之类,皆是自家身上说也。"贺孙。

○ 问："'欲'与'慾'字有何分别?"答曰："无心'欲'字虚,有心'慾'字实。有心'慾'字是无心'欲'字之母。此两字亦通用。今人言灭天理而穷人慾,亦使此'慾'字。"曼曰："方动者慾,行出来者欲。"芝。

○ 爱是泛爱,欲是要得之心。道夫。

郊特牲

○ 礼(记)〔器〕出人情,亦是人情用。可学。

○ 问:"蜡祭何以言'仁之至,义之尽'?"曰:"如〔迎〕猫、虎等事,虽至微至细处亦有所不违,故曰'仁之至,义之尽'。"谟。去伪录同。

玉藻

○ "笏者,忽也,所以备忽忘也。'天子以球玉,诸侯以象,大夫以鱼须、文竹,士竹本、象可也。'汉书有秉笏奏事。"又曰:"执簿亦笏之类,本只是为备遗忘,故手执、眼观、口诵。或于君前有所指画,不敢用手,故以笏指画。今世遂用以为常执之物。周礼典瑞'王搢大圭，执镇圭'，大圭不执，只是搢于腰间，却执镇圭，用藻藉以朝日。而今郊庙天子皆执大圭，大圭长三尺，且重，执之甚难，古者本非执大圭也。"僩。

○ 文蔚问："礼记九容与论语九思，一同本原之地，固欲存养；于容貌之间，又欲随事省察。"曰："即此便是涵养本原。这里不是存养，更于甚处存养？"文蔚。

明堂位

○ 问："明堂位一篇是有此否？"答曰："看鲁人有郊禘，也是有此。"问曰："当时周公制礼，'父为大夫，子为士，葬以大夫，祭以士；父为士，子为大夫，葬以士，祭以大夫'。不成周公制礼使其子乱之？看来子思前如此说，后却说'郊社之礼，禘尝之义，治国其如示诸掌乎'，怕是子思以此讥鲁之僭礼。"先生曰："子思自是称武王、周公之达孝，不曾是讥鲁。"刘曰："孔子言'鲁之郊禘，非礼也，周公其衰矣'，孔子尚有此说。"先生曰："孔子后来是如此讥之。"先生因曰："看公文字有几件，要合作一处说。"又曰："这个自是周公死了，成王赐伯禽，不干周公事。尧之有丹朱，舜之有商均，不肖子弟亦有之。成王、伯禽犹似〔可〕。"问："当时不曾封公，只是封侯，如何？"答曰："天子之宰、二王之后方封公，伯禽势不得封公。"杨问秦会之当时云云。先生曰："他当时有震主之势出于己，只是跳一步便是这物事。如吴王濞，（汉）既立丞相、御史大夫、百官，与天子不相远，所以起不肖之心。周公当时七年天子之位，其势成，王所以赐之天子之礼乐。"砥。寓同而略。

丧服小记

○ 礼记只是解仪礼，如丧服小记便是解丧服传，推之每篇皆然。惟大传是总解。德明。

○ 凡文字，有一两本参对则义理自明。如礼记中丧服小记、丧服大传，都是解注仪礼。丧服小记云："庶子不祭祢，明（有）〔其〕宗也。"又曰："庶子不祭祖，明有宗也。"注谓不祭祢者，父之庶子。不祭祖者，其父为庶子。说得繁碎。大传只说"庶子不祭"，则祖、祢皆在其中矣。某所以于礼书中只载大传说。〔僩。〕

大传

○ 吴斗南说："'礼，不王不禘'，'王'如'来王'之'王'。四夷〔黄录作"要荒"。〕之君，世见中国。一世王者立则彼一番来朝，故王者行禘礼以接之。彼本国之君一世继立则亦一番来朝，故归国则亦行禘礼。"此说亦有理。所谓"吉禘于庄公"者亦此类，非五年之禘也。淳。〔义刚同。〕

○ 诸侯夺宗，大夫不可夺宗。泳。

○ "别子为祖，继别为宗。"是诸侯之庶子与他国之人在此邦居者皆为别子，既为别子则其子孙各自以为太祖。如鲁之三家：季友，季孙氏之太祖也；庆父，孟孙氏之太祖也；公子牙，叔孙氏之太祖也。僩。

○ 问"有小宗而无大宗者，有大宗而无小宗者，有无宗亦莫之宗者"。先生云："此说公子之宗也。谓如人君有三子，一嫡而二庶则庶宗其嫡，是谓'有大宗而无小宗'；皆庶则宗其庶长，是谓'有小宗而无大宗'；止有一人则无人宗之，己亦无所宗焉，是谓'有无宗亦莫之宗'也。下云'公子之公，为其士大夫之庶者，宗其士大夫之嫡者'，此正解'有大宗而无小宗'一句。'之公'之'公'犹君也。"人杰。

学记

○ 学记云"九年知类通达"，横渠说得好："学者至于能立，则教者无遗恨矣，此处方谓大成。"盖学者既到立处，则教者亦不消得管他，自住不得。故横渠又云："学者能立，则自强不反而至于圣人之大成。而今学者不能得扶持到立处。"尝谓此段是个致知之要。如云"一年视离经辨志"，古注云，"离经"，断绝句也。此只是读得成句。辨志是知得这个是为己、那个是为人，这个是义、那个是利。"三年敬业乐群"，敬业是知得此是合当如此；乐群是知得滋味，好与朋友切磋。"五年博习亲师"，博习是无所不习，亲师是所见与其师相近了。"七年论学取友"，论学是他论得有头绪了，取友是知贤者而取之，此"谓之小成"。"九年知类通达"，此"谓之大成"。横渠说得"推类"两字最好，如荀子"伦类不通，不足谓之善学"，而今学者只是不能推类。到得"知类通达"是无所不晓，便"是自强不反"。这几句都是上两字说学，下两字说所得处，如离经便是学，辨志便是所得处。他皆仿此。赐。〔夔孙同。〕

○ 林子武问"宵雅肄三，官其始也"。先生曰："圣人教人，合下便是要用底，便要用贤者以治不贤者，举能者以教不能者。所以公卿大夫在下，也思各举其职。不似而今上下都恁地了，使穷困之民无所告诉。圣贤生斯世，若是见似而今都无理会得，他岂不为恻然思有以救之？'孔子三月无君则皇皇如也。'但不可枉尺直寻，以利言之。天生一人便须管得天地间事，如人家有四五子，父母养他岂不要他使？但其间有不会底，则会底岂可不出来为他担当一家事？韩退之云'盖畏天命而悲人穷也'，这也说得来好，说得圣贤心出。"义刚。燮孙录有详略。

○ 问："'不学杂服，不能安礼'，郑注谓，服是皮弁、冕服；横渠谓，服，事也，如洒扫应对沃盥之类。"曰："恐只如郑说。古人服各有等降，若理会得杂服，则于礼亦思过半矣。且如冕服是天子祭服，皮弁是天子朝服，诸侯助祭于天子则服冕服，自祭于其庙则服玄冕；大夫助祭于诸侯则服玄冕，自祭于其庙则服皮弁。又如天子常朝则服皮弁，朔旦则服玄冕，无旒之冕也；诸侯常朝则用玄端，朔旦则服皮弁；大夫私朝亦用玄端，夕深衣；士则玄端以祭，上士玄裳，中士黄裳，下士杂裳；前玄后黄也。庶人深衣。"〔偶。〕

○ 学记谓"呻其占毕，多其讯"，多其讯如公毂所谓"何"者是也。广。

○ 问："'使人不由其诚'，莫只是教他记诵而中心未尝自得否？"曰："若是逼得他紧，他便来厮瞒，便是不由诚。尝见横渠作简与某人，谓其子日来诵书不熟，且教他熟诵，尽其诚与材。"文蔚曰："便是他解此两句只作一意解。其言曰：'人之材足以有为，但以其不由于诚，则不尽其材。若曰勉率以为之，岂有由其诚也哉？'"曰："固是。既是他不由诚，自是材不尽。"文蔚。

○ "善问者如攻坚木，先其易者"，而后其难。今人多以难中有道理，而不知通其易则难自通，此不可不晓。可学。

○ 问"善问者如攻坚木"一段。曰："此说最好。若先其难者，理会不得，更进步不去。须先其易者，难处且放下，少间见多了，自然相证而解。'说'字，人以为'悦'，恐只是'说'字。'说'，证之义也。'解物为解，自解释为解'，恐是相证而晓解。"庚。

○ "'善问者如攻坚木，先其易者，后其节目。'非特善问，读书求义理之法皆然。置其难处，先理会其易处，易处通则坚节自迎刃而解矣。若先其难者，则刅顿斧伤而木终不可攻，纵使能攻，而费工竭力，无自然相说而解之功，终亦无益于事也。"问："'相说而解'，古注'说'音悦，'解'音佳买反。"曰："'说'只当如字，而'解'音蟹。盖义理相说之久，其难处自然触发解散也。"偁。

乐记

○ 看乐记大段形容得乐之气象。当时许多形名度数是人人晓得，不消说出，故只说乐之理如此其好。今来许多度数都没了，却只有许多乐之意思是好，只是没个顿放处。如有帽却无头，有个鞋却无脚，虽则是好，自无顿放处。司马温公旧与范蜀公事事争到底，这一项事却不思量着。贺孙。

○ 古者礼乐之书具在，人皆识其器数，〔至录云："人人诵习，识其器数。"〕却怕他不晓其义，故教之曰："凡音之起，由人心生也。"又曰：

"失其义、陈其数者，祝、史之徒也。"今则礼乐之书皆亡，学者却但言其义，至于器数则不复晓，盖失其本矣。方子。〔至同。〕

○ "一倡而三叹"，谓一人倡而三人和也。今之解者犹以为三叹息，非也。节问："'人生而静，天之性也。'静非是性，是就所生指性而言。"先生应。节问"知知"字。曰："上'知'字是'致知'之'知'。"又曰："上'知'字是体，下'知'字是用。上'知'字是知觉者。"节复问"反躬"。曰："反躬是回头省察。"又曰："反躬是事亲孝，事君忠，这个合恁地，那个合恁地，这是反躬。"节。

○ "物之感人无穷，而人之好恶无节"，此说得工夫极密，两边都有些罪过。物之诱人固无穷，然亦是自家好恶无节，所以被物诱去。若自有个主宰，如何被他诱去？此处极好玩味，且是语意浑粹。〔僩。〕

○ 问："'礼胜则离，乐胜则流'，既云离与流，则不特谓之胜，礼乐已亡矣。"曰："不必如此说，正好就'胜'字上看，只争这些子。礼才胜些子便是离了，乐才胜些子便是流了。知其胜而归之中，即是礼乐之正。正好就'胜'字上看，不可云礼乐已亡也。"僩。

○ 又曰："此等礼，古人目熟耳闻，凡其周旋曲折、升降揖逊，无人不晓。后世尽不得见其详，却只有个说礼处，云'大礼与天地同节'云云。又如乐尽亡了，而今却只空留得许多说乐处，云'流而不息，合同而化'云云。又如周易许多占卦，浅近底物事尽无了，却空有个系辞说得神出鬼没。"僩。

○ 问"明则有礼乐，幽则有鬼神"。曰："礼主减，乐主盈。鬼神亦只是屈伸之义。礼乐、鬼神一理。"德明。

○ 问"明则有礼乐，幽则有鬼神"。答云："此只是一个道理。在圣人制作处便是礼乐，在造化处便见鬼神。"金录止此。或云："<u>明道</u>云'"天尊地卑，乾坤定矣"，"鼓之以雷霆，润之以风雨"是也'。不知'天地尊卑'是礼，'鼓之'、'润之'是乐否？"先生乃引<u>乐记</u>〔"天尊地卑"至"乐者天地之和也"〕一段，云："此意思极好！再三叹息。"退思，是"天尊地卑，乾坤定矣"，如此则礼者天地之别也。"地气上际，天气下降"云云，如此则乐者天地之和也。己亥秋尝见先生，云："鬼神只是礼乐底骨子。"<u>人杰</u>。谟、去伪亦同而略。

○ "乐由天作"，属阳，故有运动底意；"礼以地制"，如由地出，不可移易。升卿。

○ 或问"天高地下，万物散殊"一段。先生因叹此数句意思极好，非<u>孟子</u>以下所能作，其文如<u>中庸</u>，必<u>子思</u>之辞。<u>左传</u> <u>子太叔</u>亦论此："夫礼，天之经，地之义，民之行。天地之经，而民实则。"云云。"旧见<u>伯恭</u>爱教人看。只是说得粗，文意不溜亮，不如此说之纯粹通畅。他只是说人做这个去合那天之度数，如云'为六畜、五牲、三牺以奉五味'云云之类，都是做这个去合那天，都无那自然之理。如云'天高地下，万物散殊，而礼制行矣；流而不息，合同而化，而乐兴焉'，皆是自然合当如此。"<u>侗</u>。

○ 问："'礼乐极乎天而蟠乎地，行乎阴阳而通乎鬼神，穷高极远而测深厚'，此是言一气之和无所不通否？"曰："此亦以理言。有是理即有是气。亦如说'天高地下，万物散殊，而礼制行矣'。"<u>文蔚</u>曰："<u>正义</u>却引'甘露降，醴泉出'等语。"曰："大纲亦是如此。缘先有此理，末梢便有这征验。"<u>文蔚</u>。

○ "'乐，乐其所自生；礼，反其所自始'，亦如'乐由中出，礼自外作'。乐是和气，从中间直出，无所待于外；礼却是始初有这意思，外面却做一个节文抵当他，却是人做底。虽说是人做，元不曾杜撰，因他本有这意思，故下文云'乐章德，礼报情，反始也'。"文蔚问："如何是章德？"曰："和顺积诸中，英华发诸外，便是章著其内之德。横渠说：'乐则〔得〕其所乐，即是乐也，更何所待？是乐其所自成。'说得亦好。只是'乐其所自成'与'乐其所自生'，用字不同尔。"文蔚。

○ 问："'礼乐偩天地之情'，如阴阳之阖辟升降，天地万物之高下散殊；'穷本知变，乐之情'，如五音六律之相生无穷；'著诚去伪，礼之经'，如品藻节文之不可淆乱否？"曰："也不消如此分。这两个物事只是一件。礼之诚便是乐之本，乐之本便是礼之诚。若细分之，则乐只是一体周流底物，礼则是两个相对，著诚与去伪也。礼则相刑相克，以此克彼；乐则相生相长，其变无穷。乐如昼夜之循环，阴阳之阖辟，周流贯通；而礼则有向背明暗。论其本，则皆出于一。乐之和便是礼之诚，礼之诚便是乐之和。只是礼则有诚有伪，须以诚克去伪则诚著。所以乐记内外同异，只管相对说，翻来覆去只是这两说。"又曰："偩，依象也。'穷本知变'，如乐穷极到本原处，而其变生无穷。"问："'降兴上下之神'是说乐，'凝是精粗之体'是说礼否？"曰："不消如此分。礼也有'降兴上下之神'时节，如祭肝、祭心之类。"僩。

○ 节问"乐以治心，礼以治躬"。曰："心要平易，无艰深险阻，所以说'不和不乐，则鄙诈之心入之矣；不庄不敬，则慢易之心入之矣'。"节。

○ "易直子谅"，韩诗作"易直慈良"。从周。

○ 读书自有可得参考处。如"易直子谅之心生"一句，"子谅"，从来说得无理会。却因见韩诗外传"子谅"字作"慈良"字，则无可疑。木之。

○ 林子武问："'天则不言而信'莫只是实理，'神则不怒而威'莫只是不测知之意否?"先生曰："也是恁地。神便是个动底物事。"义刚。

祭法

○ 或问："祭法云'鲧障洪水而殛死，禹能修鲧之功'，所以举鲧，莫是因言禹后并及之耶?"答曰："不然。"去伪。

○ 李丈问："四时之祫，高祖有时而在穆。"先生曰："某以意推之如此，无甚紧要，何必理会? 礼书大概差舛不可晓。如祭法一篇即国语柳下惠说〔祀〕爰居一段，但文有先后。如祀稷祀契之类，只是祭祖宗耳。末又说有功则祀之，若然则祖宗无功不祀乎?"淳。义刚同而略，自"如祭法"以上无。

祭义

○ 祭义说："春禘秋尝。霜露既降，君子履之必有凄怆之心，非其寒之谓。雨露既濡，君子履之必有怵惕之心，如将见之。乐以迎来，哀以送往，故禘有乐而尝无乐。"盖春阳气发来，人之魄魂亦动，故禘有乐以迎来，如楚辞 大招中亦有"魂来"之语；秋阳气退去，乃鬼之屈，故尝不用乐以送往。义刚。陈淳录同。

○ 问："礼记云'孝子有终身之丧，忌日之谓也'，不知忌日合着如何服？"曰："唐时士大夫依旧孝服受吊。五代时某人忌日受吊，某人吊之，遂于坐间刺杀之。后来只是受人慰书而不接见，须隔日预办下谢书，俟有来慰者即以谢书授之，不得过次日，过次日谓之失礼。服亦有数等，考与祖、曾祖、高祖各有降杀，妣与祖妣服亦不同。大概都是黪衫、黰巾。后来横渠制度又别，以为男子重乎首，女子重乎带。考之忌日则用白巾之类疑亦是黪巾。而不易带；妣之忌日则易带而不改巾。服亦随亲疏有隆杀。"问："先生于忌日何服？"曰："某只是着白绢凉衫、黪巾，不能做许多样服得。"问："黪巾以何为之？"曰："纱绢皆可。某以纱。"又问："诞辰亦受子弟寿酒否？"曰："否。""衣服易否？"曰："否。一例不受人物事。某家旧时常祭，立春、冬至、季秋祭祢三祭。后以立春、冬至二祭近禘、祫之祭，觉得不安，遂去之。季秋依旧祭祢，而用某生日祭之。适值某生日在季秋，遂用此日。"九月十五日。又问："在官所还受人寿仪否？"曰："否。然也有行不得处。如作州则可以不受人物礼，盖受与不受可以自由。若有监司所在，只得按例与之受；盖他生日时又用还他礼数，所以有处只得受。某在潭州如此。在南康、漳州，不受亦不送。"又问黪巾之制。曰："如帕复相似，有四只带，若当幞头然。"僩。

○ 又问（表）〔丧〕记伊川曰："礼记（名）〔多〕有不纯处。如'至孝近乎王，至弟近乎霸'，直是可疑。如此则王无弟、霸无父也！"曰："表记言'仁有数，义有长短小大'，此亦有未安处。今且只得如注说。"<u>去伪</u>。

○ <u>祭义</u>中，夫子对<u>宰我</u>问鬼神一段好。<u>人杰</u>。

○ <u>文蔚</u>问："'其气发扬于上，为昭明、焄蒿、凄怆，此百物之精，神之著也。'如何?"曰："此是阴阳乍离之际，仿佛如有所见，有这个声气。昭明、焄蒿是气之升腾，凄怆是感伤之意。"<u>文蔚</u>。

○ 问"其气发扬于上，为昭明、焄蒿、凄怆"。先生云："昭明是所谓光景者，想像其如此；焄蒿是腾升底气象；凄怆是能令人感动模样，'墟墓之间未施哀而民哀'是也。'洋洋乎如在其上，如在其左右'，正谓此。"<u>德明</u>。

哀公问

○ <u>哀公问</u>中"访"字，去声读，只是"方"字。<u>山东</u>人呼"方"字去声。<u>汉书</u>中说<u>文帝</u>舅<u>驷钧</u>处，上文云"访高后时"，即<u>山东</u>音也，其义只是"方"字。按，此篇无"访"字，录误，当考。<u>偭</u>。

〔仲尼燕居〕

○ 〔"领恶全好"，<u>杨至之</u>记云："领，管领，使之不得动。"又云："领，治也，治去其恶也。"节。〕

孔子闲居

○ "嗜欲将至，有开必先"，家语作"有物将至，其兆必先"，恐家语为是。人杰。

○ 礼记"嗜欲将至，有开必先"，家语作"有物将至，其兆必先"，却是。初疑"有物"讹为"嗜欲"、"其兆"讹为"有开"，黄录止此。故"嗜"下"日"亦似"有"，"開"上"門"亦似"兆"。若说"嗜欲"，则又成不好底意。

表记

○ 问："'君子庄敬日强'是志强否？"曰："志也强，体力也强。今人放肆则日怠惰一日，那得强！伊川云'人庄敬则日就规矩'，庄敬自是耐得辛苦，自不觉其日就规矩也。"寓。按，陈淳录同而略。

○ 礼记"与仁同过"之言说得太巧，失于迫切。人杰。

○ 问："'乡道而行，中道而废，忘身之老也'，其意何在？"先生曰："古人只是恁地学去，有时倒了也不定。今人便废时度日计功效。"〔又问："诗之正意，'仰'字当重看；夫子之言，'行'字当重看。"曰："不是高山景行，又仰个甚么？又行个甚么？高山景行，便是那仁。"〕

<u>方子</u>。

乡饮酒

○ "婚礼不贺，人之序也"云云。先生曰："妇既归来则姑与之为礼，喜于家事之有承替也，〔佩录云："有传也。"〕故姑反置酒一分以劝妇。姑坐客位而妇坐主位，姑降自西阶，妇降自阼阶。"<u>卓</u>。〔佩同。〕

○ 乡饮酒义"三让"之义，注疏以为"月三日而成魄，魄三月而成时"之义，不成文理，说倒了。他和书"哉生魄"也不曾晓得，然亦不成譬喻。或云当作"月三日而成明"，乃是。<u>佩</u>。

○ 乡饮酒礼：堂上主客列两边，主人一拜，客又答一拜；又拜一拜，〔又答一拜，〕却不交拜。又也皆北向拜，不相对。不知是如何。某赴省试，当时，众士人拜知举。知举受拜了，却在堂上令众人少立，使人大喝云："知举答拜！"方拜二拜。是古拜礼犹有存者。近年问人则便已交拜了，是二三十年间此礼又失了。<u>贺孙</u>。

○ <u>明州</u>行乡饮酒礼，其仪乃是<u>高抑崇</u>撰。如何不曾看着<u>仪礼</u>，却只将<u>礼记 乡饮酒义</u>做这文字。似乎也编入<u>国史实录</u>，果然是贻笑千古者也。<u>仪礼</u>有"拜迎"、"拜至"、"拜送"、"拜既"，拜迎谓迎宾；拜至谓至阶；拜送谓既酌酒送酒也；拜既，卒爵而拜也。此礼中四节如此。今其所定"拜送"乃是送客拜两拜。客去又拜两拜，谓之"拜既"。岂非大可笑？礼，既饮，"左执爵，祭脯醢"。所以左执爵者，谓欲用右手取脯醢，从其便也。他今却改"祭脯醢"作"荐脯醢"，自教一人令在边进脯醢。右手自无用，却将左手只管把了爵，将右顺便手却缩了。是可笑否？贺孙。

○ "绍兴初，为乡饮酒礼，朝廷行下一仪制，极乖陋。此时乃高抑崇为礼官。看他为谨终丧礼，是煞看许多文字，如仪礼一齐都考得子细。如何定乡饮酒礼乃如此疏缪？更不识看仪礼，只把礼记乡饮酒义铺排教人行。且试举一项，如乡饮酒文云'拜至，拜洗，拜受'，拜洗、拜至，乃是宾升，主人阼阶上当楣北面再拜，谢宾至堂，是为拜至。主人既洗酌，卒洗，升，宾拜洗，是为拜洗。主人取爵实之献宾，宾西阶上拜，是为拜受。若拜送，乃是宾进受爵，主人阼阶上拜，如今云送酒，是为拜送爵。宾复西阶上位，方有拜告旨、拜执爵及酢主人之礼。他乃将拜送作送之门外再拜为拜送，门外两拜了又两拜为拜既。不知如何恁地不子细。拜既爵亦只是堂上礼。"又曰："古礼看说许多节目若甚烦缛，到得行时节只顷刻间可了。以旧时所行乡饮酒看之，煞见得不费时节。"又曰："开元礼煞可看。唯是五礼新仪全然不是。是当时要做这文字时不曾用得识礼底人，只是胡乱变易古文白撰，全不考究。天子乘车，古者君车将驾，则仆御执策立于马前。既效驾，君虽未升，仆御者先升，则奋衣由右上。以君位在左，故避君空位。五礼新仪却漏了仆人登车一项，至驻车处却有仆人下车之文。这是一处错，他处都错了。"又云："五礼新仪固未是，至如今又皆不理会。如朝报上云'执绥官'，则是无仆人之礼。古者执绥自是执绥，仆人乃是受绥，如何今却以执绥官代仆人？兼古者有敬事则必式，盖缘立于车上，故凭衡，式则是磬折，是为致敬。今却在车上用倚子坐，则首与前衡高下不多，若凭手则是傲慢。这般所在都不是。如所谓'仆人乃立于车柱之外后角'，又恐立不住，却以采帛系于柱上，都不成模样！兼前面乃以内侍二人立于两旁，是大非礼！'同子参乘，爰丝变色'，岂有以内侍同载而前后皆安之？眼前事，才拈一件起来勘当着所在，便不成模样！神宗尝欲正此礼数，王安石答以先理会得学问了，这般事自有人出理会，遂止。如荆公门人陆农师自是煞能考礼，渠后来却自不曾用他。"又曰："妇人之拜，据古乐府云'出门长跪问故夫'，又云'直身长跪'。余正父云'周礼有肃拜，恐只是如今之俯首加敬而已'，不知夫人如何。丧礼，妇人唯舅之丧则跪拜，于他人又不知其拜如何。古礼残阙，这般所在皆无可考。"贺孙。

乡射

○ "〔射〕中则得为诸侯，不中则不得为诸侯"，此等语皆难信。书谓"庶顽谗说，侯以明之"，然中间若有羿之能，又如何以此分别？恐大意略以射审定，非专以此去取也。〔贺孙。〕

拾遗

○ "朝极辨，不继之以倦"，辨，治也。〔泳。〕

○ 谓"进以礼，退以义"，曰："三揖而进，一辞而退。"〔道夫。〕

○ 王出户则宗祝随之，出门则巫觋随之。文蔚。

○ "偪屦着綦。"綦，鞋口带也，古人皆旋系，今人只从简易，缀之于上，如假带然。僩。

○ “天子视学以齿，尝为臣者弗臣”，或疑此句未纯，恐其终使人不臣，如蔡卞之扶植王安石也。曰：“天子自有尊师重道之意，亦岂可遏！只为蔡卞是小人，王安石未为大贤，蔡卞只是扶他以证其邪说，故使人不伏，吃人议论。如了翁论他也是。若真有伊、周之德，虽是故臣，稍加尊敬亦何害？天子入学，父事三老，兄事五更，便是以齿不臣之也。如或人之论，则废此礼可也。”

○ 问：“‘改葬缌’，郑玄以为终缌之月数而除服，王肃以为葬毕便除，如何？”曰：“如今不可考。礼宜从厚，当如郑氏。”问：“王肃以为既虞而除之。若是改葬，神已在庙久矣，何得虞乎？”曰：“便是如此而今都不可考。看来也须当反哭于庙。”问：“郑氏以为只是有三年服者，改葬服缌三月；非三年服者，吊服加麻，葬毕除之否？”曰：“然。子思曰：‘礼，父母改葬，缌而除。’则非父母不服缌也。”贺孙。

朱子语类卷第八十八
大戴礼

○　大戴礼无头，其篇目缺处皆是元无，非小戴所去取。其间多杂伪，亦有最好处。然多误，难读。淳。义刚录同。

○　大戴礼本文多错，注尤舛误。武王诸铭有直做得巧了切题者，如鉴铭是也。亦有绝不可晓者。想他古人只是述戒惧之意，而随所在写记以自警省尔。不似今人为此铭后便要就此物上说得亲切。然其间固亦有切题者，如汤盘铭之类。至于武王盥盘铭则又却似个船铭，想只是因水起意，然恐亦有错杂处。广。

○　太公铭几杖之属有不可晓、不着题之语。古人文字只是有个意思便说，不似今人区区就一物上说。庚。

○　淳问："大戴保傅篇多与贾谊策同，如何？"曰："保傅中说'秦无道之暴'，此等语必非古书，乃后人采贾谊策为之，亦有孝昭冠辞。"淳。义刚录同。

○　大戴礼冗杂，其好处已被小戴采摘来做礼记了，然尚有零碎好处在。广。

朱子语类卷第八十九

冠昏丧

总论

○ 冠礼、昏礼不知起于何时。如<u>礼记</u>疏说得恁地，不知如何未暇辨得。<u>义刚</u>。

○ <u>节</u>问：“冠、昏、丧、祭，何书可用者?”曰：“只是<u>温公书仪</u>略可行，亦不备。”又曰：“只是<u>仪礼</u>。”<u>节</u>复问：“<u>伊川</u>亦有此书?”曰：“那个只有些子。”<u>节。</u>

○ <u>张钦夫</u>尝定诸礼可行者，乃除冠礼不载。问之，乃云：“难行。”某答之云：“古礼惟冠礼最易行。如昏礼须两家皆好礼方得行。丧礼临时哀痛中，少有心力及之。祭礼则终献之仪，烦多长久，皆是难行。看冠礼比他礼却最易行。”<u>贺孙。</u>

○ <u>敬夫</u>在<u>广西</u>刊三家礼，除却冠礼。某问其故，<u>敬夫</u>曰：“冠礼难行。”某曰：“冠礼却易行，只一家事。昏礼却难行，碍两家。如五纲之仪，须是两家一样人始得。”<u>淳。</u>

○ 问冠、昏、丧、祭礼。曰："今日行之正要简，简则人易从。如温公书仪，人已以为难行，其殽馔十五味，亦难办。"舜工云："随家丰俭。"曰："然。"问："唐人立庙，不知当用何器？"曰："本朝只文潞公立庙，不知其用何器。吕与叔亦曾立庙，用古器。然其祭以古玄服，乃作大袖皂衫，亦怪，不如着公服。今五礼新仪亦简，唐人祭礼极详。"可学。

○ 又问："冠、昏之礼如欲行之，当须使冠、昏之人易晓其言乃为有益。如三加之辞、出门之戒，若只以古语告之，彼将谓何？"曰："只以今之俗语告之，使之易晓，乃佳。"时举。

冠礼

○ 因言冠礼，或曰："邾隐公将冠，使孟懿子问于孔子，孔子对他一段好。"曰："似这样事，孔子肚里有多，但今所载于方册上者亦无几尔。"广。

昏礼

○ 陈厚之问："女子二十而嫁，此是察情防微之意否？"先生批："此意是。"义刚。

○ 亲迎之礼恐从伊川之说为是，近则迎于其国，远则迎于其馆。闳祖。

○ 淳问："程氏昏仪与温公仪如何？"曰："互有得失。"曰："当以何为主？"曰："迎妇以前，温公底是；妇入门以后，程仪底是。温公仪，亲迎只拜妻之父母，两拜便受妇以行，却是；程仪遍见妻之党，则不是。温公仪入门便庙见，不是；程仪未庙见，却是。大概只此两条，以此为准，去子细看。"曰："庙见当以何日？"曰："古人三月而后庙见。"曰："何必待三月？"曰："未知得妇人性行如何。三月之久，则妇仪亦熟，方成妇矣。然今也不能到三月，只做个节次如此。"曰："古人纳采后又纳吉。若卜不吉，则如何？"曰："便休也。"曰："古人纳币五两，只五匹耳。恐太简，难行否？"曰："计繁简则是以利言矣。且吾侪无望其复古，则风俗更教谁变？"曰："温公用鹿皮，如何？"曰："大节是了，小小不能皆然，亦没紧要。"曰："温公妇见舅姑及舅姑享妇仪，是否？"曰："亦是古人有此礼。"淳。

○ 贺孙问："丧、祭之礼，今之士固难行，而冠、昏自行，可乎？"曰："亦自可行。某今所定者，前一截依温公，后一截依伊川。昏礼事属两家，恐未必信，礼恐或难行。若冠礼，是自家屋里事，却易行。向见南轩说冠礼难行。某云，是自家屋里事，关了门，将巾冠与子弟戴，有甚难？"又云："昏礼，庙见舅姑之亡者而不及祖，盖古者宗子法行，非宗子之家不可别立祖庙，故但有祢庙。今只共庙，如何只见祢而不见祖？此当以义起，亦见祖可也。"贺孙。问："必待三月，如何？"曰："今若既归来，直待三月又似太久。古人直是至此方见可以为妇及不可为妇，此后方反马。马是妇初归时所乘车，至此方送还母家。"贺孙。

○ 某定昏礼，亲迎用温公，入门以后则从伊川。大概如此。道夫。

○ 问："古者娶妇三月庙见，而温公礼用次日，今有当日即庙见者，如何?"曰:"古人是从下做上，其初且是行夫妇礼;次日方见舅姑;服事舅姑已及三月，不得罪于舅姑，方得奉祭祀。"<u>夔孙</u>。

○　问:"人家娶妇有当日便令庙见者，非礼否?"曰:"固然。<u>温公</u>如此。今见<u>温公</u> <u>书仪</u>何故如此，<u>温公</u>有不可晓处。他是取<u>左氏</u>'先配而后祖'之说，不知<u>左氏</u>之语又何足凭。岂可取不足凭之<u>左氏</u>，而弃可信之<u>仪礼</u>乎!"卓。

○　人著书只是自入些己意，便做病痛。<u>司马文正</u>与<u>伊川</u>定昏礼都是依仪礼，只是各改了一处，便不是古人意。<u>司马</u>礼云:"亲迎，奠雁，见主昏者即出。"不先(干)〔见〕妻父母者，以妇未见舅姑也。是古礼如此。<u>伊川</u>却教拜了，又入堂拜大男小女，这不是。<u>伊川</u>云:"婿迎妇既至，即揖入内，次日见舅姑，三月而庙见。"是古礼。<u>司马</u>礼却说妇入门即拜影堂，这又不是。古人初未成妇，次日方见舅姑。盖先得于夫，方可见舅姑;到两三月得舅姑意了，舅姑方令见祖庙。某思量，今亦不能三月之久，亦须第二日见舅姑，第三日庙见，乃安。亦当行亲迎之礼。古者天子必无亲至后家之礼。今妻家远，要行礼，一则令妻家就近处设一处，却就彼往迎归馆成礼;一则妻家出至一处，婿即就彼迎归自家成礼。<u>贺孙</u>。

○　<u>胡叔器</u>问:"昏礼，<u>温公仪</u>，妇先拜夫;<u>程仪</u>，夫先拜妇。"陈此下云:"或又以为妻者齐也，当齐拜。何者为之是?"先生曰:"古者妇人与男子为礼皆侠拜，每拜以二为礼。昏礼，妇先二拜，夫答一拜;妇又二拜，夫又答一拜。冠礼(皆)〔虽〕见母，母亦侠拜。"又问:"古者妇人以肃拜为正，何谓'肃拜'?"曰:"两膝齐跪，手至地，头不下，为肃拜。手拜亦然。为丧主则头亦至地，不肃拜。<u>南北朝</u>有乐府诗说妇人云'伸腰再拜跪，问客今安否'，伸腰亦是头不下也。<u>周宣帝</u>令命妇朝见皆跪伏，如男子之仪。但不知妇人膝不跪地而变为今之拜者起于何时。陈此下云："此等小小礼文皆无所稽考。"程泰之以为始于武后，非也。古者男子拜亦两膝齐屈，如今之道士拜。杜子春注周礼奇拜，以为先屈一膝，如今之雅拜。汉人雅拜即今之拜是也。"义刚。陈淳录同而差详。

○ 义刚问："昏礼，今有士人对俗人结姻，士人欲行昏礼而彼俗人不从，却如何？"先生微笑，顾义刚久之，乃曰："这也是费力，但也只得宛转使人去与他商量。但古礼也省径，人也何苦不行！"黄直卿曰："若古礼有甚难行者，也不必拘。如三周御轮样，不成是硬要扛定轿子旋三匝？"先生亦笑而应。义刚曰："如俗礼，若不大段害理者，些小不必尽去也得。"先生曰："是。"久之，云："古人也有不可晓。古人于男女之际甚严，却如何地亲迎乃用男子御车，但（古今）〔只令〕略偏些子，不知怎生地。"直卿举今人结发之说为笑。先生曰："若娶用结发，则结发从军皆先用结了头发后，方与番人厮杀耶？"义刚。陈淳录同。

○ 李丈问姑舅之子为昏。先生曰："据律中不许。然自仁宗之女嫁李（璋）〔玮〕家，乃是姑舅之子，故欧阳公曰'公私皆已通行'。此句最是把嵩。去声。这事陈无"此句"以下至此八字。又如鲁初间与宋世为昏，后又与齐世为昏，其间皆有姑舅之子者，从古已然。只怕位行不是。"义刚。陈淳录同而略。

丧礼

○ 因论丧服，曰："今人吉服皆已变古，独丧服必欲从古，恐不相称。"闳祖云:"虽是如此,但古礼已废,幸此丧服尚有古制,不犹愈于俱亡乎?"直卿亦以为然。先生云:"'礼,时为大。'某尝谓,衣冠本以便身,古人亦未必一一有义。又是逐时增添,名物愈繁。若要可行,须是酌古之制,去其重复,使之简易,然后可。"又云:"一人自在下面做不济事。须是朝廷理会,一齐与整顿过。"又云:"邵康节云'某今人,须着今时衣服',忒煞不理会也。"闳祖。

○　问子升兄:"向见考祔礼煞子细,不知其他礼数都考得如此否?"曰:"未能及其他。"曰:"今古不同。如殡礼,今已自不可行。"子升因问:"丧礼,如温公仪,今人平时既不用古服,却独于丧礼服之,恐亦非宜,兼非礼不足哀有余之意。故向来斟酌,只以今服加衰绖。"曰:"论来固是如此。只如今因丧服尚存古制,后世有愿治君臣或可因此举而行之。若一向废了,恐后来者愈不复识矣。"木之。

○　又问:"丧服,今人亦有欲用古制者。时举以为吉服既用今制,而独丧服乃用古制,恐徒骇俗。不知当如何?"先生曰:"骇俗犹些小事,但恐考之未必是耳。若果考得是,用之亦无害。"时举。

○　因说:"天子之丧,自太子、宰执而下渐降其服,至于四海则尽三月。服谓凶服。讣所至,不问地之远近,但尽三月而止。天子初死,近地先闻则尽三月,远地或后闻之,亦止于三月之内也。"又云:"古者次第,公卿大夫与列国之诸侯各为天子三年之丧,而列国之卿大夫又各为其君三年之服,盖止是自服其君。如诸侯之大夫,为本国诸侯服三年之丧,则不复为天子服。百姓则畿内之民,自为天子服本国之君服三年之丧也。故礼曰'百姓为天子、诸侯有土者,服三年之丧',为此也。"又云:"'君之丧,诸达官(者皆)〔之长〕杖',达官者谓得自通于君者,如内则公卿、宰执、六曹之长、九寺五监之长,外则监司、郡守，皆自得通章奏于君者，故曰达官。凡此者皆杖，以次则不杖。如太常卿则杖，太常少卿则不杖。若无太常卿，则少卿代之杖也。只不知王畿之内公卿之有采地者，其民当如何服，当检看。"卓。

○　贺孙问："丧服，如至尊之丧，小官及士庶等服于古皆差。仪礼，诸侯为天子斩衰三年。传曰：'君，至尊也。'注：'天子诸侯及卿大夫有地者皆曰君。'庶人为国君齐衰三月。注：'不言民而言庶人，庶人或有在官者。天子畿内之民，服天子亦如之。'以是观之，自古无有通天下为天子三年之制，前辈恐未之考。"先生曰："今士庶人既无本国之君服，又无至尊服，则是无君，亦不可不示其变。如今凉衫亦不害，此亦只存得些影子。"贺孙问："士庶亦不可久。""庶人为国君亦止齐衰三月，诸侯之大夫为天子亦止小功、（缌麻）〔缌衰〕。"或问："有官人嫁娶在袝庙后。"先生曰："只不可带花用乐，少示其变。"又曰："至尊之服，要好。初来三日用古冠服，上衣下裳。以后却用今所制服，四脚幞头等。却自京官以上是一等服，京官以下是一等服，士人（只）〔又〕一等服，庶人又一等服。如此等级分明也是好。"器之问："寿皇行三年之丧，是谁建议？"先生曰："自是要行，这是甚次第！可惜无好宰相将顺成此一大事。若能因举行盛典及于天下，一整数千百年之陋，垂数千百年之成宪，是甚次第！时相自用紫衫皂带，入临用白衫，待退归便不着。某前日在上前说及三年之丧，亦自感动，次日即付出与礼官集议，意甚好。不知后来如何忽又住了，却对宰相说'也似咤异'。不知寿皇既已行了，又有甚咤异？只是亦无人助成此事。因检仪礼注疏说嫡孙承重甚详。君之丧服，士庶亦可聚哭，但不可设位。某在潭州时亦多有民众欲入衙来哭，某初不知，外面自被门子止约了。待两三日方知，遂出榜告示，亦有来哭者。"贺孙。

○　徽庙讣至，胡明仲知严州，众议欲以日易月。张晋彦为司理，为明仲言："前世以日易月皆是有遗诏。今太上在远，无遗诏，岂可行？"胡曰："然则如之何？"张曰："盍请之于朝？"胡如其说，不报。可学。

○ 正淳问："吕氏解三年之丧与父母之丧是两项。"曰："他只据左氏'王一岁而有三年之丧二'，左氏定礼皆当时鄙野之谈，据不得。"因言："左氏只是一个能晓事、会做文章底人，却不是儒者。公、毂却是一个不晓事底儒者。"味道因言："陈鍼子送女一段全然乱说。"先生曰："然。"方子。

○ 器远问："'（习安守故）〔安常习故〕'是如何？"曰："云云。如亲生父母，子合当安之。到得立为伯叔后疑于伯叔父有不安者，这也是理合当如此。然而自古却有大宗无子则小宗之子为之后，这道理又却重。只得安于伯叔父母，而不可安于所生父母。丧服则为为后父母服三年，所生父母只齐衰，不杖，期。"贺孙。

○ 又问："'天下事易至于安常习故'，如何？"曰："且如今人，最是人家一个乞养儿，为所生父母齐衰，不杖，期；为所养父母斩衰三年。以理观之自是不安，然圣人有个存亡继绝底道理，又不容不安。且如濮安懿王事，当时皆以司马公为是。今则濮安懿王下却有主祀，朝廷却未尝正其号。"卓。

○ 包显道问服制。曰："唐时添那服制，添得也有差异处。且如亲叔伯是期，堂〔叔〕须是大功，乃便降为小功，不知是怎生地。"义刚。

○ 侄对姑而言。今人于伯叔父前皆以为"犹子"。盖记礼者主丧服言。如夫子谓"回也视予犹父"，若以侄谓之"犹子"，则亦可以（□□）〔师犹〕为父矣。**汉人谓之"从子"却得其正，盖叔伯皆从父也。** 道夫。

○ 问："嫂叔无服，而程先生云'后圣有作，须为制服'。"曰："守礼经旧法，此固是好。才说起，定是那个不稳。然有礼之权处，父道母道亦是无一节安排。看'推而远之'，便是合有服，但安排不得，故推而远之。若果是鞠养于嫂，恩义不可已，是他心自住不得，又如何无服得！"直卿云："当如所谓'同爨缌'可也。今法从小功。"居父问姨母重于舅服。曰："姊妹于兄弟未嫁期，既嫁则降为大功，姊妹之身却不降也，故姨母重于舅也。"贺孙。

○ 〔叔器〕问："今之墨衰便于出入而不合礼经，如何？"曰："若能不出则不服之亦好，但有出入治事则只得服之。丧服四制说：'百官备，百物具。不言而事行者，扶而起；言而后事行者，杖而起；身执事而后行者，面垢而已。'盖惟天子诸侯始得全伸其礼，庶人皆是自执事，不得伸其礼。"淳。〔义刚同。〕

○ 问："练而祔，是否？"曰："此是殷礼，而今人都从周礼，若只此一件却行殷礼亦无意思。若如陆子静说，祔了便除去几筵，则须练而祔。若郑氏说祔毕复移主出于寝，则当如周制，祔亦何害？"贺孙。

○ 祔新主而迁旧主亦合告祭旧主，古书无所载，兼不说迁于何所。天子则有始祖之庙而藏之夹室，大夫亦自有始祖之庙。今皆无此始祖之庙，更无顿处。古人埋桑主于两阶间，盖古者阶间人不甚行。今则混杂，亦难埋于此，看来只得埋于墓所。大戴礼说得迁祔一条又不分晓。庚。〔"分"一作"可"。〕

○　先生长子小祥，悲念形色，先期十日早暮恸，内外蔬食。贺孙。

○　先生以长子大祥，先十日朝暮哭，诸子不赴酒食会。近祥则举家蔬食，此日除袥。先生累日颜色忧戚。贺孙。

○　二十五月祥后便禫，看来当如王肃之说，于'是月禫，徙月乐'之说为顺。而今从郑氏之说，虽是礼疑从厚，然未为当。看来而今丧礼须当从仪礼为正。如父在为母期非是薄于母，只为尊在其父不可复尊在母，然亦须心丧三年。及嫂叔无服，这般处皆是大项事，不是小节目，后来都失了。而今国家法为所生父母皆心丧三年，此意甚好。贺孙。

○　惟父母与长子有禫。方子。

○　或问："有祖母服，今承重合禫与否？"曰："在礼，有为父母长子禫，却于祖母未闻。然既承重，则应有禫也。"

○　或问："女子已嫁，为父母禫否？"曰：〔贺孙录云："想是无此礼。"〕"据礼云父在为母、为妻禫，止是主男子而言。"广。〔贺孙同。〕

○　问："今吊人者用横乌，此礼如何？"曰："此正是'玄冠以吊'，此礼正与孔子所谓'羔裘玄冠不以吊'相反，亦不知起于何时。想见当官者既不欲易服去吊人，故杜撰成个礼数。若闲居时只当易服用凉衫。"广。

○　"本朝于大臣之丧，待之甚哀。"贺孙举哲宗哀临温公事。先生曰："温公固是如此，至于尝为执政，已告老而死，祖宗亦必为之亲临罢乐。看古礼，君于大夫，小敛往焉，大敛往焉；于士，既殡往焉。何其诚爱之至！今乃恝然。这也只是自渡江以后，君臣之势方始一向悬绝，无相亲之意，故如此。古之君臣所以事事做得成，缘是亲爱一体。"因说："虏人初起时，其酋长与部落都无分别，同坐同饮，相为戏舞，所以做得事。如后来兀术犯中国，虏掠得中国士类，因有教之以分等陛、立制度者，于是上下位势渐隔，做事渐难。"贺孙。

○　某旧为先人饰棺，考制度作帷幌，延平先生以为不切。而今礼文觉繁多，使人难行。后圣有作，必是裁减了方始行得。贺孙。

○　先生殡其长子，诸生具香烛之奠。先生留寒泉殡所受吊。先生望见客至，必涕泣远接之；客去，必远送之。就寒泉庵西向殡。掘地深二尺、阔三四尺许，以坟砖铺砌，用石灰重重遍涂之，棺下及四围用土砖夹砌。将下棺，以食五味奠亡人，次子以下皆哭拜。诸客拜奠，次子代亡人答拜。盖兄死子幼，礼然也。贺孙。

○　伯谟问："某人家欲除服，而未葬，除之则魂帛无所依，不可祔庙。"先生曰："不可，如何不早葬？葬何所费？只是悠悠。"因语："董人葬只是于马鬣上，大可忧！须是悬棺而葬。"可学。

○　先生葬长子丧仪：铭旌，埋铭，魂轿，柩止用紫盖。尽去繁文。埋铭石二片，各长四尺、阔二尺许，止记姓名、岁月、里居。刻讫，以字面相合，以铁束之，置于圹上。其圹用石，上盖厚一尺许，五六段横凑之，两旁及底五寸许。内外皆用石灰、杂炭末、细沙、黄泥筑之。贺孙。

○　〔尧卿〕问合葬夫妇之位。曰："某当初葬亡室只存东畔一位，亦不曾考礼是如何。"淳问："地道以右为尊,恐男当居右否?"曰："祭而以西为上,则葬时亦当如此方是。"淳。

○ 又问改葬。曰："须告庙而后告墓,方启墓以葬。葬毕,奠而归,又告庙,哭,而后毕事,方稳当。行葬更不必出主,祭告时却出主于寝。"贺孙。

○ "人家墓圹棺椁切不可太大,当使圹仅能容椁,椁仅能容棺乃善。去年此间陈家坟墓遭发掘者,皆缘圹中太阔,其不能发者,皆是圹中狭小无着脚手处,此不可不知也。又,此间坟墓山脚低卸,故盗易入。"问："坟与墓何别?"曰："墓想是茔域,坟即土封隆起者。光武纪云,为坟但取其稍高,四边能走水足矣。古人坟极高大,圹中容得人行,也没意思。法令,一品已上坟得一丈二尺,亦自尽高矣。"李守约云："坟墓所以遭发掘者,亦阴阳家之说有以启之。盖凡发掘者皆以葬浅之故,若深一二丈自无此患。古礼葬亦许深。"曰："不然,深葬有水。尝见兴化、漳、泉间坟墓甚高。问之,则曰,棺只浮在土上,深者仅有一半入地,半在地上,所以不得不高其封。后来见福州人举移旧墓稍深者,无不有水,方知兴化、漳、泉浅葬者,盖防水尔。北方地土深厚,深葬不妨,岂可同也?"问："椁外可用炭灰杂沙土否?"曰："只纯用炭末置之椁外,椁内实以和沙石灰。"或曰："可纯用灰否?"曰："纯灰恐不实,须杂以筛过沙,久之灰沙相乳入,其坚如石。椁外四围上下一切实以炭末,约厚七八寸许,既辟湿气、免水患,又截树根不入。树根遇炭皆生转去,以此见炭灰之妙。盖炭是死物,无情,故树根不入也。抱朴子曰'炭入地,千年不变'。"问："范家用黄泥拌石炭实椁外,如何?"曰："不可。黄泥久之亦能引树根。"又问："古人用沥青,恐地气蒸热,沥青溶化,棺有偏陷,却不便。"曰："不曾亲见用沥青利害,但书传间多言用者,不知如何。"㑦。

○ 问："丧之五服皆有制，不知饮食起居亦当终其制否？"曰："（今）〔合〕当尽其制，但今人不能行，然在人斟酌行之。"寓。

○ 问："丧礼不饮酒、不食肉，若朝夕奠及亲朋来奠之馔，则如之何？"曰："与无服之亲吃之可也。"淳。

○ 丧葬之时只当以素食待客。祭余荤食只可分与仆役。贺孙。

朱子语类卷第九十

祭

○　辅汉卿问天神地祇之义。曰："注疏谓天气常伸谓之神，地道常默以示人谓之祇。"以下天地山川。人杰。

○　地祇者，周礼作"祇"字，只是示见、著见之义。庚。

○　天地合祭于南郊，及太祖不别立庙室，千五六百年无人整理。贺孙。

○　古时天地定是不合祭，日月山川百神亦无合共一时祭享之礼。当时礼数也简，仪从也省，必是天子躬亲行事。岂有祭天便将下许多百神一齐排作一堆都祭？只看郊台阶级两边是踏过处，中间自上排下都是神位，更不通看。贺孙。

○　郊祀，天子登坛，太常博士引太常卿，太常卿引皇帝。文蔚。

○　问南、北郊。曰："周礼只说祀昊天上帝，不说祀后土。先儒说祭社便是。如'郊特牲，社稷太牢'，又如'用牲于郊牛二'及'社于新邑'，此乃明验。"又问："周礼大司乐，冬至奏乐于圜丘以礼天神，夏至奏乐于方丘以礼地祇。如何？"曰："只此处如此说。又如'祀大神，享大鬼，祭大祇'。"人杰。

○ 问先朝南、北郊之辨。曰："如礼说'郊特牲而社稷太牢',书谓'用牲于郊牛二'及'社于新邑',此其明验也。故本朝后来亦尝分南、北郊。至徽宗时又不知何故,却合为一。"又曰："但周礼亦只是说祀昊天上帝,不说祀后土,故先儒说祭社便是。"又问："周礼大司乐,冬至奏乐于圜丘以礼天,夏至奏乐于方丘以礼地。"曰："周礼中止有此说。更有'礼大神,享大鬼,祭大祇'之说,余皆无明文。"广。

○ 五峰言无北郊,只社便是祭地,此说却好。道夫。

○ 先生因泛说祭祀："以社祭为祀地。诸儒云立大社、王社,诸侯国社、侯社。五峰有此〔说〕,谓此即祭地之礼。周礼他处不说,只宗伯'以黄琮礼地',注谓夏至地神在昆仑。典瑞'两圭有邸以祀地',注谓祀于北郊。大司乐'夏日至,于泽中方丘奏之八变,则地示可得而礼矣',他书亦无所考。书云'乃社于新邑,牛一、羊一',然礼云诸侯社稷皆少牢,此处或不可晓。"贺孙。

○ 如今郊礼合祭天地。周礼有"圜丘"、"方泽"之说,后来人却只说地便是后土,见于书传,言郊社多矣。某看来不要如此,也自还有方泽之祭。但周礼其他处又都不说,亦未可晓。木之。

○ 如今祀天地山川神,塑貌像以祭,极无义理。木之。

○ 问山川之尸。曰："仪礼,周公祭太山以召公为尸。"淳。按黄义刚录同。

○ 问："祭天地山川而用牲币酒醴者,只是表吾心之诚邪,抑真有气来感格也?"曰："若是无物来享时,自家祭是祭甚底?肃然在上令人奉承敬畏是甚物？若道真有云车拥从而来，则又妄诞。"淳。

○　程沙随云："古者社以木为主，今以石为主，非古也。"社。
方子。

○　五祀，行是道路之神，伊川云是宁廊，未必然；门是门神；
〔户是〕户神；与中霤、灶，凡五。古时圣人为之祭祀亦必有其神，如
孔子说"祭如在，祭神如神在"，是有这祭便有这神，不是圣人若有若
亡见得一半，便自恁地。但不如后世门神，便画一个神象如此。贺孙。

○　胡叔器问五祀祭行之义。先生曰："行，堂涂也。古人无廊屋，
只于堂陛下取两条路。五祀虽分四时祭，然出则独祭行，（又）〔及〕出
门又有一祭。作两小山于门前，烹狗置之山上，祭毕，却就山边吃，却
推车从两山间过，盖取跋履山川之义。"符舜功问："祭五祀，想也只是
当如此致敬，未必有此神。"曰："神也者，妙万物为言者也。盈天地之
间皆神。若说五祀无神，则是有有神处、有无神处，却是甚么道理？"
叔器问："天子祭天地，诸侯祭山川，大夫祭五祀，士庶人祭其先，此
是分当如此否？"曰："也是气与他相关。如天子则是天地之主，便祭得
那天地。若似其他人，与他不相关后祭个甚么？如诸侯祭山川，也只祭
得境内底。如楚昭王病后卜云'河为祟'时，诸大夫欲去祭河，昭王自
言楚之分地不及于河，河非所以为祟。孔子所以美之，云昭王之不失国
也宜哉。这便见得境外山川与我不相关，自不当祭。"又问："如杀孝
妇，天为之旱，如何？"曰："这自是他一人足以感动天地。若是分与他
不相干，如何祭得？"又问："人而今去烧香拜天之类，恐也不是。"曰：
"天只在我，更祷个甚么？一身之中凡所思虑运动无非是天，一身在天
里行，如鱼在水里，满肚里都是水。某说人家还醮无意思，〔一作"最可
笑"。〕岂有斟一盏酒、盛两个饼，却便享上帝！且说有此理无此理？某

在南康祈雨，每日去天庆观烧香。某说，且谩去。〔一作"且慢"。〕今若有个人不经州县便去天子那里下状时，你嫌他不嫌他？你须捉来打，不合越诉。而今祈雨却如何不祭境内山川？如何却去告上帝？"义刚。

○ 问："灶可祭否？"曰："人家饮食所系，亦可祭。"问灶尸。曰："想是以庖人为之。"问祭灶之仪。曰："亦略如祭宗庙仪。"淳。义刚录同，但止于"庖人为之"，自"问"以下无。

○ 因说："五祀，伊川疑不祭井，古人恐是同井。"曰："然。"可学。

○ 古人神位皆西坐东向，故献官皆西向拜。而今皆南向了，释奠时献官犹西向拜，不知是如何？

○ 室中西南隅乃主位。室中西牖东户。若宣圣庙室则先圣当东向，先师南向。如周人禘喾郊稷，喾东，稷南向。今朝廷宗庙之礼，情文都自相悖，不晓得。古者主位东向，配位南向，故拜即望西。今既一列皆南向，到拜时亦却望西拜，都自相背如此。古者用笾豆簠簋等陈于地，当时只席地而坐，故如此饮食为便。如今塑象高高在上，而祭馔反陈于地，情文全不相称。曩者某人来问白鹿洞书院夫子庙欲塑象，某答以州县学是天子所立，既元用象，不可更，书院自不宜如此，不如不塑象。某处有列子庙，却塑列子膝坐于地，这必有古象。行古礼须是参用今来日用常礼，庶或飨之。如太祖祭，用簠簋笾豆之外，又设牙盘食用碗楪之类陈于床，这也有意思。到神宗时废了，元祐初复用。后来变元祐之政，故此亦遂废。贺孙。

○ 夫子象设置于椅上已不是，又复置在台座上。到春秋释奠却乃陈簋簋笾豆于地，是甚义理？某几番说要塑宣圣坐于地上，如设席模样，祭时却自席地，此有甚不可处？每说与人，都道差异，不知如何。某记在南康，欲于学中整顿宣圣，不能得，后说与交代云云。宣圣本不当设象，春秋祭时只设主祭可也，今不可行，只得设象坐于地方始是礼。寓。

○ "孔子居中，颜、孟当列东坐西向。七十二人先是排东庑三十六人了，却方自西头排起，当初如此。自升曾子于殿上，下面趱一位，次序都乱了。此言漳州，未知他处如何。"又云："某经历诸处州县学，都无一个合礼序。"贺孙。

○ 高宗御制七十二子赞，曾见他处所附封爵姓名多用唐封官号。本朝已经两番加封，如何恁地？贺孙。

○ 谒宣圣焚香不是古礼。拜进将捻香，不当叩首。只直上捻香了，却出笏叩首而降拜。贺孙。

○ 释奠散斋，因云："陈肤仲以书问释奠之仪。今学中仪乃礼院所班，多参差不可用。唐开元礼却好。开宝礼只是全录开元礼，易去帝号耳。若政和五礼，则甚错。今释奠有伯鱼而无子思，又'十哲'亦皆差互，仲弓反在上。且如绍兴中作七十二子赞只据唐爵号，不知后来已经加封矣。近尝申明之。"可学。

○ "在漳州日，陈请释奠礼仪，到如今只恁地白休了。子约为（藉）〔籍〕田令，多少用意主张，诸礼官都没理会了，遂休。"坐客云："想是从来不曾理会得，故怕理会。"曰："东坡曾云，今为礼官者皆自牛背上拖将来。今看来是如此。"因问张舅忠甫家须更别有礼书，令还乡日询求之。致道云:"今以时文取官,下梢这般所在全理会不得。"曰:"向时尚有开宝通礼科,令其熟读此书,试时挑问。后来又做出通礼,通礼如注释一般。如人要治此,必须连此都记得。如问云笾起于何时,逐一说了后又反复论议一段,如此亦自好。漳州煞有文字,皆不得写。如今朝廷颁行许多礼书,如五礼新仪,未是。若是不识礼便做不识礼,且只依本写在也得。又去杜撰,将古人处改了。"是日因看薛直老行状,中有述其初为教官陈请改上丁释奠事。"盖其见当时用下丁,故请改之。旧看古礼中有一处注云:'春用二月上丁,秋用八月下丁。'今忘记出处。向亦欲检问象先,及漳州陈请释奠仪,欲乞委象先,又思量渠不是要理会这般事人,故已之。"贺孙。

〇 新书院告成,明日欲祀先圣先师。古有释菜之礼,约而可行,遂检五礼新仪,令具其要者以呈。先生终日董役,夜归即与诸生斟酌礼仪。鸡鸣起,平明往书院,以厅事未备,就讲堂行礼。宣圣像居中,兖国公颜氏、郕侯曾氏、沂水侯孔氏、邹国公孟氏西向配北上,并纸牌子。濂溪周先生、东一。明道程先生、西一。伊川程先生、东二。康节邵先生、西二。司马温国文正公、东三。横渠张先生、西三。延平李先生东四。从祀,亦纸牌子。并设于地。祭仪别录,祝文别录。先生为献官,命贺孙为赞,直卿、居甫分奠,叔蒙赞,敬之掌仪。堂狭地润,颇有失仪,但献官极其诚敬,如或享之,邻曲长幼并来陪。礼毕,先生揖宾坐,宾再起,请先生就中位开讲。先生以坐中多年老,不敢居中位,再辞不获,诸生复请,遂就位,说为学之要。午饭后集众宾饮,至暮散。贺孙。

〇 李丈问太庙堂室之制。先生曰:"古制是不可晓。礼说,士堂后一架为室,盖甚窄。一架即一桁也。天子便待加得五七架,亦窄狭。不知周家三十以上神主位次相迫,如何行礼?室在堂后一架间,后堂内左角为户而入。西壁如今之墙上为龛,太祖居之,东向。旁两壁有牖,群昭列于北牖下而南向，群穆列于南牖下而北向。堂又不为神位，而为人所行礼之地，天子设黼扆于中，受诸侯之朝。"以下天子宗庙之祭。淳。〔义刚录同。〕

○ 刘歆说"文、武为宗，不在七庙数中"，此说是。盖"祖有功，宗有德"，天下后世自有公论，不以拣择为嫌。如其不然，则商三宗之外少一亲庙矣。淳。

○ 义刚问："诸儒所议礼如何？"曰："刘歆说得较是。他谓宗不在七庙中者，谓恐有功德者多则占了那七庙数也。"又问："文定'七庙'之说如何？"曰："便是文定好如此硬说，如何恁地说〔得〕！且如商之三宗，若不是别立庙，后只是亲庙时，何不胡乱将三个来立？如何恰限取祖甲、太戊、高宗为之？那个'祖有功，宗有德'，天下后世自有公论，不以择拣为嫌。所以名之曰'幽'、'厉'，虽孝子慈孙，百世不能改。那个好底自是合当宗祀，如何毁得！如今若道三宗只是亲庙，则是少了一个亲庙了。便是书难理会。且如成王崩后十余日，此自是成服了，然顾命却说麻冕、黼裳、彤裳之属，如此便是脱了那麻衣更来着色衣。文定便说道是摄行践阼之礼。（且）〔某〕道，政事便可摄而行，阼岂可摄而践？如何恁地硬说！且如元年，他便硬道不要年号。而今有年号后人尚去揩改契书之属，若更无后当如何？"又问："'志一则动气'是'先天而天弗违'，'气一则动志'是'后天而奉天时'，其意如何？"曰："此是横渠恁地说，他是说春秋成后（获）〔致〕麟。先儒固亦有此说，然亦安知是作起获麟与文成（获）〔致〕麟？但某意恐不恁地，这似乎不祥。若是一个麟出后，被人打杀了，也撋采。"因言："马子庄道袁州曾有一麟。"胡叔器云："但是古老相传，旧日开江有一白驹。"先生曰："马说是二十年间事。若白驹等说是起于禹，如颜师古注'启母石'之说政如此。近时广德军张大王分明是仿这一说。"义刚。

○ 或问："'远庙为祧'，如何?"曰："天子七庙，如周文、武之庙不祧。文为穆，则凡后之属乎穆者，皆归于文之庙；武为昭，则凡后之属乎昭者，皆归乎武之庙也。"时举。

○ 问："诸侯庙制，太祖居北而南向，昭庙二在其东南，穆庙二在其西南，皆南北相重。不知当时每庙一处，或共一室各为位也?"曰："古庙制自太祖以下各是一室，陆农师礼象图可考。西汉时高帝庙、文帝顾成之庙犹各在一处，但无法度，不同一处。至东汉明帝谦贬不敢自当立庙，祔于光武庙，其后遂以为例。至唐，太庙及群臣家庙悉如今制，以西为上也。至祢处谓之'东庙'，只作一列。今太庙之制亦然。"德明。

○ 今之庙制出于汉明帝，历代相承不改。神宗尝欲更张，今见于陆农师集中，史却不载。可学。

○ 问："本朝十一室，则九庙、七庙之制如何?"曰："孝宗未祔庙，僖祖、宣祖未祧迁时为十二室，是九世。今既祔宣祖，又祧僖祖，却祔孝宗，止是八世。进不及九，退不及七。当时且祧宣祖，存得九庙，却待后世商量犹得。直如此匆忙，何也?"人杰。

○ 古人所以祔于祖者，以有庙制昭穆相对，将来祧庙则以新死者安于祖庙。所以设祔祭豫告，使死者知其将来安于此位，亦令其祖知是将来移上去，其孙来居此位。今不异庙，只共一室排作一列，以西为上，则将来祧其高祖了，只趱得一位，死者当移在祢处。如此则只当祔祢，今而祔于祖，全无义理。但古人本是祔于祖，今又难改他底，若卒改他底，将来后世或有重立庙制，则又着改也。神宗朝欲议立朝廷庙制，当时张虎则以为祧庙、祔庙只移一位，陆农师则以为祔庙、祧庙皆移一匝。如农师之说则是世为昭穆不定，岂得如此？文王却是穆，武王却是昭。如曰"我穆考文王"，又曰"我昭考武王"。又如左传说："管、蔡、郕、霍、鲁、卫、毛、聃、郜、雍、曹、滕、毕、原、酆、郇，文之昭也。"这十六国是文王之子，文王是穆，故其子曰"文之昭也"；"邘、晋、应、韩，武之穆也"，这四国是武王之子，武王是昭，故其子曰"武之穆也"，则昭穆是万世不可易，岂得如陆氏之说？陆氏礼象图中多有杜撰处。不知当时庙制后来如何不行？贺孙。

○　今不立昭穆，即所谓"祔于曾祖、曾祖姑"者，无情理也。德明。

○　禘只祭始祖及所自出之帝二者而已，祫乃合群庙之主皆在。当从赵匡之说。黄（文）〔丈〕云："所自出之帝无庙。"方子。

○　"王者禘其祖之所自出，以其祖配之而立四庙，庶子王亦如之。程先生曰：''禘其祖之所自出'，始受姓者也；'其祖配之'，以始祖配也。'文武必以稷配，后世必以文王配。所出之祖无庙，于太祖之庙禘之而已。万物本乎天，人本乎祖，故以所出之祖配天地。周之后稷生于姜嫄，已上更推不去也。文武之功起于后稷，故配天者须以后稷，严父莫大于配天。宗祀文王于明堂以配上帝，上帝即天也，聚天之神而言之，则谓之上帝。此武王祀文王，推父以配上帝，配上帝须以父。"曰："昔者周公郊祀，后稷以配天，宗祀文王于明堂以配上帝不？"曰："武王者，以周之礼乐尽出周公制作，故以其作礼乐者言之，犹言'鲁之郊禘，非礼也'。周公其衰矣，是周公之法坏也。若是成王祭上帝，则须配以武王，配天之祖则不易。虽百世，惟以后稷配帝，则必以父，若宣王祭上帝，则亦以厉王。虽圣如尧、舜不可以为父，虽恶如幽、厉不害其为所生也，故祭法言'有虞氏宗尧，非也'。如此，则须舜是尧之子，苟非其子，虽舜受以天下之重，不可谓之父也。如此，则是尧养舜以为养男也，禅让之事蔑然矣。以始祖配天须在冬至，一阳始生，万物之始。祭用圆丘，器用陶匏稿秸，服大裘而祭宗祀。九月，万物之成。父者，我所自。帝者，生物之祖。故推以为配而祭祀于明堂。此议方正。先此祭五帝，又祭昊天上帝并配者六位。自介甫议，惟祭昊上帝以祢配之。太祖而上，有僖、顺、翼、宣，先尝以僖祧之矣。介甫议以为不当祧顺，以下祧之可也。何者？本朝推僖祖为始，已上不可得而推之也。或难以僖祖无功业亦当祧，以是言之，则英雄以得天下自己力为之，并不与祖德。或谓'灵芝无根，醴泉无源'，物岂有无本而生者？今日天下基本盖始于此人，安得为无功业？故朝廷复立僖祖庙为得礼。介甫所见，终是高于世俗之儒。"贺孙。

○　诸侯有四时之祫，毕竟是祭有不及处方如此。如春秋"有事于太庙"，太庙便是群祧之主皆在其中。义刚。陈淳录同。

○　邓子礼问："庙主自西而列排，何所据？"曰："此也不是古礼。如古时一代只奉之于一庙，如后稷为始封之庙，文王自有文王之庙，武王自有武王之庙，不曾混杂共一庙。"贺孙。

○　春秋传毁庙之道，改涂易檐。言不是尽除，只改其灰饰、易其屋檐而已。淳。

○　古者各有始祖之庙以藏祧主。如适士二庙各有门、堂、寝，各三间，是十八间屋。今士人如何要行得！贺孙。

○　贺孙问："家庙在东，莫是亲亲之意否？"曰："此是人子不死其亲之意。"贺孙问："如大成殿又却在学之西，莫是尊右之义否？"曰：

"未知初意如何。本朝因仍旧制反更率略，较之唐制尤没理会。唐制犹有近〔古〕处，犹有条理可观。且如古者王畿之内仿佛如井田规画，中间一圈便是宫殿，前圈中左宗庙、右社稷，其他百官府以次列居，是为前朝。后中圈为市，不似如今市中家家自各卖买，乃是宫中为设一去处，令凡民之卖买者就其处，若今场务然，无游民杂处其间。更东西六圈以处六乡六遂之民，耕作则出就田中之庐，农功毕则入此室处。唐制颇仿此，最有条理。城中几坊，每坊各有墙围，如子城然。一坊共一门出入，六街。凡城门坊角有武侯铺，卫士分守。日暮门闭。五更二点，鼓自内发，诸街鼓承振，坊市门皆启。若有奸盗，自无所容。盖坊内皆常居之民，外面人来皆可知。如杀宰相武元衡于靖安里门外，分明载元衡入朝，出靖安里，贼乘暗害之。亦可见坊门不可胡乱入，只在大官街上被杀了。如那时措置得好，官阶边都无闲杂卖买、污秽杂揉。所以杜诗云'我居巷南子巷北，可恨邻里间，十日不一见颜色'，亦见出一坊、入一坊，非特特往来不可。"贺孙。

○ 问："先生家庙只在厅事之侧。"曰："便是力不能办。古之家庙甚阔，所谓'寝不逾庙'，是也。"又问："祭时移神主于正堂，其位如何？"曰："只是排列以西为上。"又问："祫祭考妣之位如何？"曰："太祖东向，则昭、穆之南、北向者当以西方为上。则昭之位次，高祖西而妣东，祖西而妣东，是祖母与孙并列，于体为顺。若余正父之说，则欲高祖东而妣西，祖东而妣西，则是祖与孙妇并列，于体为不顺。彼盖据〔汉〕仪中有高祖南向、吕后少西，更不取证于经文，而独取传注中之一二执以为是，断不可回耳。"人杰。

○ 问："天子七庙，诸侯五庙，大夫三庙，士二庙，官师一庙。若只是一庙，只祭得父母，更不及祖矣，无乃不尽人情？"曰："位卑则流泽浅，其理自然如此。"文蔚曰："今虽士庶人家，亦祭三代，如此却是违礼。"曰:"虽祭三代,却无庙,亦不可谓之僭。古之所谓庙者,其体面甚大,皆是门、堂、寝、室,胜如所居之宫,非如今人但以一室为之。"文蔚。

○ 胡兄问祧主置何处。曰:"古者始祖之庙有夹室,凡祧主皆藏之于夹室,自天子至于士庶皆然。今世士庶之家不敢僭立始祖之庙,故祧主无安顿处,只得如伊川说埋于两阶之间而已。某家庙中亦如此。两阶之间人迹不到,取其洁尔。今人家庙亦安有所谓两阶?但择净处埋之可也。思之,不若埋于始祖墓边。缘无个始祖庙所以难处,只得如此。"㤗。

○ 问祧礼。曰:"天子诸侯有太庙夹室则祧主藏于其中,今士人家无此,祧主无可置处。礼注说藏于两阶间,今不得已只埋于墓所。"问:"有祭告否?"曰:"横渠说三年后祫祭于太庙,因其祭毕还主之时,遂奉祧主归于夹室,迁主新主皆归于庙。郑氏周礼注大宗伯享先王处亦有此意,今略仿而行之。"问:"考妣入庙有先后,则祧以何时?"曰:"妣先未得入庙,考入庙则祧。"宗伯注曰:"鲁礼,三年丧毕而祫于太祖。明年春,禘于群庙。自尔以后率五年而再殷祭,一祫一禘。"王制注亦然。淳。

○ 问:"祧主,诸侯于祫祭时祧。今士人家无祫祭,只于四时祭祧,仍用祝词告之,可否?"曰:"默地祧又不是也。古者适士二庙,庙是个大屋。特牲馈食礼有宗、祝等许多官属,祭祀时礼数大。今士人家无庙,亦无许大礼数。"淳。

○ 古人惟家庙有碑,庙中者以系牲。冢上四角四个以系索下棺,棺既下则埋于四角,所谓"丰碑"是也。或因而刻字于其上。后人凡碑刻无不用之,且于中间穴孔,不知欲何用也。今会稽大禹庙有一碑,下广锐而上小薄，形制不方不圆，尚用以系牲，云是〔当〕时葬禹之物。上有隶字，盖后人刻之也。僩。

○ 春秋时宗法未亡。如滕文公云"吾宗国鲁先君"，盖滕，文之昭也。文王之子武王既为天子，以次则周公为长，故滕谓鲁为"宗国"。又如左氏传载："女丧而宗室，于人何有？"如三（威）〔桓〕之后，公父文伯、公鉏、公为之类乃季氏之小宗；南宫适之类，孟氏之小宗。今宗室中多带皇兄、皇叔、皇伯等冠于官职之上，非古者不得以戚戚君之意。本朝王定国尝言之，欲令称"某王孙"，或"曾孙"，或"几世孙"，有如越王派下则当云"越王几世孙"。如此则族属易识，且无戚君之嫌，亦自好。后来定国得罪，反以此论为离间骨肉。今宗室散无统纪，名讳重叠，字号都穷了，更无安排处。杨子直欲用"季"字，赵丞相以为"季"是叔、季，意不好，遂不用。贺孙。

○ "古者宗法有南宫、北宫，便是不分财，也须异爨。今若同爨固好，只是少间人多了又却不齐整，又不如异爨。"问："陆子静家有百余人吃饭。"曰："近得他书，已自别架屋，便也是许多人无顿着处。"又曰："见宋子蜚说，广西贺州有一人家共一大门，门里有两廊，皆是子房，如学舍、僧房。每私房有人客来则自办饮食，引上大厅请尊长伴五盏后，却回私房别置酒。恁地却有宗子意，亦是异爨。见说其族甚大。"又曰："陆子静始初理会家法亦齐整：诸父自做一处吃饭，诸母自做一处吃饭，诸子自做一处，诸妇自做一处，诸孙自做一处，孙妇自做一处，卑幼自做一处。"或问："父子须异食否？"曰："虽是如此，亦须待父母食毕，然后可退而食。"问："事母亦须然否？"曰："也须如此。"问："有饮宴何如？"曰："这须同处。如大飨，君臣亦同坐。"贺孙。

○ "宗子只得立适，虽庶长立不得。若无适子则亦立庶子，所谓

'世子之同母弟'。世子是适，若世子死则立世子之亲弟，亦是次适也，
是庶子不得立也。本朝哲庙上仙，哲庙弟有申王，次端王，次简王，乃
哲庙亲弟。当时章子厚欲立简王。是时向后犹在，乃曰'老身无子，诸
王皆云云'。当以次立申王，目眇不足以视天下，乃立端王，是为徽宗。
章子厚殊不知礼意。同母弟便须皆是适子方可言〔立〕，既皆庶子，安
得不依次第？今臣庶家要立宗也难，只是宗室与袭封孔氏、柴氏当立
宗，今孔氏、柴氏袭封只是兄死弟继，只如而今人门长一般，大不是。"
又曰："今若要立宗亦只在人，有甚难处？只是而今时节更做事不得，
奈何！奈何！如伊川当时要勿封孔氏，要将朝廷所赐田五百顷一处给作
一'奉圣乡'，而吕原明便以为不可，不知如何。汉世诸王无子国除，
不是都无子，只是无适子便除其国。不知是如何。恐只是汉世不奈诸侯
王何，幸因他如此，便除了国。"贺孙。

○　古人用尸，本与死者是一气，又以生人精神去交感他那精神，
是会附着歆享。杜佑说古人质朴，立尸为非礼。今蛮夷中犹有用尸
者。庚。

○　古者立尸必隔一位。孙可以为祖尸，子不可以为父尸，以昭、
穆不可乱也。夔孙。

○　或问："古人祫祭时每位有尸否？"曰："固是。周家旅酬六尸，
是每位皆有尸也。古者主人献尸，尸酢主人。开元礼犹如此，每献一位
毕，则尸便酢主人，受酢已，又献第二位。不知是甚时缘甚事后废了，
到本朝都把这样礼数省了。"广。

○　或问："妣有尸否？"曰："一处说无尸，又有一处说有男尸、
有女尸。亦不知废于甚时代。古者不用尸则有阴厌，书仪中所谓'阖门

垂帘'是也,欲使神灵厌饫之也。"<u>广</u>。

○ 问:"去祭用尸。"曰:"古者男女皆有尸。自<u>周</u>以来不见〔说〕有女尸,想是渐次废了。这个也硗碕。古者君〔迎〕尸在庙门之外,则全臣子之礼,在庙门之内,则君拜之。<u>杜佑</u>说,上古时中国与夷狄一般,后世圣人改之有未尽善者,尸其一也。盖今蛮洞中亦有此,但择美丈夫为之,不问族类。"事见<u>杜佑理道要诀</u>末篇。<u>夔孙</u>。

○ 神主之位东向,尸在神主之北。<u>铢</u>。

○ 问:"<u>程氏</u>主式,士人家可用否?"曰:"他云已是杀诸侯之制。士人家用牌子。"曰:"牌子式当如何?"曰:"<u>温公</u>用大板子。今但依<u>程氏</u>主式而勿陷其中可也。"<u>淳</u>。

○ <u>伊川</u>制,士庶不用主,只用牌子。看来牌子当如主制,只不消做二片相合及窍其旁以通中。<u>贺孙</u>。

○ 又问:"庶人家庙亦可用主否?"曰:"用亦不妨。且如今人未仕只用牌子,到仕后不中换了。若是士人只用主,亦无大利害。"又问:"祧主当如何?"曰:"当埋之于墓。其余祭仪,诸家祭(祀)〔礼〕已备具矣。如欲行之,可自子细考过。"<u>时举</u>。

○ <u>黄直卿</u>问:"神主牌,先生夜来说荀勖礼未终。"先生曰:"<u>温公</u>所制牌阔四寸、厚五寸八分,错了。据<u>隋炀帝</u>所编<u>礼书</u>有一篇<u>荀勖礼</u>,乃是云'阔四寸,厚五寸,八分大书"某人神座"。不然,只小楷书亦得'。后人相承误了,却作'五寸八分'为一句。"<u>义刚</u>。

○ 李丈问士牌子式。曰："晋人制长一尺二分、博四寸五分，亦太大。不如只依程主外式，然其题则不能如陷中之多矣。"淳。义刚录同。

○ 古人祭礼次丧礼，盖谓从那始行重时〔重用木，司马仪用帛。〕便做那祭底道理来。后来人却移祭礼在丧之前，不晓这个意思。植。

○ 问："祭礼，古今事体不同，行之多窒碍，如何？"曰："有何难行？但以诚敬为主，其他仪则随家丰约，如一羹一饭，皆可自尽其诚。若温公书仪所说堂室等处，贫家自无许多所在，如何要行得？据某看来，苟有作者兴礼乐，必有简而易行之理。"贺孙。

○ 李丈问："祭仪更有修改否？"曰："大概只是温公仪，无修（政）〔改〕处。"问始祖之祭。曰："后来疑似禘祭，更不敢祭。"淳。

○ 今之冠昏礼易行，丧祭礼繁多，所以难行。使圣人复出，亦必理会教简要易行。今之祭礼岂得是古人礼？唐世三献官随献，各自饮福受胙。至本朝便都只三献后始方饮福受胙，也是觉见繁了，故如此。某之祭礼不成书，只是将司马文正者减却几处。如今人饮食如何得恁地多？横渠说"墓祭非古"，又自撰墓祭礼，即是周礼上自有了。贺孙。

○ 黄问："行正礼而祖先不晓，此则如何？"曰："公晓得不晓得？公晓得，祖先便晓得。"淳。

○ 或问："祖宗非士人，而子孙欲变其家风以礼祭之，祖宗不晓却如何？"曰。义刚。按此下阙文，当有如上条，意始备，恐同闻而录异耳。

○ 人家族众不分合祭，或主祭者不可以祭及叔伯之类，则须令其嗣子别得祭之。今且说同居，同出于曾祖，便有从兄弟及再从兄弟了。祭时主于主祭者，其他或子不得祭其父母。若恁地衮做一处祭不得。要好，当主祭之嫡孙当一日祭其曾祖及祖及父，余子孙与祭。次日，却令次位子孙自祭其祖及父。又次日，却令又次位子孙自祭其祖及父。此却有古宗法意。古今祭礼这般处皆有之。某后来更讨得几家，要入未得。如今要知宗法祭祀之礼，须是在上之人先就宗室及世族家行了，做个样子，方可使以下士大夫行之。贺孙。

○ 某自十四岁而孤，十六而免丧。是时祭祀只依家中旧礼，礼文虽未备，却甚齐整。先妣执祭事甚虔。及某年十七八许方考订得诸家礼，礼文稍备。是时因思古人有八十岁躬祭事拜跪如礼者，常自期，以为年至此时，当亦能如此。在礼虽有"七十曰老，而传"，则祭祀不预之说，然亦自期傀年至此，必不敢不自亲其事。然自去年来拜跪已难，至冬间益艰辛。今年春间仅能立得住，遂使人代拜，今立亦不得了。然七八十而不衰，非特古人，今人亦多有之，不知某安得如此衰也！佢。

○ 又问"支子不祭"。曰："不当祭。"又问："横渠有季父之丧，三废时祀，却令竹监弟为之。缘竹监在官，无持丧之专，如此则支子亦祭。"曰："这便是横渠有碍处，只得不祭。"因说："古人持丧端的是持丧，如不食粥端的是不食粥。"淳。

○ 问士祭服。曰："应举者用襴衫幞头，不应举者用皂衫幞头。"问："皂衫帽子如何？"曰："亦可。然亦只当凉衫。中间朝廷一番行冠带，后却自朝廷官先废了。崇观间，莆人朱给事子入京，父令过钱塘谒故人某大卿。初见以衫帽，及宴亦衫帽，用大乐。酒一行，乐一作，主人先醮，遂两手捧盏侧劝客。客亦醮，主人捧盏不移，〔义刚录云："依旧侧盏不移。"〕至乐罢而后下。及五盏歇坐，请解衫带，着背子，不脱

帽以终席。来归语其父。父曰：'我所以令汝谒见者，欲汝观前辈礼仪
也。'此亦可见前辈风俗。今士大夫殊无有衫帽者。尝有某人作郡，作
衫帽之礼，监司不喜，以他故按之。"淳。〔义刚同。〕

○ 胡叔器问："祭祖先，士庶当祭几代？"曰："古时一代即有一
庙，其礼甚多。今于礼制大段亏缺，而士庶皆无庙。但<u>温公</u>礼祭三代，
<u>伊川</u>祭自高祖，始疑其过。要之，既无庙又于礼煞缺，祭四代亦无善。"
义刚问："<u>东坡</u>〔'小宗'〕之说如何？"曰："祭四代，盖自己成一代说
起。"陈仲蔚问："'郵畷表'不知为何神？"曰："却不曾子细（看）
〔考〕。<u>东坡</u>以为犹如（战）〔戏〕。"又问："中霤是何处？"曰："上世人
居土屋，中间开一天窗，此便是中霤。后人易为屋，不忘古制，相承亦
有中霤之名。今之中霤但当于屋中祭之。"<u>张以道</u>问："蜡便是腊否？"
曰："模样腊自是腊，蜡自是蜡。"义刚曰："腊之名至<u>秦</u>方有。"义刚。

○ 〔尧卿〕问始祖之祭。曰："古无此。是<u>伊川先生</u>以义起之。某
当初也祭，后来觉得僭，遂不敢祭。古者诸侯只得到始封之君，以上则
不敢祭。大夫有大功，则请于天子，得祭其高祖，然亦止得祭一番，常
时不敢祭。<u>程先生</u>亦云，人必祭高祖，只是疏数耳。"又问："士庶亦有
始基之祖，四代以上则可不祭否？"曰："如今祭四代已为僭。古者官师
亦只得祭二代，若是始基之祖，莫亦只存得墓祭。"夔孙。

○ <u>余正父</u>谓："士大夫不得祭始祖，此天子诸侯之礼。若士大夫
当祭，则自古无明文。"又云："大夫自无太祖。"先生因举："<u>春秋</u>如<u>单
氏</u>、<u>尹氏</u>，王朝之大夫自上世至后世，皆不变其初来姓号，则必有太
祖。又如<u>季氏</u>之徒世世不改其号，则亦必有太祖。"<u>余正父</u>谓："此<u>春秋</u>
时自是世卿不由天子，都没理会。"先生云："非独是<u>春秋</u>时，如诗里说
'<u>南仲</u>太祖，太师皇父'，<u>南仲</u>是<u>文王</u>时人，到<u>宣王</u>时为太祖。不知古者

世禄不世官之说如何？又如周公之后，伯禽已受封于鲁，而周家世有周公，如春秋云'宰周公'，这般所在自晓未得。"贺孙。

○ 问："冬至祭始祖是何祖？"曰："或谓受姓之祖，如蔡氏则以蔡叔之类。或谓厥初生民之祖，如盘古之类。"曰："立春祭先祖则何祖？"曰："自始祖下之第二世，及己身以上第六世之祖。"曰："何以只设二位？"曰："此只是以意享之而已。"淳。

○ 李问至日始祖之祭初献事。答云："家中寻常只作一番安排。想古人也不恁地，却有三奠酒。或有脯醢之属，因三奠中进。"遂问："始祖是随一姓有一始祖，或只是是一始祖？"曰："此事亦不可得而见。想开辟之时，只是生一个人出来。"淳。

○ 始祖之祭、先祖之祭，先生家近已之。云："嫌其偪于天子之礼。始祖之祭似禘，先祖之祭似祫。"闳祖。

○ 问祭礼。曰："古礼难行，且依温公，择其可行者行之。祭土地只用韩公所编。祇一位。祭祖，自高祖而下，如伊川所论。古者只祭考妣，温公祭自曾祖而下。伊川先生以高祖有服，所当祭，今见于遗书者甚详。此古礼所无，创自伊川，所以使人尽孝敬追远之义。"道夫。

○ 伊川时祭止于高祖，而上则于立春设二位统祭之，而不用主，此说是也。却又云，祖又岂可厌多？其可知者无远近，皆当祭之。疑是初时未曾讨论，故有此说。道夫。

○ 问遗书云"寻常祭及高祖"。曰："天子则以周人言，上有太祖二祧。大夫则于祫及其高祖。"可学。

○ 用之问:"先生祭礼,立春日祭高祖而上,只设二位。若古人袷祭,须是逐位祭?"曰:"某只是依伊川说。伊川礼更略。伊川所定不是成书,温公仪却是做成了。"贺孙。

○ 李丈问立春先祖之祭。曰:"后来亦疑似袷祭,不敢祭。"淳。

○ 问:"祭先祖用一分如何?"曰:"只是一气。若影堂中各有牌子则不可。"可学。

○ 居父问祖妣配祭之礼。先生检古今祭礼唐元和一段示之。贺孙。

○ 古人无再娶之礼,娶时便有一副当人了,嫡庶之分定矣,故继室于正室不可并配。今人虽再娶,然皆以礼聘,皆正室也,祭于别室恐未安。如伊川云,奉(嗣)〔祀〕之人是再娶所生则以所生母配。如此则是嫡母不得祭矣,此尤恐未安。大抵伊川考礼文,却不似横渠考得较子细。伯羽。〔砥。〕

○ 妣者,媲也。祭所生母只当称母,则略有别。伯羽。

○ 无后之祭,伊川说在古今家祭礼中。闳祖。

○ 问无后祔食之位。曰:"古人祭于东西厢。而今人家无东西厢,某家每常只位于堂之两边。祭食则一,但正位三献毕,然后使人分献一酌而已,如今学中从祀然。"淳。义刚录同。

○ 李守约问:"祭殇,几代而止?"曰:"礼经无所说。只程氏遗书一段说此，亦是以义起。"祭殇。<u>义刚</u>。陈淳录同。

○　一之问："长兄死，有嫂无子，不持服，归父母。未几，亦死于父母家。谓嫂已去而无义，欲不祀其嫂之主。又有次兄，年少未娶而死。欲以二兄之主同为一椟，如何？"曰："兄在日不去嫂，兄死后嫂虽归父母家又不嫁，未得为绝，不祀亦无谓。若然，是弟自去其嫂也，兄弟亦何必同椟乎？"<u>淳</u>。

○　<u>李</u>丈问曰："荆妇有所生母取养于家，百岁后只归祔于外氏之茔，如何？"曰："亦可。"又问："神主归于外家，则外家凌替，欲祀于家之别室，如何？"曰："不便。北人风俗如此。<u>上谷郡君</u>谓伊川'今日为我祀父母，明日不复（祠）〔祀〕矣'，是亦祀其外家也。然无<u>礼经</u>。"<u>义刚</u>。

○　<u>胡</u>问："行正礼，则俗节之祭如何？"曰："<u>韩魏公</u>处得好，谓之节祠，杀于正祭。某家依而行之，但七月十五日素馔用浮屠，某不用耳。向<u>南轩</u>废俗节之祭，某问：'于端午能不食粽乎？重阳能不饮茱萸酒乎？不祭而自享，于汝安乎？'"<u>淳</u>。〔<u>义刚</u>录同。〕

○　问："行时祭，则俗节如之何？"曰："某家且两存之。"<u>童</u>问："莫简于时祭否？"曰："是。要得不行，须是自家亦不饮酒始得。"<u>淳</u>。

○　先生依<u>婺源</u>旧俗：岁暮二十六日，烹豕一祭家先，就中堂二鼓行礼。次日，召诸生馂。<u>李</u>丈问曰："夜来之祭饮福受胙否？"曰："亦不讲此。"<u>婺源</u>俗：豕必方切大块。首、蹄、肝、肺、心、肠、肚、尾、肾等每件逐位皆均有。亦炙肉，及以鱼佐之。云是日甚忌有器皿之毁。<u>淳</u>。

○　先生以岁前二十六夜祭先。云："是家间从来如此。这又不是新安旧俗，某尝在新安见祭享又不同。只都安排了，大男小女都不敢近前，亦不举烛，只黑地，主祭一人自去烧香祷祝了。祭馔不彻，闭户以待，来早方彻。其祭不止一日，从二十六日连日只祭去。大纲如今俗所谓'唤福'。"贺孙。

○　又问："先生除夜有祭否？"曰："无祭。""先生有五祀之祭否？"曰："不祭。"因说五祀皆设主而后迎尸，其详见月令注，与宗庙一般。遂举先生语解中"王孙贾"一段。曰："当初因读月令注，方知王孙贾所问奥、灶之说。"淳。

○　墓祭非古。虽周礼有"墓人为尸"之文，或是初间祭后土亦未可知。但今风俗皆然，亦无大害。国家不免亦十月上陵。淳。

○　义刚问："墓祭有仪否？"曰："也无仪，大概略如家祭。唐人亦不见有墓祭，但是拜扫而已。"林择之云："唐有墓祭，通典载得在。"曰："却不曾考。"或问墓祭祭后土。曰："就墓外设位而祭。"义刚。陈淳录同而略，今附，云："淳问：'墓祭有仪否？'曰：'不制仪。大概略如家祭。古人无墓祭。'问：'祭毕亦祭后土否？'曰：'就墓外设位而祭。'又注云：'先人说唐人不墓祭，只拜扫而已。'林择之说：'通典载亦有。'更考。"

○　温公书仪谓以香火代爇萧。杨子直不用，以为香只是佛家用之。义刚。

○　问："酹酒是〔少〕倾，是尽倾？"先生曰："降神是尽倾。然温公仪降神一节亦似僭礼。大夫无灌献，亦无爇萧，灌献、爇萧乃天子诸侯礼。爇萧欲以通阳气，今太庙亦用之。或以为焚香可当爇萧，然焚香乃道家以此物气味香而供养神明，非蓺萧之比也。"〔义刚。〕陈录以上自作一条。

○　问后土氏之祭。曰："极而言之亦似僭，然此即古人中霤之祭，而今之所谓'土地'者。郊特牲：'取财于地，取法于天，是以尊天而亲地，教民美报焉，故家主中霤而国主社。'观此，则天不可祭而土神在民亦可祭。盖自上古陶为土室，其当中处上为一窍通明，名之曰'中霤'。及中古有宫室，亦以室之中央为中霤，存古之旧，示不忘本。虽曰土神，而只以小者言之，非如天子所谓祭皇天后土之大者也。"义刚。陈淳录同。

○　祭礼，主人作初献，未有主妇则弟得为亚献，弟妇得为终献。贺孙。

○　饮福受胙即尸酢主人之事，无尸者则有阴厌、阳厌。旅酬从下面劝上，下至直叠洗者皆得与献酬之数。方子。

○　夫祭妻亦当拜。义刚。陈淳录同。

○　古无忌祭，近日诸先生方考及此。贺孙。

○　问："忌日当哭否？"曰："若是哀来时，自当哭。"又问衣服之制。曰："某自有吊服，绢衫绢巾，忌日则服之。"广。

○　忌日须用墨衣墨冠。横渠却视祖先远近为等差，墨布冠，墨布缀衣。铢。

○　先生母夫人忌日着缲墨布衫，其巾亦然。友仁问："今日服色何谓？"先生曰："公岂不闻'君子有终身之丧'？"友仁。

○　先生为无后叔祖忌祭，未祭之前不见客。贺孙。

○　问："'三年而后葬者必再祭'，郑玄注以为只是练祥祭无禫。"曰："不知礼经上下文如何道，看见也是如此。"贺孙。

○　"丧三年不祭"，盖孝子居倚庐垩室只是思慕哭泣，百事皆废，故不祭耳。然亦疑当令宗人摄祭，但无明文，不可考耳。闳祖。

○　问"丧三年不祭"。曰："程先生谓，今人居丧都不能如古礼，却于祭祀祖先独以古礼不行，恐不得。横渠曰'如此则是不以礼祀其亲也'。某尝谓，如今人居丧时，行三二分居丧底道理，则亦当行三二分祭先底礼数。"〔今按，此语非谓只可行三二分，但既不得尽如古，则丧祭亦皆当存古耳。〕广。

○　先生以子丧，不举盛祭，就影堂前致荐，用深衣幅巾。荐毕，反丧服，哭奠于灵，至恸。贺孙。

朱子语类卷第九十一

杂仪

○　自三代后，车服冠冕之制，<u>前汉</u>皆不说，只<u>后汉</u>志内略载，尚又多不可晓。<u>庚</u>。

○　古者有祭服，有朝服。祭服所谓鷩冕之类，朝服所谓皮弁、玄端之类。天子诸侯各有等差。<u>黄无"天子"以下八字。</u>自<u>汉</u>以来祭亦用冕服，朝服则所谓进贤冠、绛纱袍。<u>隋炀帝</u>时始令百官戎服，<u>唐</u>人谓之"便服"，又谓之"从省服"，乃今之公服也。祖宗以来亦有冕服、车骑之类而不常用，惟大典礼则用之，然将用之时必先出许多物色于庭，所持之人又须有赏赐。于是将用之前有司必先入文字，取指挥，例降旨权免。<u>夔孙。黄义刚录同。</u>

○　今朝廷服色三等乃古间服，此起于<u>隋炀帝</u>时。然当时亦只是做戎服，当时以巡幸烦数，欲就简便，故三品以上服紫，五品服绯，六品以下服绿。他当时又自有朝服。今亦自有朝服，大祭祀时用之，然不常以朝。到临祭时取用却一齐都破损了，要整理又须大费一巡，只得恁地包在那里。<u>贺孙。</u>

○　今之朝服乃戎服，盖自<u>隋炀帝</u>数游幸，令百官以戎服从，一品紫，五品朱，六品青。皂靴乃上马鞋也。后世循袭，遂为朝服。然自<u>唐</u>人朝服犹着礼服，幞头圆顶软脚，今之吏人所冠者是也。桶（头）〔顶〕

帽子乃隐士之冠。宣和末，京师士人行道间犹着衫帽，至渡江戎马中乃变为白凉衫，绍兴二十年间犹是白凉衫，至后来军兴，又变为紫衫，皆戎服也。淳。

○　祖宗时有大朝会，如元正、冬至有之。天子被法服，群臣皆有其服。籍溪胡先生在某州为解头，亦尝预元正朝班。又旧制：在京升朝官以上每日趁班，如上不御殿，宰相押班。所以韩魏公不押班，为台谏所论。籍溪云，士服着白罗衫，青缘，有裙有佩。绍兴间，韩勉之知某州，于信州会样来制士服，正如此。某后来看祖宗实录，乃是教大晟乐时士人所服，方知出处。今朝廷所颁绯衫，乃有司之服也。人杰。按，辅广录略，今附，云："祖宗时元正、冬至皆有大朝会，君臣都着法服，诸州解头亦预。籍溪先生在某州为解元，亦曾预元正朝会，皆白罗衫，青缘，有冠有佩。"

○　贺孙问："今冠带起于何时？"曰："看角抵图所画观戏者尽是冠带。立底、屋上坐底皆戴帽系带，树上坐底也如此。那时犹只是软帽搭在头上，带只是一条小皮，穿几个孔，用那跨子缚住。至贱之人皆用之。今来帽子做得恁地高，硬带做得恁地重大，既不便于从事，又且是费钱。皂衫更费重。某从向时见此三物，疑其必废。如今果是人罕用。也是贫士，如何要办得！自家竭力办得，着去那家，那家自无了，教他出来相接也不得，所以其弊必废。大凡事不思量，后都是如此。"

○　贺孙问："古人制深衣，正以为士之贵服，且谓'完且弗费'，极是好，上至天子亦服之。不知士可以常服否？"曰："'可以摈相，可以治军旅'，如此贵重，恐不可常服。"曰："'朝玄端，夕深衣'已是从简便了。且如深衣有大带了，又有组以束之，今人已不用组了。凡是物事，才是有两件，定是废了一件。"又云："窦太后以戏帽赠文帝，则帽已自此时有了。从来也多唤做巾子、幞头。"或云："后唐庄宗取伶人者用之，但未有脚。"或云："神庙朝方用。"想神庙方制得如此长脚。贺孙。

○ 符舜功曰："去年初得官，欲冠带参先生，中以显道言而止。今思之亦是失礼。"先生曰："毕竟是君命。"良久，笑曰："显道是出世间法。某初闻刘谏议初仕时，冠带乘凉轿还人事。又闻李先生云，杨龟山初得官时亦冠带乘轿还人事。往往前辈皆如此。今人都不理会其间有如此者，遂晒之。要之，冠带为礼。某在同安作簿时，朝廷亦有文字令百官皆戴帽。某时坐轿有碍，后于轿顶上添了一团竹。"义刚。

○ 上领服非古服。看古贤如孔门弟子衣服，如今道服却有此意。古画亦未有上领者，惟是唐时人便服此，盖自唐初已杂五胡之服矣。〔贺孙。〕

○ 因言服制之变："前辈无着背子者，虽妇人亦无之。士大夫家居，常服纱帽、皂衫、革带，无此则不敢出。背子起殊未久。"或问："妇人不着背子则何服?"曰："大衣。"问："大衣，非命妇亦可着否?"曰："可。"僴因举胡德辉杂志云："背子本婢妾之服，以其行直主母之背，故名'背子'。后来习俗相承，遂为男女辨贵贱之服。"曰："然。尝见前辈杂说中载，上御便殿着纱帽、背子，则国初已有背子矣。皆不可晓。"又曰："后世礼服固未能猝复先王之旧，然且得华夷稍有辨别犹得。今世之服大抵皆胡服，如上领衫、靴鞋之类，先王冠服扫地尽矣! 中国衣冠之乱自晋五胡，后来遂相承袭。唐接隋，隋接周，周接元魏，大抵皆胡服。"问："今公服起于何时?"曰："隋炀帝游幸，令群臣皆以戎服从，五品以上服紫，七品以上服绯，九品以上服绿。只从此起遂为不易之制。"又问："公服何故如许阔?"曰："亦是积渐而然，初不知所起。尝见唐人画十八学士裹幞头，公服极窄，画裴晋公诸人则稍阔，及画晚唐王铎辈则又阔。相承至今又益阔也。尝见前辈说，绍兴初某人欲制公服，呼针匠计料，匠云少三尺许。某人遂寄往都下制造，及得之，以示针匠。匠曰：'此不中格式，某不敢为也。'某人问其故。曰：'但看袖必短，据格式，袖合与下襜齐至地，不然则不可以入阁门。'彼时犹守得这些意思，今亦不复存矣。唐人有官者，公服、幞头不离身，以此为常服。又别有朝服，如进贤冠、中单服之类。其下又有省服，服为常服。今之公服，即唐之省服服也。"又问幞头所起。曰："亦不知所起，但诸家小说中时班驳见一二，如王彦辅麈史犹略言之。某少时尚见唐时小说极多，今皆不复存矣。唐人幞头，初止以纱为之，后以其软，遂斫木作一山子在前衬起，名曰'军容头'。其说以为起于鱼朝恩，一时人争效，士大夫欲为幞头，则曰'为我斫一军容头来'。及朝恩被诛，人以为语谶。其先幞头四角有脚，两脚系向前，两脚系向后。后来遂横两脚，以铁线张之。然惟人主得裹此，世所画唐明皇已裹两脚者，但比今甚短。后来藩镇遂亦僭用，想得士大夫因此亦皆用之，但不知几时展得如此长？尝见禅家语录载唐庄宗问一僧云：'朕收中原得一宝，未有人酬价。'僧曰：'略借陛下宝看。'庄宗以手展幞头两脚示之。如此，则五代时犹是惟人君得裹两脚者，然皆莫可考也。桐木山子相承用，至本朝遂易以藤织者，而以纱冒之。近时方易以漆纱。尝见南剑沙溪一士夫家尚收得上世所藏幞头，犹是藤织坯子。唐制又有两脚上下者，亦莫可晓。"侗。

○　今官员执笏最无道理。笏者，只是君前记事，恐事多，须以纸粘笏上记其头绪。或在君前不可以手指人物，须用笏指之。此笏常只插在腰间，不执在手中。夫子"摄齐升堂"，何曾手中有笏？摄齐者，畏谨，恐上阶时踏着裳，有颠仆之患。执圭者，圭自是贽见之物，只是捧至君前，不是如执笏。所以执圭时便"足缩缩，如有循"，缘手中有圭，不得摄齐，亦防颠仆。明作。

○ 古人言人跪坐。"虽有拱璧而先乘马，不如坐进此道"，谓跪而献之也。如文帝不觉膝之前，盖亦是跪坐。跪坐，故两手下为拜。"拜"字从两手下。古者初冠，母子相拜；妇初见舅姑，舅姑答拜。不特君臣相答拜也。方子。以下拜。

○ 古人坐于地未必有盘足，必是跪。以其惯了，故脚不痛，所以拜时易也。古人之拜止如今道士拜，二膝齐下。唐人先下一膝，谓之"雅拜"，似有罪，是不恭也。今人不然。明作。

○ 问："古者天子拜其臣，想亦是席地而坐，只略为之俯首，便是拜否？"先生曰："太甲'拜手稽首'，〔成王"拜手稽首"，〕疏言稽留之意，是首至地之久也，盖其尊师傅如此。后来晋元帝亦拜王导，至其家亦拜其妻。如法帖中，元帝与王导帖皆称'顿首'，又不知如何也。"淳。义刚录同。

○ 贺孙问："看礼中说妇人吉拜，虽君赐肃拜，此则古人女子拜亦伏地也。"曰："古有女子伏拜者。乃太祖问范质之侄杲：'古者女子拜如何？'他遂举古乐府云'长跪问故夫'，以为古妇女皆伏拜，自则天欲为自尊之计，始不用伏拜。今看来此说不然。乐府只说'长跪问故夫'，不曾说伏拜。古人坐也是跪，一处云'直身长跪'。若拜时亦只低手祗揖便是肃拜，故礼肃拜注云'肃，俯手也'。盖妇人首饰盛多，如'副笄六珈'之类，自难以俯伏地上。古人所以有父母拜其子、舅姑答妇拜者，盖古坐时只跪坐在地，拜时亦容易；又不曾相对，拜各有向，当答拜亦然。大祝九拜：稽首拜，头至地；顿首拜，头叩地；空首拜，头至手，所谓'拜手'也；振动，战栗变动之拜；吉拜，拜而后稽颡；凶拜，稽颡而后拜也；奇拜，一拜；褒拜，再拜，'褒'读为'报'；肃拜，'但俯下手，今时揖'，传云'介者不拜'，'敢肃使者'是也。"贺孙

○ 古人屋_{黄作}"室"。无廊庑。三公露立于槐下，九卿露立于棘下。当其朝会，有雨则止。_{黄本止此。}曾子问："诸侯见天子，入门而雨沾服失容则废。"_{淳。义刚录同而略。以下朝廷之仪。}

○ 三代之君见大臣多立，乘车亦立。汉初犹立见大臣，如赞者云"天子为丞相起"。后世君太尊，臣太卑。_{德明。}

○ 古者天子见群臣有礼：先特揖三公，次揖九卿，又次揖左右，然后泛揖百官。所谓"天揖同（室）〔姓〕"之类，有许多等级。_{义刚。陈淳录同。}

○ "皇太子参决时见宰相、侍从以宾主之礼，余官不然。"又曰："独宰相为正拜者，盖余官谢恩在殿下拜，侍从以上虽拜殿上，亦只偏拜，独宰相正拜，故云。"_{敬仲。}

○ 近日上殿礼简，如所谓舞蹈等事皆无之。只是直至殿下拜一双，上殿奏事，退又拜，即〔退。〕这也是阁门要省事故如此。寿皇初间得几时见群臣，皆许只用紫衫。后来有人说道太简，后不如此。_{贺孙。}

○ 问朝见舞蹈之礼。曰："不知起于何时。元魏末年方见说那舞，然恐或是夷狄之风。"_{广。}

○ "古时隔品则拜，谓如八品见六品、六品见四品则拜。宰相（绝礼）〔礼绝〕百僚，则皆拜之。若存得此等旧礼亦好，却有等杀。今著令，从事郎以下庭参不拜，则以上者不庭参可知。岂有京朝官复降阶之礼？今朝士见宰相只是客礼，见监司、郡守如何却降阶？"问："若客司辈揖请降阶则如何？"曰："平立不降可也。同官虽皆降阶，吾独不降可也。"是时将赴莆田，问此。先生又云："古者庭参官、令录以下往往皆拜，惟职官不拜，所以著令如此。"德明。

○ 廖子晦将赴莆阳宰，请于先生："今属邑见郡守有阶墀之礼，合当如何？"曰："若欲自行其志，勿从俗可也。"因云："今多相尚如此。以此去事人固是无见识，且是为官长者安受而不疑，更是怪。"坐客云："赵丞相帅某处，经过某处，而属邑宰及同僚皆于船头迎望拜接，后却旨挥不要此般礼数。这般所在，须先戒饬客将。"或云："今人见宰相，欲有所言，未及出口，已为客将按住云'相公尊重'，至有要取覆而客将抗声云'不得取覆'者。"先生曰："若是有此等，无奈何，须叱之可也。"贺孙。

○ 黄直卿言："廖子晦作宰，不庭参，当时忤了上位，但此一节最可服。"先生曰："庭参底固不是，然待上位来争到底也不是。"义刚。

○ 开元礼有刺史吊吏民之礼，〔略〕如古者国君吊臣礼。本朝删去此条。方子。

○ 问："左右必竟孰为尊？"曰："汉初右丞相居左丞相之上，史中有言曰'朝廷无出其右者'，则是右为尊也。到后来又却以左为尊，而老子（曰有）〔有曰〕'上将军处右而偏将军处左'。'丧事尚右'，兵，凶器也，故以'丧礼处之'，如此则'吉事尚左'矣。汉初岂习于战国与暴秦之所为乎！"广。

○ 问："盘坐于理有害否？"曰："古人席地亦只是盘坐，又有跪坐者。君前臣跪，父前子跪，两膝头屈前着地，观画图可见。古人密处未见得，其疏即是如此。管宁坐一木榻，积五十年未尝箕股，其榻上当膝处皆穿。今人有椅子，若对宾客时合当垂足坐，若独居时垂足坐难久，盘坐亦何害？"淳。按，徐㝢录同而略，今附，云："安卿问：'管宁跪坐，今人盘坐无妨否？'曰：'古人席地亦只跪坐，未有盘坐。君前臣跪，父前子跪。两膝头屈前着地，古人撙节处自如此密。今有橙椅之属，若对宾客时合垂足坐，若燕居无尊客，垂足坐难久，盘坐亦何害？'"

○ 古人上下之分虽严，然待臣仆如子弟，待子弟如臣仆。伯玉之使，孔子与之坐；陶渊明篮舆，用其子与门人；子路之负米；子贡之埋马；夫子之钓弋；有若之三踊于鲁大夫之庭，而同三百人中当国士也；冉有用矛却齐以入其军，而樊须虽少能用命也。古之人执干戈卫社稷，躬耕稼与陶渔之事，皆是也。后世骄侈日甚，反以臣子之职为耻，此风日变，不可复也。士君子知此，为学者言之，以渐率其子弟，庶几可少变乎！人杰。

○ 今之表启是下谀其上，今之制诰是君谀其臣。道夫。

○ 今人书简使上覆，以为重于启也。然用"启"字则有义理，用"覆"字却无义理。"启"乃开启之"启"。"覆"为审覆之"覆"，如"三覆奏"，谓已有指挥，更为再三审覆之也。广。

○ 问："今人书简未尝拜而言拜，未尝瞻仰而言瞻仰，如何？"先生曰："'瞻仰'字去之无害，但'拜'字承用之久，若遽除去，恐不免讥骂。前辈只云'某启'，'启'是开白之义。法帖中有'顿首'，韩文中有'再拜'，其来已久。"人杰问："'启'又训跪，如秦王问范雎有'跽而请'。"曰："古人席地而坐，有问于人则略起身时其膝至地，或谓之跪。若妇人之拜在古亦跪，古乐府云'伸腰拜手跪'，则妇人当跪而拜，但首不至地耳。不知妇人之不跪起于何代，或谓唐武后时方如此，亦未可知。周<u>天元</u>令命妇为男子之拜以称贺，及<u>天元</u>薨，遂改其制。想史官书之以表其异，则古者妇人之拜，其首不至地可知也。然则妇人之拜，当以深拜，颇合于古。"<u>人杰</u>。

○ 有士大夫来谒，各以坐次推逊不已。先生曰："吾人年至五十后，莫论官、休。"<u>自修</u>。

○ 大抵前辈礼数极周详郑重，不若今人之苟简。以今人律之先王之礼，则今人为山鹿野麋矣！然某尚及见前辈礼数之周，今又益薄矣。<u>僩</u>。

朱子语类卷第九十二

乐_{古今}

○ 问："古尺何所考？"曰："羊头山黍今不可得，只依温公样，他考必子细。然尺亦多样，隋书载十六等尺，说甚详。王莽货泉钱，古尺径一寸。"因出二尺，曰："短者周尺，长者景表尺。"谨。

○ 十二律皆在，只起黄钟之宫不得。所以起不得者，尺不定也。黍。升卿。

○ "律管只吹得中声为定。季通尝截小竹吹之，可验。若谓用周尺或羊头山黍，虽应准则，不得中声，终不是。大抵声太高则焦杀，低则益缓。""牛鸣盎中"，谓此。又云："此不可容易杜撰。刘歆为王莽造乐，乐成而莽死；后荀勖造于晋〔武〕帝时，即有五胡之乱；和岘造于周世宗时，世宗亦死。惟本朝太祖皇帝神圣特异，初不曾理会乐律，但听乐声，嫌其太高，令降一分，其声遂和。唐太宗定乐及本朝乐皆平和，所以世祚久长。"笑云："如此议论，又却似在乐不在德也。"德明。

○ 无声，做管不成。德明。

○ 司马迁说律，只是推得一个通了，十二个皆通。庚。

○ 十二律自黄钟而生。黄钟是最浊之声，其余渐渐清。若定得黄钟是便入得乐，都是这里才差了些子其他都差。只是寸难定，所以易差。<u>道夫</u>。

○ 乐声，黄钟九寸最浊，应钟最清，清声则四寸半。八十一、五十四、七十二、六十四，至六十四则不齐而不容分矣。<u>人杰</u>。

○ 音律如尖塔样，阔者浊声，尖者清声。宫以下则太浊，羽以上则太轻，皆不可为乐，惟五声者中声也。<u>人杰</u>。

○ 乐律：自黄钟至仲吕皆属阳，自蕤宾至应钟皆属阴，此是一个大阴阳。黄钟为阳，大吕为阴，太簇为阳，夹钟为阴，每一阳间一阴，又是一个小阴阳。<u>闳祖</u>。

○ 自黄钟至仲吕皆下生，自蕤宾至应钟皆上生。以上生下皆三生二，以下生上皆三生四。<u>闳祖</u>。

○ 律管只以九寸为准，则上生下生，三分益一损一，如破竹矣。<u>人杰</u>。

○ 礼记注疏说"五声六律十二管还相为宫"处分明。<u>人杰</u>。

○ 旋宫：且如大吕为宫，则大吕用黄钟八十一之数而三分损一，下生夷则；夷则又用林钟五十四之数而三分益一，上生夹钟。其余皆然。<u>闳祖</u>。

○ 道夫问："先生所论乐，今考之，若以黄钟为宫，便是太簇为商，姑洗为角，蕤宾为变徵，林钟为徵，南吕为羽，应钟为变宫。若以

大吕为宫，便是夹钟为商，中吕为角，林钟为变徵，夷则为徵，无射为
羽，黄钟为变宫。其余则旋相为宫，周而复始。若言相生之法，则以律
生吕便是下生，以吕生律则为上生。自黄钟下生林钟，林钟上生太簇；
太簇下生南吕，南吕上生姑洗；姑洗下生应钟，应钟上生蕤宾。蕤宾本
当下生，今却复上生大吕；大吕下生夷则，夷则上生夹钟；夹钟下生无
射，无射上生中吕。相生之道至是穷矣，遂复变而上生黄钟之宫。再生
之黄钟不及九寸，只是八寸有余。然黄钟君象也，非诸宫之所能役，故虚其
正而不复用，所用只再生之变者。就再生之变又缺其半，所谓缺其半者，
盖若大吕为宫、黄钟为变宫时，黄钟管最长，所以只得其半声。而余宫亦皆仿
此。”曰：“然。”又曰：“宫、商、角、徵、羽与变徵，皆是（类）〔数〕
之相生，自然如此，非人力所加损，此其所以为妙。”问：“既有宫、
商、角、徵、羽，又有变宫、变徵，何也？”曰：“二者是乐之和，去声。
相连接处。”道夫。

○ “‘旋相为宫’，若到应〔钟〕为宫则下四声都当低去，所以有
半声，亦谓之‘子声’，近时所谓清声是也。大率乐家最忌臣民陵君，
故商声不得过宫声。然近时却只有四清声，方响十六个，十二个是律
吕，四片是四清声。古来十二律却都有半声。所谓‘半声’者，如蕤宾
之管当用六寸，却只用三寸。虽用三寸，声却只是大吕，但愈重浊耳。”
又问声气之元。先生云：“律历家最重这元声〔。元声〕一定，向下都
定；元声差，向下都差。”植。

○ 宫与羽、角与徵相去独远，故于其间制变宫、变徵二声。广。

○ 问：“周礼大司乐说宫、角、徵、羽，与七声不合，如何？”
曰：“此是降神之乐，如黄钟为宫，大吕为角，太簇为徵，应钟为羽，
自是四乐各举其一者而言之。以大吕为角，则南吕为宫，太簇为徵，则

林钟为宫，应钟为羽，则太簇为宫。以七声推之合如此，注家之说非也。"<u>人杰</u>。

○ 律吕有十二，用时只使七个。自黄钟下生至七，若更插一声便拗了。<u>淳</u>。

○ 七声之说，国语言之。<u>人杰</u>。

○ "律十有二，作乐者只用七声。惟宫声筵席不敢用，用则宾主失欢。"<u>力行</u>云："今人揲卦得乾卦者多不为吉，故<u>左传</u>言'随元、亨、利、贞'，有是四德乃可以出。"先生曰："然。"<u>力行</u>。

○ <u>文蔚</u>问："国语云'律者立均出度'，<u>韦昭</u>注云：'均谓均钟，木长七尺，系之以弦。'不知其制如何？"曰："<u>韦昭</u>是个不分晓底人。国语本自不分晓，更着他不晓事，愈见鹘突。'均'只是七均。如以黄钟为宫，便用林钟为徵，太簇为商，南吕为羽，姑洗为角，应钟为变宫，蕤宾为变徵。这七律自成一均，其声自相谐应。古人要合声，先须吹律，使众声皆合，律方可用。后来人想不能解去逐律吹得。<u>京房</u>始有律准，乃是先做下一个母子，调得正了，后来只依此为准。国语谓之'均'，<u>梁武帝</u>谓之'通'。其制十三弦，一弦是全律底黄钟，只是散声。又自黄钟起至应钟有十二弦，要取甚声，用柱子来逐弦分寸上柱定取声。立均之意本只是如此。古来人解书最有一个<u>韦昭</u>无理会，且如下文'六者中之色'，'六'字本只是'黄'字阙却上面一截，他便就这'六'字上解，谓六声天地之中。六者天地之中，自是数，干色甚事！"<u>文蔚</u>。

○ 水、火、木、金、土是五行之序。至五声，宫却属土，至羽属水。宫声最浊，羽声最清。一声应七律，共八十四调。除二律是变宫，止六十调。<u>人杰</u>。

○ 乐声是土、金、木、火、水，<u>洪范</u>是水、火、木、金、土。
<u>人杰</u>。

○ 乐之六十声便如六十甲子。以五声合十二律而成六十声，以十
干合十二支而成六十甲子，若不相属而实相为用。<u>遗书</u>云"三命是律，
五星是历"，即此说也。只晓不得甲子、乙丑皆属木而纳音却属金，前
辈多论此，皆无定说。<u>僩</u>。

○ 丝宫而竹羽。<u>人杰</u>。

○ 丝尚宫，竹尚羽。竹声大，故以羽声济之；<u>丝声</u>细，故以宫声
济之。<u>广</u>。

○ <u>周礼</u>以十二律为之度数，如黄钟九寸、林钟六寸之类。以十二
声为之剂量，盖磬材有刚柔清浊，音声有轻重高低，故复以十二声剂量
斟酌，磨削厚薄，令合节族，如<u>磬氏</u>"已上则磨其旁，已下则磨其端"
之类。<u>僩</u>。

○ 先生偶言及律吕，谓："管有长短，则声有清浊。黄钟最长，
则声最浊，应钟最短，则声最清。"<u>时举</u>云："黄钟本为宫，然<u>周礼</u>祭天
神人鬼地示之时，则其乐或以黄钟为宫，或以林钟为宫，未知如何？"
先生云："此不可晓。先儒谓商是杀声，鬼神之所畏，故不用，而只用
四声迭相为宫。未知其五声不备又何以为乐。大抵古乐多淡，十二律之
外，又有黄钟、大吕、太簇、夹钟四清声杂于正声之间，乐都可听。今
古乐不可见矣。<u>长沙</u> <u>南岳庙</u>每祭必用乐，其节奏甚善，祭者久立不胜

其劳。据图经云是古乐，然其乐器又亦用伏鼓之类，如此则亦非古矣。"时举因云："'金声玉振'是乐之始终。不知只是首尾用之，还中间亦用耶？"先生云："乐有特钟、特磬，有编钟、编磬。编钟、编磬是中间奏者，特钟、特磬是首尾用者。"时举云："所谓'玉振'者只是石耶，还真用玉？"曰："只是石耳，但大乐亦有玉磬，所谓'天球'者是也。"时举。

○　义刚问："周礼祭不用商音，或以为是武王用厌胜之术。切疑圣人恐无此意。"曰："这个也难晓，须是问乐家，如何不用商。尝见乐家言是有杀伐之意，故祭不用。然也恐是无商调，不是无商音。他那奏起来五音依旧皆在。"又问："向见一乐书，温公言本朝无祉音。切谓五音如四时代谢，不可缺一。若无祉音，则本朝之乐大段不成说话。"曰："不特本朝，从来无那祉。不特祉无，角亦无之。然只是太常乐无，那宴乐依旧有。这个也只是无那祉（调）角（音）〔调〕，不是无那祉角音。如今人曲子所谓'黄钟宫，大吕羽'，这便是调。谓如头一声是宫声，尾后一声亦是宫声，这便是宫调。若是其中按拍处，那五音依旧都用，不只是全用宫。如说无祉便只是头声与尾声不是祉，这却不知是如何，其中有个甚么欠缺处所以做那祉不成。徽宗尝令人硬去做，然后来做得成却只是头一声是祉，尾后一声依旧不是，依旧走了，这个不知是如何。平日也不曾去理会，这须是乐家辨得那声音底方理会得。但是这个别是一项，未消得理会。"义刚。

○　古者太子生则太师吹管以度其声，看合甚律。及长，其声音高下皆要中律。庚。

○　南北之乱，中华雅乐中绝。隋文帝时，郑译得之于苏祗婆，乃自西域传来，故知律吕乃天地自然之声气，非人之所能为。译请用旋宫，何〔安〕〔妥〕耻其不能，遂止用黄钟一均。事见隋志。因言佛与吾道不合者，盖道乃无形之物，所以有差。至如乐律，则有数器，所以合也。闳祖。

○ 六朝弹筝鼓瑟皆歌。节。

○ 唐祖孝孙说八十四调，季通云只有六十调，不以变宫、变徵为调，恐其说有理。此左传"中声以降，五降之后不容弹矣"之意也。人杰。

○ 又曰："自唐以前乐律尚有制度可考，自唐以后都无可考。如杜佑通典所算分数极精，但通典用十分为寸作算法，颇难算。蔡季通只以九分算。本朝范、马诸公非惟不识古制，自是于唐制亦不曾详看。通典又不是隐僻底书，不知当时诸公何故皆不看。只如沈存中博览，笔谈所考器数甚精，亦不曾看此。使其见此，则所论过于范、马远甚。吕伯恭不喜笔谈，以为皆是乱〔数〕〔说〕。某与之言：'未可恁地说，恐老兄欺他未得在，只是他做人不甚好耳。'"因令将五音、十二律写作图子，云："且须晓得这个，其他却又商量。"道夫。

○ 问乐。曰："古声只是和，后来多以悲恨为佳。温公与范蜀公，胡安定与阮逸、李照争辩，其实都自理会不得，却不曾去看通典。通典说得极分明，盖此事在唐犹有传者，至唐末遂失其传。王朴当五代之末，杜撰得个乐如此。当时有几钟名为'哑钟'，不曾击得，盖是八十四调。朴调其声，令一一击之。其实那个哑底却是，古人制此不击以避宫声，若一例皆击，便有陵节之患。汉礼乐志刘歆说乐处亦好。唐人俗舞谓之'打令'，其状有四：曰招，曰摇，曰送，其一记不得。盖招则邀之之意，摇则摇手呼唤之意，送者送酒之意。旧尝见深村父老为余言，其祖父尝为之收得谱子，因兵火失去。舞时皆裹幞头，列坐饮酒，少刻起舞。有四句号云'送摇招摇，三方一圆，分成四片，送在摇前'，人多不知，皆以为瓦谜。"汉卿云："张（滋）〔鎡〕约斋亦是张家好子弟。"先生曰："见君举说，其人大晓音律。"因言："今日到詹元善处，见其教乐，又以管吹习古诗二南、七月之属，其歌调却只用太常谱。然亦只做得今乐，若古乐，必不恁地美。人听他在行在录得谱子，大凡压入音律只以首尾二字，章首一字是某调，章尾即以某调终之。如关雎'关'字，合作无射调，结尾亦着作无射声应之；葛覃'葛'字，合作黄钟调，结尾亦着作黄钟声应之；如'七月流火'三章皆'七'字起，'七'字则是清声调，末亦以清声调结之；如'五月斯螽动股'、'二之日凿冰冲冲'，'五'字、'二'字皆是浊声黄钟调，末以浊声结之。元善理会事都不要理会个是，只信口胡乱说，事事唤做曾经理会来。如宫、商、角、徵、羽，固是就喉、舌、唇、齿上分，他便道只此便了，元不知道喉、舌、唇、齿上亦各自有宫、商、角、徵、羽。何者？盖自有个疾徐高下。"贺孙。

○ "温公与范忠宣公，胡安定与阮逸、李照等议乐，空自争辩。看得来都未是，元不曾去看唐通典。据通典中所说皆是，又且分晓。"广云："如此则杜佑想是理会得乐。"曰："也不知他会否，但古乐在唐犹有存者，故他因取而载之于书。至唐末黄巢乱后遂失其传，至五代周世宗时，王朴据他所见杜撰得个乐出来。通鉴中说，王朴说当时钟有几个不曾击，谓之'哑钟'，朴乃调其声，便皆可击。看得来所以存而不击者，恐是避其陵慢之声，故不击之耳，非不知击之耳。"广。

○ 蔡京用事主张喻世清作乐，尽破前代之言乐者。因作中声正声，如正声九寸，中声只八寸七分一。按史记"七"字多错，乃是"十分一"。其乐只是杜撰，至今用之。人杰。

○ 仁宗以胡安定、阮逸乐书，令天下名山藏之，意思甚好。<u>道夫</u>。

○ 问："温公论本朝乐无徵音，如何？"曰："其中不能无徵音，只是无徵调。如首以徵音〔起〕而末复以徵音合杀者，是徵调也。徵调失其传久矣。徽宗令人作之，作不成，只能以徵音起而不能以徵音终。如今俗乐亦只有宫、商、羽三调而已。"<u>淳</u>。

○ 季通律书分明是好，却不是暗说，自有按据。<u>道夫</u>。

○ 问："季通律书难晓。"先生曰："甚分明，但未细考耳。"问："空围九分便是径三分？"曰："古者只说空围九分，不说径三分，盖不啻三分，犹有奇也。"问："算到十七万有余之数当何用？"曰："以定管之长短而出是声。如太簇四寸，惟用半声方和。大抵考究其法是如此，又未知可用与否耳。节五声须是知音律之人与审验过方见得。"<u>德明</u>。

○ 季通理会乐律大段有心力，看得许多书，也是见成文字，如史记律历书，自无人看到这里。他近日又成一律要，尽合古法。旧时所作律逐节吹得却和，怕如今未必如此。这个若促些子声便焦杀，若长些子便慢荡。<u>贺孙</u>。

○ "陈□言'琴只可弹黄钟一均，而不可旋相为宫'，此说犹可。至谓琴之泛声为六律，又谓六律为六同，则妄矣。今人弹琴都不知孰为正声，若正得一弦则其余皆可正。今调弦者云，如此为宫声，如此为商声，安知是正与不正？此须审音人方晓得。古人所以吹管，声传在琴上。如吹管起黄钟之指，则以琴之黄钟声合之，声合无差，然后以次遍合诸声。五声既正，然后不用管，只以琴之五声为准，而他乐皆取正焉。<u>季通</u>书来说，近已晓得，但绗定七弦，不用调弦，皆可以弹十一宫。_{琴之体是黄钟一均，故可以弹十一宫。}如此则大吕、太簇、夹钟以下，声声皆用按徽，都无散声。盖才不按即是黄钟声矣，亦安得许多指按耶？兼如其说，则大吕以下亦不可对徽，须挨近第九徽重按之，此后愈挨下去，方合大吕诸声。盖按着正徽，复是黄钟声矣。渠云顷问之太常乐工，工亦云然。恐无此理。古人弹琴随月调弦，如十一月调黄钟，十二月调大吕，正月调太簇，二月调夹钟，但此后声愈紧，至十月调应钟则弦急甚，恐绝矣。不知古人如何。<u>季通</u>不能琴，他只是思量得，不知弹出便不可行。这便是无下学工夫，吾人皆坐此病。古人朝夕习于此，故以之上达不难，盖下学中上达之理皆具矣。如今说古人兵法战阵，坐作进退，斩射击刺，鼓行金止，如何晓得他底？莫说古人底晓不得，只今之阵法也晓不得，更说甚么？如古之兵法，进则齐进，退则齐退，不令进而进犹不令退而退也，如此则无人敢妄动。然又却有一人跃马蹈阵，杀数十百人，出入数四，矢石不能伤者，何也？"良久，又曰："据今之法只是两军相拄住，相射相刺，立得脚住不退底便赢，立不住退底便输耳。"<u>侗</u>。

○ 堂上乐金钟玉磬。今太常玉磬锁在柜里，更不曾设，恐为人破损，无可陪还。寻常交割只据文书，若要看，旋开柜取一二枚视之。<u>人杰</u>。

○ "<u>子路</u>问闻斯行诸"至"<u>季路</u>使<u>子羔</u>为费宰"四章，<u>植</u>与讲友通举，先生无说。先生因与<u>亚夫</u>与<u>植</u>说，近于乐处，因论："乐之黄钟之律最长，应钟之律最短，长者声浊，短者声清。十二律旋相为宫，宫为君，商为臣。乐中最忌臣陵君，故有四清声。如合今方响有十六个，十二个是正律，四个是四清声，是减一律之半。如应钟为宫，其宫声最短而清。或蕤宾为之（固）〔商〕，则是（高声）〔商声高〕似宫声，为臣陵君，不可用，遂乃用蕤宾律减半为清声以应之，（确）〔虽〕然减半，只是此律，故亦自能相应也。此是通典载此一项。"先生又云："乐声不可太高，又不可太低，乐中上声便是郑、卫。所以太祖英明不可及，当王朴造乐，闻其声太急，便令减下一律，其律声遂平。徽宗朝作大晟乐，其声一声低似一声，故其音缓。"先生又云："贤君大概属意于雅乐，所以仁宗晚年极力要理会雅乐，终未理会得。"又问声气之元。先生云："律历家最重这元声。元声定，向下都定；元声才差，向下都差。"植。

○　今之箫管乃是古之笛，云箫方是古之箫。广。

○　毕篥本名悲栗，言其声之悲壮也。广。

○　今朝廷乐章长短句者，如六州歌头，皆是俗乐鼓吹之曲。四言诗乃大乐中曲。本朝乐章会要，国史中只有数人做得好，如王荆公做得全似毛诗，甚好。其他有全做不成文章。横渠只学古乐府做，辞拗强不似，亦多错字。庚。

○　今之乐皆胡乐也，虽古之郑、卫亦不可见矣。今关雎、鹿鸣等诗亦有人播之歌曲，然听之与俗乐无异，不知古乐如何。古之宫调与今之宫调无异，但恐古者用浊声处多，今乐用清声处多。季通谓今俗乐黄钟及夹钟清，如此则争四律，不见得如何。般涉调者，胡乐之名也。"般"如"般若"之"般"。"子在齐闻韶"，据季札观乐，鲁亦有之，何必在齐而闻之也？又，夫子见小儿徐行恭谨，曰"韶乐作矣"。人杰。

○　"詹卿家令乐工以俗乐谱吹风、雅篇章。初闻吹二南诗，尚可听，后吹文王诗则其声都不成模样。"因言："古者风、雅、颂，名既不同，其声想亦各别。"<u>广</u>。

○　<u>赵子敬</u>送至<u>小雅乐歌</u>，以黄钟清为宫，此便非古。清者，半声也。<u>唐</u>末丧乱，〔乐〕人散亡，礼坏乐崩，<u>朴</u>自以私意撰四清声。古者十二律外有十二子声，又有变声六。谓如黄钟为宫则他律用正律，若他律为宫，则不用黄钟之正声而用其子声，故<u>汉书</u>云"黄钟不与他律为役"者此也。若用清声为宫，则本声轻清而高，余声重浊而下，<u>礼书</u>中删去，乃是。乐律，<u>通典</u>中盖说得甚明。本朝如<u>胡文定公</u>、<u>范蜀公</u>、<u>司马温公</u>、<u>李照</u>辈元不曾看，徒自如此争辨也。<u>汉书</u>所载甚详，然不得其要。<u>太史公</u>所载甚略，然都是要紧处。新修<u>礼书</u>中乐律补篇，以一尺为九寸，一寸为九分，一分为九毫，一毫为九厘，一厘为九条。<u>方子</u>。

○　今之士大夫，问以五音、十二律，无能晓者。要之，当立一乐学，使士大夫习之，久后必有精通者出。<u>升卿</u>。

○　<u>洛阳</u>有带花<u>刘使</u>，名<u>几</u>，于俗乐甚明，盖晓音律者。<u>范蜀公</u>徒论钟律，其实不晓，但守死法。若以应钟为宫，则君民事物皆乱矣。<u>司马公</u>比<u>范公</u>又低。二公于<u>通典</u>尚不曾看，<u>通典</u>自说得分晓。<u>史记律书</u>说律数亦好。此盖自然之理，与<u>先天图</u>一般，更无安排，但数到穷处又须变而通之，却生变律。<u>人杰</u>。

○　<u>刘几</u>与伶人<u>花日新</u>善，其弟厌之，令勿与通。<u>几</u>戒<u>花</u>吹笛于门外则出与相见，其弟又令终日吹笛乱之，然<u>花</u>笛一吹，则<u>刘</u>识其音矣。<u>人杰</u>。

○　向见一女童天然理会得音律，其歌唱皆出于自然，盖是禀得这一气之全者。<u>人杰</u>。

朱子语类卷第九十三

孔孟周程

○　看圣贤代作，未有<u>孔子</u>便无<u>论语</u>之书，未有<u>孟子</u>便无<u>孟子</u>之书，未有<u>尧</u>、<u>舜</u>便无<u>典</u>、<u>谟</u>，未有<u>商</u>、<u>周</u>便无<u>风</u>、<u>雅</u>、<u>颂</u>。_{贺孙。}

○　此道更前后圣贤，其说始备。自<u>尧</u>、<u>舜</u>以下若不生个<u>孔子</u>，后人去何处讨分晓？<u>孔子</u>后若无个<u>孟子</u>也未有分晓。<u>孟子</u>后数千载乃始得<u>程先生</u>兄弟发明此理。今看来<u>汉</u>、<u>唐</u>以下诸儒说道理见在史策者，便直是说梦，只有个<u>韩文公</u>依稀说得略似耳。_{贺孙。}

○　〔董〕卿问："<u>论语</u>之言无所不包，而其所以示人者莫非操存涵养之要；七篇之指无所不究，而其所以示人者类多体验充扩之端。"云云。曰："<u>孔子</u>体面大，不用恁地说，道理自在里面。<u>孟子</u>多是就发见处尽说与人，终不似夫子立得根本住，所以<u>程子</u>谓'其才高，学之无可依据'。要之，夫子所说包得<u>孟子</u>，<u>孟子</u>所言却出不得圣人疆域。且如夫子都不说出，但教人恁地去做则仁便在其中。如言'居处恭，执事敬，与人忠'，果能此则心便在。到<u>孟子</u>则不然，曰'恻隐之心，仁之端也。今人乍见孺子将入井，皆有怵惕、恻隐之心'，都教人就事上推究。"道夫问："如<u>孟子</u>所谓'求放心'、'集义所生'，莫是立根本处否？"曰："他有恁地处，终是说得来宽。"道夫曰："他莫是以其所以做工夫者告人否？"曰："固是。也是他所见如此。自后世观之，<u>孔</u>、<u>颜</u>便是<u>汉文帝</u>之躬修玄默，而其效至于几致刑措。<u>孟子</u>便如<u>唐太宗</u>，天下之事无所不为，极力去做，而其效亦几致于刑措。"道夫。

○　先生曰："孔子之言多且只是泛说做工夫，如'居处恭，执事敬'、'言忠信，行笃敬'之类，未说此是要你理会甚么物，待学者自做得工夫透彻，却就其中见得体段是如此。孟子则恐人不理会得，又趱进一着说，如'恻隐之心'与'学问之道，求放心'之类，说得渐渐亲切。今人将孔、孟之言都是恁地草率看说了。"雉。

○　杨至之云："看孟子见得一个大意，是性之本体、仁义之良心。到战国时君臣、上下都一齐埋没了，孟子所以推明发见之端绪，教人去体认扩充。"曰："孟子才高，他都未有许多意思，今说得一'体认'字早是迟钝了孟子。孟子大段见得敏、见得快，他说话却似个狮子跳跃相似。且如他说个恻隐之心便是仁之端，羞恶之心便是义之端。只他说在那里底便是，似他说时见得圣贤大段易做，全无许多等级，所以程子云'孟子才高，学之无可依据'。"道夫。

○　孔子只说"忠信笃敬"，孟子便发出"性善"，直是漏泄。德明。

○　大凡看道理要见得大头脑处分明，下面节节只是此个道理散为万殊。如孔子教人只是逐件事说个道理，未尝说出大头脑处，然四面八方合聚凑来也自见得个大头脑。若孟子，便已指出教人。至周子说出太极，已是大段分明指出矣。且如恻隐之端，从出处推上去则是此心之仁，仁即所谓四德之元，元即太极之动处，如此节节推上去亦自见得总脑处。若看得太极处分明，则尽见得天下许多道理皆自此出，事事物物上皆有此个道理，元无亏欠也。铢。

○　问："颜子之学莫是先于性情上着工夫否？"曰："然。凡人为学，亦须先于性情上着工夫。非独于性情上着工夫，行步坐立亦当着工夫。"方子。〔谟录云："学者固当存养性情。然处事接物、动止应酬，皆是着工夫处，不独性情也。"〕

○ 才仲问颜子，因举："先生旧语云颜子优于汤武，如何见得?"曰："公且自做工夫，这般处说不得。据自看得觉颜子浑浑无痕迹。"贺孙。

○ 或问："颜子比汤如何?"答曰："颜子只据见在事业，未必及汤，使其成就则汤又不得比颜子。前辈说禹与颜子虽是同道，禹比颜子又粗些。颜子比孟子则孟子当粗，看磨棱合缝犹未有尽处。若看诸葛亮，只看他大体正当，细看不得。"大雅。

○ 或问："孔子当孟子时如何?"曰："孔子自有作用，然亦须稍加峻厉。"又问："孔子若见用，颜子还亦出否?"答曰："孔子若用，颜子亦须出来做他次一等人。如孔子做宰相，颜子做参政。"去伪。

○ 曾子说话盛水不漏。敬仲。

○ 孔子问答，曾子闻得底话颜子未必与闻，颜子闻得底话子贡未必与闻，今却合在论语一书，后世学者岂不幸事! 但患自家不去用心。儒用。

○ 孔门只一个颜子合下天资纯粹，到曾子便过于刚，与孟子相似。世衰道微，人欲横流，不是刚劲有脚跟底人定立不住。淳。

○ 邵汉臣问颜渊、仲弓不同。先生曰："圣人之德自是无不备，其次则自是易得不备。如颜子是煞周全了，只比之圣人更有些未完。如仲弓则偏于淳笃，而少颜子刚明之意。若其他弟子，未见得。只如曾子则大抵偏于刚毅，这终是有立脚处，所以其他诸子皆无传，惟曾子独得其传。到子思也恁地刚毅，惟是有这般人方始凑合得着，惟是这刚毅等人方始立得定。子思别无可考，只孟子所称，如'摽使者出诸大门之外，北面再拜稽首而不受'，如云'事之云乎，岂曰友之云乎'之类，这是甚么样刚毅！"贺孙。

○ 又云："且如孔门教人亦自有等。圣人教人何不都教他做颜、曾底事业？而子贡、子路之徒所以止于子贡、子路者，是其才止于此。且如'克己复礼'，虽止是教颜子如此说，然所以教他人亦未尝不是'克己复礼'底道理。"卓。

○ 至问："韩子称'孔子之道大而能博'，大是就浑沦，博是就该贯处否？"先生曰："韩子亦未必有此意，但如此看亦自好。"至既，问："韩子谓'门弟子不能遍观而尽识，故学焉而皆得其性之所近'，如何是'学焉而皆得其性之所近'？"先生曰："政事者就政事上学得，文学者就文学上学得，德行言语者就德行言语上学得。"至。

○ "看来人全是资质。韩退之云：'孔子之道大而能博，门弟子不能遍观而尽识也，故学焉而皆得其性之所近。'此说甚好。看来资质定了，其为学也只就他资质所尚处添得些小好而已。所以学贵公听并观，求一个是当处，不贵徒执己自用。今观孔子（论）〔诸〕弟子，只除了曾、颜之外其他说话便皆有病。程子诸门人，上蔡有上蔡之病，龟山有龟山之病，和靖有和靖之病，无有无病者。"或问曰："也是后来做工夫不到故如此。"曰："也是合下见得不周遍，差了。"又曰："而今假令亲见圣人说话，尽传得圣人之言不差一字，若不得圣人之心，依旧差了，何况犹不得其言？若能得圣人之心，则虽言语各别，不得害其为同。如曾子说话比之孔子又自不同。子思传曾子之学，比之曾子其言语亦自不同。孟子比之子思又自不同。然自孔子以后，得孔子之心者惟曾子、子思、孟子而已。后来非无能言之士，如扬子云法言模仿论语，王仲淹中说亦模仿论语，言愈似而去道愈远。直至程子方略明得四五十年为得圣人之心，然一传之门人则已皆失其真矣。云云。其终卒归于'择善固执'、'明善诚身'、'博文约礼'而已，只是要人（要）〔自〕去理会。"偗。

○ 夫子度量似尧，尧着四凶在朝，夫子之门亦何所不容。人杰。

○ 孟子不甚细腻，如大匠把得绳墨定，千门万户自在。又记"千门"字上有"东西南北"字。芑。

○ 龟山谓"孔子如知州，孟子如通判权州"，也是如此。通判权州必竟是别人事，须着些力去做始得。广。

○ 问："'颜子合下完具，只是小，要渐渐恢廓；孟子合下大，只是未粹，要索学以充之。'此莫是才具有异？"曰："然。孟子觉有动荡底意思。"可学。

○ 圣人说话磨棱合缝，盛水不漏。如云"一言丧邦"、"以直报怨"，自是细密。孟子说得便粗，如云"今乐犹古乐"、"太王好色"、"公刘好货"之类。横渠说："孟子比圣人自是粗。颜子所以未到圣人处亦只是心粗。"夔孙。

○ 孟子比之孔门原宪，谨守必不似他。然他不足以及人，不足以任道，孟子便担当得事。淳。

○ "濂溪在当时，人见其政事精绝则以为官业过人，见其有山林之志则以为襟袖洒落，有仙风道气，无有知其学者。惟程太中独知之，这老子所见如此，宜其生两程子也。只一时程氏类多好人。"举横渠祭太中弟云"父子参、点"。又祭明道女兄云："见伯淳言汝读孟子有所见，死生鬼神之蕴无不洞晓，今之为卿相大臣者尚不能知。云云。"先生笑曰："此似是讥富公。"窦问："韩公一般气象如何？"曰："韩公天资高，但学识浅，故只做得到那田地，然其大纲皆正。"又云："明道当初想明得煞容易，便无那查滓。只一再见濂溪，当时又不似而今，有许多言语出来。不是他天资高、见得易，如何便明得？"德明问："遗书中载明道语便自然洒落明快。"曰："自是他见得容易。伊川易传却只管修改，晚年方出其书。若使明道作，自无许多事。尝见门人有祭明道文云'先生欲著乐书，有志未就'。不知其书要作如何。"德明。

○ 濂溪清和。孔经甫祭其文曰："公年壮盛，玉色金声；从容和毅，一府皆倾。"墓碑亦谓其"精密严恕"，气象可想矣。道夫。

○ "今人多疑濂溪出于希夷；又云为禅学，其诸子皆学佛。"某云："濂溪书具存，如太极图，希夷如何有此说（哉）？〔或〕是本学老、佛而自变了亦未可知。"曰："尝读张忠定公语录，语李畋云：'汝还知公事有阴阳否？'云云。此说全与濂溪同。忠定公常见希夷，盖亦有些来历，但当时诸公知濂溪者未尝言其有道。"某曰："此无足怪。程太中独知之。"曰："然。"又问："明道之学后来固别，但其本自濂溪发之，只是此理推广之耳。但不如后来程门授业之多。"曰："当时既未有人知，无人往复，只得如此。"可学。

○ 国初人便已崇礼义、尚经术，欲得为二帝三代时，已自胜如唐人了，但说未透。直至二程出，此理始说得透。因看种明逸集。方子。

○ 问："近有一见，孔子六经之书，尽是说道理内实事故，便觉得此道大。自孟子以下，如程、张之门，多指说道之精微、学之要领与夫下手处，虽甚亲切易见，然被他开了四止，便觉规模狭小，不如孔子六经气象大。"答曰："后来缘急欲得人晓得，故不得不然耳。然亦无他不得，若无他说破，则六经虽大，学者从何处入头？横渠最亲切，程氏规模广大，其后学者少有能如横渠辈用工者。近看得横渠辈用工最亲切，直是可畏。学者用工须是如此亲切。更有一说奉祝：老兄言语更多些，更须删削，简洁处方是。"大雅。

○ 伊川先生说话，如今看来中间宁无小小不同？只是大纲统体说得极善。如"性即理也"一语，直自孔子后惟是伊川说得尽，这一句便是千万世说性之根基。理是个公共底物事，不解会不善。人做不是自是失了性，却不是坏了着修。贺孙。

○ 明道说底话怎地动弹流转。方子。

○ 或说明道先生五十年犹不忘游猎之心。先生云："人当以此自检。须（是）〔见〕得明道先生气质如此，至五十年犹不能忘。在我者当益加操守方是，不可以此自恕。"卓。

○ 伊川好学论十八时作。明道十四五便学圣人。二十及第出去做官，一向长进。定性书是二十二三时作。是时游山，许多诗甚好。义刚。

○ 郑问："明道到处响应，伊川入朝成许多事，此亦可见二人用处。"曰："明道从容，伊川都挨不行。"陈后之问："伊川做时似孟子否？"曰："孟子较活络。"问："孟子做似伊尹否？"先生首肯之。又曰："孟子传伊尹许多话，当时必有一书该载。"淳。

○ 杨至之问："程先生当初进说，只以'圣人之说为可必信，先王之法陈作"道"。为可必行，不狃滞于近规，不迁惑于众口，必期致天下如三代之世'，何也？"先生曰："也不得不恁地说。如今说与学者也只得教他依圣人言语恁地做去，待他就里面做工夫有见处，便自知得圣人底是确然恁地。荆公初时与神宗语亦如此。曰：'愿陛下以尧、舜、禹、汤为法，今苟能为尧、舜、禹、汤之君，则自有皋、夔、稷、契、伊、傅之臣。诸葛、魏徵，有道者所羞道也。'说得甚好。只是他所学偏，后来做得差了，又在诸葛、魏徵之下。"义刚。按陈淳录同。

○ "近读一小集，见李偲祭明道文，谓明道当初欲著乐书而不及。"因笑曰："既是乐，何用书说甚底！"淳。

○ 有咎伊川著书不以示门人者，再三诵之，先生不以为然也。因坐复叹。先生曰："公恨伊川著书不以示人，某独恨当时提撕他不紧，故当时门人弟子布在海内炳如日星，自今观之皆不满人意。只今易传一书散满天下，家置而人有之，且道谁曾看得他个？果有得其意者否？果曾有行得他个否？"道夫。

○ 闻伯夷、柳下惠之风者，顽廉薄敦皆有兴起，此孟子之善想象者也。"孔子，元气也；颜子，和风庆云也；孟子，泰山岩岩之气象也"，此程夫子之善想象者也。今之想象大程夫子者，当识其明快中和处；小程夫子者，当识其初年之严毅，晚年又济以宽平处。岂徒想象而已哉？必还以验之吾身者如何也。若言论风旨则诵其诗，读其书，字字而订之，句句而议之，非惟求以得其所言之深旨，将并与其风范气象皆得之矣。<u>大雅</u>。

○ <u>曾子</u>本是鲁拙，后来既有所得，故守得夫子规矩定。其教人有法，所以有传。若<u>子贡</u>则甚敏，见得易，然又杂。往往教人亦不似<u>曾子</u>守定规矩，故其后无传。因窦问<u>子贡</u>之学无传。<u>德明</u>问："若使<u>曾子</u>为邦，比<u>颜子</u>如何？"曰："想得不似<u>颜子</u>熟，然<u>曾子</u>亦大，故有力。<u>曾子</u>、<u>子思</u>、<u>孟子</u>大略皆相似。"问："<u>明道</u>比<u>曾子</u>如何？"曰："不要如此问，且看他做工夫处。"<u>德明</u>。

○ 问："<u>明道</u>可比<u>颜子</u>，<u>伊川</u>可比<u>孟子</u>否？"曰："<u>明道</u>可比<u>颜子</u>。<u>孟子</u>才高，恐<u>伊川</u>未到<u>孟子</u>处。然<u>伊川</u>收束检制处，<u>孟子</u>却不能到。"<u>晦夫</u>。

○ <u>窦</u>问："前辈多言<u>伊川</u>似<u>孟子</u>。"曰："不然。<u>伊川</u>谨严，虽大故以天下自任，其实不似<u>孟子</u>才高，纵横见得无碍。然<u>伊川</u>却确实，不似<u>孟子</u>放脚放手。<u>孟子</u>不及<u>颜子</u>，<u>颜子</u>常〔自〕以为不足。"<u>德明</u>。

○ <u>横渠</u>之于<u>程子</u>，犹<u>伯夷</u>、<u>伊尹</u>之于<u>孔子</u>。<u>若海</u>。

○ <u>胡叔器</u>问："<u>横渠</u>似<u>孟子</u>否？"先生曰："一人是一样，规模各不同。<u>横渠</u>严密，<u>孟子</u>宏阔。<u>孟子</u>是个有规矩底<u>康节</u>。"<u>陈安卿</u>曰："他宏阔中有缜密处，每常于所谓'"不见诸侯，何也"，曰"不敢也"'、'"赐之则不受，何也"，曰"不敢也"'此两处见得他存心甚畏谨，守义甚缜密。"先生曰："固是。"<u>杨至之</u>曰："<u>孟子</u>平正。<u>横渠</u>高处太高，僻处太僻。"先生曰："是。"<u>义刚</u>。

○ 横渠之学是苦心得之，乃是"致曲"，与伊川异。以孔子为非生知，渠盖执"好古敏以求之"，故有此说。不知"好古敏以求之"非孔子做不得。可学。

○ 横渠尽会做文章。如西铭及应用之文，如百碗灯诗，甚敏。到说话却如此难晓，怕自关西人语言自如此。贺孙。

朱子语类卷第九十四

周子之书

太极图

○　太极图"无极而太极"。上一圈即是太极，但挑出在上。<u>泳</u>。

○　太极一圈便是一画，只是撒开了，引教长一画。<u>泳</u>。

○　"无极而太极"不是太极之外别是无极，"无"中自有此理。又不可将无极便做太极。"无极而太极"，此"而"字轻，无次序故也。"动而生阳，静而生阴"，动即太极之动，静即太极之静；动而后生阳，静而后生阴，生此阴、阳之气；谓之"动而生"、"静而生"，则有渐次也。"一动一静，互为其根"，动而静，静而动，辟阖往来，更无休息。"分阴分阳，两仪立焉"，两仪是天地，与画卦两仪意思又别。动静如昼夜，阴阳如东西南北，分从四方去。"一动一静"以时言，"分阴分阳"以位言。方浑沦未判，阴阳之气混合幽暗。及其既分，中间放得宽阔光朗而两仪始立。<u>邵康节</u>以十二万九千六百年为一元，则是十二万九千六百年之前又是一个大辟阖，更以上亦复如此，直是"动静无端，阴阳无始"。小者大之影，只昼夜便可见。<u>五峰</u>所谓"一气大息，震荡无垠，海宇变动，山勃川湮，人物消尽，旧迹大灭，是谓洪荒之世"。常见高

山有螺蚌壳或生石中，此石即旧日之土，螺蚌即水中之物。下者却变而
为高，柔者变而为刚，此事思之至深，有可验者。"阳变阴合而生水火
木金土"，阴阳气也，〔此生〕〔生此〕五行之质。天地生物，五行独先。
地即是土，便包含许多金木之类。天地之间何事而非五行？五行阴阳，
七者衮合便是生物底材料。"五行顺布，四时行焉"，金木水火分属春夏
秋冬，土则寄旺四季，如春属木而清明后十二日即是土寄旺之时。每季
寄旺十八日，共七十二日。唯夏季十八日土气为最旺，故能生秋金也。
以图象考之，木生火、金生水之类各有小画相牵联，而火生土、土生金
独穿乎土之内，余则从旁而过，为可见矣。"五行一阴阳也，阴阳一太
极也，太极本无极也"，此当思无有阴阳而无太极底时节。若以为（土）
〔止〕是阴阳，阴阳却是形而下者；若只专以理言，则太极又不曾与阴
阳相离。正当沉潜玩索，将图象意思抽开细看，又复合而观之。某解此
云："非有离乎阴阳也，即阴阳而指其本体，不杂乎阴阳而为言也。"此
句自有三节意思，更宜深考。通书云："静而无动，动而无静，物也；
动而无动，静而无静，神也。"当即此兼看之。谟。

○ "'〔无〕极而太极'只是无形而有理。周子恐人于太极之外更
寻太极，故以无极言之，既谓之无极，则不可以有底道理强搜寻也。"
"太极始于阳动乎？"曰："阴静是太极之本，然阴静又自阳动而生。一
动一静便是一个辟阖，自其辟阖之大者推而上之更无穷，不可以本始
言。"谟。

○ "'无极而太极'只是说无形而有理。所谓太极者只二气五行之
理，非别物为太极也。"又云："以理言之则不可谓之有，以物言之则不
可谓之无。"僴。

○ 问："'无极而太极'固是一物，有积渐否？"曰："无积渐。"

曰："上言无极，下言太极。窃疑上言无穷无极，下言至此方极。"曰："无极者无形，太极者有理也。周子恐人把作一物看，故云无极。"曰："太极既无气象，如何？"曰："只是理。"可学。

○ 问："'无极而太极'如何？"曰："子细看便见得。"问："先生之意莫正是以无极太极为理？"曰："此非某之说，他道理自如此，着自家私意不得。太极无形象，只是理。它自有这个道理，自家私着一字不得。"问："既曰太极又有个无极，如何？"曰："'太极本无极'，要去就中看得这个意出方得。公只要去讨它不是处与它斗，而今只管去检点古人不是处道自家底是，便是识不长。"刘曰："要得理明，不得不如此。"先生曰："且可去放开胸怀读书，看得道理明彻，自然无欹斜之病。无物我之私，自然快活。"砥。寓录同。

○ "无极是有理而无形。如性何尝有形？太极是五行阴阳之理皆有，不是空底物事。若是空时，如释氏说性相似。"又曰："释氏只见得个皮壳，里面许多道理他却不见。他皆以君臣父子为幻妄。"节。

○ 淳问："太极解引'上天之载无声无臭'，此'上天之载'只是太极否？"曰："苍苍者是上天，理在'载'字上。"淳。

○ 原"极"之所以得名，盖取枢极之义。圣人谓之"太极"者，所以指夫天地万物之根也；周子因之而又谓之"无极"者，所以大〔一作"著夫"。〕"无声无臭"之妙也。升卿。

○ 李问："'无极之真'与'未发之中'同否？"曰："无极之真是包动静而言，未发之中只以静言。太极只是极至，更无去处了，至高至妙，至精至神，是没去处。濂溪恐人道太极有形，故曰'无极而太极'，是无之中有个至极之理。如'皇极'亦是中天下而立，四方辐凑，更没去处，移过这边也不是，移过那边也不是，只在中央，四畔合凑到这里。"又指屋极曰："那里更没去处了。"问："<u>南轩</u>说'无极而太极'言'莫之为而为之'，如何？"曰："他说差。道理不可将初见便把做定。<u>伊川</u>解文字甚缜密，也是他年高七十以上岁，见得道理熟。<u>吕与叔</u>言语多不缜密处，是他不满五十岁，若使年高，看道理必煞缜密。"<u>寓</u>。<u>陈淳</u>。

○　太极是个藏头底（物），动时属阳而未动时又属阴了。<u>公晦</u>。

○　太极如一（本）〔木〕生上，分而为枝干，又分而生花生叶，生生不穷。到得成果子，里面又有生生不穷之理，生将出去又是无限个太极，更无停息。只是到成果实时又却略少歇，也不是（立）〔止〕。到这里自合少止，正所谓"终始万物莫盛乎艮"，艮止是生息之意。<u>贺孙</u>。

○　太极者，如屋之有极，天之有极，到这里更没去处，理（人）之极至者也。阳动阴静非太极动静，只是理有动静。理不可见，因阴阳而后知。理搭在阴阳上，如人跨马相似。才生五行便被气质拘定，各为一物亦各有一性，而太极无不在也。统言阴阳只是两端，而阴中自分阴阳，阳中亦有阴阳。"乾道成男，坤道成女"，男虽属阳而不可谓其无阴，女虽属阴亦不可谓其无阳。人身气属阳而气有阴阳，血属阴而血有阴阳。至如五行，"天一生水"，阳生阴也，而壬癸属水，壬是阳，癸是阴；"地二生火"，阴生阳也，而丙丁属火，丙是阳，丁是阴。<u>通书圣学章</u>，"一"便是太极，"静虚动直"便是阴阳，"明通公溥"便是五行。太极，<u>周子</u>之书才说起便都贯穿太极许多道理。<u>谟</u>。

○　舜（宾）〔弼〕论太极云："阴阳便是太极。"曰："某解云：'非有离乎阴阳也，即阴阳而指其本体，不杂乎阴阳而言耳。'此句当看。今于某解说句尚未通，如何论太极！"又问曰："'无极而太极'，因'而'字故生陆氏议论。"曰："'而'字自分明。下云'动而生阳，静而生阴'，说一'生'字便是见其自太极来。今曰'而'则只是一理，'无极而太极'言无能生有也。"某问："自阳动以至于人物之生是一时俱生？且如此说，为是节次如此？"曰："道先后不可，然亦须有节次。邵康节推至上十二万八千云云，不知已前又如何。太极之前须有世界来，正如昨日之夜、今日之昼耳。阴阳亦一大阖辟也，但当其初开时须昏暗，渐渐分明，故有此节次，其实已一齐在其中。"又问："今推太极以前如此，后去又须如此。"曰："固然。程子云'动静无端，阴阳无始'，此语见得分明。今高山上多有石上蛎壳之类，是低处成高。又蛎须生于泥沙中，今乃在石上，则是柔化为刚。天地变迁，何常之有？"又问："明道云'阴阳亦形而下者，而曰'道'，只此两句截得上下分明'，'截'字莫是'断'字误？"曰："正是'截'字。形而上、形而下只就形处离合分别，此正是界至处。若只说作在上、在下，便成两截矣。"可学。

○ 问："'即阴阳而指其本体，不杂于阴阳而言之'，是于道有定位处指之。"曰："然。'一阴一阳之谓道'亦此意。"可学。

○ 太极非是别为一物，即阴阳而在阴阳，即五行而在五行，即万物而在万物，只是一个理而已。因其极至故名曰太极。广。按，万人杰录同。

○ 才说太极便带着阴阳，才说性便带着气。不带着阴阳与气，太极与性那里收附？然要得分明，又不可不拆开说。㝢。

○ 因问："太极图所谓'太极'莫便是性否？"曰："然。此是理也。"因问："此理在天地间，则为阴阳而生五行以化生万物；在人，则为动静而生五常以应万事。"先生曰："动则此理行，此动中之太极也；静则此理存，此静中之太极也。"淦。

○ 问："先生说太极'有是性则有阴阳五行'云云，此说性是如何？"曰："想只是（其）〔某〕旧时说耳，近思量又不然。此'性'字为禀于天者言。若太极，只当说理，自是移易不得。易言'一阴一阳之谓道'，继之者则谓之'善'，至于成之者方谓之'性'。此谓天所赋于人物，人物所受于天者也。"寓。

○ 梁文叔云："太极兼动静而言。"先生曰："不是兼动静，太极有动静也。〔喜怒哀乐未发也有个太极，喜怒哀乐已发也有个太极。只是一个太极，流行于已发之际，敛藏于未发之时。〕"恪。

○ 问："'太极动而生阳，静而生阴'，见得理先而气后。"先生曰："虽是如此，然亦不须如此理会，二者有则皆有。"问："未有一物之时如何？"曰："是有天下公共之理，未有一物所具之理。"德明。

○ 问："太极之有动静是静先动后否？"曰："一动一静循环无端，无静不成动，无动不成静。譬如鼻息，无时不嘘，无时不吸；嘘尽则生吸，吸尽则生嘘，理自如此。"德明。

○ 问："'太极动而生阳'是阳先动也。今解云'必体立而用得以行'，如何？"曰："体自先有。下言'静而生阴'只是说相生无穷耳。"可学。

○ 国秀说太极。曰："公今夜说得却似。只是说太极是一个物事不得，说太极中便有阴阳也不得。他只说'太极动而生阳，动极而静，静而生阴'，公道未动以前如何？"曰："只是理。"曰："固是理，只不当对动言。未动即是静，未静又即是动，未动又即是静。伊川云'动静无端，阴阳无始，惟知道者识之'。动极复静，静极复动，还当把那个做辦初头始得？今说'太极动而生阳'，是且把眼前即今个动斩截便说起。其实那动以前又是静，静以前又是动。如今日一昼过了便是夜，夜过了又只是明日昼。即今昼以前又有夜了，昨夜以前又有昼了。即今要说时日起，也只且把今日建子说起，其实这个子以前岂是无子？"贺孙。

○ 问："'无极而太极，动而生阳。'太极动然后生阳，则是以动为主？"曰："才动便生阳，不是动了而后生。这个只得且从动上说起，其实此之所以动，又生于静；上面之静，又生于动。此理只循环生去，'动静无端，阴阳无始'。"贺孙。

○ "太极动而生阳，静而生阴"，不是动后方生阳，盖才动便属阳，静便属阴。"动而生阳"，其初本是静，静之上又须动矣。所谓"动静无端"，今且自"动而生阳"处看去。时举。

○ 晏兄亚夫问太极、两仪、五行。先生云："两仪者，一阴一阳，阴阳是气，五行是质。'立天之道曰阴与阳，立地之道曰柔与刚'，亦是质。又如人魂是气，体魄是质。"晏兄云："'太极生两仪，两仪生四象'，此如母生子、子在母外之义。若两仪五行，却〔是〕子在母内。"先生曰："是如此。阴阳、五行、万物各有一太极。"又云："'太极动而生阳'，只是如一长物不免就中间截断说起，其实动之前未尝无静，静之前又未尝无动。如'继之者善也'亦是就此说起。譬之俗语谓'自今日为头，已前更不受理'意思。"盖卿。

○　问："阴阳动静以大体言，则春夏是动，属阳；秋冬是静，属阴。就一日言之，昼阳而动，夜阴而静。就一时一刻言之，无时而不动静，无时而无阴阳。"曰："阴阳无处无之，横看竖看皆可见。横看则左阳而右阴；竖看则上阳而下阴；仰手则为阳，覆手则为阴；向明处为阳，背明处为阴。正蒙云：'阴阳之气循环迭至，聚散相荡，升降相求，细缊相揉，相兼相制，欲一之不能。'盖谓是也。"<u>德明</u>。

○　"'动而生阳'，元未有物，且是如此动荡，所谓'化育流行'也。'静而生阴'，阴主凝，然后万物'各正性命'。"问："'继之者善'之时，此所谓'性善'。至'成之者性'然后气质各异，方说得善恶？"曰："既谓之性则终（始）〔是〕未可分善恶。"<u>德明</u>。

○　问："自太极一动而为阴阳，以至于为五行，为万物，无有不善。在人则才动便差，是如何？"曰："造化亦有差处，如冬热夏寒。所生人物有厚薄，有善恶。不知自甚处差将来，便没理会了。"又问："惟人才动便有差，故圣人主静以立人极欤？"曰："然。"<u>广</u>。

○　太极未动之前便是阴，〔阴〕静之中自有阳之根，阳动之中又有阴之根。动之所以必静者，根乎阴故也；静之所以必动者，根乎阳故也。<u>谟</u>。

○　问："必至于'互为其根'方分阴阳。"曰："从动静便分。"曰："'分阴分阳'是带上句？"曰："然。"<u>可学</u>。

○　问："如何是所乘之机？"曰："理搭于气而行。"<u>可学</u>。

○　<u>周贵卿</u>问"动静者所乘之机"。先生曰："机是关捩子。踏着动底机便挑拨得那静底，踏着静底机便挑拨得那动底。"义刚。

○ 阴阳有个流行底，有个定位底。"一动一静，互为其根"便是流行底，寒暑往来是也；"分阴分阳，两仪立焉"便是定位底，天地上下四方是也。"易"有两义：一是变易，便是流行底；一是交易，便是对峙底。如魄魂，以二气言则阳为魂，阴为魄；以一气言则伸为魂，屈为魄。夔孙。

○ 问："动静是太极动静，是阴阳动静?"曰："是理动静。"问："如此则太极有模样?"曰："无。"问："南轩云'太极之体至静'，如何?"曰："不是。"问："又云'所谓至静者贯乎已发未发而言'，如何?"曰："如此则却成一不正当尖斜太极!"可学。

○ 郑仲履云："吴仲方疑太极说'动极而静，静极复动'之说，大意谓动则俱动，静则俱静。"先生曰："他都是胡说。"仲履云："太极便是人心之至理。"先生曰："事事物物皆有个极，是道理之极至。"蒋元进曰："如君之仁、臣之敬便是极。"先生曰："此是一事一物之极。总天地万物之理便是太极。太极本无此名，只是个表德。"盖卿。

○ 贺孙问："'无极而太极'，极是极至无余之谓。无极是无之至，自吾身之外未可谓之无，若耳目所及亦未可谓之无，惟即天地六合之外言之，未有如这个，是无之极。虽是至无，其中无所不具，未有如这个，是有之极。至无之中乃至有存焉，故云'无极而太极'。"先生曰："本只是个太极，只为这本来都无物事，故说'无极而太极'。如公说无极，恁地说却好，但太极说不去。"贺孙云："'有'字便是'太'字地位。"先生曰："将'有'字训'太'字不得。太极只是个理。"贺孙云："至无之中乃万理之至有也。"先生曰："亦得。"问："'动而生阳，静而生阴',注:'太极者本然之妙,动静者所乘之机。'太极只是理,理不可以动静言。惟'动而生阳,静而生阴',理寓于气,不能无动静所乘之机。〔乘如〕乘载之'乘'。其动静者乃乘载在气上,不觉动了静,静了又动。"先生曰:"然。"贺孙又问:"'动静无端,阴阳无始',那个动又从上面静生下,上面静又是上面动生来。今姑把这个说起。"先生曰:"然。"贺孙又问:"'以质而语其生之序',不是相生否?只是阳变而助阴故生水,阴合而阳盛故生火,木金各从其类,故在左右。"先生曰:"'水阴根阳,火阳根阴',错综而生其端,是'天一生水,地二生火,天三生木,地四生金';到得运行处便水生木,木生火,火生土,土生金,金又生水,水又生木,循环相生。又如甲乙丙丁戊己庚辛壬癸,都是这个物事。"因曰:"这个太极是个大底物事。'四方上下曰宇,古往今来曰宙。'无一个物似宇样大:四方去无极,上下去无极,是多少大!无一个物似宙样长远:亘古亘今,往来不穷。自家心下须常认得这意思。"贺孙问:"此是谁语?"答曰:"此是古人语。陆象山常要说此语,但他说便只是这个,又不用里面许多节拍,却只守得个空荡荡底。公更看横渠西铭,初看有许多节拍,却似狭,充其量是甚么样大,合下便有个乾健、坤顺意思。自家身己便如此,形体便是这个物事,性便是这个物事。'同胞'是如此,'吾与'是如此,主脑便是如此。'尊高年所以长其长,慈孤弱所以幼其幼'又是做工夫处。后面节节如此。'于时保之,子之翼也。乐且不忧,纯乎孝者也',其品节次第又如此。横渠这般说话体用兼备,岂似他人只说得一边!"贺孙问:"自其节目言之便是'各正性命',充其量而言之便是'流行不息'。"先生曰:"然。"贺孙又问"圣人定之以中正仁义而主静"。先生曰:"此是圣人'修道之谓教'处。"因云:"今且须涵养。如今看道理求精进便须于尊德性上用功,今于德性上有不足处便须于讲学上用功,二者须相趱逼,庶得互相振策出来。若能德性常尊便恁地广大,便恁地光辉;于讲学上须更精密,见处须更分晓;若能常讲学,于本原上又须好。今觉得年来朋友于讲学上却说较多，于尊德性上说较少，所以讲学处也不甚明了。"<u>贺孙</u>。

○ "阳变阴合"，初生水火。水火气也，流动闪铄，其体尚虚，其成形犹未定。次生木金，则确然有定形矣。水火初是自生，木金则资于土。五金之属皆从土中旋生出来。<u>德明</u>。

○ <u>厚之</u>问："'阳变阴合'，如何是合?"曰："阳行而阴随之。"<u>可学</u>。

○ 问："太极图两仪中有地，五行中又有土，如何分别?"曰："地言其大概，〔闳祖录作"全体"。〕土是地之形质。"

○ "大而天地万物，小而起居食息，皆太极阴阳之理也。"又曰："仁木，义金，礼火，智水，信土。"<u>祖道</u>。

○ 问："'春作夏长，仁也；秋敛冬藏，义也'，此易所谓'人道天道'之立欤?"曰："此即通书所谓二气、五行之说。"<u>去伪</u>。按徐寓录同。

○ 问："'五行之生，各一其性'，理同否?"曰："同而气质异。"曰："既说气质异则理不相通。"曰："固然。仁作义不得，义作仁不得。"<u>可学</u>。

○ 或问太极一阴一阳。先生曰："一阴一阳，道也。阴阳，器也。"<u>谦</u>。

○ 水火清，金木浊，土又浊。<u>可学</u>。

○ "某许多说话是（太极中说）〔太极说中〕已尽。太极便是性，动静阴阳是心，金木水火土是仁义礼智信，化生万物是万事。"又云："'无极之真，二五之精，妙合而凝'，此数句甚妙，是气与理合而成性也。"贺孙。〔或录云："真，理也；精，气也。理与气合故能成形。"〕

○ "无极二五，妙合而凝。"凝只是此气结聚，自然生物。若不如此结聚，亦何由造化得万物出来？无极是理，二五是气。无极之理便是性，性为之主而二气、五行经纬错综于其间也。得其气之精英者为人，得其查滓者为物。生气流行，一衮而出，初不道付其全气与人，减下一等与物也，但禀受随其所得。物固昏塞矣，而昏塞之中亦有轻重。昏塞尤甚者，于气之查滓中又复禀得查滓之甚者尔。谟。

○ 或问："太极图下二圈，固是'乾道成男，坤道成女'，是各有一太极也。如曰'乾道成男，坤道成女'，方始万物化生。易中却云'有天地然后有万物，有万物然后有男女'，是如何？"曰："太极所说，乃生物之初，阴阳之精自凝结成两个，后来方渐渐生去。万物皆然。如牛羊草木皆有牝牡，一为阳，一为阴。万物有生之初亦各自有两个，故曰'二五之精，妙合而凝'。阴阳二气更无停息。如金木水火土是五行分了，又三属阳，二属阴，然而各又有一阴一阳。如甲便是木之阳，乙便是木之阴；丙便是火之阳，丁便是火之阴。只这个阴阳更无休息。形质属阴，其气属阳。金银坑有金矿银矿便是阴，其光气为阳。"贺孙。

○ 气化，是当初一个人无种后自生出来底。形生，却是有此一个人后乃生生不穷底。义刚。

○ 问"气化"、"形生"。曰："此是总言。（人）物自有牝牡，只是人不能察耳。"可学。

○　天地之初如何讨个〔人〕种？自是气蒸〔池作“凝”。〕结成两个人后方生许多物事。所以先说“乾道成男，坤道成女”，后方说“化生万物”。当初若无那两个人，如今如何有许多人？那两人便似而今人身上虱，是自然变化出来。楞严经后面说，大劫之后世上人都死了，无复人类，却生一般禾谷，长一尺余，天上有仙人下来吃，见好后只管来吃，吃得身重，遂上去不得，世间方又有人种。此说固好笑，但某因（如此）〔此知〕得世间却是其初有个人种，如他样说。义刚。

○　或问：“‘万物各具一太极’，此是以理言，以气言？”先生曰：“以理言。”铢。

○　问：“‘五行之生各一其性，五性感动而善恶分’，此‘性’字是兼气禀言之否？”曰：“性离气禀不得。有气禀，性方存在里面；无气〔禀〕，性便无所寄搭了。禀得气清者，性便在清气之中，这清气不隔蔽那善；禀得气浊者，性则在浊气之中，为浊气所蔽。‘五行之生各一其性’，这又随物各具去了。”淳。

○　问“五性感动而善恶分”。曰：“天地之性是理也，才到有阴阳五行处便有气质之性，于此便有昏明厚薄之殊。‘得其（性）〔秀〕而最灵’乃气质以后事。”人杰。按，谟、去伪录并同。

○　节问：“如何谓之性？”曰：“天命之谓性。”又问：“天之所命者果何物也？”曰：“仁义礼智信。”又问：“周先生作太极图何为列五者于阴阳之下？”曰：“五常是理，阴阳是气。有理而无气则理无所立，有气而后理方有所立，故五行次阴阳。”又问：“如此则是有七？”曰：“义知属阴，仁礼属阳。”按太极图列金木水火土于阴阳之下，非列仁义礼智信于阴阳之下也。以气言之曰阴阳五行，以理言之曰健顺五常之性。问此似欠分别。节。

○ 圣人立人极，不说仁义礼智，却说仁义中正者，中正尤亲切。中是礼之得宜处，正是智之正当处。自气化一节以下，又节节应前面图说，仁义中正应五行也。大抵天地生物先其轻清以及重浊，"天一生水，地二生火"，二物在五行中最轻清，金木复重于水火，土又重于金木。如论律吕则又重浊为先，宫最重浊，商次之，角次之，徵又次之，羽最后。<u>谟</u>。

○ 舜弼问："何故不言'礼智'而言'中正'？"曰："'中正'字尤切。"<u>可学</u>。

○ 问："太极图何以不言'礼智'而言'中正'，〔莫是此图本为发明易道，故但言"中正"，〕是否？"曰："亦不知是如何，但'中正'二字较有力。"<u>闳祖</u>。

○ 问："通书中正即礼智，何以不直言'礼智'而曰'中正'？"曰："'礼智'字不似'中正'字却实。且'中'者'礼'之极，'正'者'智'之（极）体，'正'是'智'亲切处。伊川解'贞'字谓'正而固'也，一'正'字未尽，必兼'固'字。所谓'智之实，知斯二者弗去是也'，'知'是端的真知，恁地便是'正'，'弗去'便是'固'，所以'正'字较亲切。"<u>淳</u>。

○ 时举问："太极说'圣人定之以中正仁义'，何不曰'仁义中正'？"先生曰："此亦是且恁地说。当初某看时也疑此，只要去强说又说不得。后来子细看，乃知中正即是礼知，无可疑者。"<u>时举</u>。

○ 知是非之正为知，故通书以"正"为知。<u>节</u>。

○ 问："智与正何以相契？"曰："只是真见得是非便是正，不正便不唤做智了。"问："只是真见得是，真见得非，若以是为非、以非为是便不是正否？"曰："是。"淳。寓录同。

○ 问："周子言仁义中正亦甚大，今乃自偏言，止是属于阳动阴静。"曰："不可如此看，反覆皆可。"问："'仁为用，义为体'，若以体统论之，仁却是体，义却是用。"曰："是仁之体，义之用。大抵仁义中又各自有体用。"可学。

○ "中正仁义"一节，仁义自分体用是一般说，仁义中正分体用又是一般说。偏言专言者，只说仁便是体，才说义便是（仁就）〔就仁〕中分出一个道理。如人家有兄弟，只说户头止言兄足矣，才说弟便更别有一人。仁义中正只属五行，为其配元亨利贞也。元是亨之始，亨是元之尽；利是贞之始，贞是利之尽。故曰"元亨，诚之通；利贞，诚之复"。谟。

○ 先生答叔重疑问曰："仁体刚而用柔，义体柔而用刚。"广请曰："自太极之动言之，则仁为刚而义为柔；自一物中阴阳言之，则仁之用柔，义之用刚。则不知如此说得否？"曰："也是如此。仁便有个流动发越之意，然其用则慈柔；义便有个商量从宜之义，然其用则决裂。"广。

○ 问"圣人定之以中正仁义而主静"。曰："中正仁义皆谓发用处。正者中之质，义者仁之断。中则无过不及，随时以取中；正则当然之定理。仁是恻隐慈爱之处，义是裁制断决之事。主静者主正与义也，正、义便是利、贞，中是亨，仁是元。"德明。〔今按，"皆谓发用"及"之处"、"之事"等语皆未晓，更考。〕

○ 问"圣人定之以中正仁义"。曰："本无先后。此四字配金木水火而言，中有礼底道理，正有智底道理。如乾之元亨利贞，元即仁，亨即中，利即义，贞即正，皆是此理。至于主静，是以正与义为体，中与仁为用。圣人只是主静，自有动底道理。譬如人说话，也须是先沉默然后可以说话，盖沉默中便有言语底意思。"人杰。谟、去伪录并同。

○ "圣人定之以中正仁义"，此四物常在这里流转，然常靠着个静做本。若无夜则做得昼不分晓，若无冬则做得春夏不长茂。如人终日应接，却归来这里空处少歇，便精神较健。如生物而无冬，只管一向生去，元气也会竭了。中仁是动，正义是静。通书都是恁地说，如云"礼先而乐后"。问："周子是从上面去见得如此？"先生曰："也未见得恁地。但是周先生天资高，想见下面工夫也不大故费力。而今学便须是从下面理会，若下学而不上达也不成个学问，须是寻个顶头却从上贯下来。"夔孙。义刚录同。

○ 淳问："'中正仁义而主静'，中仁是动，正义是静。如先生解曰'非此心无欲而静，则何以酬酢事物之变而一天下之动哉'，今于此心寂然无欲而静处，欲见所谓正义者，何以见？"曰："见理之定体便是。"又曰："只是那一个定理在此中，截然不相侵犯。虽然，就其中又各有动静：如恻隐是动，仁便是静；羞恶是动，义便是静。"淳。义刚同。

○ 问："'中即礼，正即智'，正如何是智？"曰："（然）〔智〕于四德属贞。〔智要正。〕"可学。

○ 周贵卿说："'定之以仁义中正而主静'，如先生曰'那克处便是义。非礼勿视听言动，那禁止处便是义'。或曰'正义方能静，谓正义便是静，（恰不到）〔却不得〕'。"先生曰："如何恁地乱说！今且粗解，则分外有精神。且如四时有秋冬收敛则春夏方能生长，若是春夏只管生长将去，却有甚了期，便有许多元气，故‘复，其见天地之心乎’，这便是静后见得动恁地好。这‘中正’只是将来替了那‘礼智’字，皆不离这四般，但是主静。"<u>义刚</u>。

○ 主静，看"夜气"一章可见。<u>德明</u>。

○ 问："又言‘无欲故静’，何也?"曰："欲动情胜则不能静。"<u>德明</u>。

○ 问："<u>周先生</u>说静与<u>程先生</u>说敬，义则同而其意似有异?"曰："<u>程子</u>是怕人理会不得他‘静’字意，便似坐禅入定。<u>周子</u>之说只是‘无欲故静’，其意大抵以静为主，如‘礼先而乐后’。"<u>贺孙</u>。

○ 又云："‘圣人定之以中正仁义而主静’，正是要人静定其心，自作主宰。<u>程子</u>又恐只管静去，遂与事物不相交涉，却说个‘敬’，云‘敬则自虚静’。须是如此做工夫。"<u>德明</u>。

○ <u>林</u>问："太极‘原始反终，故知死生之说’，<u>南轩</u>解与先生解不同，如何?"先生曰："<u>南轩</u>说不然，恐其偶思未到。<u>周子</u>太极之书如易六十四卦，一一有定理，毫发不差，自首至尾只不出阴阳二端而已。始处是有生之初，终处是已定之理。始有处说生，已定处说死，〔死则〕不复变动矣。"因举<u>张乖崖</u>说："断公事，以其未判底事皆属阳，已判之事皆属阴，以为不可改变。通书无非发明此二端之理。"<u>寓</u>。

○ 问："太极图自一而二，自二而五，即推至于万物。易则自一而二，自二而四，自四而八，自八而十六，自十六而三十二，自三十二而六十四，然后万物之理备。西铭则止言阴阳，洪范则止言五行。或略或详皆不同，何也?"先生曰："理一也，人所见有详略耳，然道理亦未始不相值也。"闳祖。

○　问："先生谓程子不以太极图授门人，盖以未有能授之者。然而孔门亦未尝以此语颜、曾，是如何?"先生曰："焉知其不曾说。"曰："观颜、曾做工夫处只是切己做将去。"曰："此亦何尝不切己? 皆非在外，乃我所固有也。"曰："言此恐徒长人臆度料想之见。"曰："理会不得者固如此。若理会得者莫非在我，便可受用，何臆度之有!"广。

○　濂溪著太极图，某若不分别出许多节次来，如何看得? 未知后人果能如此子细去看否。人杰。

通书

○　周子留下太极图，若无通书却教人如何晓得? 故太极图得通书而始明。大雅。

○　直卿云："通书便可上接语、孟。"先生曰："比语、孟较分晓精深，结得密。语、孟说得较阔。"方子。

○　通书诚上一章，"诚者圣人之本"言太极，"大哉乾元，万物资始，诚之源"言阴阳五行，"乾道变化，各正性命"言气化，"诚斯立焉，纯粹至善者"通缴上文。"故曰'一阴一阳之谓道'"，解"诚者圣人之本"；"继之者善也"，解"大哉乾元"以下；"成之者性也"，解

"乾道变化"以下。"元亨，诚之通"言流行处，"利贞，诚之复"言学者用力处，"大哉易也，性命之源"又通缴上文。人杰。

○ 戂问通书诚上篇举易"一阴一阳之谓道"、"继之者善也"、"成之者性也"三句。先生曰："'继'、'成'二字皆接那气底意思说。'善'、'性'二字皆只说理，但'继之者善'方是天理流行处，'成之者性'便是已成形有分段了。"植。

○ 戂问："周子诚上篇举'一阴一阳之谓道'以下三句，是证上文否?"先生曰："固是。'一阴一阳之谓道'一句，通证'诚之源'、'大哉乾元'至'诚斯立焉'二节。'继之者善'又（通）证'诚之源'一节，'成之者性'证'诚斯立焉'一节。"植。

○ 问："濂溪论性自气禀言，却是上面已说'太极'、'诚'，不妨。如孔子说'性相近，习相远'，（不诚是不诚。）〔不成是不识!〕如荀、杨便不可。"曰："然。他已说'纯粹至善'。"可学。

○ "继之者善也"，周子是说生生之善，程子说作天性之善，用处各自不同。若以此观彼，必有窒碍。人杰。

○ "元亨"，"继之者善也"，阳也；"利贞"，"成之者性也"，阴也。节。

○ 问："阳动是元亨，阴静是利贞，但五行在阴阳之下，人物又在五行之下，如何说'继善成性'?"曰："阴阳流于五行之中而出，五行无非阴阳。"可学。

○ 问:"'天只是以生为道,继此生理便是善。'善便有一个元底意思,生便是继,如何分作两截?"曰:"此亦先言其理之统如此,然亦未甚安。有一人云'元'当作'无',尤好笑。"<u>可学</u>。

○ 又问:"'继之者善也,成之者性也',窃谓妙合之始便是继。'乾道成男,坤道成女',便是成。"曰:"动而生阳之时便有继底意,及至静而生阴方是成,如六十四卦之序至复而继。"<u>德明</u>。

○ 问:"'元亨诚之通'便是阳动,'利贞诚之复'便是阴静,注却云'此已是五行之性'。如何?"曰:"五行便是阴阳,但此文已分作四。"<u>可学</u>。

○ <u>黄直卿</u>问:"'利贞诚之复',如先生注下言,'复'如伏藏。"先生曰:"复只是回来,这个是周先生添这一句。<u>孔子</u>只说'乾道变化,各正性命'。"又曰:"这个物事〔又记是"气"字。〕流行到这里住着,却又复从这里做起。"又曰:"如母子相似。未生之时母无气不能成其子,既生之后子自是子、母自是母。"又曰:"如树上开一花,结一子,未到利贞处尚是运下面气去荫_{又记是"养"字}。他,及他到利贞处自不用养。"又记"养"字是"恁地"字。又问:"自一念之萌以至于事之得其所,是一事之元亨利贞?"先生应而曰:"他又自这里做起,所谓'生生之谓易'也是恁地。"又记曰:"气行到这里住着便立在这里,既立在这里则又从这里做起。"<u>节</u>。

○ 又问:"'元亨诚之通,利贞诚之复',元亨是春夏,利贞是秋冬。秋冬生气既散,何以谓之收敛?"先生曰:"其气已散,收敛者乃其理耳。"曰:"冬间地下气暖,便也是气收敛在内。"先生曰:"上面气自散了,下面暖底乃自是生来,却不是已散之气复为生气也。"<u>时举</u>。

○　先生出示答张元德书，问"通"、"复"二字。先生谓："'诚之通'，是造化流行，未有成立之（功）〔初〕，所谓'继之者善'；'诚之复'，是万物已得此理而皆有所归藏之时，所谓'成之者性'。在人则'感而遂通'者，'诚之通'；'寂然不动'者，'诚之复'。"时举因问："明道谓'今人说性只是说"继之者善也"'是如何？"先生曰："明道此言却只是就人上说耳。"时举。铢录同。

○　诚下一章言太极之在人者。人杰。

○　问："'诚，五常之本'，同此实理于其中，又分此五者之用？"曰："然。"可学。

○　道夫言："'诚无为，几善恶'，盖诚者，自然之实理，无俟营为，及几之所动则善恶著矣，善之所成则为五常之德。圣人初不假修为安而全之，贤者则有克复之〔功〕。要之，圣贤虽有等降，然及其成功则一而已，故曰'发微不可见，充周不可穷之谓神'。"曰："固是如此，但几是动之微，是欲动未动之间便有善恶，便须就这处理会。若至于发著之甚，则亦不济事矣，更怎生理会？所以圣贤说'戒谨乎其所不睹，恐惧乎其所不闻'，盖几微之际大是要切。"又问："以诚配太极，以善恶配阴阳，以五常配五行，此固然。但'阳变阴合而生水火木金土'，则五常必不可谓共出于善恶也。此似只是说得善之一脚。"曰："通书从头是配合，但此处却不甚似。如所谓'刚善刚恶，柔善柔恶'，则确然是也。"道夫。

○　曾问"诚无为，几善恶。德，爱曰仁，宜曰义，理曰礼，通曰智，守曰信"。先生曰："诚是实理，无所作为，便是'天命之谓性'、'喜怒哀乐未发之谓中'。'几者，动之微'，微，动之初，是非善恶于此可见。一念之生不是善便是恶，<u>孟子</u>曰'道二：仁与不仁而已矣'，是也。德者有此五者而已。仁义礼智信者，德之体；'曰爱'、'曰宜'、'曰理'、'曰通'、'曰守'者，德之用。"<u>卓</u>。

○　<u>贺孙</u>问："'诚无为，几善恶'一段，看此与<u>太极图</u>相表里？"曰："然。<u>周子</u>一书都是说这道理。"<u>贺孙</u>又举"喜怒哀乐未发谓之中"一章，及"心一也"一章："<u>程子承周子</u>一派，都是太极中发明。"曰："然。"<u>贺孙</u>云："此都是说这道理是如此，工夫当养于未发。"曰："未发有工夫，既发亦用工夫。既发若不照管也不得，也会错了。但未发、已发，其工夫有个先后，有个重轻。"<u>贺孙</u>。

○　<u>濂溪</u>言"诚无为，几善恶"，才诚便行其所无事，而几有善恶之分。于此之时宜当穷察识得是非。其初有毫忽之微，至其穷察之久，渐见充越之大，天然有个道理开裂在那里。此几微之决，善恶之分也。若于此分明，则物格而知至，知至而意诚，意诚而心正，身修而家齐国治天下平。如激湍水，自已不得；如<u>田单</u>火牛，自止不住。<u>寓</u>。

○　<u>光祖</u>问："'诚无为，几善恶'，如何？"曰："'诚'是当然，合有这实理，所谓'寂然不动'者。'几'便是动了，或向善或向恶。"<u>贺孙</u>。

○　<u>人杰</u>问："去岁见<u>蔡丈季通</u>说通书'诚无为，几善恶。德，爱曰仁'一段，云：'<u>周子</u>亦有照管不到处，既曰"诚无为"，则其下未可便着"善恶"字。'如何？"先生曰："<u>正淳</u>如何看？"<u>人杰</u>曰："若既诚而无为，则恐未有恶。若学者之心，其几安得无恶？"先生曰："当其未感，五性具备，岂有不善？及其应事，才有照顾不到处，这便是恶。古之圣贤战战兢兢过了一生，正谓此也。<u>颜子</u>'有不善未尝不知'，亦是如此。"因言："仲弓问'焉知贤才而举之',程子以为'便见仲弓与圣人用心之小大。推此义则一心可以兴邦,一心可以丧邦,只在公私之间',且看仲弓之问未见其为私意,然其心浅狭欠阙处多,其流弊便有丧邦之理。凡事微有过差,才有安顿不着处,便是恶。"人杰。

○ "或举蔡季通语:'通书云"诚无为,几善恶",与太极"惟人也得其秀而最灵;形既生矣,神发知矣,五性感动而善恶分",二说似乎相背。然既曰"无为"矣,如何又却有善恶之几?恐是周子失照管处。'如何?"曰:"当'寂然不动'时便是'诚无为',有感而动即有善恶。几是动处。大凡人性不能不动,但要顿放得是。于其所动处顿放得是时,便是'德,爱曰仁,宜曰义',顿放得不是时便一切反是。人性岂有不动,但须于中分得天理人欲时方是。"祖道。

○ 或问:"有阴阳便有善恶。"曰:"阴阳五行皆善。"又曰:"阴阳之理皆善。"又曰:"合下只有善,恶是后一截事。"又曰:"竖起看皆善,横看后一截方有恶。"又曰:"有善恶,理却皆善。""皆善"二字又记是"无恶"。节。

○ 或以为善恶为男女之分,或以为阴阳之事,凡此两件相对说者无非阴阳之理。分阴阳而言之,或说善恶,或说男女,看他如何使。故善恶可以言阴阳,亦可以言男女。谟。

○ "性焉安焉之谓圣",是就圣人性分上说。"发微不可见,充周不可穷之谓神",是他人见其不可测耳。寓。

○ 问:"通书言神者五:三章、四章、九章、十一章、十六章。其义或同否?"曰:"当随所在看。"曰:"神只是以妙言之否?"曰:

"是。且说'感而遂通者，神也'，横渠谓'一故神，两在故不测'。"因指造化而言曰："忽然在这里，又忽然在那里，便是神。"曰："在人言之则如何?"曰："知觉便是神。触其手则手知痛，触其足则足知痛，便是'神应故妙'。"淳。

○ "几"虽已感，却是方感之初；"通"，则直到末梢皆是通也。如推其极到"协和万邦，黎民于变时雍"，亦只是通也。"几"却只在起头一些子。〔闳祖。〕

○ 林问："入德莫若以几，此最要否?"曰："然。"问："通书中圣第四章解'几'字，云'动静体用之间'，如何是'动静体用之间'?"曰："似有而未有之时，在人识之尔。"寓。

○ "通书多说'几'，太极图却不说。"曰："'五性感动'，动而未分者是。"直卿云："通书言主静、审几、谨独，三者循环，与孟子'夜气'、'平旦之气'、'昼旦所为'相似。"方子。

○ 问："通书云'诚精故明'，先生引'清明在躬，志气如神'释之，却是自明而诚。"曰："便是看得文字粗疏。周子说'精'字最好。'诚精'者直是无些夹杂，如一块银更无铜铅，便是通透好银，故只当以'清明'释之。'志气如神'即是'至诚之道可以前知'之意也。"人杰因曰："凡看文字缘理会未透，所以有差。若长得一格便又看得分明。"曰："便是说得倒了。"人杰。

○ 问："'诚'、'神'、'几'，在学者当如何?"曰："随处做工夫，然本在'诚'，着力在'几'。存主处是'诚'，发用处是'神'，'几'则在二者之间。'几'最紧要。"淳。

○ 问："'动而正曰道，用而和曰德'，却是自动用言。'曰'犹言合也。若看做道德（是自）〔题目〕却难通。"曰："然。是自人身上说。"可学。

○ "动而正曰道"，言动而必正为道，否则非也。"用而和曰德"，德有熟而不吃力之意。人杰。

○ 问"性者，刚柔善恶中而已"。曰："此性便是言气质之性。四者之中去却两件刚恶、柔恶，却于刚柔二善中择中而主〔池作"立"。〕焉。"人杰。谟、㑇录并同。

○ 问："通书解七章论周子止于四象，以为水火金木，如何？"曰："周子只推到五行。如邵康节又从一分为二，极推之至于八万四千，纵横变动，无所不可。如汉儒将十二辟卦分十二月。康节推又别。"可学。

○ 问："通书师章，解云：'刚柔即易之两仪，各加善恶即易之四象，易又加倍以为八卦，而此书及图则止于四象。'疑'善恶'二字是虚字，如易八卦之吉凶也。今以善恶配为四象，不知如何？"曰："更子细读，未好便疑。凡物皆有两端，如此扇便有面有背，凡物皆然。善恶自一人之心言之，则有善有恶在其中，便是两物。周子止说到五行住，其理亦只消如此，自多说不得，包括万有，举归于此。康节却推到八卦，太阳、太阴、少阳、少阴，观此则通书所说可知矣。太阳、太阴各有一阴一阳，少阳、少阴亦有一阴一阳，是分为八卦也。"问："前辈以老阴、老阳为乾、坤，又分六子以为八卦，是否？"曰："六子之说不然。"寓。

○ "人之生，不幸不闻过。大不幸无耻。"此两句只是一项事。知耻是由内心以生，闻过是得之于外。人须知耻方能闻过而改，故耻为重。_僩_。_幸_。

○ 问："通书云'无思，本也；思通，用也。无思而无不通为圣人'，不知圣人是有思耶，无思耶？"曰："无思而无不通是圣人，必思而后无不通是睿。"时举云："圣人'寂然不动'是无思，才感便通，特应之耳。"曰："圣人也不是块然由人拨后方动，如_庄子_云'推而行，曳而止'之类。只是才思便通，不待大故地思索耳。"时举因云："如此则是无事时都无所思，事至时才思而便通耳。"_时举_。铢录同。以下_思_。

○ "几"是事之端绪，方（计）〔讨〕头处，这方是用得思。_椿_。

○ "思"一章，"几"、"机"二字无异义。举_易_一句者，特断章取义以解上文。_人杰_。

○ 问："'圣希天'，若论圣人，自是与天相似了。得非圣人未尝自以为圣，虽已至〔圣〕处而犹戒谨恐惧，未尝顷刻忘所法则否？"曰："不消如此说。天自是天，人自是人，终是如何得似天？自是用法天。'明王奉若天道，建邦设都'，无非法天者。大事大法天，小事小法天。"_僩_。

○ 窦问："通书云'志_伊尹_之志，学_颜子_之学'，所谓志者便是志于行道否？"曰："'志_伊尹_之所志'，不是志于私。大抵古人之学本是欲行，'_伊尹_耕于_有莘_之野，而乐_尧_、_舜_之道'，凡所以治国平天下者无一不理会。但方处畎亩之时不敢言必于用耳，及三聘幡然便一向如此做去，此是_尧舜_事业。看二典之书，_尧舜_所以卷舒作用，直如此熟。"因说："耿守向曾说'用之则行，舍之则藏，惟我与尔有是夫'，此非专为用舍行藏，凡所谓治国平天下之具惟夫子、颜子有之，用之则抱持而往，不用则卷而怀之。"曰："〔某〕不敢如此说。若如此说，即是孔颜胸次都无些洒落底气象，只是学得许多骨董将去治天下。又如龟山说，伊尹乐尧舜之道，只是出作入息、饥食渴饮而已，即是伊尹在莘郊时全无些能解，及至伐夏救民，逐旋叫唤起来，皆说得一边事。今世又有一般人，只道饱食暖衣无外慕，便如此涵养去，亦不是，须是一一理会去。"德明。〔耿名秉。〕

○ 窦又问："'志伊尹之志'乃是志于行。"曰："只是不志于私。今人仕宦只为禄，伊尹却'禄之天下弗顾，系马千驷弗视也'。"又云："虽志于行道，若自家所学元未有本领，如何便能举而措之天下？又须有那地位，若身处贫贱又如何行？然亦必自修身始，修身齐家然后达诸天下也。"又曰："此个道理缘为家家分得一分，不是一人所独得而专者。经世济物，古人有这个心。若只是我自会得，自卷而怀之，却是私。"德明。

○ "'志伊尹之所志，学颜子之所学'，志固是要立得大，然其中又自有先后缓急之序，'致广大而尽精微'。若曰未到伊尹田地做未得，不成块然吃饭，都不思量天下之事！若是见州郡所行事有不可人意，或百姓遭酷虐，自家宁不恻然动心？若是朝夕忧虑，以天下国家为念，又那里教你恁地来？"或曰："圣贤忧世之志，乐天之诚，盖有并行而不相悖者，如此方得。"曰："然。便是怕人倒向一边去。今人若不块然不以天下为志，便又切切然理会不干己事。如世间一样学问专理会典故世务，便是如此。'古之欲明明德于天下者'，合下学便是学此事。既曰'欲明明德于天下'，不成只恁地空说！里面有几多工夫！"僴。

　　○　节问：“通书云‘志伊尹之所志，学颜子之所学’，一本作‘颜渊’，孰是？”曰：“‘颜渊’底须是。”_节。

　　○　问：“‘过则圣，及则贤’，若过于颜子，则工夫又更绝细，此固易见。不知过伊尹时如何说？”曰：“只是更加些从容而已，过之便似孔子。伊尹终是有担当底意思多。”_佣。

　　○　又问：“通书云‘动而无动，静而无静，神也’，此理如何？”先生曰：“譬之昼夜：昼固是属动，然动却来管那神不得；夜固是属静，静亦来管那神不得。盖神之为物自是超然于形器之表，贯动静而言，其体常如是而已矣。”_{时举}。

　　○　问“动而无动，静而无静”。曰：“此说‘动而生阳，动住而静，静而生阴，静住复动’，此自有个神在其间，不属阴阳，故曰‘阴阳不测之谓神’。且如昼动〔夜静〕，在昼间不与之俱动，在夜间〔不与之俱静〕。神又自是神，神却变得昼夜，〔昼夜〕却变不得神。‘妙万物’，如说‘水阴根阳，火阳根阴’，已是有形象底，是说粗底了。”又曰：“静者为主，故以蒙艮终云。”_植。

　　○　通书动静章所谓神者，初不离乎物。如天地，物也。天之收敛岂专乎动？地之发生岂专乎静？此即神也。_{闳祖}。

　　○　寓问：“通书‘动静’一段言‘动而无静，静而无动，物也；静而无静，动而无动，神也’，所谓物者，不知人在其中否？”曰：“人在其中。”曰：“所谓神者是天地之造化否？”曰：“言神者即此理也。”问：“物则拘于有形。人则动而有静，静而有动，如何却同万物而言？”曰：“人固是静中动，动中静，则亦谓之物。凡言物者指形器有定体而言，然自有一个变通底在其中。须是知器即道，道即器，莫离道而言器可也。凡物皆有此理。且如这竹椅，固是一器物，到其适用处便有个道在其中。"又问神。曰："神在天地中，所以妙万物者，如水为阴则根阳，火为阳则根阴。"曰："文字不可泛然看，须是逐句逐段理会。此一段未透又去看别段，便鹘突去，如何会透彻，如何会贯通？且如此，这段未说理会到十分，亦且理会七分，看来看去直至无道理得说，却又再换别一段看。此最疏略之病，是今世学者通患。不特今时如此，前辈看文字，盖有一览而尽者，亦恐只是无究竟。"问："经书须逐句理会。至如史书易晓，只看大纲，如何？"曰："较之经书不同，然亦自是草率不得。须当看人物是如何，治体是如何，国势是如何，皆当子细。"因举<u>上蔡</u>看<u>明道</u>读史："逐行看过，不蹉一字。"<u>寓</u>。

○　<u>杨至</u>之问："通书'水阴根阳，火阳根阴'与'五行阴阳，阴阳太极'为一截，'四时运行，万物终始'与'混兮辟兮，其无穷兮'为一截。'混兮'是'利贞诚之复'，'辟兮'是'元亨诚之通'。注下'自五而一，自五而万'之说，则是太极常在贞上，恐未稳。"先生大以为然，曰："便是犹有此等硬说处。"<u>直卿</u>云："自<u>易</u>说'元亨利贞'，直到<u>濂溪</u>、<u>康节</u>始发出来。"<u>方子</u>。

○　"混兮辟兮"，混言太极，辟言为阴阳五行以后。故末句曰"其无穷兮"，言既辟之后，为阴阳五行，为万物，无穷尽也。<u>人杰</u>。

○　通书论乐意极可观，首尾有条理。只是淡与不淡、和与不和，前辈所见各异。<u>邵康节</u>须是二四六八，<u>周子</u>只是二四中添一土为五行。如刚柔添善恶，又添中于其间，<u>周子</u>之说也。<u>可学</u>。

○　<u>周子</u>以礼先于乐。<u>可学</u>。

○　问："'圣学'章，一者是表里俱一，纯彻无二。少有纤毫私欲，便二矣。内一则静虚，外一则动直，而明通公溥则又无时不一也。一者，此心浑然太极之体；无欲者，心体粹然无极之真；静虚者，体之未发，豁然绝无一物之累，阴之性也；动直者，用之流行，坦然由中道而出，阳之情也。此下遂以明属火，通属木，公属金，溥属水。明通则静极而动，阴生阳也；公溥则动极而静，阳生阴也，而无欲者又所以贯动静明通公溥而统于一，则终始表里一太极也。不审是否？"曰："只四象分得未是。此界两边说，明属静边，通属动边，公属动边，溥属静边。明是贞，属水；通是元，属木；公是亨，属火；溥是利，属金。只恁地循环去。明是万物收敛醒定在这里，通是万物初发达，公是万物齐盛，溥是秋来万物溥遍成遂，各自分去，所谓'各正性命'。"曰："在人言之则如何？"曰："明是晓得事物，通是透彻无窒碍，公是正无偏陂，溥是溥遍万事，便各有个理去。"直卿曰："通者明之极，溥者公之极。"曰："亦是。如后所谓'诚立明通'，意又别。彼处以'明'字为重。'立'如'三十而立'，'通'则'不惑矣，知天命，耳顺'也。"淳。

○　或问："濂溪'圣可学乎？云云。一为要'，〔这〕个是分明底一，不是鹘突底一。"问："如何是鹘突底一？"曰："须是理会得敬落着处，若只块然守一个'敬'字，便不成个敬。这个亦只是说个大概。明通，在己也；公溥，接物也。须是就静虚中涵养始得，明通方能公溥，若便要公溥定不解得。静虚、明通，'精义入神'也；动直、公溥，'利用安身'也。"又曰："一即所谓太极。静虚、明通，即图之阴静；动直、公溥，即图之阳动。"贺孙。

○　骧问："伊川云'为士必志于圣人'，周子乃云'一为要，一者，无欲也'，何如？"曰："若注释古圣贤之书，恐认当时圣贤之意不亲切，或有误处。此书乃周子自著，不应有差。'一者，无欲'，一〔便是无欲〕，今试看无欲之时，心岂不一？"又问："比主一之敬如何？"曰："'无欲'与'敬'字分外分明。要之，持敬颇似费力，不如无欲撇脱。人只为有欲，此心便千头万绪。此章之言甚为紧切，学者不可不知。"道夫。

○ 问："'明通公溥'于四象何所配？"曰："只是春夏秋冬模样。"曰："明是配冬否？"曰："似是就动处说。"曰："便似是元否？"曰："是。然这处亦是偶然相合，不是正恁地说。"又曰："也有恁地相似处。'吉凶者，失得之象也；悔吝者，忧虞之象也'，悔便是悔恶向善意，如曰'震无咎者存乎悔'，非如'迷复'字意。吝是未至于恶，只管吝，渐渐入恶。'刚柔者，昼夜之象也；变化者，进退之象也'，变是进，化是退，便与悔吝相似。且以一岁言之，自冬至至春分是进到一半，所以谓之分；自春分至夏至是进到极处，故谓之至。进之过则退，至秋分是退到一半处，到冬至也是退到极处。天下物事皆只有此两个。"问："人只要全得未极以前底否？"曰："若以善恶配言，则圣人到那善之极处又自有一个道理，不到得'履霜坚冰至'处。若以阴阳言，则他自是阴了又阳，阳了又阴，也只得顺他。易里才见阴生便百种去裁抑他，固是如此。若一向是阳，则万物何由得成？他自是恁地。国家气数盛衰亦恁地。尧到那七十载时也自衰了，便所以求得一个舜分付与他，又自重新转过。若一向做去，到死后也衰了。文武恁地，到成康也只得恁地持盈守成。到这处极了，所以昭王便一向衰，扶不起了。汉至宣帝以后便一向衰去，直至光武又只得一二世，便一向扶不起了，国统屡绝。"刘曰："光武便如康节所谓秋之春时节。"曰："是。"贺孙。

○ 问："通书'明通公溥庶矣乎'，旧见履之所记先生语，以明配水，通配木，公配火，溥配金。溥何以配金？"曰："溥如何配金？溥正是配水。此四字只是依春夏秋冬之序相配将去：明配木，仁元。通配火，礼亨。公配金，义利。溥配水，智贞。想是他记错了。"偰。

○ 理性命一章。"彰"言道之显，"微"言道之隐。"匪灵弗莹"，言彰与微须灵乃能了然照见，无滞碍也。此三句是言理。别一本"灵"作"虚"，义短。"刚善、刚恶，柔亦如之，中焉止矣"，此三句言性命。"二气五行"以下并言命。"实"是实理。人杰。

○ 节问"五殊二实"。曰："分而言之有五，总而言之只是阴阳。"芝。

○ 晏问通书"五殊二实"一段。先生说了，又云："中庸'如天之无不覆（盖）〔帱〕，地之无不持载'，止是一个大底包在中间；又有'四时错行，日月代明'，自有细小去处。'道并行而不相悖，万物并育而不相害'，并行并育便成那天地之覆载，不相悖不相害便是那错行代明底。'小德川流'是说小细底，'大德敦化'是那大底。大底包小底，小底分大底。千五百年间不知人如何读书，这个都似不理会得这个道理。"先生又云："'一实万分，万一各正'，便是'理一分殊'处。"植。

○ 郑问："通书理性命章何以下'分'字？"曰："不是割成片去，只如月映万川相似。"淳。

○ 问："理性命章注云：'自其本而之末，则一理之实而万物分之以为体，故万物各有一太极。'如此说则是太极有分裂乎？"先生曰："本只是一太极，而万物各有禀受，又自各全（其）〔具〕一太极尔。如月在天只一而已，及散在江湖则随处而见，不可谓月分也。"谟。

○ 问颜子"能化而齐"。曰："此与'大而化之'之'化'异,但言消化却富贵贫贱之念方能齐一。"人杰。谟、去伪录并同。颜子。

○ 问通书云"极重不可反,知其重而亟反之可也"。先生曰:"是说天下之势。如秦至始皇强大,六国便不可敌。东汉之末,宦官权重,便不可除。绍兴初,只斩陈少阳,便成江左之势。极重则反之也难,识其重之机而反之则易。"人杰。

○ 问"发圣人之蕴,教万世之无穷者,颜子也"。曰:"夫子之道如天,惟颜子〔尽〕得之。夫子许多大意思,尽在颜子身上发见。(言)〔譬〕如天地生物,即在物上尽见天地纯粹之气。谓之发者,乃'亦足以发'之'发',不必待颜子言而后发也。"人杰。谟、去伪录同而少异。圣蕴。

○ "圣人之精,画卦以示;圣人之蕴,因卦以发。"濂溪看易,却须看得活。方子。

○ 濂溪说"圣人之精,画卦以示;圣人之蕴,因卦以发"。易〔本〕未有许多道理,〔因此卦遂将许多道理〕搭在上面,所谓"因卦以发"者也。从周。

○ 砥问"圣人之精,画卦以示;圣人之蕴,因卦以发"。曰:"精是精微之意,蕴是包许多道理。"又问:"伏羲始画而其蕴亦已发见于此否?"曰:"谓之已具于此则可,谓之已发见于此则不可。方其初画也未有乾四德意思,到孔子始推出来。然文王、孔子虽能推出意思,而其道理亦不出伏羲始画之中,故谓之蕴。'蕴'如'衣敝蕴袍'之'蕴',是包得在里面。"砥。

○ "圣人之精，画卦以示；圣人之蕴，因卦以发。"精是圣人本意，蕴是偏旁带来道理。如春秋，圣人本意只是载那事，要见世变："礼乐征伐自诸侯出"，"臣弑其君，子弑其父"，如此而已。就那事上见得是非美恶曲折，便是"因卦以发"底。如"易有太极，是生两仪，两仪生四象，四象生八卦"，是圣人本意底；如文王系辞等，孔子之言，皆是因而发底。不可一例作重看。淳。

○ "乾乾不息"者，体；"日往月来，寒来暑往"者，用。有体则有用，有用则有体，不可分先后说。用之问通书。侗。

○ 乾损益动一章，第一句言"乾乾不息"，而第二句言"损"，第三句言"益"者，盖以解第一句。若要不息，须着去忿欲而有所迁改。中"乾之用其善是"，"其"一字疑是"莫"字，盖与下两句相对。若只是"其"字，则无义理，说不通。人杰。

○ 问："通书乾损益动章，前面'惩忿窒欲，迁善改过'皆是自修底事，后面忽说动者，何故？"曰："所谓'惩忿窒欲，迁善改过'，皆是动上有这般过失，须于方动之时审之，方无凶悔吝，所以再说个'动'。"侗。

○ 问："通书'艮其背，背非见也'。"曰："只如'非礼勿视'，'奸声乱色，不留聪明；淫乐忒礼，不接心术'，非是耳无所闻，目无所见。程子解'艮其背'，谓'止于其所不见'，即是此说，但看易意恐不如此。卦象下'止'，便是去止那上面'止'。'艮其止'一句，若不是'止'字误，本是'背'字，便是'艮其止'句解'艮其背'一句。'艮其止'是止于其所当止，如大学'君止于仁，臣止于敬'之类。程子解此下文却好，不知上如何又恁地说？人之四肢皆能动，惟背不动，有止之象。'艮其背'是止于其所当止之地;'不获其身,行其庭不见其人',万物各止其所了便都纯是理,也不见有己,也不见有人,都只见道理。"淳。寓同而略。

○ 问:"'止,非为也;为,不止矣',何谓也?"曰:"止便不作为,作为便不是止。"曰:"止是以心言否?"曰:"是。"淳举易传"内欲不萌,外物不接"。先生曰:"即是这止。"淳。

遗文

拙赋

○ 拙赋"天下拙,刑政撤"。其言似庄老。谟。

朱子语类卷第九十五

程子之书一<small>凡系入近思录者皆依次第类为此卷</small>

○ 问："伊川言：'"喜怒哀乐未发谓之中"，中也者，"寂然不动"是也。'南轩言：'伊川说此处有小差。所谓喜怒哀乐之中，言众人之常性；"寂然不动"者，圣人之道心。'又，南轩辨吕与叔论中书说亦如此。今载近思录如何？"曰："前辈多如此说，不但钦夫，自五峰发此论，某自是晓不得。今湖南学者往往守此说，牢不可破。某看来，'寂然不动'，众人皆有是心；至'感而遂通'，惟圣人能之，众人却不然。盖众人虽具此心，未发时已自汩乱了，思虑纷扰，梦寐颠倒，曾无操存之道，至感发处如何得会如圣人中节！"寓。以下第一卷。

○ "心一也，有指体而言者，有指用而言者"，伊川此语与横渠"心统性情"相似。淳。

○ "近编近思录中一段云'心一也，有指体而言者'。注云'"寂然不动"是也'。'有指用而言者'，注云'"感而遂通天下之故"是也'。夫'寂然不动'是性，'感而遂通'是情，横渠所谓'心包性情者也'。此说最为稳当。明道云'感为情，动为心'，感与动如何分得？若伊川云'自性有形者谓之心'，皆是门人记录之误。孟子所谓才止是指本性而言。性之发用无有不善处，如人之有才，事事做得出来。一性之中万化完备，发将出来便是才也。"又云："恻隐、羞恶者，才也。如伊川论才却有此意。如书'惟人万物之灵，亶聪明，作元后'与夫'天乃锡王

勇智'之说，皆有意也。所谓'性相近也，习相远也'，孟子云告子
'生之谓性'，亦是说气质之性。近世被濂溪拈掇出来，而横渠、二程始
有'气质之性'之说。此伊川论才所以云有善不善者，盖主此而言也。
如韩愈所引越椒等事，若不着个气质说，后如何说得通也！韩愈论性比
之荀、杨尽好。将性分三品，此亦是论气质之性，但欠一个'气'字。"
问："既是孟子指本性而言，则孟子谓才无不善乃为至论，而伊川却云
未暇一一与辨者，何也？"曰："此伊川被他问一时逼着，且如此说了。
伊川如此等处亦多，不必泥也。"人杰。

○　先生问道夫曰："公别看甚文字？"曰："只看近思录。今日问
个，明日复将来温寻，子细熟看。"曰："如适间所说元亨利贞是一个道
理之大纲目，须当时复将来子细研究。如濂溪通书只是反复说这一个
道理，盖那里虽千变万化，（一）〔千〕条万绪，只是这一个做将去。"
道夫。

○　"仁之包四德犹冢宰之统六官。"又曰："得此生意以有生，然
后有义礼智。以先后言之则仁在先，以小大言之则仁为大。"处谦。

○　节问："仁既偏言则一事，如何又可包四者？"答曰："偏言之
仁便是包四者底，包四者底便是偏言之仁。"节。

○　郭兄问"偏言则一事，专言则包四者"。曰："以专言言之，则
一者包四者；以偏言言之，则四者不离一者也。"卓。偁录同。

○　节问："论语中所言仁处皆是包四者？"曰："有是包四者底，
有是偏言底。如'克己复礼为仁'、'巧言令色鲜矣仁'，便是包四
者。"节。

○　专言仁则包三者，言仁义则又管摄礼智者，如"智之实，知斯二者；礼之实，节文斯二者"也。<u>德明</u>。

○　<u>直卿</u>问："仁包四德，如'元者善之长'。从四时生物意思观之，则阴阳都偏了。"曰："如此则秋冬都无生物气象，但生生之意至此退了，到得退未尽处则阳气依旧在。且如阴阳，其初亦只是一个，进便唤做阳，退便做阴。"<u>道夫</u>。

○　问："仁包四者只就生意上看否？"曰："统是一个生意。如四时，只初生底便是春；夏天长亦只是长这生底；秋天成亦只是遂这生底，若割断便死了，不能成遂矣；冬天坚实亦只是实这生底。如谷九分熟，一分未熟，若割断亦死了。到十分熟方割来，这生意又藏在里，而明年种亦只是这个生。如恻隐、羞恶、辞逊、是非都是一个生意。当恻隐若无生意，这里便死了，亦不解恻隐；当羞恶若无生意，这里便死了，亦不解羞恶；这里无生意，亦不解辞逊，亦不解是非，心都无活底意思。仁，浑沦言则浑沦都是一个，义礼知都是仁；对言则仁义与礼智一般。"<u>淳</u>。

○　<u>道夫</u>问："曩者论仁包四者，蒙教以初底意思看仁。昨观<u>孟子</u>'四端'处似颇认得〔此〕意。"曰："如何？"<u>道夫</u>曰："盖仁者生之理而动之机也。惟其运转流通无所间断，故谓之心，故能贯通四者。"曰："这自是难说，〔他〕自活。今若恁地看得来只见得一边，只见得他用处，不见他体了。"又问："生之理便是体否？"曰："公若要见得分明，只看<u>程先生</u>说'心譬如谷种，生之性便是仁'便分明。若更要真实识得仁之体，只看夫子所谓'克己复礼'，克去己私如何便唤得做仁。"曰："若如此看，则<u>程子</u>所谓'公'字愈觉亲切。"曰："公也只是仁底壳子，尽他未得在，毕竟里面是个甚物事？'生之性'也只是状得仁之体。"

道夫。

○ 问："仁何以能包四者？"曰："人只是这一个心，就这里面分为四者。且以恻隐论之：本只是这恻隐，遇当辞逊〔则为辞逊〕，不安处便为羞恶，分别处便为是非。若无一个动底醒底在里面，便也不知羞恶，不知辞逊，不知是非。譬如天地只是一个春气〔振录作"春生之气"。〕发生之心，春气发生得过便为夏，收敛便为秋，消缩尽便为冬，明年又复从春处起，浑然只是一个发生之意。"节。按，李方子录同。

○ 时举问："恻隐之心如何包得四端？"曰："恻隐便是初动时，羞恶、是非、恭敬，亦须是这个先动一动了方会恁地，只于动处便见。譬如四时，若不是有春生之气，夏来长个甚么？秋时又把甚收？冬时把甚藏？"时举。

○ 味道问："仁包义礼智，恻隐包羞恶、辞逊、是非，元包亨利贞，春包夏秋冬。以五行言之，不知木如何包得火金水？"曰："木是生气。有生气然后物可得而生，若无生气则火金水皆无自而能生矣，故木能包此三者。仁义礼智，性也。性无形影可以摸索，只是有这理耳。惟情乃可得而见，恻隐、羞恶、辞逊、是非是也。故孟子言性曰'乃若其情则可以为善矣'，盖性无形影，惟情可见，观其发处既善，则知其性之本善必矣。"时举。

○ 吉甫问："仁义礼智立名还有意义否？"曰："说仁便有慈爱底意思，说义便有刚果底意思，声音气象自然如此。"直卿曰："经中专言仁者，包四端者也。言仁义而不言礼智，仁包礼，义包智。"方子。〔节同。佐同。〕

○　或问前日仁说未达。曰："〔仁者，心之德，爱之理。〕公且就气上看，如春夏秋冬须是看他四时界限，又却看〔春〕如何包得三时。四时之气温凉寒热，凉与寒既不能生物，夏气又热，亦非生物之时。惟春气温厚，乃天地生物之心。到夏是生气之长，秋是生气之敛，冬是生气之藏。若春无生物之意，后面三时都无了。此仁所以包得义礼智也。〔明道所以言义礼智皆仁也。今且粗譬喻，福州知州便是福建路安抚使，更无一个小底做知州，大底做安抚也。〕今先是讲明得个仁（义），若理会得后，在心术上看是此理，在事物上看亦是此理。若不见得，则心术上言仁与事物上言仁，判然不同。"〔又言："学者'克己复礼'上做工夫，到私欲尽后便粹然是天地生物之心，须常要有那温厚底意思方好。"时举。〕

○　问："仁包四者，然恻隐之端如何贯得是非、羞恶、辞逊之类？"曰："恻隐只是动处。接事物时皆是此心先拥出来，其间却自有羞恶、是非之别，所以恻隐又贯四端。如春和则发生，夏则长茂，以至秋冬皆是一气，只是这个生意。""'偏言则"爱之理"，专言则曰"心之德"'，如何？"曰："偏言是指其一端，因恻隐之发而知其有是爱之理；专言则五性之理兼举而言之，而仁则包乎四者是也。"谟。

○　问："仁可见义智礼。恻隐如何包羞恶三端？"曰："但看羞恶时自有一般恻怛底意思，便可见。"曰："仁包三者，何以见？"曰："但以春言，春本主生，夏秋冬亦只是此生气，或长养或敛藏有间耳。"可学。

○　唐杰问："近思录既载'鬼神者造化之迹'，又载'鬼神者二气之良能'，似乎重了。"曰："造化之迹是日月、星辰、风雨之属，二气良能是屈伸往来之理。"盖卿。

○ 问"在物为理，处物为义"。曰："且如这卓子是物，于理可以安顿物事。我把他如此用便是义。"友仁。

○ "动静无端，阴阳无始"，说道有，有无底在前；说道无，有有底在前，是循环物事。敬仲。

○ "动静无端，阴阳无始"，今以太极观之，虽曰"动而生阳"，毕竟未动之前须静，静之前又须动。推而上之，何自而见其端与始！道夫。

○ 义刚问"动静无端，阴阳无始"。曰："这不可说道有个始。他那有始之前毕竟是个甚么？他自是做一番天地了。坏了后又恁地做起来，那个有甚穷尽！某自五六岁便烦恼道：'天地四边之外是个什么物事？'见人说四方无边，某思量也须有个尽处。如这壁相似，壁后也须有个什么物事。其时思量得几乎成病，到而今也未知那壁后〔池本作"天外"。夔孙录作"四边"。〕是何物。"或举天地相依之（物）〔说〕云："是气。"先生曰："亦是古如此说了。素问中说：'黄帝曰："地有凭乎？"岐伯对曰："大气乘之。"'是说那气浮得那地起来，这也说得好。"义刚。夔孙录同而略，但作"问太极"，今别见朱子为学工夫。

○ "忠信所以进德"至"君子当终日对越在天也"，这个只是解一个"终日乾乾"。"忠信进德，修辞立诚"，便无间断，便是"终日乾乾"，不必更说"终日对越在天"。下面说"上天之载，无声无臭"云云，便是说许多事都只是一个天。贺孙。

○ 道夫问"忠信所以进德，终日乾乾，君子当终日对越在天也"。曰："此一段只是解个'终日乾乾'。在天之刚健者便是天之乾，在人之刚健者便是人之乾。其体则谓之易，这便是横渠所谓'块然太虚，升降飞扬，未尝止息'者。自此而下虽有许多般，要之，'形而上者谓之道，形而下者谓之器'，皆是实理。以时节分段言之便有古今，以血气支体言之便有人己，理却只是一个理也。"道夫。

○　寓问："近思录伊川言'忠信所以进德，终日乾乾，君子当终日对越在天'一段，自'浩然之气'以上自是说道，下面说神'如在其上，如在其左右'，不知如何？"曰："一段皆是明道体无乎不在。名虽不同，只是一理发出，是个无始无终底意。"林易简问："此莫是'动静无端，阴阳无始'底道理否？"曰："不可如此类泥着，但见有相梗碍耳。某旧见伊川说仁，令将圣贤所言仁处类聚看，看来恐如此不得。古人言语各随所说见意，那边自如彼说，这里自如此说。要一一来比并，不得。"又曰："文字且子细逐件理会，待看得多自有个见处。"林曰："某且要知许多疑了，方可下手做去。"曰："若要知了，如何便知得了？不如且就知得处逐旋做去，知得一件做一件，知得两件做两件。贪多不济事，如此用工夫恐怕轻费了时月。某谓少看有功却多，泛泛然多看全然无益。今人大抵有贪多之病，初来只是一个小没理会，下梢成一个大没理会。"寓。

○　贺孙问："夜来问'忠信所以进德，终日乾乾，君子当终日对越在天'，详此一段意只是体当这个实理。虽说出有许多般，其实一理也。"曰："此只是解'终日乾乾'，故说此一段。从'上天之载，无声无臭'说起。虽是'无声无臭'，其阖辟变化之体则谓之易，然所以能阖辟变化之理则谓之道，其功用著见处则谓之神，此皆就天上说。及说到其'命于人则谓之性，率性则谓之道，修道则谓之教'，此是就人身上说。上下说得如此子细，都说了，可谓尽矣。'故说神"如在其上，如在其左右"'，此又皆是此理显著之迹。看甚大事小事都离这个物事不得，上而天地鬼神离这个不得，下而万事万物都不出此，故曰'彻上彻下，不过如此'。形而上者，无形无影是此理；形而下者，有情有状是此器。然有此器则有此理，有此理则有此器，未尝相离，却不是于形器之外别有所谓理。亘古亘今，万事万物皆只是这个，所以说道'但得道在，不系今与后、己与人'。"叔蒙问："不出这体用。其体则谓之性，其用则谓之道？"曰："道只是统言此理，不可便以道为用。仁义礼智信是理，道便是统言此理。"直卿云："'道'字看来亦兼体用，如说'其理则谓之道'是指体言，又说'率性则谓之道'是指用言。"曰："此语上是就天上说，下是就人身上说。"直卿又云："只是德亦自兼体、用言。如通书云'动而正曰道，用而和曰德'。"先生曰："'正'是理，虽动而得其正理便是道，若动而不正则不是道。'和'亦只是顺理，用而和顺便是得此理于身，若用而不和顺则此理不得于身。故下云'匪仁、匪义、匪礼、匪智、匪信，悉邪也'，只是此理，故又云'君子慎动'。"直卿问："太极图中只说'动而生阳，静而生阴'，通书又说个'几'，此是动静之间又有此一项。"又问："'智'字自与知识之'知'不同。智是具是非之理，知识便是察识得这个物事好恶。"又问："神是气之至妙处，所以管摄动静。十年前曾闻先生说，神亦只是形而下者。"贺孙问："神既是管摄此身，则心又安在？"曰："神即是心之至妙处，衮在气里说又只是气，然神又是气之精妙处，到得气又是粗了。精又粗，形又粗，至于说魂、说魄，皆是说到精粗处。"贺孙〔寓录云："直卿云：'看来"神"字本不专说气，也可就理上说。先生只就形而下者说。'先生曰：'所以某就形而下说，毕竟就气处多，发出光彩便是神。'味道问：'神如此说，心又在那里？'曰：'神便在心里，凝在里面为精，发出光彩为神。精属阴，神属阳。说到魂魄鬼神，又是说到大段粗处。'"〕

○　程子曰"上天之载，无声无臭，其体则谓之易，其理则谓之道，其用则谓之神"。人杰谓："阴阳阖辟，屈伸往来，则谓之易；皆是自然，皆有定理，则谓之道；造化功用不可测度，则谓之神。"程子又曰"其命于人则谓之性，率性则谓之道，修道则谓之教，只是就人道上说"。人杰谓："中庸大旨，则'天命之谓性，率性之谓道'，是通人物而言；'修道之谓教'，则圣贤所以扶世立教、垂法后世者皆是也。"先生云："就人一身言之，易犹心也，道犹性也，神犹情也。"翌日再问，云："既就人身言之，却以就人身者就天地言之，可乎？"先生曰："天命流行，所以主宰管摄是理者即其心也，而有是理者即其性也。如所以为春夏、所以为秋冬之理是也。至于发育万物者，即其情也。"人杰。

○ 又曰："'其体则谓之易，其理则谓之道，其用则谓之神'，此三句是说自然底。下面云'其命于人则谓之性'，此是就人上说。'命于人'，这'人'字便是'心'字。"赐。

○ "其体则谓之易，其理则谓之道，其用则谓之神。"以人言之，其体谓之心，其理谓之性，其用谓之情。"体"非体用之谓。贺孙。

○ "以其体谓之易，以其理谓之道"，这正如心、性、情相似。易便是心，道便是性。易，变易也，如弈棋相似。寒了暑，暑了寒，日往而月来，春夏为阳，秋冬为阴，一阴一阳只管恁地相易。贺孙。

○ "其体则谓之易"，在人则心也；"其理则谓之道"，在人则性也；"其用则谓之神"，在人则情也。〔所谓易者，变化错综，如阴阳昼夜、雷风水火，反复流转、纵横经纬而不已也。人心则语默动静、变化不测者是也。体是形体也，贺孙录云："体非体用之谓。"言体则亦是形而下者，其理则形而上者也。故程子曰"易中只是言反复往来上下"，亦是意也。〕公谨。

○ 问"其理谓之道，其体谓之易，其用谓之神"。先生曰："理是性，体是心，用是情。"赐。

○ 孟子说"性善"，是就用处发明人性之善；程子谓"乃极本穷原之性"，却就用处发明本理。人杰。

○ "人生气禀，理有善恶"，此"理"字不是说实理，犹云理当如此。佃。

○ 木之问："程子生之谓性章说'善固性也，然恶亦不可不谓之性也'，疑与孟子说抵牾。"曰："这般所在难说，卒乍理会未得。某旧时初看亦自疑，但看来看去自是分明，今定是不错，不相误。只着工夫子细看，莫据己见便说前辈说得不是。"又问："草木与人物之性一乎？"曰："须知其异而不害其为同，知其同而不害其为异方得。"木之。

○ 问："'恶亦不可不谓之性'，先生旧做明道论性说云：'气之恶者，其性亦无不善，故恶亦不可不谓之性。'明道又云：'善恶皆天理。谓之恶者本非恶，但或过或不及便如此。盖天下无性外之物，本皆善而流于恶耳。'如此则恶专是气禀，不干性事，如何说恶亦不可不谓之性？"曰："既是气禀恶，便已牵引得那性不好。盖性只是搭附在气禀上，既是气禀不好，便和那性坏了。所以说浊亦不可不谓之水。水本是清，却因人挠之，故浊也。"又问："先生尝云'性不可以物譬'，明道以水喻性，还有病否？"曰："若比来比去也终有病，只是不以这个比又不能得分晓。"佃。

○ 问："遗书'生之谓性'一段难看，自起头至'恶亦不可不谓之性也'成两三截。"曰："此一段极难看，但细寻语脉却亦可晓。上云

'不是两物相对而生',盖言性善也。"曰:"既言性善,下却言'善(恶)〔固〕性也,然恶亦不可不谓之性',却是言气禀之性,似与上文不相接。"曰:"不是言气禀之性。盖言性本善,而今乃恶,亦是此性为恶所汩,正如水为泥沙所混,不成不唤做水。"曰:"适所问乃南轩之论。"曰:"敬夫议论出得太早,多有差舛。此间有渠论孟解,士大夫多求之者,又难为拒之。"又问:"'人生而静'当作断句。"曰:"只是连下文(而)'不容说'作句。性自禀赋而言,'人生而静以上',未有形气,理未有所受,安得谓之性!"又问"才说性时便已不是性"。此处先生所答记得不切,不敢录。次夜再问,别录在后。又问:"'凡人说性只是说继之者善也','继之者善'如何便指作性?"曰:"吾友疑得极是。此却是就人身上说'继之者善'。若就向上说则天理方流出,亦不可谓之性。"曰:"'生之谓性',性即气,气即性。此言人生性与气混合者。"曰:"有此气为人,则理具于身方可谓之性。"又问:"向在书堂,滕德粹问'生之谓性',先生曰'且从程先生之说,亦好'。当时再三请益,先生不答。后来子细看,此盖告子之言。若果如程先生之说亦无害,而渠意直是指气为性,与程先生之意不同。"曰:"程先生之言亦是认告子语脉不着。果如此说,则孟子何必排之?则知其发端固非矣。大抵诸儒说性多就着气。如佛氏亦只是认知觉作用为性。"又问孟注云:"'近世苏氏、胡氏之说近此',某观二家之说,似亦不执着气。"曰:"其流必至此。"又问:"胡氏说'性不可以善恶名',似只要形容得性如此之大。"曰:"不是要形容,只是见不明,若见得明则自不如此。敬夫向亦执此说。尝语之云:'凡物皆有对,今乃欲作尖邪物,何故?'程先生论性,只云'性即理也',岂不是见得明?是真有功于圣门。"又问:"'继之者善也,成之者性也'至程先生始分明。"曰:"以前无人如此说。若不是见得,安能及此?"可学。

○　第二夜复问:"昨夜问'生之谓性'一段,意有未尽。不知

'才说性便不是性',此是就性未禀时说,已禀时说?"曰:"就已禀时说。性者,浑然天理而已,才说性时则已带气矣。所谓'离了阴阳更无道',此中最宜分别。"又问:"'水流而就下'以后,此是说气禀否?若说气禀,则生下已定,安得有远近之别?"曰:"此是夹习说。"〔饶本云:"此是说气。"〕<u>可学</u>。

○ 或问:"说'人生而静以上不容说',为天命之不已;感物而动,酬酢万殊,为天命之流行。〔不已便是流行,〕不知上一截如何下语?"曰:"'人生而静以上不容说',乃天命之本体也。"<u>人杰</u>。

○ "人生而静"已是夹形气,专说性不得。此处宜体认。<u>文蔚</u>。

○ "人生而静以上〔不容〕说",此只是理;"才说性时便已不是性",此是气质。要之,假合而后成。<u>文蔚</u>。

○ 曾问"人生而静以上不容说性"。先生曰:"此是未有人生之时,但有天理,更不可言性。人生而后方是有这气禀,有这物欲,方可言性。"<u>卓</u>。

○ 问"人生而静以上"一段。曰:"有两个'性',有所谓'气质之性',有所谓'理性'。下一'性'字便是理。'人生而静',这'生'字(自已)〔已自〕带气质了。'生而静以上'便只是理,不容说;'才说性时'便只说得气质,不是理也。"<u>淳</u>。

○ "才说性,便已不是性也",盖才说性时便是兼气禀而言矣。"人生而静以上不容说",盖性须是个气质方说得个"性"字,若"人生而静以上"只说得个天道,下"性"字不得。所以<u>子贡</u>曰"夫子之言性与天道，不可得而闻也"，便是如此。所谓"天命之谓性"者，是就人身中指出这个是天命之性，不杂气禀者而言尔。若纯说性时则便是夹气禀而言，所以说时已不是性也。濂溪说"性者，刚柔善恶中而已矣"，濂溪说性只是此五者，他又自有说仁义礼智底性时，若论气禀之性则不出此五者。然气禀底性便是那四端底性，非别有一种性也。然所谓"刚柔善恶中"者，天下之性固不出此五者。然细推之，极多般样，千般百种，不可穷究，但不离此五者尔。個。

○ 问"人生而静以上"一段。曰："程先生说性有本然之性，有气质之性。人具此形体便是气质之性。才说性，此'性'字是杂气质与本来性说，便已不是性。这'性'字却是本然性，才说气质底便不是本然底也。'人生而静'以下方有形体可说，以上是未有形体，如何说？"贺孙。

○ 问："近思录中说性似有两种，何也？"曰："此说往往人都错看了，才说性便有不是。人性本善而已，才堕入气质中便薰染得不好了。虽薰染得不好，然本性却依旧在此，全在学者着力。今人却言有本性又有气质之性，此大害理。"谟。去伪录同。

○ 问："'凡人说性只是说"继之者善也"'，这'继'者莫是主于接续承受底意思否？"曰："主于人之发用处言之。"道夫。

○ 问："明道言：'今人说性多是说"继之者善"，如孟子言"性善"是也。'此莫是说性之本体不可言，凡言性者只是说性之流出处，如孟子言'乃若其情则可以为善矣'之类否？"先生点头。后江西一学者问此，先生答书云："易大传言'继善'是指未生之前，孟子言'性善'是指已生之后。"是夕，复语文蔚曰："今日答书觉得未是。"文蔚曰："莫是易言'继善'是说天道流行处，孟子言'性善'是说人性流出处。易与孟子就天人分上各以流出处言，明道则假彼以明此耳，非如先生'未生'、'已生'之云?"曰："然。"文蔚。

○ 问伊川云"万物之生意最可观"。先生曰："物之初生，其本未远，固好看。及干成叶茂便不好看。如赤子入井时恻隐、怵惕之心，只些子仁，见得时却好看。到得发政施仁，其仁固广，便看不得何处是仁。"赐。

○ 道夫问："'万物之生意最可观，此"元者善之长也"，斯所谓仁也'，此也只是先生向所谓'初'之意否?"曰："万物之生，天命流行，自始至终，无非此理，但初生之际淳粹未散，尤易见尔。（如只）〔只如〕元亨利贞皆是善，而元则为善之长，亨利贞皆是那里来。仁义礼智亦皆善也，而仁则为万善之首，义礼智皆从这里出尔。"道夫。

○ 问："'天地万物之理无独必有对'，对是物也，理安得有对?"曰："如高下、小大、清浊之类皆是。"曰："高下、小大、清浊只是物也，如何?"曰："有高必有下，有大必有小，皆是理必当恁地。如天之生物不能独阴，必有阳；不能独阳，必有阴。皆是对。这对处不是理对，其所以有对者是理合当恁地。"淳。

○ 又问："阴阳昼夜，善恶是非，君臣上下，此天地万物无独必有对之意否?"曰："这也只如喜怒哀乐之中，便有个既发而中节之和在里相似。"道夫。

○ 道夫问"亭亭当当"之说。曰："此俗语也，盖不偏不倚、直上直下之意也。"问："敬固非中，惟'敬而无失'乃所以为中否?"曰：

"只是常敬便是'喜怒哀乐未发之中'也。"<u>道夫</u>。

○ 近思录首卷所论诚、中、仁三者，发明义理，固是有许多名，只是一理，但须随事别之。如说诚便只是实然底道理，譬如天地之于万物，阴便实然是阴，阳便实然是阳，初无一毫不真实处。中只是喜怒哀乐未发之理。仁便如天地发育万物，人无私意便与天地相似，但天地无一息间断，"圣希天"处正在此。仁义礼智便如四柱，仁又包括四者，如<u>易</u>之"元亨利贞"必统于元，如时之春秋冬夏皆本于春。析而言之，各有所指而已。<u>谟</u>。

○ 无妄自是我无妄，故诚；不欺者，对物而言之，故次之。<u>祖道</u>。

○ 味道问"无妄之谓诚，不欺其次也"。曰："非无妄故能诚，无妄便是诚。无妄是八方四面都去得，不欺犹是两个物事相对。"<u>寓</u>。

○ 道夫问："无妄，诚之道。不欺则所以求诚否？"曰："无妄者，圣人也。谓圣人为无妄则可，谓圣人为不欺则不可。"又问："此正所谓'诚者天之道，思诚者人之道'否？"曰："然。无妄是自然之诚，不欺是着力去做底。"<u>道夫</u>。

○ 子升兄问"冲漠无朕"一段。曰："未有事物之时此理已具，少间应处只是此理。所谓涂辙即是所由之路，如父之慈、子之孝，只是一条路从源头下来。"<u>木之</u>。

○ 问："<u>程先生</u>云：'冲漠无朕，万象森然已具，未应不是先，已应不是后。如百尺之木自根本至枝叶皆是一贯，不可道上面一段事无形无兆，却待人旋安排引入来教入涂辙。既是涂辙，却只是一个涂辙。'

他所谓涂辙者莫只是以人所当行者言之？凡所当行之事皆是先有此理，却不是临行事时旋去寻讨道理。"曰："此言未有这个事先有这个理。如未有君臣已先有君臣之理，未有父子已先有父子之理。不成元无此理，直待有君臣父子却旋将道理入在里面？"又问："'既是涂辙，却只是一个涂辙'，是如何？"曰："是这一个事便只是这一个道理，精粗一贯，元无两样。今人只见前面一段事无形无兆，将谓是空荡荡，却不知道'冲漠无朕，万象森然已具'。如<u>释氏</u>便只是说'空'，<u>老氏</u>便只是说'无'，却不知道莫实于理。"曰："'未应不是先，已应不是后'，'应'字是应务之'应'否？"曰："未应是未应此事，已应是已应此事。未应固是先，却只是后来事；已应固是后，却只是未应时理。"<u>文蔚</u>。

○ 或问<u>近思录</u>"未应不是先"一条。曰："未应如未有此物而此理已具，到有此物亦只是这个道理。涂辙是车行处，且如未有涂辙而车行必有涂辙之理。"<u>贺孙</u>。

○ "未应不是先，已应不是后"，如未有君臣已先有君臣之理在这里，不是其先本无却待安排也。"既是涂辙，却只是一个涂辙"，如既有君君臣臣底涂辙，却是元有君臣之理也。<u>升卿</u>。

○ 问"冲漠无朕"一段。曰："此只是说'无极而太极'。"又问："下文'既是涂辙，却只是一个涂辙'，此是如何？"曰："恐是记者欠了字，亦晓不得。"又曰："某前日说，只从阴阳处看，则所谓太极者便只是在阴阳里，所谓阴阳者便只是在太极里。而今人说阴阳上面别有一个无形无影底物是太极，非也。"<u>夔孙</u>。

○ <u>道夫</u>问："'近取诸身，百理皆具'，且是言（一人之身）〔人之一身〕与天地相为流通，无一之不相似。至下面言'屈伸往来之义只于鼻息之间见之’，却只是说上意一脚否？"曰："然。"又问："屈伸往来只是理自如此，亦犹一阖一辟，阖固为辟之基，而辟亦为阖之基否？"曰："气虽有屈伸，要之方伸之气自非既屈之气，〔气〕虽屈而物亦自一面生出，此所谓‘生生之理’自然不息也。"<u>道夫</u>。

○ 问："屈伸往来，气也。<u>程子</u>云‘只是理’，何也？"曰："其所以屈伸往来者是理必如此。‘一阴一阳之谓道’，阴阳气也，其所以一阴一阳循环而不已者乃道也。"<u>淳</u>。

○ 问<u>明道</u>云"天下只有个感应"。先生曰："事事物物皆有感应，寤寐、语默、动静亦然。譬如气聚则风起，风止则气复来聚。"<u>赐</u>。

○ "心性以谷种论，则包裹底是心；有秫种，有粳种，随那种发出不同，这便是性。心是个发出底，〔<u>池</u>本作"心似个没思量底"。〕他只会生。譬如服药，吃了会治病，此是药力；或温或凉，便是药性；至于吃了有温证，有凉证，这便是情。"问情、意之别。曰："情便是做底，意自是百般计较去做底。因是有情而后用其意。"<u>夔孙</u>。

○ <u>伊川</u>"性即理也"四字撕扑不破，实自己上见得出来。其后诸公只听得便说将去，实不曾就己上见得，故多有差处。<u>道夫</u>。

○ <u>伊川</u>"性即理也"，自<u>孔</u><u>孟</u>后无人见得到此，亦是从古无人敢如此道。<u>道夫</u>。

○ <u>春秋</u>传言"元者仁也，仁人心也"，固有此理，然不知仁如何却唤做"元"？如<u>程</u>曰"天下之理原其所自未有不善"，<u>易传</u>曰"成而后有败，败非先成者也；得而后有失，非得何以有失也"，便说得有根源。<u>闳祖</u>。

○ 履之问："伊川云'心本善，发于思虑则有善不善'章，如何？"曰："疑此段微有未稳处。盖凡事莫非心之所为，虽放僻邪侈亦是心之为也。善恶但如反覆手耳，翻一转便是恶，止安顿不着也便是不善。如当恻隐而羞恶，当羞恶而恻隐，便不是。"又问："心之用虽有不善，亦不可谓之非心否？"曰："然。"伯羽。

○ 问："'心有善恶'，程先生曰'既发则可谓之情，不可谓之心'，如何？"曰："心是贯彻上下，不可只于一处看。"〔可学。〕

○ 程子曰"既发则可谓之情，不可谓之心"，此句亦未稳。淳。

○ "'心，生道也。人有是心，斯具是形以生。恻隐之心，生道也'，如何？"曰："天地生物之心是仁，人之禀赋接得此天地之心方能有生。故恻隐之心在人，亦为生道也。"谟。

○ "心，生道也"，心乃生之道。"恻隐之心，人之生道也"，乃是得天之心以生。生物便是天之心。可学。

○ 伊川文字多有句相倚处，如颜子好学论。可学。

○ 气散则不生，惟能住便能生。消息，是消住了息便生。因说"天地储精"及此。士毅。

○ "'得五行之秀者为人'，只说五行而不言阴阳者，盖做这人须是五行方做得成。然阴阳便在五行中，所以周子云'五行一阴阳也'，舍五行无别讨阴阳处。如甲乙属木，甲便是阳，乙便是阴；丙丁属火，丙便是阳，丁便是阴。不须更说阴阳而阴阳在其中矣。"或曰："如言四时而不言寒暑耳。"曰："然。"僩。

○ "其本也真而静，其未发也五性具焉"，五性便是真，未发时便是静，只是叠说。僩。

○ 敬子解"不求诸心而求诸迹，以博闻强记巧文丽词为工"，以为"人不知性，（敬）〔故〕怠于为希圣之学，而乐于为希名慕利之学"。曰："不是他乐于为希名慕利之学，是他不知圣之可学，别无可做了，只得向那里去。若知得有个道理可以学做圣人，他岂不愿为？缘他不知圣人之可学，'饱食终日，无所用心'，不成空过，须讨个业次弄，或为诗，或作文。是他没着这浑身处了，只得向那里去，俗语所谓'无图之辈'是也。"因曰："世上万般皆下品，若见得这道理高，见世间万般皆低。故这一段紧要处，只在'先明诸心'上。盖'先明诸心'了方知得圣之可学，有下手处，方就这里做工夫。若不就此，如何地做？"僩。

○ 周舜弼名谟。问："定性书也难理会。"曰："也不难。'定性'字说得也诧异，此'性'字是个'心'字意。明道言语甚圆转，初读未晓得，都没理会，子细看却成段相应。此书在鄠时作，年甚少。"淳。

○ "明道定性书自胸中泻出，如有物在后面逼逐他相似，皆写不办。"直卿曰："此正所谓'有造道之言'。"先生曰："然。只是一篇之中都不见一个下手处。"蕫卿曰："'扩然而大公，物来而顺应'，这莫是下工处否？"曰："这是说已成处。且如今人私欲万端，纷纷扰扰，无可奈何，如何得他大公？所见与理皆是背驰，如何便得他顺应？"道夫曰："这便是先生前日所谓'也须存得这个在'。"曰："也不由你存。此心纷扰，看着甚方法也不能得他住。这须是见得，须是知得天下之理都着一毫私意不得方是，所谓'知止而后有定'也。不然，只见得他如生龙活虎相似，更把捉不得。"<u>道夫</u>。

○ 问明<u>道</u>先生答<u>横渠 定性</u>书云"大率患在于自私而用智。自私则不能以有为为应迹，用智则不能以明觉为自然"。曰："此<u>一书</u>首尾只此两项。<u>伊川</u>文字段数分明，<u>明道</u>先生多只恁地成片说将去，初看却似无统，待子细理会，中间自有路脉贯串将去。'君子之学莫若扩然而大公，物来而顺应'，自后许多说话都只是此二句意。'艮其背，不获其身；行其庭，不见其人'，此是说'扩然而大公'。<u>孟子</u>曰'所恶于智者，为其凿也'，此是说'物来而顺应'。'第能于怒时遽忘其怒而观理之是非'，'遽忘其怒'是应'廓然而大公'，'而观理之是非'是应'物来而顺应'。这须子细去看方始得。"<u>贺孙</u>。

○ 问："<u>明道 定性</u>书，此是正心诚意功夫否？"曰："正心诚意以后事。"<u>寓</u>。

○ 问："圣人'动亦定，静亦定'，所谓定者是体否？"曰："是。"曰："此是恶物来感时定，善物来感时定？"曰："恶物来〔不〕感，这里自不接。"曰："善物则如何？"曰："当应便应，有许多分数来便有许多分数应，这里自定。"曰："'子哭之恸'时何以见其为定？"曰："此是当应也。须用'廓然而大公，物来而顺应'。"再三诵此语〔，以为说得圆〕。<u>淳</u>。

○ 问："圣人定处未详。"曰："'知止而后有定'，只看此一句便了得万物各有当止之所。知得则此心自不为物动。"曰："<u>舜</u>'号泣于旻天'，'象忧亦忧，象喜亦喜'，当此时何以见其为定？"曰："此是当应而应，当应而应便是定。若不当应而应便是乱了，当应而不应则又是死了。"<u>淳</u>。

○ 道夫问："'天地之常，以其心普万物而无心；圣人之常，以其情顺万事而无情。故君子之学莫若扩然而大公，物来而顺应'，学者卒未到此，奈何？"曰："虽未到此，规模也是恁地。'扩然大公'只是除（去）却私意，事物之来则顺他道理应之。且如有一事，自家见得道理是恁地，却有个偏曲底意思要为那人，便是不公，便逆了这道理，便不能顺应。圣人自有圣人大公，贤人自有贤人大公，学者自有学者大公。"又问："圣贤大公固未敢请，学者之心当如何？"曰："也只要存得这个去克去私意。这两句是有头有尾说话。大公是包说，顺应是就里面细说。公是忠，便是'维天之命，於穆不已'，顺应便是'乾道变化，各正性命'。"

○ "扩然而大公"是"寂然不动"，"物来而顺应"是"感而遂通"。〔偪。〕

○ 问："昨日因说程子谓释氏自私，味道举明道答横渠书中语，先生曰'此却是举常人自私处言之'。若据自私而用智与后面治怒之说，则似乎说得浅。若看得说那'自私则不能以有为为应迹，用智则不能以明觉为自然'，则所指亦大阔矣。"先生曰："固然。但明道指人之私意言耳。"味道又举"反鉴索照"与夫"恶外物"之说。先生曰："此亦是私意。盖自常人之私意与佛之自私，皆一私也，但非是专指佛之自私言耳。"又曰："此是程子因横渠病处箴之。然有一般人其中空疏不能应物，又有一般人溺于空虚不肯应物，皆是自私。若能'豁然而大公'，则上不陷于空寂，下不累于物欲，自能'物来而顺应'。"广。按贺孙录少异，今附，云："汉卿问：'前日说"佛氏自私"，味道举明道"自私用智"之语亦是此意。先生答以此自私说较粗，是常人之自私。某细思之，如"自私则不能以有为为应迹，用智则不能以明觉为自然"，亦是说得煞细，恐只是佛氏之自私。'先生曰：'此说得较阔，兼两意。也是见横渠说得有这病，故如此说。'贺孙云：'"今以恶外物之心求照无物之地，犹反鉴而索照也"，亦是说绝外物而求定之意。'曰：'然。但所谓"自私而用智"，如世人一等嗜欲也是不能"以有为为应迹"，如异端绝灭外物也是不能"以有为为应迹"。若"廓然大公，物来顺应"便都不如此，上不沦于空寂，下不累于物欲。'"

○ 问："定性书所论固是不可有意于除外诱，然此地位高者之事，在初学恐亦不得不然否？"曰："初学也不解如此，外诱如何除得？有当应者亦只得顺他，更看理如何，理当应便应，不当应便不应。此篇大纲只在'扩然而大公，物来而顺应'两句，其他引易、孟子皆是如此。末谓'第能于怒时遽忘其怒而观理之是非'，一篇着力紧要只在此一句。'遽忘其怒'便是'扩然大公'，'观理之是非'便是'物来顺应'。明道言语浑沦，子细看，节节有条理。"曰："'内外两忘'是内不自私，外应不凿否？"曰："是。大抵不可以在内者为是而在外者为非，只得随理顺应。"淳。

○ 人情易发而难制。明道云："人能于怒时遽忘其怒，亦可见外诱之不足畏，而于道亦思过半矣。"此语可见。然有一说，若知其理之曲直，不必校却好，若见其直而又怒则愈甚。大抵理只是此理，不在外求。若于外复有一理时却难，为只有此理〔故〕。可学。

○ "惟思为能窒欲，如何？"曰："思与观同。如言'第能于怒时遽忘其怒而观理之是非'。盖是非既见，自然欲不能行。"升卿。

○ 问："圣人恐无怒容否？"曰："怎生无怒容？合当怒时必亦形于色。如要去治那人之罪，自为笑容则不可。"曰："如此则恐涉忿厉之气否？"曰："天之怒，雷霆亦震。舜诛四凶，当其时亦须怒。但当怒而怒，便中节，事过便消了，更不积。"淳。

○ 先生以<u>伊川</u>答方道辅书示学者，曰："他只恁平铺，无紧要说出来。只是要移易他一两字也不得，要改动他一句也不得。"<u>道夫</u>。

○ 问："<u>苏季明</u>以治经为传道居业之实，居常讲习只是空言无益，质之两先生。何如？"曰："<u>季明</u>是<u>横渠</u>门人，祖<u>横渠</u>'修辞'之说，以立言传后为修辞，是为居业。<u>明道</u>与说<u>易</u>上'修辞'不恁地。修辞只是如'非礼勿言'。若修其言辞正为立己之诚意，乃是体当自家'敬以直内，义以方外'之实事，便是理会敬义之实事，便是表里相应，'敬以直内，义以方外'，便是<u>立诚</u>。道之浩浩，何处下手？惟立诚才有可居之处，有可居之处则可以修业。业便是逐日底事业，恰似日课一般。'忠信所以进德'为实下手处。如是心中实见得理之不妄，'如恶恶臭，如好好色'，常常恁地，则德不期而进矣。诚便即是忠信，修省言辞便是要立得这忠信。若口不择言，只管逢事便说，则忠信亦被汩没动荡，立不住了。<u>明道</u>便只（办）〔辨〕他'修辞'二字，便只理会其大规模。<u>伊川</u>却与（办）〔辨〕治经，便理会细密，都无缝罅。"又曰："<u>伊川</u>也辨他不尽。如讲习不止只是治经，若平日所以讲习，父慈、子孝、兄友、弟恭与应事接物，有合讲者，或更切于治经，亦不为无益。此更是一个大病痛。"<u>贺孙</u>。

○ <u>伊川</u>曰："<u>孟子</u>才高，学之无可依据。学者须学<u>颜子</u>，入圣人为近，有用力处。"又曰："学者要学得不错须是学<u>颜子</u>。""<u>孟子</u>说得粗，不甚子细，只是他才高，自至那地位。若学者学他或会错认了他意思，若<u>颜子</u>说话便可下手做，<u>孟子</u>底更须解说方得。"<u>贺孙</u>。

○ <u>蔡</u>问："'<u>孟子</u>无可依据，学者当学<u>颜子</u>'，如养气处岂得谓无可依据？"曰："<u>孟子</u>皆是要用。<u>颜子</u>曾就己做工夫，所以学<u>颜子</u>则不错。"<u>淳</u>。

○ 道夫问："'且省外事，但明乎善，唯进诚心'，这固只是教人'鞭辟近里'。然切谓明善是致知，诚心即是诚意否？"曰："知至即便意诚，善才明，诚心便进。"又问："'其文章虽不中，不远矣'，便是应那'省外事'一句否？"曰："然。外事所可省者即省之，所不可省者亦强省不得。善只是那每事之至理，文章是威仪制度。'所守不约，泛滥无功'，说得极切。这般处只管将来玩味，则道理自然都见。"又曰："这般次第是与吕与叔自关中来初见二程时说话。盖横渠多教人礼文制度之事，他学者只管用心，不近里，故以此说教之。然只可施之与叔诸人，若与龟山言便不着地头了。公今看了近思录，看别经书须将遗书兼看。盖他一人是一个病痛，故程先生说得各各自有精采。"道夫。

○ "且省外事，但明乎善，惟进诚心"，是且理会自家切己处，明善了又更须看自家进诚心与未。心只是放宽平便大，不要先有一私意隔碍便大。心大则自然不急迫。如有祸患之来亦未须惊恐，或有所获亦未要便欢喜在，少间亦未必祸更转为福，福更转为祸。荀子言"君子大心则天而道，小心则畏义而节"，盖君子心大则是天心，心小则文王之翼翼，皆为好也。小人心大则放肆，心小则是偏隘私吝，皆不好也。贺孙。

○ 问："近思录中明道说'学者识得仁体，实有诸己，只要义理栽培'一段，只缘他源头是个不忍之心，生生不穷，故人得以生者，其流动发生之机亦未尝息。故推其爱，则视夫天地万物均受此气、均得此理，则无所不当爱。"曰："这道理只熟看，久之自见如此，硬桩定说不得。如云'从他源头上便有个不忍之心，生生不穷'，此语有病。他源头上未有物可不忍在，未说到不忍在。只有个阴阳五行，有阖辟，有动静。自是用生，不是要生，到得说生物时又是流行已后。既是此气流行不息，自是生物，自是爱。假使天地之间净尽无一物，只留得这一个物事，他也自爱。如云'均受此气、均得此理，所以须用爱'，也未说到这里在，此又是说后来事。此理之爱如春之温，天生自然如此。如火相似，炙着底自然热，不是使他热也。"因举："东见录中明道曰'学者须先识仁。仁者，浑然与物同体，义礼智信皆仁也'，云云。极好，当添入近思录中。"僴。

○ 节问："周子令程子寻颜子所乐何事，而周子程子终不言。不审先生以为所乐何事？"曰："人之所以不乐者，有私意耳。克己之私则乐矣。"芝。

○ 明道以上蔡记诵为玩物丧志，盖为其意不是理会道理，只是夸多斗（美）〔靡〕为能。若明道看史不蹉一字，则意思自别，此正为己为人之分。贺孙。

○ 问："'礼乐只在进反之间，便得性情之正'，何谓也？"曰："记谓'礼减而进，以进为文；乐盈而反，以反为文'。礼如凡事俭约，如收敛恭敬，便是减。须当着力向前去做，便是进，故以进为文。乐如歌咏和乐，便是盈。须当有个节制，和而不流，便是反，故以反为文。礼减而却进前去，乐盈而却反退来，便是得性情之正。"淳。

○ 道夫问"礼乐进反"之说。曰："'礼主其减，乐主其盈。礼减而进，以进为文；乐盈而反，以反为文。'礼以谦逊退贬为尚，故主减。然非人之所乐，故须勉强做将去方得。乐以发扬蹈厉为尚，故主盈。然乐只管充满而不反，则又也无收杀，故须反方得。故云'礼减而不进则销，乐盈而不反则放'，故礼有报而乐有反，所以程子谓'只在进反之间，便得性情之正'。"道夫。

○ "礼主其减"者，礼主于搏节、退逊、检束。然〔以〕其难行，故须勇猛力进始得，故以进为文。"乐主其盈"者，乐主于舒畅发越。然一向如此必至于流荡，故以反为文。礼之进，乐之反，便得情性之正。又曰："主减者当进，须力行将去；主盈者当反，须回顾身心。"贺孙。

○ "天分"即天理也。父安其父之分，子安其子之分，君安其君之分，臣安其臣之分，则安得私！故虽"行一不义，杀一不辜，而得天下"，有所不为。贺孙。

○ 问"论性不论气，不备；论气不论性，不明。二之则不是"。曰："不可分作两段说，性自是性，气自是气。如何不可分作两段说？他所以说不备、不明，须是两边都说，理方明备，故云'二之则不是'。二之者，正指上两句也。"或问："明道说'生之谓性'，云'性即气，气即性'，便是不可分两段说。"曰："那个又是说性便在气禀上。禀得此气，理便搭附在上面，故云'性即气，气即性'。若只管说气便是性，性便是气，更没分晓矣。"偁。

○ 道夫问："气者性之所寄，故'论性不论气则不备'；性者气之所成，故'论气不论性则不明'。"曰："如孟子说性善，是'论性不论气'也。但只认说性善，虽说得好，终是欠了下面一截。自荀杨而下便只'论气不论性'了。"道夫曰："子云之说虽兼善恶，终只论得气。"曰："他不曾说着性。"道夫。

○ "'论性不论气，不备；论气不论性，不明'，孟子终是未备，所以不能杜绝荀杨之口。"厚之问："气禀如何？"曰："禀得木气多则少刚强，禀得金气多则少慈祥，推之皆然。"可学。

○ "论气不论性"，荀子言性恶、杨子言善恶混是也。"论性不论气"，孟子言性善是也。性只是善，气有善不善。韩愈说生而便知其恶者，皆是合下禀得这恶气。有气便有性，有性便有气。节。

○ 问："程子'论性不论气，不备；论气不论性，不明。二之则不是'之说如孟子，是论性不论气；荀杨等是论气不论性。"答曰："程子初无指孟子之意，然孟子却是论（气）〔性〕。"此句有误字：非"孟"字，是"孔"字；则"却"字是"也"字。更思之。过。

○ "'论学便要明理，论治便须识体'，这'体'字是事理合当做处。凡事皆有个体，皆有个当然处。"问："是体段之'体'否？"曰："也是如此。"又问："如为朝廷有朝廷之体，为一国有一国之体，为州县有州县之体否？"曰："然。是个大体有格局当做处。如作州县，便合治告讦，除盗贼，劝农桑，抑末作；如朝廷，便须开言路，通下情，消朋党；如为大吏，便须求贤才，去赃吏，除暴敛，均力役。这个都是定底格局，合当如此做。"或问云云。曰："不消如此说，只怕人伤了那大体。如大事不曾做得，却以小事为当急，便害了那大体。如为天子近臣合当謇谔正直，又却恬退寡默；及至处乡里合当闭门自守，躬廉退之节，又却向前要做事。这个便都伤了那大体。如今人议论都是如此，合当举贤才而不举，而曰我远权势；合当去奸恶而不去，而曰不为已甚。且如国家遭汴都之祸，国于东南，所谓大体者正在于复中原，雪仇耻，却曰休兵息民，兼爱南北。正使真个能如此犹不是，况为此说者其实只是懒计而已！僴。

○ "根本须是先培壅"，涵养持敬便是栽培。贺孙。

○ 仲思问"敬义夹持直上，达天德自此"。曰："最是他下得'夹持'两字好。敬主乎中，义防于外，二者相夹持。要放下霎时也不得，只得直上去，故便达天德。"伯羽。

○ "'敬义夹持直上，达天德自此'，表里夹持，更无东西走作去处，上面只更有个天德。'忠信所以进德，修辞立其诚所以居业'者，乾道也；'敬以直内，义以方外'者，坤道也，只是健顺。"又曰："非礼勿视听言动者，乾道；'出门如见大宾，使民如承大祭'者，坤道。"又曰："公但看进德、立诚是甚么样强健！"贺孙。

○ 问："'正其义不谋其利，明其道不计其功'，道、义如何分别？"曰："道、义是个体、用。道是大纲说，义是就一事上说。义是道中之细分别，功是就道〔中〕做得功效出来。"寓。淳录同。

○ 问："'正其义'者，凡处此一事但当处置使合宜，而不可有谋利占便宜之心；'明其道'则处此事（使）〔便〕合义，是乃所以为明其道，而不可有计后日功效之心。'正义不谋利'在处事之先，'明道不计功'在处事之后。如此否？"曰："恁地说也得。他本是合掌说，看来也须微有先后之序。"侗。

○ 董仲舒曰"正其义不谋其利，明其道不计其功"，或曰"事成之谓利，所以有义；功成则是道"，便不是。"惠迪吉，从逆凶"，然惠迪亦未必皆吉。可学。

○ 杨问："'胆欲大而心欲小'，如何？"曰："胆大是'千万人吾往'处，天下万物'不足以动其心'，'贫贱不能移，威武不能屈'，皆是胆大。小心只是畏敬之谓，如文王'小心翼翼'、曾子'战战兢兢，临深履薄'是也。"问："横渠言'心大则百物皆通，心小则百物皆病'，何如?”曰:“此心小是卑陋狭隘,事物来都没奈何,打不去,只管见碍,皆是病。如要敬则碍和,要仁则碍义,要刚则碍柔。这里只着得一个,更着两个不得。为敬便一向拘拘,为和便一向放肆,没理会。仁便煦煦姑息,义便粗暴决裂。心大便能容天下万物,有这物则有这理,有那物即有那道理,‘并行而不相悖,并育而不相害’。”寓。陈淳录同。

○ “胆欲大而心欲小”,“战战兢兢,如临深渊”,方能为“赳赳武夫,公侯干城”之事。德明。

○ 董卿云:“‘智欲圆而行欲方,胆欲大而心欲小’,妄意四者缺一不可。”曰:“圆而不方则谲诈,方而不圆则执而不通。志不大则卑陋,心不小则狂妄。江西诸人便是志大而心不小者也。”道夫。

○ 问程子曰“学不言而自得者,乃自得也……终不足以入道”。曰:“道理本自广大,只是潜心积虑,缓缓养将去,自然透熟。若急迫求之,则是起意去赶趁他,只是私意而已,安足以入道?”侗。

○ 道夫问:“视听、思虑、动作皆天之所为,及发而不中节则是妄,故学者须要识别之。”曰:“妄是私意,不是不中节。”道夫曰:“这正是颜子之所谓‘非礼’者。”曰:“非礼处便是私意。”道夫。

○ 至之问:“‘学要鞭辟近里’,‘鞭辟’如何?”曰:“此是洛中语,一处说作‘鞭约’,大抵是要鞭督向里去。今人皆不是鞭督向里,心都向外。〔明〕道此段下云‘切问近思’、‘言忠信,行笃敬’云云,何尝有一句说做外面去。学要博,志须要笃。志笃,问便切,思便近,只就身上理会。伊川言‘“仁在其中”,即此是学’,元不曾在外,这个便是‘近里着己’。今人皆就外面做工夫,恰似一只船覆在水中,须是去翻将转来便好，便得使。吾辈须勇猛着力翻将转。"先生转身而言曰："须是翻将转来始得。"寓。

○ 杨问："程子言'学要鞭辟近里'，何谓'鞭辟'?"曰："辟如驱辟一般。"又问："'质美者明得尽，查滓便浑化，与天地同体'，是如何?"曰："明得透彻，查滓自然浑化。"又问："查滓是甚么?"曰："查滓是私意人欲。天地同体处是义理之精英，查滓是私意人欲之未消者。人与天地本一体，只缘查滓未去所以有间隔，若无查滓便与天地同体。'克己复礼为仁'，己是查滓，复礼便是天地同体处。'有不善未尝不知'，不善处是查滓。颜子'三月不违仁'，既有限，此外便未可知。如曾子'为人谋而不忠，与朋友交而不信，传而不习'，是曾子查滓处。漆雕开言'吾斯之未能信'，皆是有些查滓处。只是质美者也见得透彻，那查滓处都尽化了。若未到此，须当庄敬持养，旋旋磨擦去教尽。"寓。

○ 文蔚问："明道尝曰'学要鞭辟近里'至'庄敬持养'。文蔚切谓如颜子'克己复礼'，天理人欲便截然两断，此所谓'明得尽，查滓便浑化'。如仲弓'出门如见大宾，使民如承大祭'，便是'庄敬持养'。"答曰："然。颜子'克己复礼'不是盲然做，却是他先见得分晓了。便是圣人说话浑然，今'克己复礼'一句，近下人亦用得。不成自家未见得分晓便不克己，只得克将去。只是颜子事与此别。"又曰："知得后只是一件事。如适间说'博学笃志，切问近思'，亦只是本体上事。又如'博我以文，约我以礼'，亦是本体上事。只缘其初未得，须用如此做功夫，及其既得，又（只便）〔便只〕是这个。"文蔚曰："且如'博学于文'，人心自合要无所不知，只为而今未能如此，须用博之以文。"曰："人心固是无所不知，若未能如此，却只是想象。且如释氏说心，亦自谓无所不知。他大故将做一个光明莹彻底物事看，及其问他，他便有不知处。如程先生说穷理，却谓'不必尽穷天下之理，只是理会得多后自然贯通去'。某尝因当官见两家争产，各将文字出拖照。其间亦有失却一两纸文字，只将他见在文字推究，便自互换见得出。若是都无文字，只臆度说，两家所竞须有一曲一直，便不得。元不曾穷理，想象说我这心也自无所不知，便是如此。"<u>文蔚</u>。

○ <u>程子</u>曰"学要鞭辟近里"〔一〕段。明得尽者一见便都明了，更无查滓。其次惟是庄敬持养以消去其查滓而已。所谓持养亦非是作意去穿凿以求其明，但只此心常敬则久久自明矣。<u>广</u>。

○ 因<u>欧兄</u>问"质美者明得尽，查滓便浑化"，某曰："<u>尹和靖</u>以'查滓'二字不当有，如何？"先生曰："和（静）〔靖〕议论每如此。所谓查滓者，私意也。质美者明得尽，所以查滓一齐浑化无了。"<u>淦</u>。

○ 役智力于农圃，内不足以成己，外不足以治人，是济甚事！<u>贺孙</u>。

○ <u>近思录</u>云"仁之道，要之，只消道一'公'字。'公'只是仁之理，不可将'公'便唤做'仁'。公而以人体之，故为仁"。问："公只是仁底道理，仁却是个流动发生底道理。故'公而以人体之'方谓之仁否？"曰："此便是难说。'公而以人体之'，此一句本微有病。然若真个晓得，方知这一句说得好，所以<u>程先生</u>又曰'公近仁'。盖这个仁在这'人'字上，你元自有这个仁，合下便带得来。只为不公，所以蔽塞了不出来；若能公，仁便流行。譬如沟中水被沙土罨毂壅塞了，故水不流；若能担去了沙土罨毂，那水便流矣。又非是去外面别担水来放沟中，是沟中元有此水，只是被物事壅遏了，去其壅塞，水便流行。如'克己复礼为仁'，所谓'克己复礼'者，去其私而已矣。能去其私则天理便自流行，不是克己了又别讨个天理来放在里面也。故曰'公近仁'。"又问："'公，所以能恕，所以能爱。恕则仁之施，爱则仁之用。'爱是仁之发处，恕是推其爱之之心以及物否？"曰："如公所言亦非不是，只是自是凑合不着，都无滋味。若道理只是如此看，又更做甚么？所以只见不长进，正缘看那物事没滋味。"又问："莫是带那上文'公'字说否？"曰："然。恕与爱本皆出于仁，然非公则安能恕，安能爱？"又问："爱只是合下发处便爱，未有以及物在，恕则方能推己以及物否？"曰："仁之发处自是爱，恕是推那爱底，爱是恕之所推者。若不是恕去推那爱，那爱也不能及物，也不能亲亲仁民爱物，只是自爱而已。若里面元无那爱，〔又〕只推个甚么？如开沟相似，是里面元有这水，所以开着便有水来。若里面元无此水，如何会开着便有水？若不是去开沟，纵有此水也如何得他流出来？爱，水也；开之者，恕也。"又问："若不是推其爱以及物，纵有此爱也无可得及物否？"曰："不是无可得及物，若不能推则不能及物。此等处容易晓，如何恁地难看！"侗。

　　○　问："仁便是公做去否？"曰："非公便是仁，尽得公道所以为仁耳。求仁处，圣人说了'克己复礼为仁'，须是克尽己私以复乎礼方是公，公所以能仁。"问："吕与叔克己铭'痒痾疾痛，举切吾身'，不知是这道理者否？"曰："某见前辈一项议论说忒高了，不只就身上理会，便说要与天地同其体，同其大，安有此理！克己铭'初无吝骄，作我蟊贼'云云，只说得克己一边，却不到复礼处，须先克己私以复于礼则为仁。且仁譬之水，公则譬之沟渠一般，要流通此水须开浚沟渠，然后水方流行也。"寓。

　　○　"公而以人体之为仁"，仁是人心所固有之理，公则仁，私则不仁。未可便以公为仁，须是体之以人方是仁。公、恕、爱皆所以言仁者也。公在仁之前，恕与爱在仁之后。公则能仁，仁则能爱、能恕故也。谟。

○ 公所以为仁，故伊川云"非是以公便为仁，公而以人体之"。仁譬如水泉，私譬如沙石，能壅却泉，公乃所以决去沙石者也。沙石去而水泉出，私（出）〔去〕而仁复也。德明。

○ 林问："以'公'解'仁'，如何？"曰："'公'未能尽'仁'。"淳。

○ 公却是仁发处，无公则仁行不得。可学。

○ 谓仁只是公固若未尽，谓公近仁耳又似太疏。伊川先生曰"只是一个'公'字"，学者问仁则常教他将"公"字思量。此是先生晚年语，平淡中有意味。显道记忆语及入关语录亦有数段，更宜参之。镐。升卿录同而略。今附，云："伊川曰'仁只是一个"公"字'，学者问仁则常教他将'公'字思量。此是先生晚年语，平淡中有意味。"

○ 李问："仁，欲以公、爱、恕三者合而观之，如何？"曰："公在仁之先，爱、恕在仁之后。"又问"公而以人体之"一句。曰："紧要在'人'字上。仁只是个人。"淳。

○ 或问："'力行'如何是'浅近语'？"曰："不明道理，只是硬行。"又问："何以为'浅近'？"曰："他只是见圣贤所为，心下爱，硬依他行。这是私意，不是当行。若见得道理时皆是当恁地行。"又问："'这一点意气能得几时子'，是如何？"曰："久时，相次只是恁地休了。"节。

○ "涵养须用敬，进学则在致知。"无事时且存养在这里，提撕警觉，不要放肆。到讲习应接时便当思量义理。淳。

○ 杨子顺问：“‘涵养须用敬’，涵养甚难，心中一起一灭如何得主一？”曰：“人心如何教他不思？如‘周公思兼三王，以施四事’，岂是无思？但不出于私则可。”曰：“某多被思虑纷扰，思这一事又牵去那事去，虽知得亦自难止。”曰：“既知得不是，便当绝断了。”淳。

○ 涵养此心须用敬。譬之养赤子，方血气未壮实之时，且须时其起居饮食，养之于屋室之中而谨顾守之，则有向成之期。才方乳保却每日暴露于风日之中，偃然不顾，岂不致疾而害其生耶！大雅。

○ 问：“伊川谓‘敬是涵养一事’，敬不足以尽涵养否？”曰：“五色养其目，声音养其耳，义理养其心，皆是养也。”贺孙。

○ 用之问：“学者忌先立标准，如何？”曰：“如‘必有事焉而勿正’之谓。而今虽道是要学圣人，亦且从下头做将去。若日日恁地比较也不得，虽则是曰‘舜何人也？予何人也’，若只管将来比较，不去做工夫，又何益！”贺孙。

○ 问：“明道先生曰‘学者忌先立标准，若循循不已自有所至矣’，学者做工夫须以圣人为标准，如何却说不得立标准？”曰：“学者固当以圣人为师，然亦何消得先立标准？才立标准，心里便计较思量几时得到圣人处，圣人田地又如何。便有个先获底心。颜渊曰‘舜何人也？予何人也？有为者亦若是’，也只是如此平说，教人须以圣贤自期，又何须先立标准？只恁下着头做，少间自有所至。”倜。

○ 道夫问：“‘尹彦明见程子后，半年方得大学西铭看’，此意如何？”曰：“也是教他自就切己处思量，自看平时个是不是，未欲便把那书与之读尔。”道夫曰：“如此则末后以此二书并授之，还是以尹子已得此意，还是以二书互相发故？"曰："他好把西铭与学者看。他也是要教他知，天地间有个道理恁地开阔。"道夫。

○ "昨夜说'尹彦明见伊川后，半年方得大学西铭看'。此意思也好，也有病。盖且养他气质，淘漉去了那许多不好底意思，如学记所谓'未卜禘，不视学，游其志也'之意。此意思固好，然也有病者，盖天下有多少书，若半年间都不教他看一字，几时读得天下许多书！所以尹彦明终竟后来工夫少了。易曰'盛德大业，至矣哉'，'富有之谓大业'，须是如此方得。天下事无所不当理会者，才工夫不到，业无由得大，少间措诸事业便有欠缺，此便是病。"或曰："想得当时大学亦未成伦绪，难看在。"曰："然。尹彦明看得好，想见煞着日月看。临了连格物也看错了，所以深不信伊川'今日格一件，明日格一件'之说，是看个甚么？"或曰："和靖才力极短，当初做经筵不见得。若使当难剧，想见做不去。"曰："只他做经筵也不奈何，说得话都不痛快，所以难。能解经而通世务者，无如胡文定公。然教他做经筵官又却不肯，一向辞去，要做春秋解，不知是甚意思。盖他有退而著书立言以垂后世底意思在，无那措诸事业底心。纵使你做得了将上去，知得人君是看不看？若朝夕在左右说，岂不大有益？是合下不合有这著书垂世底意思故也。人说话也难。有说得响感动得人者，如明道先生会说。所以上蔡，才到明道处听得他说话，意思便不同。盖他说得响，自是感发人。伊川便不似他。伊川说话方，终是难感动人。"或曰："如与东坡门说话，固是他门不是，然终是伊川说话有不相乳入处。"曰："便是说话难。只是这一样说话，只经一人口说便自不同，有说得感动人者，有说得不爱听者。近世所见会说话、说得响、令人感动者，无如陆子静。可惜如伯恭都不会说话，更不可晓，只通寒暄也听不得。自是他声音难晓，子约尤甚。"㑄。

○ 问:"谢氏说'何思何虑'处,<u>程子</u>道'恰好着工夫',此是着何工夫?"曰:"人所患者不能见得大体〔。谢氏合下便见得大体〕处,只是下学之功夫却欠。<u>程子</u>道'恰好着工夫',便是〔教他〕着下学底工夫。"<u>谆</u>。

朱子语类卷第九十六

程子之书二同上

○ 伊川云"学者要自得。六经浩渺，乍来难尽晓。且见得路径后各自立得一个门庭，归而求之，可矣"。问："如何是门庭？"曰："是读书之法，如读此一书便须知此书当如何读。如伊川教人看易，以王辅嗣、胡翼之、王介父三人易解看，此便是读书之门庭。缘当时诸经都未有成说，所以学者乍难捉摸，故教人如此。"或问："如诗是吟咏情性，读诗者便当以此求之否？"曰："然。"僴。以下第三卷。

○ 问："春秋传序引夫子答颜子为邦之语，为颜子尝闻春秋大(说)〔法〕，何也？"曰："此不是孔子将春秋大法向颜子说。盖三代制作极备矣，孔子更不可复作，故告以四代礼乐，只是集百王不易之大法。其作春秋，善者则取之，恶者则诛之，意亦只是如此，故伊川引以为据耳。"淳。

○ 明道先生曰"学者全体此心。学虽未尽，若事物之来不可不应，但随其分限应之，虽不中，不远矣"。此亦只是言其大概。且存得此心在这里，"若事物之来不可不应，且随自家力量应之，虽不中，不远矣"，更须下工夫方到得细密的当，至于至善处。此亦且是为初学言。如龟山却是恁地，初间只管道是且随力量恁地，更不理会细密处，下梢都衰塌了。贺孙。以下第四卷。

○ “毋不敬”、“思无邪”二句，“毋不敬”是浑然底，思是已萌，此处只争些。可学。

○ 问：“‘思无邪’、‘毋不敬’是一意否?”曰：“‘思无邪’有辨别，‘毋不敬’却是浑然底意思。大凡持敬，程子所谓敬如有个宅舍，讲学如游骑，不可便相离远去。须是于知处求行，行处求知，斯可矣。”谟。

○ “明道先生曰‘虽则心“操之则存，舍之则亡”，然而持之太甚便是必有事焉而正之也，亦须且恁去’。其说盖曰虽是‘必有事焉而勿正’，亦须且恁地把捉操持，不可便放下了。‘“敬而勿失”即所以中也’，‘敬而无失’本不是中，只是‘敬而无失’便是得中底〔气〕象。此如公不是仁，然公而无私则仁。又曰‘中是本来底，须是做工夫，此理方着。司马子微坐忘论，是所谓坐驰也’，他只是要得恁地虚静都无事，但只管要得忘，便不忘，是驰也。明道先生说：‘张天祺不思量事后，须强把他这心来制缚，亦须寄寓在一个形象，皆非自然。君实又只管念个“中”字，此又为“中”所制缚。且“中”字亦何形象?’他是不思量事，又思量个不思量底，寄寓一个形象在这里。如释氏教人便有些是这个道理，如曰‘如何是佛’云云，胡乱〔掉〕一语，教人只管去思量。又不是道理，又别无可思量，心只管在这上行思坐想，久后忽然有悟。‘中’字亦有何形象? 又去那处讨得个‘中’? 心本来是错乱了，又添这一个物事在里面，这头讨‘中’又不得，那头又讨不得，如何会讨得? 天祺虽是硬捉，又且把定得一个物事在这里。温公只管念个‘中’字，又更生出头绪多，他所以说终夜睡不得。”又曰：“天祺是硬截。温公是死守，旋旋去寻讨个‘中’。伊川即曰‘持其志’，所以教人且就里面理会。譬如人有个家，不自作主，却倩别人来作主。”贺孙。

○ "喜怒哀乐未发谓之中。"程子云："敬不可谓之中，敬而无失即所以中也。"未说到义理涵养处。大抵未发、已发只是一项工夫，未发固要存养，已发亦要审察。遇事时时复提起，不可自怠，生放过底心。无时不存养，无事不省察。人杰。

○ 问："'圣人不记事，所以常记得；今人忘事，以其记事'，何也?"曰："圣人之心虚明，便能如此。常人记事、忘事，只是着意之故。"淳。

○ 李德之问："明道因修桥寻长梁，后每见林木之佳者必起计度之心，因语学者'心不可有一事'。某切谓凡事须思而后通，安可谓'心不可有一事'?"曰："事如何不思? 但事过则不留于心可也。明道肚里有一条梁，不知今人有几条梁柱在肚里。佛家有'流注想'。水本流将去，有些渗漏处便留滞。"盖卿。

○ "心要在腔壳子里"，心要有主宰。继自今便截胸中胶扰，敬以穷理。德明。

○ 问："'心要在腔子里'，若虑事应物时心当如何?"曰："思虑应接亦不可废，但身在此则心合在此。"曰："然则方其应接时则心在事上，事去则此心亦合管着。"曰："固是要如此。"德明。

○ 或问"心要在腔子里"。曰："人一个心终日放在那里去，得几时在这里? 孟子所以只管教人'求放心'。今人终日放去，一个身恰似个无梢工底船流东流西，船上人皆不知。某尝谓人未读书，且先收敛得身心在这里，然后可以读书求得义理。而今只硬捉在这里读书，心飞扬那里去，如何得会长进!"贺孙。

○ 或问："'心要在腔子里'，如何得在腔子里？"曰："敬，便在腔子里。"又问："如何得会敬？"曰："只管恁地衮做甚么？才说到敬便是更无可说。"贺孙。

○ 问："'人心要活则周流无穷而不滞于一隅'，如何是活？"曰："心无私便可推行。活者，不死之谓。"可学。

○ 李丈问："程子曰''天地设位而易行乎其中'，只是敬'，如何？"曰："易是自然造化。圣人本意只说自然造化流行，程子是将来就人身上说。敬则这道理流行，不敬便间断了。前辈引经文多是借来说己意。如'必有事焉而勿正，心勿忘，勿助长'，孟子意是说做工夫处，程子却引来'鸢飞鱼跃'处说自然道理，若知得'鸢飞鱼跃'便了此一语。又如'必有事焉'，程子谓有事于敬，此处那有敬意？亦是借来假自己说。孟子所谓'有事'只是集义，'勿正'是勿〔望〕气之生，'义集'则气自然生。我只是集义，不要等待气之生，若等待便辛苦，便去助气使他长了。气未至于浩然便作起令张旺，谓己刚毅无所屈挠，便要发挥去做事，便是助长。"淳。

○ 问："遗书云''天地设位而易行乎其中'，只是敬，敬则无间断'。不知易何以言敬？"曰："伊川门说得阔，使人难晓。"曰："下面云'诚，敬而已矣'，恐是说天地间一个实理如此。"曰："就天地之间言之是实理；就人身上言之，惟敬然后见得心之实处流行不息。敬才间断便不诚，不诚便无物，是息也。"德明。

○ 问："''天地设位而易行乎其中'，只是敬也，敬则无间断'。天地人只是一个道理，天地设位而变易之理不穷，所以天地生生不息。人亦全得此理，只是气禀物欲所昏，故须持敬治之，则本然之理自无间断。"曰："也是如此。天地也似有个主宰，方始恁地变易，便是天地底敬。天理只是直上去，更无四边渗漏，更无走作。"<u>贺孙</u>。

○ 又问："<u>程子</u>曰'"敬以直内，义以方外"，仁也'，如何以此便谓之仁?"曰："亦是仁也。若能到私欲净尽、天理流行处，皆可谓之仁。如'博学笃志，切问近思'，能如是则仁亦在其中。"则仁"以下，<u>徐</u>作"便可为仁"。如'克己复礼'亦是仁，'出门如见大宾，使民如承大祭'亦是仁，'居处恭，执事敬，与人忠'亦是仁。看从那路入，但从一路入，做到极处，皆是仁。"<u>淳</u>。<u>寓</u>录同。

○ 问"'不有躬，无攸利。'不立己后，虽向好事，犹为化物。不得以天下万物挠己，己立后自能了当得天下万物"。曰："下面是<u>伊川</u>解<u>易</u>上句。后二句又是覆解此意，在乎以立己为先，应事为后。而今人平日讲究所以治国、平天下之道，而自家身己全未曾理会得。若能理会自家身己，虽与外事若茫然不相接，然明〔德〕在这里了，新民只见成推将去。"<u>贺孙</u>。

○ 问："'不立己后，虽向好事，犹为化物'，何也?"曰："己不立则在我无主宰矣，虽向好事，亦只是见那事物好，随那事物去，此便是为物所化。"<u>淳</u>。

○ <u>董卿</u>问："'主一'如何用工?"曰："不当恁地问。主一只是主一，不必更于主一上问道理。如人吃饭，吃了便饱，却问人如何是吃饭。先贤说得甚分明，也只得恁地说，在人自体认取。主一只是专一。"<u>道夫</u>。

○ <u>节</u>问"主一"。曰："做这一事且做一事，做了这一事却做

（这）〔那〕一事。今人做这一事时未了，又要做那一事，心下千头万绪。"㽦。

○　厚之问："或人专守主一。"曰："主一亦是。然程子论主一却不然，又须要有用，岂是守块然之主一？吕与叔问主一，程子云'只是专一'。今欲主一而于事乃处置不下，则与程子所言自不同。"可学。

○　"伊川云'主一之谓敬，无适之谓一'，又曰'人心常要活，则周流无穷而不滞于一隅'，或者疑主一则滞，滞则不能周流无穷矣。道夫切谓主一则此心便存，心存则物来顺应，何有乎滞？"曰："固是。然所谓主一者，何尝滞于一事？不主一，则方理会此事而心留于彼，这却是滞于一隅。"又问："以大纲言之，有一人焉，方应此事未毕而复有一事至，则（常）〔当〕何如？"曰："也须是做一件了又理会一件，亦无杂然而应之理，但甚不得已，则权其轻重可也。"道夫。

○　"主一之谓敬，无适之谓一"，敬主于一，做这件事，更不做别事。无适是不走作。泳。

○　"无适之谓一"，无适是个不走作。且如在这里坐只在这里坐，莫思量出门前去；在门前立，莫思量别处去。圣人说"不有博弈者乎？为之犹贤乎已"，博弈岂是好事？与其营营胶扰，不若但将此心杀在博弈上。道夫。

○　"'闲邪'、'主一'，如何？"曰："主一似'持其志'，闲邪似'无暴其气'。闲邪只是要邪气不得入，主一则守之于内。二者不可有偏，此内外交相养之道也。"谟。去伪录同。

○ 问"闲邪则固一矣，主一则更不消言闲邪"。曰："只是觉见邪在这里要去闲他，则这心便一了，所以说道'闲邪则固一矣'；既一则邪便自不能入，便更不消说又去闲邪。恰如知得外面有贼，今夜用须防他，则便惺了，不须更说防贼。"贺孙。

○ 用之问"近思录一条有言'未感时，知何所寓'，曰'操则存，舍则亡，出入无时，莫知其乡'，更怎生寻所寓？只是有操而已。"曰："这处难说，只争一毫子。只是看来看去，待自见得。若未感时又更操这所寓，便是有两个物事。所以道'只有操而已'，只操便是主宰在这里。如'克己复礼'，不是'克己复礼'三四个字排在这里。'克'、'复'二字只是拖带下面二字，要挑拨出天理人欲。'非礼勿视听言动'，不是'非礼'是一个物事，'礼'又是一个物事，'勿'又是一个物事。只是'勿'便是个主宰，若恁地持守勿令走作也由他，若不收敛一向放倒去也由他。释氏这处便说得惊天动地，圣人只浑沦说在这里，教人自去看。"贺孙。

○ 刘问："伊川先生言'有主则实'，又曰'有主则虚'，于此二者如何分别?"曰："这个只是有主于中，外邪不能入。自其有主于中言之则谓之'实'，自其外邪不入言之则谓之'虚'。"又曰："若无主于中，则目之欲也从这里入，耳之欲也从这里入，鼻之欲也从这里入。大凡有所欲皆入这里，便满了，如何得虚?"先生因举林择之作主一铭云"'有主则虚'，神守其都；'无主则实'，鬼阚其室"。又曰："'有主则实'，既言'有主'便已是实了，却似多了一'实'字，看来这个'实'字谓中有主则外物不能入矣。"又曰："程子既言'有主则实'，又言'有主则虚'，此不可泥看，须看大意各有不同始得。凡读书且看他上下意思如何，不可泥着一字。如扬子言'其于仁也柔，于义也刚'，到易中言，刚却是仁，柔却是义。又论语'学不厌，知也；教不倦，仁也'，到中庸又谓'成己，仁也；成物，知也'。各随本文意看，自不相碍。"
寓。陈淳录止"鬼阚其室"而少异，今附，云："刘履之问：'"有主则虚"，"有主则
实"，何以别？'曰：'只是有主于中，外邪不能入。自其有主于中者言之则谓之
"实"，自其外邪不能入者言之则谓之"虚"。'又曰：'若无主于中，则目之欲亦入这
里来，耳之欲亦入这里来，口鼻四肢之欲亦入这里来，凡百所欲皆入这里来。这里
面便满了。'以手指心：'如何虚得？'因举林择之主一铭曰'"有主则虚"，神守其
都；"无主则实"，鬼阚其室'。"

○ 问："程子谓'有主则虚'，又谓'有主则实'。"曰："有主于
中，外邪不能入，外邪不入便是虚；有主于中，理义甚实，便是
实。"淳。

○ "外患不能入是'有主则实'也，外邪不能入是'有主则虚'
也。自家心里只有这个为主，别无物事，外邪从何处入？岂不谓之虚
乎？然他说'有主则虚'者，'实'（事）〔字〕便已在'有主'上了。"
又曰："'有主则实'者，自家心里有主，外患所不能入，此非实而何？
'无主则实'者，自家心里既无以为之主，则外邪却入来实其中，此又
安得不谓之实乎！"道夫。

○ 方次云云："'有主则虚'，神守其都；'无主则实'，鬼瞰
其室。"

○ 问："伊川答苏季明云'求中于喜怒哀乐，却是已发'，某观延
平先生亦谓'验喜怒哀乐未发之前为如何'，此说又似与季明同。"曰：
"但欲见其如此耳。然亦有病，若不得其道则流于空，故程先生云'今
只道敬'。"又问："既发、未发不合分作两处，故不许。如中庸说，固
无害。"曰："然。"可学。

○ 问："旧看程先生所答苏季明喜怒哀乐未发、耳无闻目无见之说，亦不甚晓。昨见先生答吕子约书，以为目之有见、耳之有闻、心之有知未发与目之有视、耳之有听、心之有思已发不同，方晓然无疑。不知足之履、手之持，亦可分未发、已发否？"曰："便是书不如此读。圣人只教你去喜怒哀乐上讨未发、已发，却何尝教你去手持、足履上分未发、已发？都不干事。且如眼见一个物事，心里爱便是已发，便属喜；见个物事恶之，便属怒。若见个物事心里不喜不怒，有何干涉？"此四字又云"一似闲，如何谓之已发"。僩。

○ 淳问："苏季明问静坐时乃说未发之前，伊川以祭祀'前旒'、'黈纩'答之。据祭祀时恭敬之心向于神明，此是已略发，还只是未发？"曰："只是如此恭敬，未有喜怒哀乐，亦未有思，唤做已发不得。然前旒、黈纩非谓全不见闻，若全不见闻则荐奠有时而不知，拜伏有时而不能起矣。"淳。义〔刚同〕。

○ 正淳问静中有知觉。曰："此是坤中不能无阳，到动处却是复。只将十二卦排便见。"方子。

○ 问："未发之前当戒谨恐惧，提撕警觉，则亦是知觉矣。而伊川谓'既有知觉却是动'，何也？"曰："未发之前须常恁地醒，不是瞑然不省，若瞑然不省则道理何在？成甚么'大本'？"曰："常醒便是知觉否？"曰："固是知觉。"曰："知觉便是动否？"曰："固是动。"曰："何以谓之未发？"曰："未发之前不是瞑然不省，怎生说做静得？然知觉虽是动，不害其为未动。若喜怒哀乐则又别也。"曰："恐这处知觉虽是动，而喜怒哀乐却未发不？"先生首肯，曰："是。下面说'复见天地之心'说得好。复一阳生，岂不是动？"曰："一阳虽动，然未发生万物便是喜怒哀乐未发否？"曰："是。"淳。

○ 问："前日论'既有知觉，却是动也'，某彼时一向泥言句了。及退而思，大抵心本是个活物，无间于已发未发，常怎地活。伊川所谓'动'字只似'活'字，其曰'怎生言静'而以复说证之，只是明静中不是寂然不省故尔。不审是否？"曰："说得已是了，但'寂'字未是。'寂'含活意，感则便动，只可云'不是昏然不省也'。"淳。

○ 问："伊川言'喜怒哀乐未发之前，下"静"字亦可，然静中须有物始得'，此物云何？"曰："只太极也。"浴。

○ 问："苏季明问伊川：'喜怒哀乐未发之前，下"动"字，下"静"字？'伊川答之曰：'谓之静则可，静〔中〕须有物始得。'所谓'静中有物'者，莫是喜怒哀乐虽未形而含喜怒哀乐之理否？"曰："喜怒哀乐乃是感物而有，犹镜中之影。镜未照物，安得有影？"文蔚曰："然则'静中有物'乃镜中之光明？"曰："此却说得近似，但只是比类。所谓'静中有物'者，只是知觉便是。"文蔚曰："伊川却云'才说知觉便是动'。"曰："此恐伊川说得太过。若云知个甚底，觉个甚底，如知得寒、觉得暖，便是知觉一个物事。今未曾知觉甚事，但有知觉在，何妨其为静？不成静坐便只是瞌睡！"文蔚。

○ "'静中有物'如何？"曰："有闻见之理在即是'静中有物'。""敬莫是静否？"曰："敬则自然静，不可将静来唤做敬。"谟。去伪录同。

○ 用之问"苏季明问伊川喜怒哀乐未发之前求中"一条。曰："此条记得极好。只中间说'谓之无物则不可，然静中须有个觉处'，此二句似反说，'无物'字恐当作'有物'字。涵养于喜怒哀乐未发之前，只是'戒慎乎其所不睹，恐惧乎其所不闻'，全未有一个动绽，大纲且约住执持在这里，到谨独处便是发了。'莫见乎隐，莫显乎微'，虽未大段发出，便已有一毫一分见了，便就这处分别从善去恶。'虽耳无闻，目无见，然见闻之理在始得'，虽是耳无闻，目无见，然须是常有个主宰执持底在这里始得，不是一向放倒，又不是一向空寂了。"问："'非礼勿视听言动'是此意否？"曰："此亦是有意了，便是已发。只是'敬而无失'，所以为中。大纲且执持在这里。下面说复卦便是说静中有动，不是如瞌睡底静，中间常自有个主宰执持。后又说艮卦，又是说动中要静。复卦便是一个大翻转底艮卦，艮卦便是两个翻转底复卦。复是五阴下一阳，艮是二阴上一阳。阳是动底物事，阴是静底物事。凡阳在下便是震动意思；在中便是陷在二阴之中，如人陷在窟里相似；在上则没去处了，只得止，故曰'艮其止'。阴是柔媚底物事，在下则巽顺阴柔，不能自立，须附于阳；在中则是附丽之象；在上则说，盖柔媚之物在上则欢悦。"_{贺孙}。

○ "遗书中说苏季明尝患思虑不定，或思一事未了，他事如麻又生。伊川曰：'不可。此不诚之本也。须是习，习能专一时便好，不拘思虑与应事皆要专一。'而今学问只是要一个专一。若参禅修养，亦皆是专一方有功。修养家，无底物事他硬想成有；释氏，有底硬想成无。只是专一。然他底却难。自家道理本来却是有，只是要人去理会得，却甚易。"或问："专一可以至诚敬否？"曰："诚与敬不同。诚是实理，是人前背后都恁地。做一件事直是做到十分便是诚，若只做得两三分，说道今且谩恁地做，恁地也得，不恁地也得，便是不诚。敬是戒谨恐惧意。"又问："恭与敬如何？"曰："恭是主容貌而言，_{"貌曰恭"，"手容恭"}。敬是主事而言。_{"执事敬"，"事思敬"}。"又问："敬如何是主事而言？"曰："而今做一件事，须是专心在上面方得。不道是不好事，而今若读论语，心又在孟子上，如何理会得？若做这一件事，心又在那事，永做不得。"又曰："敬是畏底意思。"又曰："敬是就心上说，恭是对人而言。"又曰："若有事时则此心便即专在这一事上，无事则此心湛然。"又曰：

"恭是谨，敬是畏，庄是严。'严威俨恪，非所以事亲'，是庄于这处使不得。若以临下，则须是庄，'临之以庄则敬'，'不庄以莅之则民不敬'。"贺孙。

○ 安卿问："伊川言'目畏尖物，此理须（是）〔克〕去。室中率置尖物，必不刺人'。此是如何？"曰："疑病每如此。尖物元不曾刺人，他眼病只管见尖物来刺人耳。伊川又一处说此稍详。有人眼病，尝见狮子。伊川教他见狮子则捉来。其人一面去捉，捉来捉去捉不着，遂不见狮子了。"㝢。陈淳录同。以下第五卷。

○ 或问："程子有言'"舍己从人"，舜禹难事。己者，我之所有，虽痛舍之，犹惧守己者固，而从人者轻也'，此说发明得好。"曰："此程子为学者言之。若圣人分上则不如此也，'无适也，无莫也，义之与比'。曰'痛舍'则大段费力矣。"广。

○ 问："'饥食渴饮，冬裘夏葛'，何以谓之'天职'？"曰："这是天教我如此。饥便食，渴便饮，只得顺他。穷口腹之欲便不是，盖天只教我饥则食，渴则饮，何曾教我穷口腹之欲？"淳。

○ 伊川曰："人能克己，则仰不愧，俯不怍，心广体胖，其乐可知。有息则馁矣。"此说极有味。闳祖。

○ 程子曰："人能克己，则仰不愧，俯不怍，心广体胖，其乐可知。有息则馁矣。"如今见得直如此说得好。儒用。

○ 或问："伊川云正家之道在于'正伦理，笃恩义'，今欲正伦理则有伤恩义，若欲笃恩义又有乖于伦理。如何？"曰："须是于正伦理处笃恩义，〔笃恩义〕而不失于伦理方可。"栻。以下第六卷。

○ 问："取甥女归嫁一段与前孤孀不可再嫁相反，何也?"曰："大纲恁地，但人亦有不能尽者。"淳。

○ 问："程子曰'义安处便为利'，只是当然而然便安否?"曰："是。也只万物各得其分便是利，君得其为君，臣得其为臣，父得其为父，子得其为子，何利如之! 此'利'字即易所谓'利者义之和'〔，利便是义之和〕处。然那句解得不似，此语却亲切，正好去解那句。义初似不和而却和，截然不可犯似不和，分别后万物各得其所便是和。不和生于不义，义则和而无不利矣。"淳。第七卷。

○ 程子曰："为政须要有纲纪文章，谨权审量，读法平价，皆不可阙。"所谓文章者，便是文饰那谨权审量、读法平价之类耳。僴。以下第八卷。

○ 问："'必有关雎麟趾之意，然后可以行周官之法度'，何也?只是要得诚意素孚否?"曰："须是自闺门衽席之微积累到熏蒸洋溢，天下无一民一物不被其化，然后可以行周官之法度。不然则为王莽矣! 扬雄不〔曾〕说到此。后世论治皆欠这一意也。"淳。

○ "律是八分书"，言八分方是。方子。以下第九卷。

○ 问："'介甫言律'一条何意也?"曰："伯恭以凡事皆具，惟律不说，偶有此条，遂谩载之。"淳。

○ 厚之问："'感慨杀身者易，从容就义为难'，如何是从容就义?"曰:"从容谓徐徐,但义理不精则思之再三,或汩于利害,却悔了,此所以为难。"〔曰:"管仲如何?"〕曰:"管仲自是不死,不问子纠正不正。"可学。以下第十卷。

○ 厚之问:"伊川不答温公给事中事,如何?"曰:"自是不容预。如两人有公事在官,为守令者来问,自不当答。问者已是失。"曰:"此莫是避嫌否?"曰:"不然。本原已不是,与避嫌异。"可学。

○ 近思录"不安今之法令",谓在下位者。闳祖。

○ "游定夫编明道语录,言释氏'有"敬以直内",无"义以方外"'。吕与叔编则曰'有"敬以直内",无"义以方外",则与直内底也不是'。"又曰:"'敬以直内',所以'义以方外'也。"又曰:"游定夫晚年亦学禅。"节。第十三卷。

○ 问"颜子春生,孟子并秋杀尽见"。曰:"仲尼无不包。颜子方露出春生之意,如'无伐善,无施劳'是也,使此更不露便是孔子。孟子便如秋杀,都发出来,露其才。如所谓英气,是发用处都见也。"又曰:"明道下二句便是解上三句,独'时焉而已'难晓。"伯羽。以下第十四卷。

○ 问"孟子则露其才,盖以时焉而已"。黄直卿云:"或曰非常如此,盖时出之耳;或曰战国之习俗如此;或曰世衰道微,孟子不得已焉耳。三者孰是?"曰:"恐只是习俗之说较稳。大抵自尧、舜以来至于本朝,一代各自是一样,气象不同。"伯羽。

○ 问:"'孟子则露其才,盖亦时然而已',岂孟子亦有战国之习否?"曰:"亦是战国之习。如三代人物自是一般气象,左传所载春秋人物又是一般气象,战国人物又是一般气象。"淳。

○ 问:"'诸葛亮有儒者气象',如何?"曰:"孔明学不甚正,但资质好,有正大气象。"问:"取刘璋一事如何?"曰:"此却不是。"又问:"孔明何故不能一天下?"曰:"人谓曹氏父子为汉贼,以某观之,孙权真汉贼耳。先主、孔明正做得好时,被孙权来战两阵,到这里便难向前了。权又结托曹氏父子。权之为人,正如偷去刘氏一物,(如)〔知〕刘氏之兴,必来取此物,不若结托曹氏,以贼托贼。使曹氏胜,我不害守得一隅;曹氏亡,则吾亦初无利害。"晦夫。

○ "遗书第一卷言韩愈近世豪杰,扬子云岂得如愈?第六卷则曰'扬子之学实,韩子之学华,华则涉道浅'。二说取予似相抵牾。"先生曰:"只以言性论之,则扬子'善恶混'之说所见仅足以比告子尔。若退之见得到处却甚峻绝,'性分三品'正是说气质之性。至程门说破'气'字方有去着,此退之所以不易及,而第二说未得其实也。"谟。

○ 自古罕有人说得端的,惟退之原道庶几近之,却说见大体。程子谓"能作许大识见寻求",真个如此。他资才甚高,然那时更无人制服他,便做大了,谓"世无孔子,不当在弟子之列"。文中子不曾有说见道体处,只就外面硬生许多话,硬将古今事变来压(衲)〔捺〕说或笑,似太公家(法)〔教〕。淳。

○ 明道行状说孝弟礼乐处,上两句说心,下两句说用。古不必验,今因横渠欲置田验井田,故云尔。横渠说话多有如此处。可学。

○ 安卿问"周子不除窗前草"。曰:"难言,须是自家到那地位方看得，要须见得那草与自家意思一般处。"道夫。

　　○　问："周子窗前草不除去，云'与自家意思一般'。此是取其生生自得之意邪，抑于生物中欲观天理流行处邪？"曰："此不要解，到那田地自理会得，须看自家意思与那草底意思如何是一般。"淳。

　　○　伯丰曰："'子厚闻皇子生，喜甚；见饿殍，食便不美。'昔正淳尝云'与人同休戚'，陆子寿曰'此主张题目耳'。"先生问："曾致思否？"对曰："皆是均气同体，惟在我者至公无私，故能无间断而与之同休戚也。"先生曰："固是如此，然亦只说得一截。如此说（得）〔时〕真是主张题目，实不曾识得。今土木何尝有私？然与他物不相管。人则元有此心，故至公无私便都管摄之无间断也。"伯丰。

朱子语类卷第九十七

程子之书三 此卷系遗书中非入近思与四书等注者，以类而从，别为一卷。文集附

○ 伊川见朱光庭所编语录，云"某在，何必读此"。若伊川不在，则何可不读！盖卿。以下论语录。

○ 或问："尹和靖言看语录，伊川云'某在，何必看此'。此语如何？"曰："伊川在便不必看，伊川不在了，如何不看？只是门人所编各随所见浅深，却要自家分别他是非。前辈有言，不必观语录，只看易传等书自好。天下亦无恁地道理，如此则只当读六经，不当看论孟矣。天下事无高无下，无小无大，若切己下功夫，件件是自家底；若不下工夫，拣书来看亦无益。"先生又言："语录是杂载。只如闲说一件话，偶然引上经史上便把来编了，明日人又随上面去看。直是有学力方能分晓。"谦。

○ 问："遗书中有十余段说佛处，似皆云形上、直内与圣人同，却有一两处云'要之，其直内者亦自不是'，此语见得甚分明。不知其他所载莫是传录之差？"曰："固是。才经李端伯、吕与叔、刘质夫记便真，至游定夫便错。可惜端伯、与叔、质夫早丧，使此三人者在，于程门之道必有发明。"某谓："此事所系非轻，先生盍作一段文字为辨明之？"先生曰："须待为之。"因说芮国器尝云"天下无二道，圣人无两心，如何要排佛"。曰："只为无二道，故着不得他。佛法只是作一无头

话相欺诳，故且恁地过，若分明说出便穷。"<u>可学</u>。

○ 记录言语难，故程子谓"若不得某之心，则是记得他底意思"。今遗书，某所以各存所记人之姓名者，盖欲人辨识得耳。今观<u>上蔡</u>所记则十分中自有三分以上是<u>上蔡</u>意思了，故其所记多有激扬发越之意；<u>游氏</u>所说则有温纯不决之意；<u>李端伯</u>所记则平正；<u>质夫</u>所记虽简约，然甚明切。看得来<u>刘质夫</u>那人煞高，惜乎其不寿。<u>广</u>。

○ 坐客有问<u>侯先生</u>语录异同者。曰："<u>侯氏</u>之说多未通。<u>胡先生</u>尝荐之<u>罗先生</u>〔池录作"扬"。〕。后<u>延平先生</u>与相会，颇谓<u>胡先生</u>称之过当。因言其人轻躁不定，<u>罗先生</u>虽以凛然严毅之容与相待，度其颇难之。但云其游<u>程</u>门之久，甚能言<u>程</u>门之事。然于道理未有所见，故其说前后相反没理会。有与<u>龟山</u>一书。"<u>贺孙</u>。

○ <u>张思叔</u>语录多作文，故有失其本意处，不若只录语录为善。<u>方子</u>。

○ <u>杨志仁</u>问<u>明道</u>说话。曰："最难看。须是轻轻地挨傍他，描摸他意思方得。若将来解，解不得。须是看得道理大段熟，方可看。"<u>节</u>。

○ <u>明道</u>说话浑沦，煞高，学者难看。<u>淳</u>。

○ 说："<u>明道</u>言语尽宽平。<u>伊川</u>言语初难看，细读有滋味。"又云："某说大处自与<u>伊川</u>合，小处却时有意见不同。"说："<u>南轩</u>见处高，如架屋相似，大间架已就，只中间少装折。"<u>寓</u>。

○ 先生问<u>义刚</u>："近来全无所问，是在此做甚工夫？"<u>义刚</u>对曰：

"数日偶看遗书数版入心,遂乘兴看数日。"先生曰:"遗书录明道语,
多有只载古人全句不添一字底。如曰'思无邪',如曰'圣人以此齐戒,
以神明其德夫',皆是。亦有重出者,是当时举此句教人去思量。"先生
语至此,整容而诵"圣人以此齐戒,以神明其德夫",曰:"便是圣人也
要神明。这个本是一个灵圣底物事,自家齐戒便会灵圣,不齐戒便不灵
圣。古人所以七日戒,三日齐。"胡叔器曰:"齐戒只是敬。"先生曰:
"固是敬,但齐较谨于戒。湛然纯一之谓齐,肃然警惕之谓戒。到湛然
纯一时,那肃然警惕也无了。"义刚。按陈淳录同而略,今附,云:"遗书录明
道语,多有只载古人全句,不添一句。如曰'思无邪',曰'齐戒以神明其德'之
类。亦有重出者,是当时举此数句教人思量。今观'齐戒以神明其德',这个本是一
个灵圣底物。自家齐戒便会灵圣,不齐戒便不灵圣。古人所以七日戒,三日齐。湛
然纯一之谓齐,肃然警惕之谓戒。到齐时又不用那肃然警惕底意了。"

○ "改文字自是难。有时意或不好,便把来改,待得再看又反不
如前底。是以此见皆在此心如何,才昏便不得。或有所迁〔就〕,
或有所回避,或先有所主张,随其意之所重,义理便差了。"器之问程
子语可疑处。先生曰:"此〔语〕〔等〕怕录得差,或恐是一时有个意思
说出,或是未定之论。今最怕把人未定之论便唤做是,也是切害。如今
言语最是难得一一恰好。或有一时意思见得是如此,他日所见或未必
然。惟圣人说出句句字字都恰好,这只是这个心,只是圣人之心平一。"
贺孙。

○ 记录言语有不同处。如伊川江行事有二处载,一本云:"伊川
自涪陵舟行遇风,舟人皆惧,惟伊川不动。岸上有负薪者,遥谓之曰:
'达后如此,舍后如此?'伊川欲答之而舟去已远矣。"一本谓:"既至
岸,或问其故。伊川曰:'心存诚敬尔。'或曰:'心存诚敬,曷若无
心?'伊川欲与之言,已忽不见矣。"某尝谓前说不然。盖风涛汹涌之

际，负薪者何以见其不惧？而语又何以相闻邪？"孰若无心"之说，谓隐者言则趋而辟之可也，谓其忽然不见则若鬼物然，必不然矣。又况达之与舍只是一事，安得有分别邪？<u>人杰</u>。

○ 问："阴阳气也，何以谓形而下者？"曰："既曰气便是有个物事，此谓形而下者。"又问："'继之者善，成之者性'，何以分继善、成性为四截？"曰："继、成属气，善、性属理。性已兼理、气，善则专指理。"又曰："理受于太极，气受于二气、五行。"<u>植</u>。以下天地性理。

○ "论日之行，'到寅，寅上光；到卯，卯上光'，'电是阴阳相轧，如以石相磨而火生'，'<u>长安西风而雨</u>'，'因食韭，言天地间寒暖有先后'，'或传京师少雷，恐是地有高下'，'霹雳震死，是恶气相击搏'，凡此数条者果皆有此理否？"曰："此皆一时谈论所及，学者记录如此。要之，天地阴阳变化之机，日月星辰运行之度，各有成说而未可以立谈判也。（<u>康节先生</u>）〔<u>明道</u>〕诗有'思入风云变（化）〔态〕中'之语。前辈穷理，何事不极其至？今所疑数条，其间必自有说。且'洊雷震，君子以恐惧修省'，圣人垂训如此，则霹雳震死等事，理之所有，不可以为无也。"<u>谟</u>。

○ 先生曰："今<u>程氏</u>遗书一段说日月处，诸本皆云'不如三焦说周回而行'，竟不晓其义。又见一本云'不如旧说周回而行'，乃传写之误。"<u>雄</u>。

○ "十五卷'必有无种之人生于海岛'，十八卷'太（昊）〔古〕之时人有牛首蛇身'、'<u>金山</u>得〔龙卵〕，龙涌水入寺，取卵而去'、'<u>滁州</u>见村民化虎'，此数条皆记录者之诞。"先生曰："以太极之旨而论气化之事，则厥初生民何种之有？此言海岛无人之处必有无种之人，不足多怪也。龙亦是天地间所有之物，有此物则有此理，取卵而去，容或有之。村民化虎，其说可疑，或恐此人气恶如虎，他有所感召，未足深较也。"谟。

○ 问："遗书中有数段皆云人与物共有此理，只是气昏推不得，此莫只是大纲言其本同出，若论其得此理莫已不同？"曰："同。"曰："既同，则所以分人物之性者却是于通塞上别。如人虽气禀异而终可同，物则终不可同。然则谓之理同则可，谓之性同则不可。"曰："固然，但随其光明发见处可见，如蝼蚁君臣之类。但其禀形既别，则无复与人通之理。如狖猴形与人略似，则便有能解；野狐能人立，故能为怪；如猪则极昏。如草木之类，荔枝、牡丹乃发出许多精英，此最难晓。"可学。

○ 伊川说海沤一段，与横渠冰水说不争多。可学。

○ 问："程先生说性一条，云'学者须要识得仁体，若知见得，便须立诚敬以存之'，是如何？"曰："公看此段要紧是那句？"曰："是'诚敬'二字上。"先生曰："便是公不会看文字。他说要识仁，要知见得，方说到诚敬。末云'吾之心即天地之心，吾之理即万物之理，一日之运即一岁之运'，这几句说得甚好。人也会解得，只是未必实见得。向编近思录，欲收此段，伯恭以为怕人晓不得错认了。程先生又说'性即理也'，更说得亲切。"曰："佛氏所以得罪于圣人，止缘他只知有一身而不知有天地万物。"曰："如今人又慜煞不就自身己理会。"又问："'性即理'何如？"曰："物物皆有性，便皆有其理。"曰："枯槁之物亦有理乎？"曰："不论枯槁，他本来都有道理。"因指案上花瓶云："花瓶便有花瓶底道理，书灯便有书灯底道理。水之润下，火之炎上，金之从革，木之曲直，土之稼穑，一一都有性，都有理。人若用之又着顺他理始得，若把金来削做木用，把木来熔做金用，便无此理。"曰："'西铭之意，与物同体'，体莫是仁否?"曰："固是如此，然怎生见得意思是如此? '与物同体'固是仁，只便把'与物同体'做仁不得，恁地只说得个仁之躯壳，须实见得方说得亲切。如一碗灯，初不识之，只见人说如何是灯光，只恁地抟摸，只是不亲切，只是便把光做灯不得。"贺孙。

○ 明道言"学者须先识仁"一段说话极好，只是说得太广，学者难入。人杰。

○ 问："一段说性命，下却云'见于事业之谓理'。'理'字不甚切。"曰："意谓理有善有恶，但不甚安。"良久，又曰："上两句正是'天命之谓性'，下一句是'率性之谓道'。中庸是就天性上言，此是就事物上言，亦无害。"可学。

○ 问："吕与叔有养气之说，伊川有数处皆不予之。养气莫亦不妨，只便认此为道却不是。"曰："然。"又问："一处说及平日思虑，如何?""此处正是微涉于道，故正之。"可学。

○ "遗书论命处，注云'圣人非不知命，然于人事不得不尽'，如何?"曰："人固有命，只是不可不'顺受其正'，如'知命者不立乎岩墙之下'是也。若谓其有命却去岩墙之下立，万一到覆压处，却是专言命不得。人事尽处便是命。"谟。去伪录同。

○ 问："'观鸡雏，此可观仁'，何也?"曰："凡物皆可观，此偶见鸡雏而言耳。小小之物，生理（具悉）〔悉具〕。"伯丰。

○ 道夫问："遗书谓切脉可以体仁，莫是心诚求之之意否？"
曰："还是切脉底是仁，那脉是仁？"曰："切脉是仁。"曰："若如此，
则当切脉时又用着个意思去体仁。"复问董卿曰："仲思所说如何？"
曰："以伯羽观之，恐是观鸡雏之意。"曰："如何？""鸡雏是仁也。"
曰："切脉体仁又如何？"曰："脉是那血气周流，切脉则便可以见
仁。"曰："然，恐只是恁地。脉理贯通乎一身，仁之理亦是恁地。"
又问："鸡雏如何是仁？"道夫曰："先生尝谓初与嫩底便是。"曰：
"如此看较分明。盖当是时饮啄自如，未有所谓争斗侵陵之患者，只
此便是仁也。"道夫。

○ 致道问："'仁则一，不仁则二'，如何？"曰："仁则公，公则
通，天下只是一个道理。不仁则是私意，故变诈百出而不一也。"时举。

○ 问："和靖语录中有两段言仁。一云：'某谓仁者公而已。伊川
曰："何谓也？"曰："能好人，能恶人。"伊川曰："善涵养。'又云：
'"某以仁，惟公可尽之。"伊川曰："思而至此，学者所难及也。天心所
以至仁者惟公耳，人能至公便是仁。"'"先生曰："'人能至公便是
仁'，此句未安。然和靖言仁所见如此。"问："伊川何不以一二语告
之？"曰："未知其如何。"可学。

○ 伊川言"一心之谓诚，尽心之谓忠"，某看忠有些子是诚之用。
"如恶恶臭，好好色"，十分真实恁地便是诚。若有八九分恁地，有一分
不恁地，便是夹杂些虚伪在内，便是不诚。忠便是尽心，尽心亦是恁
地，便有些子是诚之用。贺孙。

○ 曰："'诚然后能敬。未知诚，须敬然后诚。敬小诚大。'如何
说？"曰："必有此实理方能敬。只是此一'敬'字，圣人与学者深浅自

异。"<u>可学</u>。

○ 问："程子曰'天下善恶皆天理'。"曰："恻隐是善，于不当恻隐处恻隐即是恶；刚断是善，于不当刚断处刚断即是恶。虽是恶，然原头若无这物事却如何做得？本皆天理，只是被人欲反了，"反"字平声。故用之不善而为恶耳。"<u>伯丰</u>。

○ <u>文蔚</u>问："<u>程氏</u>'善恶皆天理'如何？"曰："此只是指其过处言。如'恻隐之心，仁之端'，本是善，才过便至于姑息；'羞恶之心，义之端'，本是善，才过便至于残忍。故他下面亦自云'谓之恶者本非恶，但或过或不及便如此'。"<u>文蔚</u>。

○ 问："'天下善恶皆天理。'<u>杨</u>、<u>墨</u>之类只是过、不及，皆出于仁义，谓之天理则可。如世之大恶，谓之天理可乎？"先生曰："本是天理，只是番了便如此。如人之残忍便是番了恻隐。如放火杀人可谓至恶，若把那去炊饭，杀其人之所当杀，岂不是天理？只缘番了。道理有背有面，顺之则是，背之则非。缘有此理方有此恶。如沟渠至浊，当初若无清泠底水何缘有此？"<u>辛</u>。

○ 或问："程子云'善恶皆天理也'，是如何？若是过与不及，些小恶事，固可说天理；如世间大罪恶，如何亦是天理？"曰："初来本心都自好，少间多被利害遮蔽。如残贼之事自反了恻隐之心，是自反其天理。"<u>贺孙</u>问："既是反了天理，如何又说'皆天理'也？莫是残贼底恶初从羞恶上发，淫溺贪欲底恶初从恻隐上发，后来多过差了，原其初发都是天理？"曰："如此说亦好，但所谓反者亦是四端中自有相反处。如羞恶自与恻隐相反，是非自与辞逊相反。如公说也是好意思，因而看得旧一句不通处出。如'用人之智去其诈，用人之勇去其暴'，这两句意分晓，惟是'用人之仁去其贪'一句没分晓，今公说贪是爱上发来也是。思之，是淳善底人易得含胡苟且，姑息贪恋。"贺孙。

○ 问遗书首卷"体道"之说。曰："'体'犹体当、体究之'体'，言以自家身己去体那道。盖圣贤所说无非道者，只要自家以此身去体他，令此道为我之有也。如克己便是体道工夫。"僴。以下为学工夫。

○ 蔡问程子曰"要息思虑便是不息思虑"。曰："思虑息不得，只敬便都没了。"淳。

○ 上床断不可思虑事为，思虑了，没顿放处。如思虑处事，思虑了又便做未得。如思量作文，思量了又写未得，遂且作辗转思量起来，便尽思量，不过如此。某旧来缘此不能寐，宁可呼灯来随手写了，方睡得着。程子赠温公数珠，只是令他数数而已，如道家数息是也。螢。

○ "谢氏记明道语'既得后，须放开'，此处恐不然。当初必是说得后自然从容不迫，他记得意错了。谢氏后来便是放开，周恭叔只是放倒。"因举："伊川谓'持之太甚便是助长，亦须且恁去'。助长固是不好，然一下未能到从容处，亦须且恁去，犹愈于不能执捉者。"淳。

○ 论遗书中说"放开"二字。先生曰："且理会收敛。"问："昨日论横渠言'得尺守尺，得寸守寸'，先生却云'须放宽地步'，如何？"曰："只是且放宽看将去，不要守杀了他。横渠说自好，但如今日所论，却是太局促了。"〔德明。〕

○ 先生问某："遗书中'欲夹持这天理则在德'一段，看得如何？"某对曰："中庸所谓'苟不至德，至道不凝焉'。"先生默然久之。某复问曰："如何？"曰："此亦说得，然只是引证。毕竟如何是德？"某曰："只是此道，因讲习躬行后见得是我之所固有，故守而勿失耳。"曰："寻常看'据于德'，如何说？"某以横渠"得寸守寸，得尺守尺"对。曰："须先得了方可守。如此说时，依旧认'德'字未着。今且说只是这道理，然须长长提撕，令在己者决定是做得。如今如方独处默坐，未曾事君亲、接朋友，然在我者已浑全是一个孝弟忠信底人。以此做出事来，事亲则必孝，事君则必忠，与朋友交则必信，不待旋安排。盖存于中之谓德，见于事之谓行。易曰'君子以成德为行'，正谓以此德而见诸事耳。德成于我者，若有一个人在内必定孝弟忠信，断不肯为不孝、不弟、不忠、不义底事，与道家所谓'养成个婴儿在内'相似。凡人欲边事，这个人断定不肯教自家做，故曰'默而成之，不言而信，成乎德行'，谓虽不曾说出来时，成乎中者已断是如此了，然后用得戒谨恐惧存养工夫。所以（用必）〔必用〕如此存养者，犹恐其或有时间断故耳。程子曰所谓'须有不言而信者'，谓未言动时已浑全是个如此人，然却未有迹之可言，故曰'言难为形状'。又言'学者须学文，知道者进德而已，有德则"不习无不利"'，自初学者言之，既未知此道（德）〔理〕，则教他认何为德？故必先令其学文，既学文后知得此道理了，方可教其进德。圣人教人，既不令其躐等级做进德工夫，〔也〕不令其止于学文而已。德既在此，则以此行之耳，不待外面勉强旋做，故曰'有德则"不习无不利"'。凡此工夫全在收敛近里而已。中庸末章发明此（章）〔意〕至为深切，自'衣锦尚絅'以下皆是，只暗暗地做工夫去。然此理自掩蔽不得，故曰'暗然而日章'。小人不曾做时已报得满地人知，然实不曾做得，故曰'的然而日亡'。'淡而不厌，简而文，温而理'，皆是收敛近里。'知远之近，知风之自，知微之显'，一句紧一句。"先生再三诵此六言，方曰："此工夫似淡而无味，然做时却自有可

乐，故不厌；似乎简略，然大小精粗秩然有序，则又不止于简而已；谓
'温而理'，温厚似不可晓，而条目不可乱，是于有序中更有分别。如此
入细做工夫，故能'知远之近，知风之自，知微之显'。夫见于远者皆
本于吾心，可谓至近矣，然犹以己对物言之。'知风之自'，凡见于视听
举动者，其是非得失必有所从来，此则皆本于一身而言矣。至于'知微
之显'则又说得愈密，夫一心至微也，然其极分明显著。学者工夫能如
此收敛来方可言德，然亦未可便谓之德，但如此则可以入德矣。其下
方言'尚不愧于屋漏'，盖已能如此做入细工夫，知得分明了，方能
以谨独涵养。其曰'不动而敬，不言而信'，盖不动不言时已是个敬
信底人。又引诗'不显维德'、'予怀明德'、'德輶如毛'言，云一章
之中皆是发明个'德'字。然所谓德者实无形状，故以'无声臭'终
之。"伯丰。

○ 问："'从善如登'是进向上底意，抑难底意？"曰："从善积累
之难，从恶沦胥之易。从善却好，然却难。从恶便陷易了。"淳。

○ 问苏季明"治经、传道"一段。曰："明道只在居业上说。忠
信便是诚。"曰："'诚'字说来大，如何执捉以进德？"曰："由致知格
物以至诚意处则诚矣。"曰："此是圣人事，学者如何用功？"曰："此非
说圣人，乃是言圣人之学如此。若学者则又有说话。乾言圣人之学，故
曰'忠信所以进德，修辞立其诚所以居业'。坤言贤人之学，故曰'敬
以直内，义以方外'。忠信便是在内，修辞是在外。"问："何不说事，
却说辞？"曰："事尚可欺人，辞不可揜，故曰'言顾行，行顾言'。"
曰："既分圣贤之学，其归如何？"曰："归无异，但看乾所言便有自然
底意思，坤所言只是作得持守，终无自然底气象。正如孔子告颜渊以克
己，而告仲弓以敬恕。"曰："伊川云'敬则无己可克'，则又与颜渊无
异矣。"曰："不必如此看，且各就门户做。若到彼处自入得，尤好。只

是其分界自如此。"<u>可学</u>。

○ 问："<u>伊川</u>语<u>龟山</u>'勿好著书，著书则多言，多言则害道'，如何?"曰："怕分却心，自是于道有害。"<u>大雅</u>。

○ <u>居甫</u>问："<u>伊川</u>云'随时变易，乃能常久'，不知既变易，何以反能久?"曰："一出一入乃能常。如春夏秋冬乃天道之常久。使寒而不暑，暑而不寒，安能常久?"<u>可学</u>。

○ <u>杨尹叔</u>问："'严威俨恪，非所以事亲也'，注'恪'为'恭敬'，如何?"曰："恭敬较宽，便都包许多，解'恪'字亦未尽，恪是恭敬中朴实紧切处，今且恁地解。若就恭敬说，则恭敬又别。恭主容，敬主事，如'居处恭，执事敬'之类。"<u>安卿</u>问："恪非所以事亲，只是有严意否?"曰："太庄、太严厉了。"<u>寓</u>。

○ <u>吕舍人</u>记<u>伊川</u>先生说"人有三不幸"，以为有高才能文章亦谓之不幸。便是这事乖，少间尽被这些子能解担阁了一生，更无暇子细理会义理。只从外面见得些皮肤便说我已会得，笔下便写得去，自然无暇去讲究那精微。被人扛得来大，又被人以先生长者目我，更不肯去下问，少间传得满乡满保都是这般种子。<u>横渠</u>有一段说"人多为人以前辈见处，每事不肯下问，坏了一生，我宁终是不知"，此段最好看。<u>僴</u>。

○ "自家既有此身，必有主宰，理会得主宰，然后随自家力量穷理格物，而合做底事不可放过些子。"因引<u>程子</u>言"如行兵，当先做活计"。<u>芝</u>。

○ 问："遗书云'尧舜几千年，其心至今在'，何谓也?"曰："是这心之理，今则分明昭昭，具在面前。"淳。以下尧舜。

○ 铢问伊川言"'象忧亦忧，象喜亦喜'，与孔子'微服而过宋'相类"。曰："舜知象之将杀己，而象忧则亦忧，象喜则亦喜。孔子知桓魋必不能害，而又微服过宋。此两事若相拗，然皆是'道并行而不相悖'，故云相类。非谓舜与孔子事一一相类也。"铢。按甘节录同而略，今附于下，云："舜知象欲杀己而不防，夫子知桓魋不能杀己而微服，此两事甚相物，故伊川曰'相类'。"

○ 问："伊川曰'圣人与理为一，无过不及，中而已'，敢问颜子择乎中庸，未见其止，叹夫子瞻前忽后，则过不及虽不形于言行而亦尝动乎心矣。此亦是失否?"答云："此一段说得好。圣人只是一个忠底道理。"谟。人杰、去伪录同。

○ 周茂叔纳拜已受去，如何还? 可学。以下周子、谢、尹。

○ 盖卿问："谢显道初见明道先生，自负该博，史书尽卷不遗一字。明道曰：'贤却记得许多，可谓玩物丧志。'谢闻此言汗流浃背，面发赤。明道曰：'即此是"恻隐之心"。'夫为师（门）〔问〕所折难而愧形于颜色，与恻隐之心〔似〕不相属，明道乃云尔者，何也?"先生曰："此问却要商量，且何不曰'羞恶之心'而谓之'恻隐之心'? 诸公（诚）〔试〕各以己意言之。"黎季成对曰："此恐是识痛痒底道理。"先生未以为然。盖卿因复请曰："先生高见如何?"曰："待更思之，来日方说。"次日早，盖卿同饶廷老、晏亚夫别先生，就复以此请问焉。先生曰："只是谢显道闻明道之言动一动，为他闻言而动便是好处，却不可言学者必欲其动。且如恻隐、羞恶、辞逊、是非，不是四件物合下都有。'专言则一事，总言则包四者'，触其一则心皆随之，言'恻隐之心'，则羞恶、辞逊、是非在其中矣。"又曰："此心之初发处乃是恻隐，如有春方有夏，有恻隐方有羞恶也，如根蒂相连。"盖卿。

○ 伊川问和靖："近日看大学功夫如何？"和靖曰："只看得'心广体胖'处意思好。"伊川曰："如何见得好？"尹但长吟"心广体胖"一句而已。看他一似瞒人，然和靖不是瞒人底人。公等读书都不见这般意思。侃。

○ 问："遗书中说孔孟一段，看见不甚有异，南轩好提出。"曰："明道云'我自做天里'，此句只是带过，后来却说是以天自处，便错了。要之，此句亦是明道一时之意思如此。今必欲执以为定说，却向空去了。"可学。以下二程子，附年谱、行状。

○ 问："明道行状谓未及著书，而今有了翁所跋中庸，何如？"曰："了翁初得此书亦疑行状所未尝载，后乃谓非明道不能为此者。时了翁之侄几叟，龟山之婿也，翁移书曰：'近得一异书，吾侄不可不见。'几叟至，次日，翁冠带出此书。几叟心知其书非是，未敢言。翁问曰：'何疑？'曰：'以某闻之龟山，乃与叔初年本也。'翁始觉，遂不复出。近日陆子静力主以为真明道之书。某云：'却不要与某争。某所闻甚的，自有源流，非强谈也。'兼了翁所举知仁勇之类却是道得着，至子静所举没意味也。"道夫。

○ 又问："伊川于陈乞封父祖之问，云'待别时说'。过谓此自出朝廷合行之礼，当令有司检举行下，亦不必俟陈乞也。"答云："如此，名义却正。"过。

○ "伊川前后进讲未尝不齐戒，潜思存诚。如此则未进讲已前还有间断。"曰："不然。寻常未尝不诚，只是临见君时又加意尔，如孔子沐浴而告哀公是也。"谟。去伪录同。

○ 问"古不必验"一段。曰："此是说井田。伊川高明，必见得是无不可行。然不如横渠更验过，则行去无窒碍。"伯丰。

○ 程先生幼年屡说须要井田封建，到晚年又说难行，见于畅潜道录。想是他经历世故之多，见得事势不可行。淳。

○ 问："伊川临终时，或曰：'平生学底正要今日用。'伊川开目曰：'说要用便不是。'此是如何?"曰："说要用便是两心。"侗。

○ 又举程子之言，谓陈平"知宰相之体"，曰"上佐天子理阴阳，顺四时，下遂万物之宜，外镇抚四夷，内亲附百姓"。答曰："如何是'理阴阳'?"过未对。答云："下面三语便是'理阴阳'。"过。以下杂类。

○ 鲁叔问："温公薨背，程子以郊礼成，贺而不吊，〔如何?"曰："这也可疑。"或问："贺而不吊，〕而国家事体又重，则不吊似无可疑。"曰："便是不恁地，所以东坡谓'子于是日哭则不歌'，即不闻歌则不哭。盖由哀而乐则难，由乐而哀则甚易。且如早作乐而暮闻亲属缌麻之戚，不成道既歌则不哭！这个是一脚长，一脚短，不解得平。如所谓'三揖而进，一辞而退'，不成道辞亦当三！这所在以某观之，也是伊川有些过处。"道夫问："这事且看温公讳日与礼成日同则吊之可也，或已在先则更差一日，亦莫未有害否?"曰："似乎在先，但势不恁地，自是合如此。只如'进以礼，退以义'，'罪疑惟轻，功疑惟重'，天下事自是恁地秤停不得。"道夫。

○ 问:"王祥孝感事,伊川说如何?"曰:"程先生多有此处,是要说物我一同。然孝是王祥,鱼是水中物,不可不别。如说感应,亦只言己感,不须言物。"可学。

○ 淳问:"伊川'夺嫡'之说不合礼经,是当时有遗命,抑后人为之邪?"先生曰:"亦不见得如何,只侯师圣如此说。"问:"此是否?"曰:"亦不见得是如何。"淳。

○ "世间有鬼神冯依言语者,盖屡见之,未可全不信,本卷何以曰'师巫降言无此理'?又好谈鬼神者,假使实有闻见,亦未足信,或是心病,或是目病,外书却言'不信神怪不可,被猛撞出来后如何处置'。"先生曰:"神怪之说,若犹未能自明,鲜有不惑者。学者惟当以正自守而穷其理之有无,久久当自见得。读书讲明义理,到此等处虽有不同,姑阙其疑以俟他日,未晚也。"谟。

○ "程先生谓'庄生形容道体之语尽有好处。老氏"谷神不死"一章最佳',庄子云"嗜欲深者天机浅",此言最善',又曰'谨礼不透者深看〔庄子〕'。庄老之学未可以为异端而不讲之耶?"曰:"'君子不以人废言',言有可取安得而不取之?如所谓'嗜欲深者天机浅',此语甚的当,不可尽以为虚无之论而妄訾之也。"某曰:"平时虑为异教所汩,未尝读庄老等书,今欲读之,如何?"曰:"有所主则读之何害?要在识其意所以异于圣人者如何尔。"谟。以下异端。

○ 遗书说"老子言杂,阴符经却不杂,然皆窥测天道而未尽者也",程先生可谓言约而理尽,括尽二书曲折。〔友仁。〕

○ "持国曰'道家有三住：心住则气住，气住则神住。此所谓
"存二守一"'，伯淳曰：'此三住者，人终食之顷未有不离者，其要只
在收放心'，此则明道先生以持国之言为然，而道家'三住'之说为可
取也。至第二卷，何以有曰'若言神住气住，则浮屠入定之法。虽言养
气，亦是第二节事'，若是则持国当日之论容有未尽者，或所记未详，
如何？"先生曰："二程夫子之为教，各因其人而随事发明之，故言之抑
扬亦或不同。学者于此等处必求其所以为立言之意，傥自为窒塞，则触
处有碍矣。与持国所言自是于持国分上当如此说，然犹卒归于收放心。
至辟之以为浮屠入定之说者，是必严其辞以启迪后进，使先入之初不惑
乎异端之说云尔。"谟。

○ "外书录伊川语'今僧家读一卷经便要一卷经中道理受用。儒
者读书却只闲了，都无用处'。又，明道先生尝至禅房，方饭，见其趋
进揖逊之盛，叹曰'三代威仪尽在是矣'。二说如何？"先生曰："此皆
叹辞也。前说叹后之学者不能着实做工夫，所以都无用处；后说叹吾儒
礼仪反为异端所窃取。但其间记录未精，故语意不圆，所以为可疑
耳。"谟。

○ "李端伯所记第一条，力辟释氏说出山河大地等语，历举而言
之。至论圣人之道，则以为明如日星。及其终也，以为会得此'便是会
禅'。至与侯世兴讲孟子'浩然之气'，则举禅语为况云'事则不无，拟
心则差'。十五卷论中庸言'无声无臭'胜如释氏言'非黄非白'，似又
以中庸之言下与释氏较胜负。至如所谓洒扫应对与佛家默然处合，与陈
莹中论'天在山中，大畜'是'芥子纳须弥'，所引释氏语不一而足。
如其辟异端之严，而记者多录此，何耶？"先生曰："韩持国本好佛学，
明道与语而有'便是会禅'之说者，盖就其素所讲明者因以入之。今人
多说辟异端，往往于其教中茫然不知其说，冯虚妄言，宜不足以服之。

如**明道**诸先生实深究其说，尽得其所以为<u>虚诞怪僻</u>之要领。故因言所及，各有其旨，未可以为苟徇其说也。"_谟。

○　问："<u>遗书</u>首篇**明道**与<u>韩持国</u>论禅一段，看来<u>韩持国</u>只是晓得那低底禅。尝见<u>范蜀公</u>与<u>温公</u>书，说<u>韩持国</u>为禅作祟，要想得山河大地无寸土，不知还能无寸土否？可将大乐与唤醒归这边来。今观**明道**答他'至如山河大地之说，是他山河大地，又干你何事'，想是<u>持国</u>曾发此问来，故**明道**如此说。不知当初<u>韩持国</u>合下被甚人教得个矮底禅如此。然<u>范蜀公</u>欲以大乐唤醒，不知怎生唤得他醒？他方欲尽扫世间之物归于至静，而彼欲以闹底物引之，亦拙矣。况<u>范蜀公</u>之乐也可可地。"<u>用之</u>问："此等说如何是矮底禅？岂解更有一般高底禅？"曰："不然。他说世间万法皆是虚妄，然又都是真实。你攻得他前面一项破，他又有后面一项，攻他不破。如**明道**云'若说幻为不好底性，则请别寻一个好底性来换了此不好底性'，此语也攻他不破。他元不曾说这个不是性，他也说'直指人心，见性成佛'，何尝说这个不是性？你说'性外无道，道外无性'，他又何尝说'性外有道，道外有性'来？他之说有十分与吾儒相似处，只终不是。若见得吾儒之说，则他之说不攻自破，所以<u>孟子</u>说'遁辞知其所穷'。〔它到说穷〕处便又有一样说话，如云世间万法都是虚妄，然又都是真实。此又是如何？今不须穷他，穷得他一边，他又有一边，都莫问他，只看得自家'天命之谓性，率性之谓道'分晓了，却略将他说看过，便见他底不是。所以**明道**引<u>孔子</u>'"予欲无言"，<u>子贡</u>曰："子如不言，则小子何述焉？"子曰："天何言哉？四时行焉，百物生焉，天何言哉。"'只看这数句，几多分晓！也不待解说，只玩味久之便见。'天高地下，万物散殊，而礼制行矣；流而不息，合同而化，而乐兴焉'，'天有四时，春秋冬夏，风雨霜露，无非教也；地载神气，神气风霆，风霆流形，庶物露生，无非教也'，多少分晓！只是人自昏了，所以道理也要个聪明底人看，一看便见，也是快活人。而今如此费人口颊，犹自不晓。"又曰："释迦佛初间入山修行，他也只是厌恶世谛，为一身之计。观他修行大故用功，未有后来许多禅底说话。后来相传，一向说开了。"僩。

○　问："昨日先生说佛氏'但愿空诸所有'，此固不是。然明道先生尝说胸中不可有一事，如在试院推算康节数，明日问之便已忘了。此意恐亦是'空诸所有'底意。"曰："此出上蔡语录中，只是录得他自意，无这般条贯。颜子'得一善则拳拳服膺而不失'，孟子'必有事焉而勿忘'，何尝要人如此？若是个道理须着存取。只如易系说'过此以往，未之或知'，亦只是'虽欲从之，末由也已'之意。在他门说，便如鬼神变怪，有许多不可知底事。"德明。以下论记录之差。

○　伊川曰"实理者，实见得是，实见得非"，实理与实见不同，今合说必记录有误。盖有那实理，人须是实见得。见得恁地确定，便有实见得，又都闲了。淳。

○　问："不审'以体会为非心'是如何？"曰："此句晓未得。他本是辟横渠'心小性大'之说。心性则一，岂有小大？横渠却自说'心统性〔情〕'，不知怎生却恁地说？"

○　问："游定夫所记，如云'一息不存，非中也'，又曰'君子之道，无（道）〔适〕不中，故其心与中庸合'，此处必是记录时失正意。"曰："不知所记如何，其语极难晓。"可学。

○　"物各付物，不役其知，便是致知，然最难。"此语未敢信，恐记者之误。人杰。

○ 问：“遗书有一段云‘“致知在格物”，物来则知起。物各付物，不役其知，则意自诚’，比其他说不同，却不曾下格物工夫。”曰：“不知此一段如何。”又问：“‘物来则知起’似无害，但以下不是。”曰：“亦须格方得。”可学。

○ 问“用方知，不用则不知”。曰：“这说也是理会不得，怕只是如道家通得未来底事。某向见一术者，与对坐，即云：‘当有某姓人送简至。’坐久之，果然。扣之，则云：‘某心先动了，故知。’所谓用与不用怕如此。恐伊川那时自因问答去，今不可晓。要附在‘至诚之道可以前知’解中，只搅得鹘突，没理会。”贺孙。

○ 问：“遗书中云‘圣人于易言“无思无为”，此戒夫作为’。此句须有错。”曰：“疑当作‘此非戒夫作为’。”可学。

○ 节问“思入风云变态中”。曰：“言穷理精深，虽风云变态之理，思亦到。”节。以下文集。

○ 明道诗云“旁人不识予心乐，将（为）〔谓〕偷闲学少年”。此是后生时气象眩露，无含蓄。正叔。

○ 问：“吕与叔问中处，‘中者道之所从出’，某看吕氏意如曰‘性者，道之所从出云尔’，‘中即性也’亦是此意。只是名义未善，大意却不在此。如程先生云‘中即道也’，若不论其意，亦未安。”曰：“‘中即道也’未安。谓道所从出，却是就人为是说，已陷了。”云：“‘中即道也’却亦不妨。”又问：“〔‘若谓性与道，大本与达道，可混为一，即未安’以下云云，至‘安得不为二乎’，〕程先生语似相矛盾。”曰：“大本达道，性道虽同出，要须于‘中’识所以异。”又问：“‘中之

为义，自过不及而立名'，此段说'中'与平日异。只为吕氏形容'中'
太过，故就其既发告之。"曰："然。"又问"若只"以下至"近之"。
曰："此语不可晓。当时解，意亦自窘束。"又问："'不倚之谓中，不杂
之谓和'，如何？"曰："有物方倚得，中未有物，如何倚？"曰："若是，
当倒说，中则不倚。"曰："亦未是。不如不偏好。"又问："中发出则自
不杂，是要见工夫处，故以为未安。"曰："不杂训和不得，可以训不
纯。游定夫云'不乖之谓和'却好。"又问："'赤子之心'处，此是一
篇大节目。程先生云'毫厘有异，得为大本乎'，看吕氏此处不特毫厘
差，乃大段差。然毫厘差亦不得。圣人之心如明镜止水，赤子之心如何
比得？"曰："未论圣人，与叔之失却是认赤子之已发者皆为未发。"曰：
"固是如此。然若论未发时，众人心亦不可与圣人同。"曰："如何不同？
若如此说，却是天理别在一处去了。"曰："如此说即中庸所谓未发之
中，如何？"曰："此却是要存其心，又是一段事。今人未发时（必）
〔心〕多扰扰，然亦有不扰扰时。当于此看。大抵此事答辞亦有反为所
窘处。当初不若只与论圣人之心如此，赤子之心如彼，则自分明。"又
问："引孟子'心为甚'如何？"曰："孟子乃是论心自度，非是心度
物。"又问："引'允执厥中'如何？"曰："他把做已发言，故如此说。"
曰："'圣人智周'以下终未深达。又云'言未有异'，又终未觉。又云
'固未尝以已发不同处指为大本'，虽如此说，然所指又别。"曰："然。"
曰："南轩云'心体昭昭'处分作两段。"曰："不是如此。此说极好。
敬夫初唱道时好如此说话。"又问："此一篇前项只是名义失，最失处在
赤子之心。"曰："然。"可学。以下论中书。

○ 郑氏问吕氏与伊川论中。先生曰："（只）〔吕〕说大概亦是，
只不合将'赤子之心'句插在那里，便做病。赤子饥便啼，寒便哭，把
做未发不得。如大人心千重百折，赤子之心无恁劳攘，只不过饥便啼、
寒便哭而已，未有所谓喜，所谓怒，所谓哀，所谓乐，其与圣人不同者

只些子。"问："南轩辨'心体昭昭'为已发如何?"曰："不消如此。伊川只是攻他赤子未发，南轩又要去讨他病。"淳。

○ 施问"赤子之心"。曰："程子道是已发而未远，如赤子饥则啼、渴则饮，便是已发。"㝢。陈淳录同。

○ 今人呼墓地前为"明堂"。尝见伊川集中书为"券台"，不晓所以。南轩欲改之。某云不可，且留着。后见唐人文字中言某朝诏改为"券台"。㑽。

朱子语类卷第九十八

张子之书一凡入近思者，依卷数次第别为此卷

○ 道夫问"气坱然太虚，升降飞扬，未尝止息"。曰："此张子所谓'虚空即气'也。盖天在四畔，地居其中，减得一尺地，遂有一尺气，但人不见耳。此是未成形者。"问："虚实以阴阳言否？"曰："以有无言。及至'浮而上，降而下'则已成形者，若所谓'山川之融结，糟粕煨烬'，即是气之查滓。要之，皆是示人以理。"道夫。以下第一卷。

○ 升降飞扬，所以生人物者未尝止息，但人不见耳。如望气者，凡气之灾祥皆能见之，如龙成五色之类。又如昔人有以五色线令人暗中学辨，三年而后辨得。〔因论精专读书及此。〕德明。

○ 问："'游气纷扰合而成质者，生人物之万殊；其阴阳两端循环不已者，立天地之大义。'旧闻履之记先生语云'游气纷扰当横看，阴阳两端当直看，方见得'，是否？"曰："也似如此。只是昼夜运而无息者便是阴阳之两端，其四边散出纷扰者便是游气，以生人物之万殊。某常言正如面磨相似，其四边只管层层撒出。正如天地之气运转无已，只管层层生出人物。其中有粗有细，故人物有偏有正，有精有粗。"又问："横渠云'气坱然太虚，升降飞扬，未尝止息'，此是言一气混沌之初，天地未判之时，为复亘古今如此？"曰："只是统说。只今便如此。"问："升降者是阴阳之两端，飞扬者是游气之纷扰否？"曰："此只是说阴阳之两端。下文'此虚实动静之机，阴阳刚柔之始'，此正是说阴阳之两

端。到得'其感遇聚结，为雨露，为霜雪，万品之流形，山川之融结'以下，却正是说游气之纷扰者也。"问："'虚实动静之机，阴阳刚柔之始'两句，欲云'虚实动静乘此气以为机，阴阳刚柔资此气以为始'，可否？"曰："此两句只一般。实与动便是阳，虚与静便是阴，但虚实动静是言其用，阴阳刚柔是言其体而已。"问："'始'字之义如何？"曰："只是说如个生物底母子相似，万物都从这里生出去。上文说'升降飞扬'，便含这虚实动静两句在里面了，所以虚实动静阴阳刚柔者，便是这升降飞扬者为之，非两般也。至'浮而上者阳之清，降而下者阴之浊'，此两句便是例。"疑是说生物底"则例"字。问："'无非教也'都是道理在上面发见？"曰："然。"因引礼记中"天道至教，圣人至德"一段与孔子"予欲无言"一段："天地与圣人都一般，精底都从那粗底上发见，道理都从气上流行。虽至粗底物，无非是道理发见，天地与圣人皆然。"僩。

○ 问"游气"、"阴阳"。曰："游气是出而成质。"曰："只是阴阳气？"曰："然。使当初不道'合而成质'，却似有两般。"可学。

○ 问"阴阳"、"游气"之辨。先生曰："游气是生物底。阴阳譬如扇子，扇出风便是游气。"〔义刚。〕

○ "循环不已"者，"乾道变化"也；"合而成质"者，"各正性命"也。譬之树木，其根本犹大义，散而生花结实，一向发生去，是人物之万殊。贺孙。

○ 阴阳循环如磨，游气纷扰如磨中出者。易曰"阴阳相摩，八卦相荡，鼓之以雷霆，润之以风雨，日月运行，一寒一暑"，此阴阳之循环也；"乾道成男，坤道成女"，此游气之纷扰也。闳祖。

○ 道夫问"游气"、"阴阳"。曰:"游是散殊,此如一个水车一上一下,两边只管衮转,这便是'循环不已,立天地之大义'底;一上一下只管衮转,中间带得水灌溉得所在,便是'生人物之万殊'。天地之间二气只管运转,不知不觉生出一个人,不知不觉又生出一个物。即他这个斡转,便是生物时节。"道夫。

○ "游气"、"阴阳"。阴阳即气也,岂阴阳之外又复有游气耶?所谓游气者,指其所以赋与万物。一物各得一个性命,便有一个形质,皆此气合而成之也。虽是如此,而所谓"阴阳两端"成片段衮将出来者,固自若也。亦犹论太极,物物皆有之,而太极之体未尝不存也。谟。

○ 横渠谓"天体物而不遗,犹仁体事而无不在",此数句是从赤心片片说出来,荀、杨岂能到? 士毅。

○ 道夫问"仁体事而无不在"。曰:"只是未理会得'仁'字。若理会得这一字了,则到处都理会得。今未理会得时,只是于他处上下文有些相贯底便理会得,到别处上下文隔远处便难理会。今且须记取做个话头,叶本自"今且"以下至"话头",作"又曰:千万记取,此是个话头。"久后自然晓得。或于字上见得,或看读别文义自知得。"道夫。按叶贺孙录同而少异。

○ 赵共父问"天体物而不遗,犹仁体事而无不在"。先生曰:"体物犹言为物之体也,盖物物有个天理;体事谓事事是仁做出来。如'礼仪三百,威仪三千',须是仁做始得。凡言体便是做它那骨子。"时举。

○ 赵恭父问:"'天体物而不遗,犹仁体事而无不在也',以见物物各有天理,事事皆有仁?"曰:"然。天体在物上,仁体在事上,犹言天体于物，仁体于事。本是言物以天为体，事以仁为体。缘须着从上说，故如此下语。"致道问："与'体物而不可遗'一般否？"曰："然。"曰："先生易解将'干事'〔说。"曰："干事〕犹言为事之干，体物犹言为物之体。"恭甫问："下文云'"礼仪三百，威仪三千"，无一物而非仁也'。"曰："'礼仪三百，威仪三千'，然须得仁以为骨子。"贺孙。

○ "'昊天曰明，及尔出王；昊天曰旦，及尔游衍。'这个岂是人自如此？皆有来处。既有来处，则才有少肆意他便见。"又曰："这里若有些违他理，便恰似天知得一般。所以说'日监在兹'，又说'敬天之怒，毋敢戏豫。敬天之渝，无敢驰驱'。"仲思问："'渝'是如何？"曰："'渝'，变也，如'迅雷风烈必变'之'变'。'渝'未至于怒，亦大概相似。"贺孙。按杨道夫录同而少异，今附，云：或录云："昊天曰明，及尔出王；昊天曰旦，及尔游衍'，旦与明只一意。这个岂是人自如此？皆有来处。才有些放肆则他便知，所以曰'日监在兹'，又曰'敬天之怒，无敢戏豫。敬天之渝，无敢驰驱'。"道夫问："'渝'字如何？"曰："变也。如'迅雷风烈必变'之'变'，但未至怒耳。"

○ 道夫言："昨来所论'昊天曰明，及尔出王；昊天曰旦，及尔游衍'，此意莫只是言人之所以为人者，皆天之所为，故虽起居动作之顷，而所谓天者未尝不在也？"曰："公说'天体物不遗'，既说得是，则所谓'仁体事而无不在'者亦不过如此。今所以理会不透，只是以天与仁为有二也。今须将圣贤言仁处就自家身上思量，久之自见。记曰：'两君相见，揖让而入门，入门而县兴；揖逊而升堂，升堂而乐阕。下管象武，夏籥序兴，陈其荐俎，序其礼乐，备其百官，如此而后君子知仁焉。'又曰：'宾入大门而奏肆夏，示易以敬也。卒爵而乐阕，孔子屡叹之。'"道夫曰："如此则是合正理而不紊其序，便是仁。"曰："恁地猜终是血脉不贯，且反复熟看。"道夫。

○ 闾丘次孟云："诸先生说话皆不及小程先生，虽大程亦不及。"先生曰："不然。明道说话尽高，邵、张说得端的处尽好。且如伊川说'仁者天下之公，善之本也'，大段宽而不切。如横渠说'心统性情'，这般所在说得的当。又如伊川谓'鬼神者造化之迹'，却不如横渠所谓'二气之良能也'。"直卿曰："如何？"曰："程子之说固好，但只浑沦在这里。张子之说分明便见个阴阳在。"曰："如所谓'功用则谓之鬼神'也与张子意同。"曰："只为他浑沦在那里。"闾丘曰："明则有礼乐，幽则有鬼神。"曰："只这数句便要理会。明便如何说礼乐？幽便如何说鬼神？须知乐便属神，礼便属鬼。他此语落着，主在鬼神。"因指甘蔗曰："其香气便唤做神，其浆汁便唤做鬼。"直卿曰："向读中庸所谓'诚之不可揜'处，切疑谓鬼神为阴阳屈伸则是形而下者，若中庸之言，则是形而上者矣。"曰："今也且只就形而下者说来，但只是他皆是实理处发见，故未有此气便有此理，既有此理必有此气。"道夫。

○ 闾丘主簿进黄帝阴符经传。先生说："握奇经等文字恐非黄帝作，〔池本作"'因闾丘问握奇经，引程子说，先生曰'云云。"〕唐李筌为之。圣贤言语自平正，却无跷欹如许。〔池本此下云："又，诗序是卫宏作，好事者附会，以为出圣人。其诗章多是牵合，须细考可也。"〕因举："遗书云'前辈说处或有未到，不可一概定'，横渠寻常有太深言语，如言'鬼神二气之良能'，说得好。伊川言'鬼神造化之迹'，却未甚明白。"问"良能"之义。曰："只是二气之自然者耳。"因举："'明则有礼乐，幽则有鬼神'，鬼自是属礼，从阴；神自是属乐，从阳。〔池本："因举'乐者敦和，率神而从天；礼者别宜，归鬼而从地'云云。"〕易言'精气为物，游魂为变'，此却是知鬼神之情状。'魂气升于天，体魄归于地'，是神气上升，鬼魄在下。不特人也，凡物之枯败也，其香气腾于上，其物腐于下，此可类推。"寓。

○ 道夫问："'物之初生，气日至而滋息'，只是生息之'息'，非止息之'息'否？"曰："然。尝看孟子言'日夜之所息'，程子谓'息'字有二义。某后来看只是生息。"道夫。

○ 用之问"性为万物之一源"。曰："所谓性者，人物之所同得。非惟己有是，而人亦有是；非惟人有是，而物亦有是。"道夫。

○ 横渠云："一故神。譬之人身，四体皆一物，故触之而无不觉，不待心使至此而后觉也。此所谓'感而遂通'，'不行而至，不疾而速'也。"发于心，达于气，天地与吾身共只是一团物事。所谓鬼神者只是自家气，自家心下思虑才动，这气即敷于外，自然有所感通。贺孙。

○ 或问"一故神"。曰："是一个道理却有两端〔用〕处不同。譬如阴阳：阴中有阳，阳中有阴；阳极生阴，阴极生阳。所以神化无穷。"人杰。按周谟、金去伪录并同。

○ 〔林〕问："'一故神，两故化'，此理如何？"曰："两所以推行乎一也。张子言'一故神，两在故不测；两（化故）〔故化〕，推行于一'，此两在故一存也。'两不立则一不可见，一不可见则两之用或几乎息矣'，亦此意也。如事有先后，才有先则便有思量到末后一段，此便是两。如寒则暑便在其中，〔昼则夜便在其中，〕便有一寓焉。"寓。

○ 问"一故神"。曰："横渠说得极好，须当子细看，但近思录所载与本书不同。当时缘伯恭不肯全载，故后来不曾与他添得。'一故神'，横渠却亲注云'两在故不测'，只是这一物，却周行乎事物之间。如所谓阴阳、屈伸、往来、上下，以至于行乎什伯千万之中，无非这一个物事，所以谓'两在故不测'。'两故化'，注云'推行乎一'。凡天下之事，一不能化，而惟两而后能化，且如一阴一阳始能化生万物。虽是两个，要之亦是推行乎此一尔。此说得极精，须当与他子细看。"道夫。

○ 伊川"性即理也"、横渠"心统性情"二句，撷扑不破。砥。

○ "惟心无对"，"心统性情"。二程却无一句似此切。公谨。

○ "心统性情"，统犹兼也。升卿。

○ 性对情言，心对性情言。合如此是性，动处是情，主宰是心。横渠云"心统性情者也"，此语极佳。大抵心与性情似一而二，似二而一，此处最当体认。可学。

○ "心统性情者也"，寂然不动而仁义礼智之理具焉，动处便是情。有言静处便是性，动处是心，如此则是将一物分作两处了。心与性不可以动静言。凡物有心而其中必虚，如饮食中鸡心、猪心之属，切开可见。人心亦然。只这些虚处便包藏许多道理，弥纶天地，该括古今。推广得来，盖天盖地莫不由此，此所以为人心之妙欤！理在人心，是之谓性。性如心之田地，充此中虚莫非是理而已。心是神明之舍，为一身之主宰。性便是许多道理，得之于天而具于心者。发于智识念虑处皆是情。故曰"心统性情"也。谟。

○ "性、情、心，惟孟子、横渠说得好。仁是性，恻隐是情，须从心上发出来。横渠曰'心统性情者也'，性只是合如此底。"又曰："性只是理，非是有这个物事。若性是有底物事，则既有善亦必有恶。惟其无此物，只是理，故无不善。"盖卿。

○ "心统性情"，性情皆因心而后见。心是体，发于外谓之用。孟子曰"仁，人心也"，又曰"恻隐之心"，性情上都下个"心"字。"仁，人心也"是说体，"恻隐之心"是说用，必有体而后有用，可见"心统性情"之义。侗。

○ 问"心统性情"。先生云："性者，理也。性是体，情是用。性情皆出于心，故心能统之。'统'如统兵之'统'，言有以主之也。且如仁义礼智是性也，孟子曰'仁义礼智根于心'。恻隐、羞恶、辞逊、是非，本是情也，孟子曰'恻隐之心，羞恶之心，辞逊之心，是非之心'。以此言之，则见得心可以统性情。一心之中自有动静，静者性也，动者情也。"卓。

○ 问："'心统性情'，'统'如何？"曰："'统'是主宰，如统百万军。心是浑然底物，性是有此理，情是动处。"又曰："人受天地之中，只有个心性安然不动，情则因物而感。性是理，情是用，性静而情动。且如仁义礼智信是性，然又有说'仁心'、'义心'，这是性亦与心通说；恻隐、羞恶、辞逊、是非是情，然又说道'恻隐之心，羞恶之心，是非之心'，这是情亦与心通说。这是情性皆主于心，故恁地通说。"问："意者心之所发，与情性如何？"曰："意也与情相近。"问："志如何？"曰："志也与性相近。只是心寂然不动，方发出便唤做意。横渠云'志公而意私'，看这自说得好。志便清，意便浊；志便刚，意便柔；志便有立作意思，意便有潜窃意思。公自子细看，自见得。意多是说私意，志便说'匹夫不可夺志'。"贺孙。

○ 横渠云"心统性情"，盖好善而恶恶，情也；而其所以好善而恶恶，性之节也。且如见恶而怒，见善而喜，这便是情之所发。至于喜其所当喜而喜不过，谓如人有三分合喜底事，我却喜至七分，便不是。怒其所当怒而怒不迁，谓如人有一分合怒底事，我却怒至三四分，便不是。以至哀乐爱恶欲皆能中节而无过，这便是性。<u>道夫</u>。

○　先生取<u>近思录</u>，指横渠"心统性情"之语以示学者。<u>力行</u>问曰："心之未发则属乎性，既发则情也。"先生曰："是此意。"因再指<u>伊川</u>之言曰："心一也，有指体而言者，有指用而言者。"<u>力行</u>。

○　或问："通蔽开塞，<u>张横渠</u>、<u>吕芸阁</u>说，孰为亲切？"先生曰："<u>与叔</u>倒分明似横渠之说。看来塞中也有通处，如猿狙之性即灵，猪则全然蠢了，便是通蔽不同处。'本乎天者亲上，本乎地者亲下'，如人头向上，所以最灵；草木头向下，所以最无知；禽兽之头横了，所以无知；猿狙稍灵，为他头有时也似人，故稍向得上。"<u>履孙</u>。

○　<u>横渠先生</u>曰："凡物莫不有是性，由通蔽开塞所以有人物之别，由蔽有厚薄故有智愚之别。塞者牢不可开，厚者可以开而开之也难，薄者开之也易，开则达于天道与圣人一。"先生曰："此段不如<u>吕与叔</u>分别得分晓。吕曰'蔽有浅深故为昏明，蔽有开塞故为人物'<u>云云</u>。""<u>程子</u>曰：'"人生而静"以上不容说，才说性时便已不是性也。凡人说性只是说"继之者善也"，<u>孟子</u>言"人性善"是也。夫所谓"继之者善也"者，犹水流而就下也。'<u>云云</u>。"先生曰："此'继之者善也'指发处而言之也。性之在人犹水之在山，其清不可得而见也，流出而见其清然后知其本清也。所以<u>孟子</u>只就'见孺子入井皆有怵惕、恻隐之心'处指以示人，使知性之本善者也。易所谓'继之者善也'在性之先，此所引'继之者善也'在性之后。盖易以天道之流行者言，此以人性之发见者言。唯天道流行如此，所以人性发见亦如此。如后段所谓'其体则谓之易，其理则谓之道，其用则谓之神'，某尝谓易在人便是心，道在人便是性，神在人便是情。缘他本原如此，所以生出来个个亦如此，一本故也。"<u>闳祖</u>。

○ 问横渠说"精义入神"一条。曰:"入神是入至于微妙处。此却似向内做工夫,非是作用于外,然乃所以致用于外也。故某尝谓门人曰:'吾学既得于心,则修其辞;命辞无差,然后断事;断事无失,吾乃沛然。"精义入神"者,豫而已。'横渠可谓'精义入神'。横渠云'阴阳二气推行以渐谓化,阖辟不测谓神',伊川先生说'神'、'化'等却不似横渠较说得分明。"贺孙。以下第二卷。

○ 敬子问:"横渠'"精义入神",事豫吾内,求利吾外也','求'字似有病,便有个先获底心。'精义入神'自然是能利吾外,何待于求?"曰:"然。当云'所以利吾外也'。李又曰:"系辞此已上四节都是说咸卦。盖咸只是自家感之它便应,非是有心于求人之应也。如上文'往来屈伸'皆是此意。"僩。

○ 问:"横渠言'气质之性',去伪终未晓。"曰:"性是天赋与人,只一同。气质所禀却有厚薄。人只是一般人,厚于仁而薄于义,有余于礼而不足于智,便自气质上来。"去伪。

○ 横渠曰"形而后有气质之性,善反之则天地之性存焉",如禀得气清明者,这道理只在里面;禀得气昏浊者,这道理亦只在里面,只被这昏浊遮蔽了。譬之水,清底里面纤微皆可见,浑底里面便见不得。孟子说性善只见得大本处,未说到气质之性细碎处。程子谓"论性不论气,不备;论气不论性,不明。二之则不是"。孟子只论性,不知论气,便不全备。若三子虽论性,却不论得性,都只论得气,性之本领处又不透彻。荀子只见得不好人底性,便说做恶;杨子只见得半善半恶人底性,便说做善恶混;韩子见得天下有许多般人,故立为三品,说得较近。其言曰"仁义礼智信,性也;喜怒哀乐爱恶欲,情也",似又知得性善,荀、杨皆不及,只是过接处少一个"气"字。淳。

○ 用之问："'德不胜气，性命于气；德胜于气，性命于德。穷理尽性则性天德，命天理。'前日见先生说，以'性命'之'命'为'听命'之'命'。适见先生旧答潘恭叔书，以'性命于德'、'性命于气'之'命'与'性'字只一般，如言性与命也，所以后面分言'性天德，命天理'。不知如何？"曰："也是如此，但'命'字较轻得些。"偁问："若将'性命'作两字看，则'于气'、'于德'字如何地说得来？则当云'性命皆由于气，由于德'始得。"曰："横渠文字自是如此。"偁。

○ 道夫问"德不胜气，性命于气；德胜其气，性命于德"一章。先生曰："横渠只是说性与气皆从上面流下来，自家之德若不能有以胜其气，则只是承当得他那所赋之气。若是德有以胜其气，则我之所以受其赋予者皆是德，故穷理尽性，则我之受皆天之德，其所以赋予我者皆天之理。气之不可变者惟死生修夭而已，盖死生修夭、富贵贫贱，这却还他气。至'义之于君臣，仁之于父子'，所谓'命也〔，有性焉，君子不谓命也〕'，这个却须由我，不由他了。"道夫。

○ 问："横渠说'穷理尽性则性天德，命天理'，这处性命如何分别？"曰："性是以其定者而言，命是以其流行者而言。命便是水恁地流底，性便是将碗盛得来。大碗盛得多，小碗盛得少，净洁碗盛得清，污漫碗盛得浊。"又曰："近思录论'生之谓性'一条难说，须子细看。此一条伊川说得亦未甚尽。'生之谓性'是生下来唤做性底，便有气禀夹杂，便不是理底性了。前辈说甚'性恶'、'善恶混'都是不曾识性，到伊川说'性即理也'，无人道得到这处。理便即是天理，又那得有恶？孟子说'性善'便都是说理善，虽是就发处说，然亦就理之发处说。如曰'乃若其情'，曰'非才之罪'，又曰'生之谓性'，如碗盛水后，人便以碗为水，水却本清，碗却有净有不净。"问："虽是气禀，亦尚可变得否？"曰："然最难，须是'人一能之，己百之；人十能之，己千之'

方得。若只恁地待他自变，他也未与你卒乍变得在。这道理无他巧，只是熟，只是专一。"贺孙。

○ "横渠言'形而后有气质之性'，又曰'德不胜气，性命于气；德胜其气，性命于德'。'善反之则天地之性存焉'，又曰'性天德，命天理'。盖人生气禀自然不同，天非有殊，人自异禀。有学问之功则性命于德，不能学问然后此性〔命〕惟其气禀耳。"力行曰："从前看'性命于德'一句，意谓此性由其德之所命。今如此云，则是'性命'二字皆是德也。"先生曰："然。"力行。

○ 横渠云"所不可变者惟寿夭耳"。要之，此亦可变，但大概如此。力行。

○ 道夫问："'莫非天也'是兼统善恶而言否？"曰："然。正所谓'善固性也，然恶亦不可不谓之性'，二者皆出于天也。阳是善，阴是恶；阳是强，阴是弱；阳便清明，阴便昏浊。大抵阴阳有主对待而言之者。如阳是仁、阴是义之类，这又别是一样，是专就善上说，未有那恶时底说话。"顷之，复曰："程先生云'视听思虑动作，皆天也。人但于其中要识得真与妄尔'。"道夫。

○ 阳明胜则德性用，阴浊胜则物欲行。只将自家意思体验便见得。人心虚静，自然清明。才为物欲所蔽便阴阴地黑暗了，此阴浊所以胜也。谟。

○ 木之问："横渠说'物有未体则心为有外'，'体'之义如何？"曰："此是置心在物中究见此理，如格物、致知之意，与'体（物）〔用〕'之'体'不同。"木之。

○ 问："'物有未体则心为有外'，此'体'字是体察之'体'否？"曰："须认得如何唤做体察。今官司文书行移，所谓体量、体究，是这样'体'字。"或曰："是将自家这身入那事物里面去体认否？"曰："然。犹云'体群臣'也。伊川曰'"天理"二字却是自家体贴出来'，是这样'体'字。"僩。

○ 横渠云"物有未体则心为有外"，又曰"有外之心不足以合天心"。盖天大无外，物无不包，物理所在一有所遗则吾心为有外，便与天心不相似。道夫。

○ "'大其心则能体天下之物。''世人之心止于见闻之狭'，故不能体天下之物。'唯圣人尽性，故不以所见所闻梏其心，故大而无外，其视天下无一物非我'，他只是说一个大与小。'孟子谓"尽心则知性、知天"以此。'盖尽心则是极其大，则知性知天，而无有外之心矣。"道夫问："今未到圣人尽心处，则亦莫当推去否？"曰："未到那里，也须知说闻见之外〔犹有我不闻不见底道理在，若不知闻见之外〕犹有道理，则亦如何推得？要之，此亦是横渠意，然孟子之意则未必然。"道夫曰："孟子本意当以大学或问所引为正。"曰："然。孟子之意只是说，穷理之至则心自然极其全体而无余，非是要大其心而后知性、知天也。"道夫曰："只如横渠所说，亦自难下手。"曰："便是横渠有时自要恁地说，似乎只是悬空想象而心自然大。这般处元只是格物多后自然豁然有个贯通处，这便是'下学而上达'也。孟子之意只是如此。"道夫。

○ 或问："如何是'有外之心'？"曰："只是有私意便内外扦格，只见得自家身己，凡物皆不与己相关，便是'有外之心'。横渠此说固好，然只管如此说（如此说）相将便无规矩，无归着，入于邪遁之说。且如夫子为万世道德之宗，都说得语意平易，从得夫子之言便是无外之实。若便要说天大无外，则此心便瞥入虚空里去了。"学蒙。

○　"'求之于喜、怒、哀、乐未发之前，而体之于意、必、固、我既亡之后'，如此说者便害义理。此二句不可相对说。喜、怒、哀、乐未发之前固无可求，及其既发，亦有中节、不中节之异，发若中节者有何不可？至如意、必、固、我则断不可有，二者乌得而对语哉！横渠谓'意、必、固、我，自始学至成德，竭两端之教'者，谓夫子教人绝此四者，故皆以'毋'字为禁止之辞。"或谓"意、必、固、我既亡之后，必有事焉"。曰："意、必、固、我既亡，便是天理流行，鸢飞鱼跃，何必更任私意也！"谟。

○　问德粹："夜间在庵中作何工夫？"德粹云云。先生曰："横渠云'言有教，动有法，昼有为，宵有得，息有养，瞬有存'，此语极好。君子'终日乾乾'，不可食息闲，亦不必终日读书，或静坐存养亦是。天地之生物以四时运动，春生夏长固是不息，及至秋冬雕落亦只藏于其中，故明年复生。若使至秋冬已绝，则来春无缘复有生意。学者常唤令此心不死，则日有进。"可学。

○　西铭说是形化底道理，此万物一源之性。太极者，自外面推入去，到此极尽，更没去处，所以谓之太极。谟。

○　问："原道上数句如何？"曰："首句极不是。'定名'、'虚位'却不妨。有仁之道，义之道，仁之德，义之德，故曰'虚位'。大要未说到顶上头，故伊川云'西铭，原道之宗祖'。"可学。

○　节问："西铭言理一而分殊。言理一处，节颇见之；言分殊处，节却未见。"先生曰："有父，有母，有宗子，有家相，此即分殊也。"芝。

○　问西铭。曰："更须子细看他说理一而分殊。而今道天地不是父母，父母不是天地，不得，分明是一理。'乾道成男，坤道成女'，则凡天下之男皆乾之气，凡天下之女皆坤之气，从这里便彻上彻下都即是一个气，都透过了。"又曰："'继之者善'便是公共底，'成之者性'便是自家得底。只是一个道理，不道是这个是，那个不是。如水中鱼，肚中水便只是外面水。"贺孙。

○　西铭要句句见"理一而分殊"。文蔚。

○　西铭大纲是理一而分自尔殊。然有二说：自天地言之，其中固自有分别；自万殊观之，其中又自有分别。不可认是一理了只衮做一看，这里各自有等级差别。且如人之一家自有等级之别。所以乾则称父，坤则称母，不可弃了自家父母，却把乾坤做自家父母看。且如"民吾同胞"，与自家兄弟同胞又自别。龟山疑其兼爱，想亦未深晓西铭之意。西铭一篇正在"天地之塞吾其体，天地之帅吾其性"两句〔上〕。敬仲。

○　道夫言："看西铭，觉得句句是'理一分殊'。"曰："合下便有一个'理一分殊'，从头至尾又有一个'理一分殊'，是逐句恁地。"又曰："合下一个'理一分殊'，截作两段，只是一个天人。"道夫曰："他说'乾称父，坤称母，予兹藐焉，乃混然中处'，如此则是三个。"曰："'混然中处'则便是一。许多物事都在我身中，更那里去讨一个乾坤？"问"塞"之与"帅"二字。曰："'塞'便是'充塞天地'之'塞'，'帅'便是'志者气之帅'之'帅'。"问："'物吾与也'，莫是'党与'之'与'否？"曰："然。"道夫。

○　西铭一篇，始末皆是"理一分殊"。以乾为父，坤为母，便是理一而分殊；"予兹藐焉，混然中处"，便是分殊而理一。"天地之塞吾其体，天地之帅吾其性"，分殊而理一；"民吾同胞，物吾与也"，理一而分殊。逐句推之，莫不皆然。某于篇末亦尝发此意。乾父，坤母，皆是以天地之大喻一家之小。乾坤是天地之大，父母是一家之小。大君大臣是大，宗子家相是小。类皆如此推之。旧尝看此，写作旁通图子，分为二截，上下排布，亦甚分明。㙐。

○　问："西铭'理一而分殊'，'分殊'莫是'民吾同胞，物吾与也'之意否？"曰："民物固是分殊，须是就民物中又知得分殊。不是伊川说破，也难理会，然看久自觉里面有分（则）〔别〕。"

○　一之问西铭"理一而分殊"。先生曰："西铭自首至末皆是'理一而分殊'。乾父、坤母固是一理，分而言之便见乾坤自乾坤，父母自父母，惟'称'字便见异也。"又问："自'恶旨酒'至'勇于从而顺令'，此六圣贤事可见理一分殊乎？"曰："'恶旨酒'、'育英才'是事天，'顾养'及'锡类'则是事亲，每一句皆存两义，推类可见。"问："'天地之塞'，如何是'塞'？"先生曰："'塞'与'帅'字皆张子用字之妙处。'塞'乃孟子'塞天地之间'，'体'乃孟子'气体之充'者，有一毫不满不足之处则非塞矣。'帅'即'志，气之帅'，而有主宰之意。此西铭借用孟子论'浩然之气'处。若不是此二句为之关纽，则下文言'同胞'、言'兄弟'等句，在他人中物皆与我初何干涉！其谓之'兄弟'、'同胞'，乃是此一理与我相为贯通，故上说'父母'，下说'兄弟'，皆是其血脉过度处。西铭解二字只说大概，若要说尽，须因起疏注可也。"寓。

○　用之问："西铭所以'理一分殊'，如民物则分'同胞'、'吾与',大君家相,长幼残疾,皆自有等差。又如所以事天,所以长长幼幼,皆是推事亲从兄之心以及之,此皆是分殊处否?"曰:"也是如此,但这有两种看,这是一直看下,更须横截看。若只恁地看怕浅了。'民吾同胞','同胞'里面便有理一分殊底意;'物吾与也','吾与'里面便有理一分殊底意。'乾称父,坤称母',道是父母,固是天气而地质,然与自家父母自是有个亲疏,从这处便'理一分殊'了。看见<u>伊川</u>说这意较多。<u>龟山</u>便正是疑'同胞'、'吾与'为近于墨氏,不知他'同胞'、'吾与'里面便自分'理一分殊'了。如公所说恁地分别分殊,殊得也不大段。这处若不子细分别,直是与<u>墨氏</u>兼爱一般。"<u>贺孙</u>。按黄卓录同而少略,今附,云:"<u>刘用之</u>问:'<u>西铭</u>"理一而分殊"。若大君宗子、大臣家相与夫民物等,皆是"理一分殊"否?'先生云:'如此看亦是,但未深,当截看。如<u>西铭</u>劈头来便是"理一而分殊"。且"乾称父,坤称母",虽以乾、坤为父母,然自家父母自有个亲疏,这是"理一而分殊"。等而下之,以至为大君,为宗子,为大臣家相,若理则一,其分未尝不殊。民吾同胞,物吾党与,皆是如此。<u>杨龟山</u>正疑此一〔着〕,(若)便以"民吾同胞,物吾党与"为近于<u>墨氏</u>之兼爱,不知他"同胞"、"同与"里面自有个"理一分殊"。若如公所说恁地分别,恐胜得他也不多。这处若不分别,直是与<u>墨子</u>兼爱一般。'"

○ 问:"<u>西铭</u>句句是'理一分殊',亦只就事天、事亲处分否?"曰:"是。'乾称父,坤称母',只下'称'字便别。这个有直说底意思,有横说底意思。'理一而分殊',<u>龟山</u>说得又别。他只以'民吾同胞,物吾与'及'长长幼幼'为理一分殊。"曰:"<u>龟山</u>是直说底意思否?"曰:"是。然<u>龟山</u>只说得头一小截。<u>伊川</u>意则阔大,统一篇言之。"曰:"何谓横说底意思?"曰:"'乾称父,坤称母'便是。这个不是即那事亲底便是事天底。"曰:"<u>横渠</u>只是借那事亲底来形容那事天底,做个样子否?"曰:"是。"<u>淳</u>。

○　西铭有个劈下来底道理，有个横截断底道理。直卿疑之。窃意当时语意似谓每句直下而观之，理皆在焉；全篇中断而观之，则上专是事天，下专是事亲，各有攸属。方子。

○　文蔚问："向日曾以西铭仁孝之理请问，先生令截断横看。文蔚后来见得孝是发见之先，仁是天德之全。事亲如事天即是孝，自此推之，事天如事亲即仁矣。'老吾老，幼吾幼'，自老老幼幼之心推之，至于疲癃残疾，皆如吾兄弟颠连而无告，方始尽。故以敬亲之心，不欺暗室，不愧屋漏，以敬其天；以爱亲之心，乐天循理，无所不顺，以安其天，方始尽性。窃意横渠大意只是如此，不知是否？"曰："他不是说孝，是将孝来形容这仁，事亲底道理便是事天底样子。人且逐日自把身心来体察一遍，便见得吾身便是天地之塞，吾性便是天地之帅。许多人物生于天地之间，同此一气，同此一性，便是吾兄弟党与；大小等级之不同，便是亲疏远近之分。故敬天当如敬亲，〔战战兢兢，无所不至；爱天当如爱亲，〕无所不顺。天之生我，安顿得好，令我富贵崇高，便如父母爱我，当喜而不忘；安顿得不好，令我贫贱忧戚，便如父母欲成就我，当劳而不怨。"徐子融曰："先生谓事亲是事天底样子，只此一句，说尽西铭之意矣。"文蔚。

○　"乾称父，坤称母。"厉声言"称"字。又曰："以主上为我家里兄子，得乎？"茦。

○　问西铭之义。曰："紧要血脉尽在'天地之塞吾其体，天地之帅吾其性'两句上。上面'乾称父'至'混然中处'是头，下面'民吾同胞，物吾与也'便是个项。下面便撒开说，说许多。'大君者吾父母宗子'云云，尽是从'民吾同胞，物吾与也'说来。到得'知化则善述其事，穷神则善继其志'，这志便只是那'天地之帅吾其性'底志。为人子便要述得父之事，继得父之志，如此方是事亲如事天；便要述得天之事，继得天之志，方是事天。若是违了此道理便是天之悖德之子，若害了这仁便是天之贼子，若是济恶不悛便是天之不才之子，若能践形便是天地克肖之子。这意思血脉都是从'天地之塞吾其体，天地之帅吾其性'说。紧要都是这两句，若不是此两句，则天自是天，我自是我，有何干涉！"或问："此两句便是理一处否？"曰："然。"偶。

　　○　西铭大要在"天地之塞吾其体，天地之帅吾其性"两句。塞是说气，孟子所谓"以直养而无害则塞乎天地之间"，即用这个"塞"字。张子此篇大抵皆古人说话集来。要知道理只有一个，道理中间句句段段只说事亲事天。自一家言之，父母是一家之父母；自天下言之，天地是天下之父母。通是一气，初无间隔。"民吾同胞，物吾与也"，万物虽皆天地所生，而人独得天地之正气，故人为最灵，故民同胞，物则亦我之侪辈。孟子所谓"亲亲而仁民，仁民而爱物"，其等差自然如此，大抵即事亲以明事天。贺孙。

　　○　西铭说"天地之塞吾其体，天地之帅吾其性"。"塞"如孟子说"塞乎天地之间"，塞只是气。吾之体即天地之气。帅是主宰，乃天地之常理也。吾之性即天地之理。贺孙。

　　○　西铭"吾其体，吾其性"，有我去承当之理。谟。

　　○　或问："'天地之帅吾其性'，先生解以'乾健、坤顺为天地之志'。天地安得有志？"先生云："'复其见天地之心'，'天地之情可见'，安得谓天地无心、情乎！"或曰："福善祸淫，天之志否？"先生云："程先生说'天地以生物为心'最好，此乃是无心之心也。"人杰。

○ 问："西铭说'颍封人之锡类'，'申生其恭'。二子皆不能无失处，岂能尽得孝道？"先生曰："西铭本不是说孝，只是说事天，但推事亲之心以事天耳。二子就此处论之，诚是如此。盖事亲却未免有正有不正处，若天道纯然，则无正不正之处，只是推此心以奉事之耳。"寓。

○ 问："西铭'无所逃而待烹'，申生未尽子道，何故取之？"先生曰："天不到得似献公也。人有妄，天则无妄。若教自家死，便是理合如此，只得听受之。"夔孙。

○ 伯奇，尹吉甫之子。人杰。

○ 林闻一问："西铭只是言仁、孝、继志、述事。"曰："是以父母比乾坤。主意不是说孝，只是以人所易晓者明其所难晓者耳。"木之。

○ "谢艮斋说西铭'理一分殊'，在上之人当理会'理一'，在下之人当理会'分殊'。如此，是分西铭做两节了。艮斋看得西铭错。"先生以为然。〔泳。〕

○ 问东铭。曰："此正如今法书所谓'故失'两字。"因令道夫写作图子看。今具于左：

戏言出于思也，发于声；戏动作于谋也，见乎四支。谓非己心，不明也；欲人无己疑，不能也。

过言非心也，失于声；过动非诚也，谬迷其四体。谓己当然，自诬也；欲他人己从，诬人也。

或者谓出于心者，归咎为己戏；失于思者，自诬为己诚。不知戒其出汝者，归咎其不出汝者，长遂且傲非，不智孰甚焉！

○　蜚卿问："《近思录》横渠语范巽之一段如何？"先生曰："惟是今人不能'脱然如大寐之得醒'，只是捉道理说。要之，也说得去，只是不透彻。"又曰："正要常存意使不忘，他释氏只是如此，然他逼拶得又紧。"直卿曰："张子语比释氏更有穷理工夫在。"曰："工夫固自在，也须用存意。"问直卿："如何说'存意不忘'？"曰："只是常存不及古人意。"曰："设此语者，只不要放倒此意尔。"道夫。

○　道夫问"未知立心，恶思多之致疑；既知所立，恶讲治之不精"一章。先生曰："未知立心则或善或恶，故胡乱思量，惹得许多疑起；既知所立，则是此心已立于善而无恶了，便又恶讲治之不精，又却用思。讲治之思莫非在我这道理之内，如此则'虽勤而何厌'。'所以急于可欲者'，盖急于可欲之善则便是无善恶之杂，便是'立吾心于不疑之地'。人之所以有疑而不果于为善也，以有善恶之杂，今既有善而无恶，则'若决江河以利吾往'矣。'逊此志，务时敏'，须是低下着这心以顺他道理，又却抖擞起那精神，敏速以求之，则'厥修乃来'矣。这下面云云，只是说一'敏'字。"道夫。

○　徐居甫问："横渠云'心小则百物皆病'，如何是小？"曰："此言狭隘则事有窒碍不行。如仁则流于姑息，义则入于残暴，皆见此不见彼。"可学。

○　问："横渠'物怪神奸'书，先生提出'守之不失'一句。"曰："且要守那定底。如'精气为物，游魂为变'，此是鬼神定说。又如孔子说'非其鬼而祭之，谄也'、'敬鬼神而远之'等语，皆是定底。其他变处如未晓得，且当守此定底。如前晚说怪，便是变处。"淳。以下第三卷。

○ 横渠所谓"物怪神奸"不必辨，且只"守之不失"。如"精气为物，游魂为变"，此是理之常也。"守之勿失"者以此为正，且恁地去，他日当自见也。若"〔要〕〔委〕之无穷，〔求〕〔付〕之不可知"，此又溺于茫昧，不能以常理为主者也。伯有为厉别是一种道理，此言其变，如世之妖妄者也。谟。

○ 问："颜子心粗之说恐太过否？"曰："颜子比之众人纯粹，比之孔子便粗。如'有不善未尝不知，知之未尝复行'，是他细腻如此。然犹有这不善，便是粗。伊川说'未能"不勉而中，不思而得"，便是过'一段，说得好。"淳。

○ "博学于文"又要得"习坎心亨"，如应事接物之类皆是文，但以事理切磨讲究自是心亨。且如读书，每思索不通处则翻来覆去，倒横直竖，处处窒塞，然其间须有一路可通。只此便是许多艰难险阻，习之可以求通，通处便是亨也。谟。

○ "横渠谓'"博学于文"只要得"习坎心亨"'，何也？"曰："见得这事理透了，处断了便无疑，行之又果决，便是'习坎心亨'。凡事皆如此，且以看文字一节论之。如到那一处见这说又好，见那说又是，如此方有碍，如彼又不通，便是险阻处。到这里须讨一路去方透，便是'习坎心亨'。"淳。

○ "博学于文"者，只是要得"习坎心亨"。不特看文义，且如学这一件物事，未学时心里不晓，既学得心下便通晓得这一事。若这一事晓不得，于这一事上心便黑暗。僴。

○ 横渠云"读书须是成诵"，今人所以不如古人处只争这些子。

古人记得，故晓得；今人卤莽，记不得，故晓不得。不论紧要处、慢处皆须成诵，少间不知不觉自然相触发，晓得义理。盖这一段文义横在心下，自是放不得，必晓得而后已。今所以记不得，说不去，心若存若亡，皆不精不熟之患也。<u>僩</u>。

○　"横渠说做工夫处更精切似二程。<u>盖程</u>先生资禀高，洁净，不大段用工夫，只恁地后可到。若<u>横渠</u>资禀则有偏驳夹杂处，他大段用工夫来。观其言曰'心清时少，乱时多。其清时视明听聪，四体不待羁束而自然恭谨。其乱时反是'，说得大段精切。"<u>人杰</u>。以下第四卷。

○　问"横渠说'客虑多而常心少，习俗之心胜而实心未完'，所谓客虑与习俗之心，有分别否"？曰："也有分别。客虑是泛泛底思虑，习俗之心便是从来习染偏胜底心，实心是义理底心。"<u>僩</u>。

○　问<u>横渠</u>说"敦笃虚静者仁之本"。曰："敦笃虚静是为仁之本。"<u>僩</u>。

○　问"湛一气之本，攻取气之欲"。曰："湛一是未感物之时湛然纯一，此是气之本。攻取如目之欲色，耳之欲声，便是气之欲。"曰："攻取是攻取那物否?"曰："是。"<u>淳</u>。第五卷。

○　问："<u>横渠</u>谓：'井田之病难行者，以函夺富人之田为辞。然处之有术，期以十数年，不刑一人而可复。'不审井议之行于今果如何?"曰："讲学时且恁讲，若欲行之，须有机会。经大乱之后，天下无人，田尽归官，方可给与民。如<u>唐</u>口分世业，是从<u>魏</u>〔<u>晋</u>积乱之极，至<u>元魏</u>〕及<u>北齐</u>后<u>周</u>，乘此机方做得。<u>荀悦</u>汉纪一段正说此意，甚好。若平世则诚为难行。"<u>黄丈</u>问："<u>东坡</u>破此论，只行限田之法，如何?"曰：

"都是胡说。作事初如雷霆霹雳，五年后犹放缓了。况限田之法虽举于今，明年便淡得今年，后年又淡得明年，一年淡一年，便寝矣。若欲行之须是行井田，若不能行则且如今之俗，必欲举限田之法，此之谓戏论。且役法犹行不得，往年贵贱通差，县吏呈单子，首曰'第一都保正蒋苐'，因此不便，竟罢。况于田，如何限得？<u>林勋</u> <u>本政书</u>一生留意此事，后在<u>广</u>中作守，画作数井。然<u>广</u>中无人烟，可以如此。"<u>淳</u>。第九卷。

○ 问<u>横渠</u>云"言有无，诸子之陋也"。曰："无者无物，却有此理，有此理则有矣。<u>老氏</u>乃云'物生于有，有生于无'，和理也无，便错了。"<u>可学</u>。第十三卷。

○ <u>窦</u>问："<u>横渠</u>观驴鸣如何？"先生笑曰："不知它抵死着许多气力鸣做甚。"<u>窦本学禅，故戏作此答</u>。良久复云："也只是天理流行，不能自已。"<u>德明</u>。

朱子语类卷第九十九

张子之书二 _{非类入近思者别为此卷}

○ 正蒙有差，分晓底看。_{节。}

○ 或问："正蒙中说得有病处，还是他命辞不出有差，还是见得差？"曰："他是见得差。如曰'继之者善也，方是善恶混'云云。'成之者性'，是到得圣人处方是成得性，所以说'知礼成性而道义出'。似这处都见得差了。"_{贺孙。}

○ 问："横渠正蒙说道体处，如'太和'、'太虚'、'虚空'者止是说气。说聚散处，其流乃是个大轮回。盖其思虑考索所至，非性分自然之知。若语道理，惟是周子说'无极而太极'最好。如'由太虚有天之名，由气化有道之名，合虚与气有性之名，合性与知觉有心之名'，亦说得有理。'由气化有道之名'，如所谓'率性之谓道'是也。然使明道形容此理，必不如此说。伊川所谓'横渠之言诚有过者，乃在正蒙'，'以清虚一大为万物之原，有未安'等语，概可见矣。"_{人杰。}

○ 问："横渠说'太和所谓道'一段考索许多亦好，其后乃云'不如野马（纷纭）〔絪缊〕，不足谓之太和'，却说倒了。"先生云："彼以太和状道体，与发而中节之和何异！"_{人杰。}

○ 问太和篇"太虚不能无气"一段。曰："此难理会。若看，又

走作去里。"〔去伪。〕

○ 问："横渠云'太虚即气',太虚何所指?"曰："它亦指理,但说得不分晓。"曰："太和如何?"曰："亦指气。"曰："他又云'由昧者指虚空为性而不本天道',如何?"曰："既曰道,则不是无,释氏便直指空了。大要渠当初说出此道理多误。"可学。

○ 问："'气聚则离明得施而有形,气不聚则离明不得施而无形','离明'何谓也?"答曰："此说似难晓。有作日光说,有作目说。看来只是目,有聚处,目则得而见,不聚则不得而见,易所谓'离为目'是也。"先生因举："正蒙'方其形也,有以知幽之因;方其不形也,有以知明之故',合当言'其形也,有以知明之故;其不形也,有以知幽之因'方是。如何却反说,何也?盖以形之时此幽之因已在此,不形之际其明(也)之故已在此。聚者散之因,散者聚之故。"一之。按徐寓录同,而自"为目是也"处分作一条。

○ 横渠云"天左旋,处其中者顺之,少迟则反右矣",此说好。闳祖。

○ 横渠云"阳为阴累,则相持为雨而降",阳气正升,忽遇阴气,则相持而下为雨。盖阳气轻,阴气重,故阳气为阴气压坠而下也。"阴为阳得,则飘扬为云而升",阴气正升,忽遇阳气,则助之飞腾而上为云也。"阴气凝聚,阳在内者不得出,则奋击而为雷霆",阳气伏于阴气之内不得出,故爆开而为雷也。"阳在外者不得入,则周旋不舍而为风",阴气凝结于内,阳气欲入不得,故旋绕其外不已而为风,至吹散阴气尽乃已也。"和而散则为霜雪雨露,不和而散则为戾气曀霾",戾气,飞雹之类;曀霾,黄雾之类,皆阴阳邪恶不正之气,所以雹水秽浊，或青黑色。僩。按杨至录略，今附，云："凡阴气凝结，阳在内不得出，则奋击而为雷霆；阳在外不得入，则周旋不舍而为风。和散则为雨，不和散则为雹。"

○　"天气降而地气不接则为雾，地气升而天气不接则为霁。"见礼运注。"声者，气形相轧而成。两气，风雷之类；两形，桴鼓之类。气轧形如笙簧之类，形轧气如羽扇敲矢之类。是皆物感之良能，人习之而不察耳。"至。

○　问："正蒙'形而上者，得辞斯得象矣。神为不测，故缓辞不足以尽神；化为难知，故急辞不足以体化'，如何是缓辞、急辞？"答曰："神自是急底物事，缓辞如何形容之？如'阴阳不测之谓神'，'神无方，易无体'，皆是急辞。化是渐渐而化，若急辞以形容之则不可。"一之。按徐寓录同。

○　问横渠言"帝天之命，主于民心"。曰："皆此理也。民心之所向，即天心之所存也。"〔人杰。〕

○　"或者别立一天"，疑即是横渠。可学。

○　"清虚一大"，形容道体如此。道兼虚实言，虚只说得一边。闳祖。

○　横渠"清虚一大"却是偏。他后来又要兼清浊虚实言，然皆是形而下。盖有此理则清浊、虚实皆在其中。可学。

○　陈后之问："横渠'清虚一大'恐入空去否？"曰："也不是入空，他都向一边了。这道理本平正，清也有是理，浊也有是理，虚也有是理，实也有是理，皆此之所为也。他说成这一边有，那一边无，要将这一边去管那一边。"淳。

○ 问："横渠有'清虚一大'之说，又要兼清浊虚实。"曰："渠初云'清虚一大'，为伊川诘难，乃云'清兼浊，虚兼实，一兼二，大兼小'。渠本要说形而上，反成形而下，最是于此处不分明。如叁两云，以叁为阳，两为阴，阳有太极，阴无太极。他要强索精思，必得于己，而其差如此。"又问："横渠云'太虚即气'乃是指理为虚，似非形而下。"曰："纵指理为虚，亦如何夹气作一处？"问："西铭所见又的当，何故却于此差？"曰："伊川云'譬如以管窥天，四旁虽不见，而其见处甚分明'。渠它处见错，独于西铭见得好。"可学。

○ 先生云："横渠说道止于形器中拣个好底说耳。谓清为道，则浊之中果非道乎？'客感客形'与'无感无形'，未免有两截之病。圣人不如此说。如曰'形而上者谓之道'，又曰'一阴一阳之谓道'。"人杰。

○ 问："横渠说'天性在人犹水性之在冰，凝释虽异，为理一也'，又言'未尝无之谓体，体之谓性'，先生皆以其言为近释氏。冰水之喻有还元反本之病，云近释氏则可。'未尝无之谓体，体之谓性'，盖谓性之为体本虚，而理未尝不实，若与释氏不同。"先生曰："他意不是如此，亦谓死而不亡耳。"文蔚。

○ 问："张子冰水之说何谓近释氏？"曰："水性在冰只是冻，凝成个冰有甚造化？及其释则这冰复归于水，便有迹了，与天性在人自不同。"曰："程子'器受日光'之说便是否？"曰："是。除了器，日光便不见，却无形了。"淳。

○　问："横渠谓'所不能无感者谓性'，性只是理，安能感？恐此言只可名'心'否？"曰："横渠此言虽未亲切，然亦有个模样。盖感固是心，然所以感者亦是这心中有这理方能感。理便是性，但将此句要来解性，便未端的。如伊川说仁曰'仁者，天下之正理'，又曰'仁者，天下之公，善之本也'。将这语来赞咏仁则可，要来正解仁则未亲切。如义，岂不是天下之正理！"淳。

○　"心妙性情之德"，妙是主宰运用之意。升卿。

○　问"心包诚"一段。曰："是横渠说话，正如'心小性大'之意。"道夫。

○　横渠云"以诚包心，不若以心包诚"，是他看得忒重，故他有"心小性大"之说。道夫。

○　问："'不当以体会为非心，故有"心小性大"之说'，如何是体会？"曰："此必是横渠有此语，今其书中失之矣。横渠云'心御见闻，不弘于性'，却做两般说。渠说'人能弘道，非道弘人'处，云'心能检其性，人能弘道也；性不知检其心，非道弘人也'，此意却好。又不知它当初把此心、性作如何分？横渠说话有差处多如此。"可学。

○　道夫问："张子云'以心克己即是复性，复性便是行仁义'，切谓克己便是克去私心，却云'以心克己'，莫剩却'以心'两字否？"曰："克己便是此心克之。公但看'为仁由己，而由人乎哉'，非心而何？'言忠信，行笃敬，立则见其参于前，在舆则见其倚于衡'，这不是心是甚？凡此等皆心所为，但不必更着'心'字。所以夫子不言心，但只说在里教人做。如吃饭须是口，写字须是手，更不用说口吃手写。"

又问："'复性便是行仁义'，复是方复得此性，如何便说行得?"曰："既复得此性便恁地行，才去得不仁不义则所行便是仁义，那得一个在不仁不义与仁义之中底物事? 不是人欲便是天理，不是天理便是人欲，所以谓'欲知舜与跖之分者，无他，利与善之间也'。所隔甚不多，但圣贤把得这界定尔。"道夫。

○ 问横渠"耳目知，德性知"。曰："便是差了。虽在闻见，亦同此理。不知它资质如此，何故如此差?"某云："吕与叔难晓处似横渠，好处却多。"曰："他又曾见伊川。"某云："他更在得一二十年，须传得伊川之学。"曰："渠集中有与苏季明一书，可疑，恐曾学佛。"可学。

○ 问横渠说"以道体身"等处。曰："只是有义理，直把自家作无物看。伊川亦云'除却身只是理'，悬空只是个义理。"人杰。

○ 横渠云"学者识得仁体后，如读书讲明义理，皆是培壅"，且只于仁体上求得一个真实，却尽有下功夫处也。谟。

○ 横渠"修辞"一段未是。程子云子厚却如此不熟，安得许多樽节。可学。

○ 魏问："横渠言'十五年学"恭而安"不成'，明道曰'可知是学不成，有多少病在'，莫是如伊川说'若不知得，只是觑却尧，学他行事，无尧许多聪明睿知，怎生得似他动容周旋中礼'?"曰："也是如此，更有多少病。"良久，曰："人便是被一个气质局定。变得些子了又更有些子，变得些子〔了〕又更有些子。"又云："圣人'发愤忘食，乐以忘忧'，发愤便忘食，乐便忘忧，直是一刀两段，千了百当。圣人固不在说，但颜子得圣人说一句，直是倾肠倒肚便都了，更无许多廉纤缠

绕，丝来线去。”问："横渠只是硬把捉，故不安否？"曰："他只是学个
恭，自验见不曾熟。不是学个恭，又学个安。"〔贺孙。〕

○　问横渠说"遇"。曰："他便说命，就理说。"曰："此遇乃是
命。"曰："然。命有二：有理，有气。"曰："子思'天命之谓性'是
理，孟子是带气。"曰："然。"可学。

○　"横渠言'遇'，命是天命，遇是人事，但说得亦不甚好，不如
孟子。"某又问。曰："但不知他说命如何。"可学。

○　贺孙再问前夜所说横渠"圣人不教人避凶处吉，亦以正信胜
之"之语。伯谟云："此可以破世俗利害之说。合理者无不吉，悖理者
无不凶。然其间未免有相反者，未有久而不定也。"先生因云："诸葛诚
之却道吕不韦春秋好，道他措置得事好，却道董子'正其义不谋其利，
明其道不计其功'说不是。他便说，若是利成则义自在其中，功成则道
自在其中。"贺孙。

朱子语类卷第一百
邵子之书

○ "周子看得这理熟，纵横妙用，只是这数个字都括尽了。周子从理处看，邵子从数处看，都只是这理。"砥曰："毕竟理较精粹。"曰："从理上看则（看）〔用〕处大，数自是细碎。"砥。

○ "伊川之学于大体上莹彻，于小小节目上犹有疏处。康节却能尽得事物之变，却于大体上有未莹处。"用之云："康节善谈易，见得透彻。"曰："然。伊川又轻之，尝有简与横渠云'尧夫说易好听，今夜试来听它说看'。某尝说，此便是伊川不及孔子处，只观孔子便不如此。"僴。〔广同。〕

○ 邵尧夫"空中楼阁"言看得四通八达。方子。

○ 或言："康节心胸如此快活广大，安得如之？"曰："它是甚么样工夫！"僴。

○ 问："近日学者有厌拘检，乐舒放，恶精详，喜简便者，皆有欲慕邵尧夫之为人。"答曰："邵子这道理岂易及哉！他腹里有这个学，能包括宇宙，终始古今，如何不做得大？放得下？今人却恃个甚后敢如此！"因诵其诗云："'日月星辰高照耀，皇王帝伯大铺舒'，可谓人豪矣！"大雅。

○ 厚之问："康节只推到数？"曰："然。"某问："渠须亦窥见理？"曰："虽窥见理，却不介意了。"可学。

○ 又言："邵康节，看这人须极会处置事。被他神闲气定，不动声气，须处置得精明。他气质本来清明，又养得来纯厚，又不曾枉用了心。他用那心时，都在紧要上用。被他静极了，看得天下之事理精明。尝于百原深山中辟书斋独处其中，王胜之常乘月访之，必见其灯下正襟危坐，虽夜深亦如之。若不是养得至静之极，如何见道理如此精明？只是他做得出来须差七亚反。异。季通尝云'康节若做，定四□、八、十六、三十二、六十四大□，都是加倍法'，想得是如此。想见他看见天下之事，才上手来便成四截了，其先后缓急莫不有定，动中机会，事到面前，便处置得下矣。康节甚喜张子房，以为子房善藏其用。以老子为得易之体，以孟子为得易之用，合二者而用之，想见善处事。"问："不知真个用时如何？"曰："先时说了，须差异，须有些机权术数也。"僩。

○ 直卿问："康节诗尝有庄老之说，如何？"曰："便是他有些子这个。"曰："如此，莫于道理有异否？"曰："他常说'老子得易之体，孟子得易之用'，体、用自分作两截。"曰："他又说经纶，如何？"曰："看他只是以术去处得这事（却）〔恰〕好无过，如张子房相似，他所以极口称赞子房也。二程谓其粹而不杂，以今观之，亦不可谓之不杂。"曰："他说风花雪月，莫是曾点意思否？"曰："也是见得眼前这个好。"〔璘录云："舜功云：'尧夫似曾点。'曰：'他又有许多骨董。'"〕曰："意其有'与自家意思一般'之意。"曰："也是他有这些子。若不是，却浅陋了。"道夫。

○ 问："'尧夫之学似扬雄'，如何？"曰："以数言。"可学。

○ 某看了康节易了，都看别人底不得。他说那"太极生两仪，两仪生四象"又都无甚玄妙，只是从来更无人识。扬子太玄一玄、三方、九州、二十七部、八十一家，亦只是这个，他却识，只是他以三为数，皆无用了。他也只是见得一个粗底道理，后来便都无人识。老氏"道生一，一生二，二生三"，亦剩说了一个道，便如太极生阳，阳生阴，二生三，又更都无道理。后来五峰又说一个，云云。便是"太极函三为一"意思。贺孙。

○ 康节之学似扬子云。太玄拟易，方、州、部、家皆自三数推之。元为之首，一以生三为三方，三生九为九州，九生二十七为二十七部，九九乘之，斯为八十一家。首之以八十一，所以准六十四卦；赞之以七百二十有九，所以准〔三百〕八十四爻，无非三数推之。康节之数则是加倍之法。谟。

○ 康节其初想只是看得"太极生两仪，两仪生四象"。心只管在那上面转，久之理透，想得一举眼便成四片。其法，四之外又有四焉。凡物才过到二之半时便烦脑了，盖已渐趋于衰也。谓如见花方蓓蕾则知其将盛，既开则知其将衰，其理不过如此。谓如今日戌时，从此推上去至未有天地之始，从此推下去至人消物尽之时。盖理在数内，数又在理内。康节是他见得一个盛衰消长之理，故能知之。若只说他知得甚事，如欧阳叔弼定谥之类，此知康节之浅陋者也。程先生有一束说先天图甚有理，可试往听他说看。观其意，甚不把当事。然自有易以来只有康节说一个物事如此齐整。如扬子云太玄，便（令）〔零〕星补凑得可笑。若不补，又却欠四分之一；补得来，又却多四分之三。如潜虚之数用五，只似如今算位一般。其直一画则五也，下横一画则为六，横二画则为七，盖亦补凑之书也。方子。

○ 或问康节数学。曰："且未须理会数，自是有此理，有生便有死，有盛必有衰。且如一朵花，含蕊时是将开，略放时是正盛，烂熳时是衰谢。又如看人，即其气之盛衰便可以知其生死。盖其学本于明理，故明道谓其'观天地之运化，然后颓乎其顺，浩然其归'。若曰渠能知未来事，则与世间占覆之术何异？其去道远矣！其知康节者末矣！盖他玩得此理熟了，事物到面前便见，更不待思量。"又云："康节以四起数，叠叠推去，自易以后无人做得一物如此整齐，包括得尽。想他每见一物便成四片了，但才到二分以上便怕，乾卦方终便知有个姤卦来。盖缘他于起处推将来，至交接处看得分晓。"广云："先生前日说康节之学与周子、程子少异处，莫正在此否？若是圣人，则处乾时自有个处乾底道理，处姤时自有个处姤底道理否？"先生曰："然。"广。

○ 问："前日见先生说邵尧夫看天下物皆成四片，如此则圣人看天下物皆成两片也。"先生曰："也是如此，只是阴阳而已。"广。

○ 康节只说六卦：乾、坤、坎、离四卦，震、巽含艮、兑（了）。〔又〕说八卦：乾、坤、坎、离、大过、颐、中孚、小过。其余反对者二十八卦。人杰。

○ 皇极经世，以元经会，以会经运，以运经世。闳祖。

○ 论皇极经世："乃一元统十二会，十二会统三十运，三十运统十二世，一世统三十年，一年统十二月，一月统三十日〔，一日统十二辰〕：是十二与三十迭为用也。"因云："蔡季通丈以十二万九千六百之数为日分。"植。

○ 问"会元"之期。曰：徒有"语录云"三字。"元气会则生圣贤，如历家推朔旦徐无此三字。冬至徐作"惟言"。夜半甲子。所谓'元气会'亦似此般模样。"淳。按徐寓录同。

○　易是卜筮之书，皇极经世是推步之书。经世以十二辟卦管十二会，绷定时节，却就中推吉凶消长。尧时正是乾卦九五。其书与易自不相干。只是加一倍推将去。方子。

○　晏问〔易〕与经世书同异。曰："易是卜筮。经世是推步，是一分为二，二分为四，四分为八，八分为十六，十六分为三十二，又从里面细推去。"茾。

○　又问："伯温解经世书如何？"先生曰："他也只是说将去，那里面精微曲折也未必晓得。当时康节只说与王某，不曾说与伯温。模样也知得那伯温不是好人。"义刚。

○　胡叔器答问经世书。"水火土石，雨（露风）〔风露〕雷，皆是相配得在。"又问："金生水，如石中出水，是否？"先生曰："那金是坚凝之物，到这里坚实后，自挤得水出来。"义刚。

○　因论皇极经世。曰："尧夫以数推，亦是心静知之。如董五经之类皆然。"曰："程先生云，须是用时知之。"曰："用则推测。"因举兴化妙应知未来之事。曰："如此又有术。"可学。

○　康节渔樵问对无名公序与一两篇书，次第将来刊成一集。茾。

○　舜弼问"天依地，地依气"。曰："恐人道下面有物。天行急，地阁在中。"可学。

○ "'天何依?'曰:'依乎地。''地何附?'曰:'附乎天。''天地何所依附?'曰:'自相依附。天依形,地依气。'"所以重复而言不出此意者,唯恐人于天地之外别寻去处故也。天地无外,所谓"其形有涯而其气无涯"也。为其气极紧,故能扛降得地住,不然则坠矣。外更须有躯壳,甚厚,所以固此气也。今之地动只是一处动,动亦不至远也。谟。

○ 问:"康节云'雨化物之走,风化物之飞,露化物之草,雷化物之木',此说是否?"曰:"想且是以大小推排匹配去。"问伊川云"露是金之气"。曰:"露自是有清肃底气象。古语云'露结为霜',今观之诚然。伊川云不然,不知何故。盖露与霜之气不同,露能滋物,霜能杀物也。又雪霜亦有异,霜则杀物,雪不能杀物也。雨与露亦不同,雨气昏,露气清。气蒸而为雨,如饭甑盖之,其气蒸郁而汗下淋漓;气蒸而为雾,如饭甑不盖,其气散而不收。雾与露亦微有异,露气肃而雾气昏也。"佃。

○ 人身是形耳,所具道理皆是形而上者,盖"人者天地之心也",康节所谓"一动一静之间,天地人之至妙者欤"。人杰。

○ "先天图如何移出方图在下?"先生云:"是某挑出。"泳。

○ 无极之前阴含阳也,有象之后阳分阴也,阳占却阴分数。文蔚。

○ 先生举邵康节语"性者道之形体,心者性之郭郭,身者心之区宇,物者身之舟车",曰:"此语好。虽说得粗,毕竟大概好。"文蔚。按闳祖录同而略,今附,云:"击壤集序云'性者'至'身之舟车'也说得好。"

○ 先生举邵子言"性者"至"舟车",问:"性如何是'道之形体'?"陈曰:"道是性中之理。"先生曰:"道统言,性是以己言之。"刘曰:"性,物我皆有。恐不可分别在己在物否?"曰:"须就己验之。若不验之己,如何知得有父子之亲,有君臣之义?'天叙有典',典是天底,须是自我验之,方知得'五典五惇'。'天秩有礼',这礼都是天底,自我验之,方知得'五礼有庸'。"又曰:"邵子说这处较之横渠'心统性情'说得又密,真不易之论。孟子之后并不见人说得依希似此,惟韩退之庶几近之。伊川谓'能将许大见识寻求',真个如此。王文中硬将古今事变来压捺恁地说,于道体元不曾见得。在汉只有个董仲舒,又说得多而不切。"问:"程子谓董仲舒见道不分明,如何"?曰:"也是鹘突。如云'性者生之质'、'性非教化不成',似不识性善底性。"寓。按陈淳录同而各有详略,今附,云:"先生举邵子曰'性者'至'舟车'问淳:'性如何是道之形体?'淳曰:'道是性中之理。'先生曰:'道是泛言,性是就自家身上说。道在事物之间,如何见得?只就这里验之,〔砥录作"反身而求"。〕性之所在则道之所在也。道是在物之理,性是己之理。然物之理都在我此理之中,道之骨子便是性。'刘问:'性,物我皆有,恐不可分在己在物否?'曰:'道虽无所不在,须是就己验之而(复)〔后〕见。如"父子有亲,君臣有义",若不就己验之,如何知得是本有?"天叙有典",〔典〕是天底,自我验之,方知得"五典五惇哉"。"天秩有礼",礼是天底,自我验之,方知得"五礼有庸"。'淳问:'心是郛郭,便包了性否?'先生首肯,曰:'是也。如横渠说"心统性情"之一句,乃不易之论。孟子说心许多,皆未有似此语端的。子细看,便见其他诸子等书皆无依稀似此。'"

○ 邵康节曰:"性者道之形体,其性伤则道亦从之矣;心者性之郛郭,其心伤则性亦从之矣;身者心之区宇,其身伤则心亦从之矣;物者身之舟车,其物伤则身亦从之矣。"至。

○ 正卿问:"邵子所谓'道之形体'如何?"曰:"诸先生说这道理,却不似邵子说得最着实。这个道理才说出,只是虚空,更无形影。

惟是说'性者道之形体',却见得实有。不须谈空说远,只反诸吾身求之,是实有这个道理,还是无这个道理?故尝为之说曰'欲知此道之实有者,当求之吾性分之内'。邵子忽地于击壤集序里自说出几句,云'身者心之区宇也,心者性之郛郭也,性者道之形体也,物者身之舟车也',最说得好。"贺孙。

○ 或问:"'性者道之形体',如何?"曰:"天之付与,其理本不可见,其总要却在此。盖人得之于天,理元无欠阙。只是其理却无形象,不于性上体认,如何知得?程子曰'其体谓之道,其用谓之神,而其理属之人则谓之性,其体属之人则谓之心,其用属之人则谓之情'。"祖道。

○ "性者道之形体。"今人只泛泛说得道,不曾见得性。 (文)〔元〕寿。

○ 问:"论心之理,邵子何以谓'道之形体'?"先生曰:"若只恁说,道则渺茫无据。如父子之仁、君臣之义,自是有个模样,所以为形体也。"谟。

○ "性者道之形体",此语甚好。道只恁悬空说,统而言之谓道。节。

○ "性者道之形体。"性自是体,道是行出见于用处。庚。

○ 陈才卿问"性者道之形体"。先生曰:"道是发用处,见于行者方谓之道。性是那道骨子。性是体,道是用。如云'率性之谓道'亦此意。"僴。

○　器之问中庸首三句。先生因举康节"性者道之形体"之语。器之云："若说'道者性之形体'却分晓。"先生曰："恁地看倒了。盖道者事物常行之路，皆出于性，则性是道之原。"木之曰："莫是性者道之体，道者性之用否?"曰："模样是如此。"木之。

○　方宾王以书问云："'心者性之郭郭'，当是言存主统摄处。"某谓："郭郭是包括，心具此理如郭郭中之有人。"先生曰："方说句慢。"问："以穷理为用心于外，谁说?"曰："是江西说。"又问："'发见'说话未是。如此则全赖此些时节，如何倚靠?"曰："湖南皆如此说。"曰："孟子告齐王乃是欲因而成就之，若只执此便不是。"曰："然。"又问："'谷种之必生如人之必仁'，如此却是以生譬仁。谷种之生乃生之理，乃得此生理以为仁。"曰："'必'当为'有'。"又解南轩"发是心体，无时而不发"，云："及其既发则当事而存，而为之宰者也。"某谓："心岂待发而为之宰?"曰："此一段强解。南轩说多差。"又曰："论胡文定说辄事，极看得好。"可学。

○　或诵康节诗云"若论先天一事无，后天方要着工夫"。先生问："如何是'一事无'?"对曰："出于自然，不用安排。"先生默然。广云："'一事无'处是太极。"先生曰："尝谓太极是个藏头底物事，重重推将去，更无尽期。有时看得来头痛。"广云："先生所谓'迎之而不见其首，随之而不见其后'，是也。"广。

○　问："康节所谓'一阳初动后，万物未生时'，这个时节莫是程子所谓'有善无恶，有是无非，有吉无凶'之时否?"先生良久，曰："也是如此。是那怵惕、恻隐方动而未发于外之时。"正淳云："此正康节所谓'一动一静之间'也。"曰："然。某尝谓康节之学与周子、程子所说小有不同。康节于那阴阳相接处看得分晓，故多举此处为说。不似周子说'无极而太极'与'五行一阴阳，阴阳一太极'，如此周遍。若如周子、程子之说，则康节所说在其中矣。康节是指贞、元之间言之，不似周子、程子说得活，'体用一源，显微无间'。"广。

○ 池阳士人何巨源以书问："邵子诗有曰'须探月窟方知物，未蹑天根岂识人'，又先生赞邵子有曰'手探月窟，足蹑天根'，莫只是阴阳否？"先生答之云："先天图自复至乾，阳也；自姤至坤，阴也。阳主人，阴主物。'手探''足蹑'亦无甚意义，但姤在上，复在下。上，故言'手探'；下，故言'足蹑'。"广。

○ 邵子"天地定位，否泰反类"一诗，正是发明先天方图之义。先天图传自希夷，希夷又自有所传。盖方士技术用以修炼，参同契所言是也。方子。

○ "三十六宫都是春"，易中二十八卦翻覆成五十六卦，唯有乾、坤、坎、离、大过、颐、小过、中孚八卦，反覆只是本卦。以二十八卦凑此八卦，故言"三十六"也。㝢。

○ "康节诗尽好看。"道夫问："旧无垢引心赞云'廓然心境大无伦，尽此规模有几人。我性即天天即性，莫于微处起经纶'，不知如何？"曰："是殆非康节之诗也。林少颖云朱内翰作，次第是子发也。"问："何以辨？"曰："若是真实见得，必不恁地张皇。"道夫曰："旧看此意，似与'性为万物之一原，而心不可以为限量'同。"曰："固是，但只是摸空说，无着实处也。如康节云'天向一中分造化，人从心上起经纶'，多少平易！实见得者自别。"又问"一中分造化"。曰："本是一个，而消息盈虚，便生阴阳。事事物物皆恁地有消便有息，有盈便有虚，有个面便有个背。"道夫曰："这便是自然，非人力之所能为者。"

曰："这便是生两仪之理。"道夫。又叶贺孙录云："'廓然心境大无伦'，此四句诗正如贫子说金，学佛者之论也。"

○ 邵尧夫诗"雪月风花未品题"，此言事物皆有造化。可学。

○ 康节曰"思虑未起，鬼神莫知，不由乎我，更由乎谁"。此间有术者，人来问事，心下默念则他说相应，不念则说不应。问姓几画，口中默数则他说便着，不数者说不着。淳。按黄义刚录同。

○ 康节诗云"幽暗岩崖生鬼魅，清平郊野见鸾（皇）〔凰〕"。圣人道其常，也只是就那光明处理会说与人。那幽暗处知得是有多少怪异！侗。

○ 先生诵康节诗曰"施为欲似千钧弩，磨砺当如百炼金"。或问："千钧弩如何？"曰："只是不妄发。如子房之在汉，谩说一句，当时承当者便须百碎。"道夫。

○ 康节之学，其骨髓在皇极经世，其花草便是诗。直卿云："其诗多说闲静乐底意思，太煞把做事了。"先生曰："这个未说圣人，只颜子之乐亦不恁地。看他诗篇篇只管说乐，次第乐得来厌了。圣人得底如吃饭相似，只饱而已。他却如吃酒。"又曰："他都是有个自私自利底意思，所以明道有'要之不可以治天下国家'之说。"道夫。

朱子语类卷第一百一

程子门人

总论

○ 问："程门谁真得其传?"曰："也不尽见得。如刘质夫、朱公掞、张思叔辈，又不见他文字。看程门诸公力量见识，比之康节、横渠，皆赶不上。"淳。按：黄义刚录同。

○ 吕与叔文集煞有好处。他文字极是实，说得好处如千兵万马，饱满优壮。上蔡虽有过当处，亦自是说得透。龟山文字却怯弱，似是合下会得易。一本止此。某尝说，看文字须似法家深刻方穷究得尽。某直是挤得下工! 闳祖。

○ 问："谢氏说多过，不如杨氏说最实。"答曰："尹氏语言最实，亦多是处，但看文字亦不可如此先怀权断于胸中。且如谢氏说，十分虽有九分是过处，其间亦有一分说得是恰好处，岂可先立下定说! 今且须虚心玩理。"大雅问："理如何玩则是?"答曰："今当以小说明之，如一人欲学相气色，其师与五色线一串，令入暗室中认之。云：'辨得此五色出，方能相气色也。'看圣人意旨，亦要如此精专方得之。到自得处，不从说来，虽人言亦不信。盖开导虽假人言，得处须是自得，人则无如之何也。孔子言语简，若欲得之，亦非用许多工夫不得。孟子之言多，若欲得之，亦合用许多工夫。孔子言简，故意广无失。孟子言多意长，前呼后唤，事理俱明，亦无失。若他人语多则有失。某今接士大夫答问多，转觉辞多无益。"大雅。

○ 谓思叔持守不及和靖，乃伊川语。非特为品藻二人，盖有深意。和靖举以语人亦非自是，乃欲人识得先生意耳。若以其自是之嫌而不言则大不是，将无处不窒碍矣。镐。按黄升卿录同而少异，今附，云："伊川言：'思叔持守不及和靖。'此有深意，和靖举以语人亦非自是，乃欲人识得先生意耳。若避自是之嫌而不言，则将无处不〔窒〕碍耳。"

○ 问尹和靖立朝议论。曰："和靖不观他书，只是持守得好。它语录中说涵养持守处分外亲切。有些朝廷文字多是吕稽中辈代作。"问："龟山先生立朝却有许多议论？"曰："龟山杂博，是读多少文字。"德明。

○ 问："郭冲晦何如人？"曰："西北人，气质重厚淳固，但见识不及。如兼山易中庸义多不可晓，不知伊川晚年接人是如何。"问："游杨诸公早见程子，后来语孟中庸说，先生犹或以为疏略，何也？"曰："游杨诸公皆才高，又博洽，略去二程先生〔处〕参较所疑及病败处，各能自去求。虽其说有疏略处，然皆通明，不似兼山辈，立论可骇也。"德明。

○ 问："程门诸公亲见二先生，往往多差互。如游定夫之说多入于释氏。龟山亦有分数。"曰："定夫极不济事。以某观之，二先生衣钵似无传之者。"又问："上蔡议论莫太过？"曰："上蔡好于事上理会理，却有过处。"又问："和靖专于主敬，集义处少。"曰："和靖主敬把得定，亦多近傍理。龟山说话颇浅狭。范淳夫虽平正而亦浅。"
又问："尝见震泽记善录，彼亲见伊川，何故如此之差?"曰："彼只
见伊川面耳。"曰："'中无倚着'之语莫亦有所自来?"曰："却是伊
川语。"<u>可学</u>。

○ "理学最难。可惜许多印行文字，其间无道理底甚多，虽伊洛
门人亦不免如此。如解中庸正说得数句好，下面便有数句走作无道理
了，不知是如何。旧尝看栾城集，见他文势甚好，近日看全无道理。如
<u>与刘原父书</u>说藏巧若拙处，前面说得尽好，后面却说怕人来磨我，且恁
地鹘突去，要他不来，便不成说话。又如<u>苏东坡</u> 忠厚之至论说'举而
归之于仁'，便是不奈他何，只恁地做个鹘突了。二<u>苏</u>说话多是如此。
此题目全在'疑'字上。谓如有人似有功又似无功，不分晓，只是从有
功处重之。有人似有罪又似无罪，不分晓，只从无罪处轻之。若是功罪
分明，定是行赏罚不可毫发轻重，而今说'举而归之于仁'，更无理
会。"或举老<u>苏</u> 五经论，先生曰："说得圣人都是用术了。"<u>明作</u>。

○ "<u>游</u> <u>杨</u> <u>谢</u>诸公当时已与其师不相似，却似别立一家。谢氏发明
得较精彩，然多不稳贴。和靖语却实，然意短，不似谢氏发越。龟山语
录与自作文又不相似，其文大故照管不到，前面说如此，后面又都反
了。缘他只依傍语句去，皆是不透。龟山年高。<u>与叔年四十七</u>，他文字
大纲立得脚来健，(多有)〔有多〕处说得好，又切，若有寿必煞进。<u>游
定夫</u>学无人传，无语录。他晚年嗜佛，在江湖居，多有尼出入其门。他
眼前分晓，信得及底尽践履得到，其变化出入处看不出，便从释去，亦
是不透。和靖在<u>虎丘</u>，每旦起顶戴佛。<u>郑曰："亦念金刚经。"</u>他因<u>赵</u>相入
侍讲，那时都说不出，都奈何不得。人责他事业，答曰：'每日只讲两
行书，如何做得致君泽民事业?'<u>高宗</u>问：'<u>程</u>某道<u>孟子</u>如何?'答曰：
'<u>程</u>某不敢疑<u>孟子</u>。'如此则是<u>孟子</u>亦有可疑处，只不敢疑尔。此处更当

下两语，却住了。他也因经患难后，心神耗了。龟山那时亦不应出。侯师圣太粗疏，李先生甚轻之。其来延平看亲，罗仲素往见之，坐少时不得，只管要行。此亦可见其粗疏处。张思叔敏似和靖，伊川称其朴茂，然亦狭，无展拓气象。收得他杂文五六篇，其诗都似禅，缘他初是行者出身。郭冲晦有易文字，说易卦都从变上推，间一二卦推得，岂可却要如此？近多有文字出，无可观。周恭叔、谢用休、赵彦道、鲍若雨，那时温州多有人，然都无立作。王信伯乖。"郑问："它说'中无倚着'，又不取龟山'不偏'说，何也？"先生曰："他谓中无偏倚，故不取'不偏'说。"郑曰："胡文定只上蔡处讲得些子来，议论全似上蔡。如"获麟以天自处"等。曾渐又胡文定处讲得些子。"先生曰："文定爱将圣人道理张大说，都是勉强如此，不是自然流出。曾渐多是禅。"淳。

○ 伊川之门，谢上蔡自禅门来，其说亦有差。张思叔最后进，然深惜其早世，使天予之年，殆不可量。其他门人多出仕宦四方，研磨亦少。杨龟山最老，其所得亦深。谦。

○ 程门弟子亲炙伊川，亦自多错。盖合下见得不尽，或后来放倒。盖此理无形体，故易差，有百般渗漏。去伪。

○ 蔡云："不知伊川门人如此其众，何故后来更无一人见得亲切？"或云："游杨亦不久亲炙。"曰："也是诸人无头无尾，不曾尽心在上面也。各家去奔走仕宦，所以不能理会得透。如邵康节从头到尾极终身之力而后得之，虽其不能无偏，然就他这道理，所谓'成而安'矣。如茂叔先生资禀便较高，他也去仕宦，只他这所学自是从合下直到后来，所以有成。某看来，这道理若不是挤生尽死去理会，终不解得。书曰'若药不瞑眩，厥疾不瘳'，须是吃些苦极方始得。"蔡云："上蔡也杂佛老。"曰："只他见识又高。"蔡云："上蔡老氏之学多，龟山佛氏之说多，游氏只杂佛，吕与叔高于诸公。"曰："然。这大段有筋骨，惜其早死，若不早死，也须理会得到。"蔡又因说律管，云："伊川何不理会？想亦不及理会，还无人相共理会？然康节所理会，伊川亦不理会。"曰："便是伊川不肯理会这般所在。"贺孙。

○　游、杨、谢三君子初皆学禅。后来余（禅）〔习〕犹在，故学之者多流于禅。游先生大是禅学。德明。

○　看道理不可不子细。程门高弟如谢上蔡、游定夫、杨龟山辈，下梢皆入禅学去。必是程先生当初说得高了，他门只睹见上一截，少下面着实工夫，故流弊至此。淳。

○　〔一〕日论伊川门人，云："多流入释氏。"文蔚曰："只是游定夫如此，恐龟山辈不如此。"曰："只论语序便可见。"文蔚。

○　古之圣贤未尝说无形影语，近世方有此等议〔论〕。盖见异端好说玄说妙，思有以胜之，故亦去玄妙上寻，不知此正是他病处。如孟子说"反身而诚"，本是平实，伊川亦说得分明，后来人说时便如空人打个巾斗。然方记录伊川元不错，及自说出来便如此，必是闻伊川说时实不得其意耳。伯丰。

○　今之学者往往多归异教者，何故？盖为自家这里工夫有欠缺处。他缘奈何这心不下，没理会处。又见自家这里说得来疏略，无个好药方治得也没奈何底心。而禅者之说则以为有个悟门，一朝得入则前后际断，说得恁地见成捷快，如何不随他去？此是他实要心性上理会了如此，他却不知道自家这里有个道理，不必外求而此心自然各止其所。非独如今学者，便是程门高弟，看他说那做工夫处往往不精切。人心"操则存，舍则亡"，须是常存得，"造次颠沛必于是"，不可有一息间断。于未发之前须是得这虚明之本体分晓，及至应事接物时只以此处之，自然有个界限节制，凑着那天然恰好处。广。

吕与叔

○ 先生曰："吕与叔惜乎寿不永，如天假之年，必所见又别。程子称其'深潜缜密'，可见他资质好，又能涵养。某若只如吕年，亦不见得到此田地矣。'五福'说寿为先者，此也。"〔友仁。〕

○ 吕与叔本是个刚底气质，涵养得到如此。故圣人以刚之德为君子，柔为小人。若有其刚矣，须除去那刚之病，全其为刚之德，相次可以为学。若不刚，终是不能成。〔有为而言。〕卓。

○ 吕与叔论颜子等处极好。龟山云云。未是。可学。

○ 吕与叔云"未发之前，心体昭昭具在"，伊川不破此说。德明。

○ 吕与叔克己铭不合以己与物对说。谟。

○ 吕与叔集中有与张天骥书。是天骥得一书与他云："我心广大如天地，视其形体之身但如蝼蚁。"此也不足辨，但偶然是有此书。张天骥便是东坡与他放鹤亭记者，即云龙处士，徐州人。心广大后方能体万物，盖心广大则包得那万物过，故能体此。"体"乃"体群臣"之"体"。义刚。

○　吕与叔有一段说轮回。<u>可学</u>。

谢显道

○　<u>上蔡</u>高迈卓绝，言论宏肆，善开发人。<u>若海</u>。

○　<u>上蔡</u>语虽不能无过，然都是确实做工夫来。<u>道夫</u>。

○　<u>道夫</u>问："<u>上蔡</u>谓'礼乐之道，异用而同体'，还是同出于情性之正，还是出于敬?"曰："礼主于敬，敬则和，这便是他同体处。"<u>道夫</u>。

○　<u>伯羽</u>问："谢氏'礼乐之道，异用同体'，如何?"曰："礼主于敬，乐主于和，此异用也；皆本之于一心，是同体也。然敬与和亦只一事。自"皆本"以下至此，刘砥作"却只是一事，都从这里发出则其体同矣"。敬则和，和则自然敬。"<u>仲思</u>问："敬固能和，和如何能敬?"曰："和是碎底敬，敬是合聚底和。盖发出来无不中节便是和处。〔砥录云："发出来和，无不中节，便是处处敬。"〕敬与和犹'小德川流，大德敦化'。"<u>伯羽</u>。按刘砥录同而少异。又，<u>陈淳</u>问云："先生常云'敬是合聚底和，和是碎底敬'，是以敬对和而言否?"曰："然。敬只是一个敬，无二个敬，二便不敬矣。和便事都要和，这里也恰好，那里也恰好；这处也中节，那处也中节。若一处不和，便不是和矣。敬是'喜怒哀乐未发之中'，和是'发而皆中节之和'，才敬便自然和。如敬，在这里坐便自有个氤氲磅礴气象。"

○　<u>童</u>问："<u>上蔡</u>云'礼乐异用而同体'，是心为体，敬和为用。<u>集</u>

注又云敬为体，和为用。其不同，何也?"曰："自心而言，则心为体，敬和为用；以敬对和而言，则敬为体，和为用。大抵（使）〔体〕用无尽时，只管恁地移将去。如自南而视北，则北为北，南为南；移向北立，则北中又自有南北。体用无定，这处则体用在这里，那处则体用在那里。这道理尽无穷，四方八面无不是，千头万绪相贯串。"以指旋，曰："分明一层了又一层，横说也如此，竖说也如此，翻来覆去说都如此。如以两仪言，则太极是太极，两仪是用；以四象言，则两仪是太极，四象是用；以八卦言，则四象又是太极，八卦又是用。"淳。

○ 问："礼乐同体，是敬与和同出于一理否?"曰："敬与和同出于一心。"曰："谓一理，如何?"曰："理亦说得，然言心却亲切。敬与和皆是心做。""和〔是〕在事（是）否?"曰："和亦不是在事，在心而见于事。"方子。

○ 上蔡曰"人不可无根"，便是难。所谓根者，只管看便是根，不是外面别讨个根来。一贯，读书须是知贯通处，东边西边都触着这关捩子方得。

○ 上蔡云"释氏所谓性，犹吾儒所谓心；释氏所谓心，犹吾儒所谓意"，此说好。闳祖。

○ 问："人之病痛不一，各随所偏处去。上蔡才高，所以病痛尽在'矜'字?"答曰："此说是。"人杰。

○ 谢氏谓去得"矜"字。后来矜依旧在，说道理爱扬扬地。淳。

○ 上蔡言"无穷者，要当会之以神"，是说得过当。只是于训诂处寻绎践履去，自然"下学上达"。贺孙。

○ 上蔡云"诚是实理"，不是专〔说是理〕。后人便只于理上说，不于心上说，未是。可学。

○ 国秀问："上蔡说横渠以礼教人，其门人下梢头低，只溺于形名度数之间，行得来困，无所见处。这如何？"曰："观上蔡说得又自偏了。这都看不得礼之大体，所以都易得偏。如上蔡说横渠之非，以为'欲得正容谨节'，这自是好，如何废这个得？如要去理会形名度数固不得，又全废了这个也不得。如上蔡说，便非曾子'笾豆则有司存'，本末并见之意。后世如有作者，必不专泥于形名度数，亦只整顿其大体。如孟子在战国时已自见得许多琐碎不可行，故说丧服、经界诸处只是理会大体，此便是后来要行古礼之法。"贺孙。

○ 问："上蔡说佛氏目视耳听一段，比其它说佛处，此最当。"曰："固是，但不知渠说本体是何？性若不指理却错了。"可学。

○ 问上蔡"学佛欲免轮回"一段。曰："答辞似不甚切。"可学。

○ 上蔡观复斋记中说道理，皆是禅学底意思。淳。

○ 因论上蔡语录中数处。"如云'见此消息，不下工夫'之类，乃是谓佛儒本同，而所以不同但是下截耳。龟山亦如此。"某谓明道云"以吾观于佛，疑于无异，然而不同"。曰："上蔡有观复堂记，云庄列之徒云云，言如此则是圣人与庄列同，只是言有多寡耳。观它说复又却与伊川异，似以静处为复。湖州刻伊川易传，后有谢跋，云非全书，伊川尝约门人相聚共改，未及而没。使当初若经他改，岂不错了？龟山又有一书，亦改删伊川易。遗书中谢记有一段，下注云'郑毂亲见'。毂尝云：'曾见上蔡每说话，必覆巾掀髯攘臂。'〔方录云："郑毂言：'上蔡平日说话到轩举处，必反巾揎袖以见精采。'"〕某曰："若他与朱子发说论语，大抵是如此。"曰："以此语学者，不知使之从何入头。"可学。

○ 如今人说道爱从高妙处说，便说入禅去，自谢显道以来已然。向时有一陈司业，名可中，专一好如此说。如说如何是伊尹乐尧、舜之道，他便去下面下一语云"江上一犁春雨"。如此等类煞有，亦煞有人从它。只是不靠实，自是说他一般话。谦。

杨中立

○ 龟山天资高，朴实简易，然所见一定，更不须穷究。某尝谓这般人皆是天资出人，非假学力。如龟山极是简易，衣服也只据见定。终日坐在门限上，人犯之亦不校。其简易率皆如此。道夫。〔㮚尝闻先生云："坐在门外石坐子上。"今云"门限"，记之误也。方录云："龟山有时坐门限上。李先生云：'某即断不敢。'"〕

○ 喜怒哀乐未发，龟山"敬而无失"之说甚好。闳祖。

○ 问："龟山云'消息盈虚，天且不能暴为之，去小人亦不可骤'，如何？"曰："只看时如何，不可执。天亦有迅雷风烈之时。"德明。

○ 又言："龟山先生少年未见伊川时，先去看庄列等文字。后来虽见伊川，然而此念熟了，不觉时发出来。游定夫尤甚。罗仲素时复亦有此意。"恪。

○ "龟山往来太学，过庐山见常总。总亦南剑人也，与龟山论性，谓本然之善不与恶对。后胡文定得其说于龟山，至今诸胡谓本然之善不与恶对，与恶为对者又别有一善。常总之言初未为失，若论本然之性，只一味是善，安得恶来？人自去坏了便是恶，既有恶便与善为对。今他却说有不与恶对底善，又有与恶对底善。如近年郭子和九图便是如此见识，上面书一圈子写'性善'字，从此牵下两边，有善有恶。"或云："恐文定当来未甚有差，后来传袭节次讹舛。"曰："看他说'善者赞美之词，不与恶对'，已自差异。"文蔚。

○ 理不外物，若以物便为道则不可。如龟山云"寒衣饥食、出作入息无非道。'伊尹耕于有莘之野，以乐尧舜之道'，夫尧舜之道岂有物可玩哉？即'耕于有莘之野'是已"，恁地说却有病。物只是物，所以为物之理乃道也。闳祖。

○ 龟山言"'天命之谓性'，人欲非性也"。天命之善本是无人欲，不必如此立说。胡子知言云"天理人欲，同体而异用，同行而异情"，自是它全错看了。德明。

○ 问："横浦语录载张子韶戒杀，不食蟹。高抑崇相对，故食之。龟山云：'子韶不杀，抑崇故杀，不可。'抑崇退，龟山问子韶：'周公何如人？'对曰：'仁人。'曰：'周公驱猛兽，兼夷狄，灭国者五十，何尝不杀？亦去不仁以行其仁耳。'"先生云："此特见其非不杀耳，犹有未尽。须知上古圣人制为罔罟佃渔，食禽兽之肉，但'君子远庖厨'，不暴殄天物。须如此说方切事情。"德明。

○ 草堂先生及识元城刘器之、杨龟山。龟山之出，时已七十岁，却是从蔡攸荐出。他那时却是觉得这边扶持不得，事势也极，故要附此边人，所以荐龟山。初缘蔡攸与蔡子应说，令其荐举人才，答云："太师用人甚广，又要讨甚么人？"曰："缘都是势利之徒，恐缓急不可用。公知有山林之人，可见告便。"他说："某只知乡人，鼓山下张鼐，字柔直，其人甚好。"蔡攸曰："家间子侄未有人教，可屈他来否？"此人即以告张，张即从之。及教其子弟，俨然正师、弟子之分，异于前人。得一日，忽开谕其子弟以奔走之事，其子弟骇愕，即告之曰："若有贼来，先及汝等，汝等能走乎？"子弟益惊骇，谓先生失心，以告老蔡。老蔡因悟曰："不然，他说得是。"盖京父子此时要唤许多好人出，已知事变必至，即请张公。叩之，张言："天下事势至此已不可救，势只得且收举几个贤人出，以为缓急倚恃耳。"即令张公荐人，张公于是荐许多人，龟山在一人之数。今龟山墓志云"会有人告大臣以天下将变，宜急举贤以存国，于是公出"，正谓此。张后为某州县丞，到任，即知虏人入寇必有自海道至者，于是买木为造船之备。逾时果然。虏自海入寇，科州县造舟，仓卒扰扰，油灰木材莫不踊贵。独张公素备，不劳而办。以此见知于帅宪，即辟知南剑。会叶铁入寇，民人大恐。他即告谕安存之，即率城中诸富家令出钱米，沽酒、买肉为蒸糊之类。遂分民兵作三替，逐替燕犒酒食，授以兵器，先一替出城与贼接战，即犒第二替出，先替未倦而后替即得助之。民大喜，遂射杀贼首。富民中有识叶铁者即厚劳之，勿令执兵，只令执长枪，上悬白旗，令见叶铁即以白旗指向之。众人上了弩，即其所指而发，遂中之。后都统任某欲争功，亦让与之。其余诸盗却得都统之力，放贼之叔父以成反间。贺孙。按李儒用录同而各有详略，今附，云："问龟山出处之详。曰：'蔡元长晚岁渐觉事势狼狈，亦有隐忧。其从子应之〔文蔚录云：君谟之孙，与他叙谱。〕自兴化来，因访问近日有甚人才。应之愕然，曰："今天下人才尽在太师陶铸中，某何人，敢当此问？"元长曰："不然。觉得目前尽是面谀脱取官职去做底人，恐山林间有人材，欲得知。"应之曰："太师之间及此，则某不敢不对。福州有张嵲，字柔直者，抱负不苟。"嵲平日与应之相好，时适赴吏部，应之因举其人以告之。元长遂宾致之为塾客，然亦未暇与之相接。柔直以师道自尊，待诸子严厉异于他客，诸子已不能堪。一日，呼之来前，曰："汝曹曾学走乎？"诸子曰："某寻常闻先生长者之教，但令缓行。"柔直曰："天下被汝翁作坏了。（非）〔早〕晚贼发（大）〔火〕起，首先到汝家。若学得走，缓急可以逃死。"诸子大惊，走告其父，曰："先生忽心恙"云云如此。元长闻之，矍然曰："此非汝之所得知也。"即入书院与柔直倾倒，因访策焉。柔直曰："今日救时已是迟了，只有收拾人才是第一义。"元长因叩其所知，遂以龟山为对。龟山自是始有召命。今龟山墓志中有"是时天下多故，或说当世贵人以为事至此必败，宜引耆德老成置诸左右开道上意"（者云）〔云者〕，盖为是也。柔直后守南剑，设方略以拒范汝为，全活一城，甚得百姓心。其去行在所也，买冠梳杂碎之物不可胜数，从者莫测其所以。后过南剑，老稚迎拜者相属于道。柔直一一拊劳之，具以所置物分遗。至今庙食郡中。'"〔陈德本云："柔直与李丞相极厚善。其卒也，丞相以诗哭之云'中原未恢复，天乃丧斯人！'"儒用按：乡先生罗祕丞曰录："柔直尝知鼎州。祕丞罢舒州士曹，避地于乡之石牛寨，与之素昧平生。时方道梗，柔直才入湖南，乃宛转寄诗存问，云：'曾闻避世门金马，何事投身寨石牛！千里重湖方鼎沸，可能同上岳阳楼？'"则其汲汲人物之意，亦可见矣。是诗夷坚志亦载，但以为袁司谏作，非也。又按玉溪文集云"柔直尝知赣州，招降盗贼"云。〕

○　论及龟山先生曰："龟山弹蔡京，也是，只不迅速。"林择之曰："龟山晚出一节亦不是。"先生曰："也不干晚出事，若出来做得事也无妨。他性慢，看道理也如此。平常处看得好，紧要处却放缓了。做事都涣散无伦理。将乐人性急粗率，龟山却恁宽平。此是间出，然其粗率处依旧有土风在。"义刚。按陈淳录同。

○　或问："龟山晚年出处不可晓，其召也以蔡京，然在朝亦无大建明。"曰："以今观之，则可以追咎当时无大建明。若自家处之，不知当时所当建明者何事？"或云："不过择将相为急。"曰："也只好说，不知当时事势如何。择将相固是急，然不知当时有甚人可做。当时将只说种师道，相只说李伯纪，然固皆尝用之矣。又况自家言之，彼亦未便见听。据当时势亦无可为者，不知有大圣贤之才如何尔。"佩。

○ 问："龟山晚年出得是否？"曰："出如何不是？只看出得如何。当初若能有所建明而出，则胜于不出。"曰："渠用蔡攸荐，亦未是。"曰："亦不妨，但当时事急，且要速得一好人出来救之，只是出得来不济事耳。观渠为谏官，将去犹惓惓于一对，已而不得对。及观其所言，第一正心、诚意，意欲上推诚待宰执；第二理会东南纲运。当时宰执皆庸缪之流，待亦不可，不待亦不可，不告以穷理而告以正心、诚意。贼在城外，道途正梗，纵有东南纲运，安能达？所谓'虽有粟，安得而食诸'！当危急之时，人所属望，而着数乃如此。所以使世上一等人笑儒者以为不足用，正坐此耳。"问："围城时李伯纪如何？"曰："当时不使他更谁使？士气至此消索无余，它人皆不肯向前。惟有渠尚不顾死，且得倚仗之。"问："姚平仲劫寨事是谁发？"曰："人皆归罪伯纪，此乃是平仲之谋。姚、种皆西方将家。师道已立功，平仲耻之，故欲以奇功取胜（之）。〔及〕劫不胜，钦庙亲批令伯纪策应。或云当时若再劫可胜，但无人敢主张。"问："种师中河东之死，或者亦归罪伯纪。"曰："不然。尝亲见一将官说师中之败乃是为流矢所中，非战败，渠亲见之，甚可怪。如种师道方为枢密，朝廷倚重，遽死，此亦是气数。伯纪初管御营，钦庙授以空名告身，自观察使以下使之自补。师退，只用一二小使臣诰。御批云：'大臣作福作威，渐不可长。'及遣救河东，伯纪度势不可，辞不行，御批云：'身为大臣，迁延避事。'是时许崧老为右丞，与伯纪善，书'杜邮'二字与之，伯纪悟，遂行。当危急时反为奸臣所使，岂能做事？"问："种师道果可倚仗否？"曰："师道为人口讷，语言不能出。上问和亲，曰：'臣执干戈以卫社稷，不知其他。'遂去，不能反覆力执。大抵是时在上者无定说，朝变夕改，纵有好人，亦做不得事。"<u>可学</u>。

○ <u>道夫</u>问："<u>龟山</u>晚岁一出，为士诟骂，果有之否?"曰："他当时一出，追夺<u>荆公</u>王爵，罢配享夫子，且欲毁劈<u>三经</u>板。士子不乐，遂相与聚，问<u>三经</u>有何不可，辄欲毁之？当时<u>龟山</u>亦谨避之。"问："或者疑<u>龟山</u>此出为无补于事，徒尔纷纷；或以为大贤出处不可以此议，如何?"曰："<u>龟山</u>此行固是有病，但只后人又何曾梦到他地位在。惟<u>胡文定</u>以<u>柳下惠</u>'援而<u>止</u>之而止'比之，极好。"<u>道夫</u>。

○ <u>龟山</u>之出，人多议之。惟<u>胡文定</u>公之言曰"当时若能听用，决须救得一半"，此语最公。盖<u>龟山</u>当此时虽负重名，亦无杀活手段。若谓其怀<u>蔡氏</u>汲引之恩，力庇其子，至有"谨勿击<u>居安</u>"之语，则诬矣。幸而此言出于<u>孙觌</u>，人自不信。<u>儒用</u>。

○ 坐客问<u>龟山</u>先生立朝事。先生曰："<u>胡文定</u>论得好：'朝廷若委<u>吴元忠</u>辈推行其说，决须救得一半，不至如后来狼狈。'然当时国势已如此，虏初退后便须急急理会，如救焚拯溺。诸公今日论<u>蔡京</u>，明日论<u>王黼</u>，当时奸党各已行遣了，只管理会不休，担阁了日子。如<u>吴元忠</u>、<u>李伯纪</u>向来亦是<u>蔡京</u>引用，免不得略遮庇，只管吃〔人〕议论。<u>龟山</u>亦被<u>孙觌</u>辈窘扰。"〔<u>德明</u>。〕

○ <u>龟山</u>铭志不载<u>高丽</u>事。他引<u>欧公</u>作<u>梅圣俞</u>墓志不载<u>希文</u>诗事，辨得甚好。"孰能识车中之状，意欲施〔之〕事"，见<u>韩诗外传</u>。<u>道夫</u>。

○ <u>伯夷</u>微似<u>老子</u>。<u>胡文定</u>作<u>龟山</u>先生墓志，主张<u>龟山</u>似<u>柳下惠</u>，看来是如此。<u>僴</u>。

游定夫

○ 胡氏记侯师圣语曰"仁如一元之气，化育流行，无一息间断"。此说好。闳祖。

○ 游定夫有论语要旨。"天下归仁"引庞居士，云云。黄简肃亲见其手笔。闳祖。

尹彦明

○ 尹和靖在程门直是十分钝底，被他只就一个"敬"字上做工夫，终被他做得成。节。按石余庆录同。

○ 尹和靖守得紧，但不活。盖卿。

○ 尹和靖才短，说不出，只紧守伊川之说。去伪。

○ 和靖持守有余而格物未至，故所见不精明，无活法。升卿。

○ 自其上者言之有明未尽处，自其下者言之有明得一半，便谓只是如此。尹氏亦只是明得一半，便谓二程之教止此，孔孟之道亦只是如此。惟是中人之性，常常要着力照管自家这心要常在。须是穷得透彻方是。<u>敬仲</u>。

○ 尹<u>和靖</u>守得谨，见得不甚透。如俗语说，他只是"抱得一个不哭底孩儿"。<u>义刚</u>。按陈淳录同。

○ 问："<u>和靖</u>言'先生教人只是专令用"敬以直内"'一段，未尽。"曰："<u>和靖</u>才力短，<u>伊川</u>就上成就它，它亦据其所闻而守之，便以为是。"<u>可学</u>。

○ <u>王德修</u>相见。先生问<u>德修</u>："<u>和靖</u>大概接引学者话头如何?"<u>德修</u>曰："先生只云'在力行'。"曰："力行以前更有甚工夫?"<u>德修</u>曰："尊其所闻，行其所知。"曰："须是知得方始行得。"<u>德修</u>曰："自'吾十有五而志于学'，以至'从心所欲不逾矩'，皆是说行。"曰："便是先知了，然后志学。"<u>文蔚</u>。

○ "人之所畏，不得不畏"，此是<u>和靖</u>见未透处，亦是<u>和靖</u>不肯自欺屈强妄作处。<u>镳</u>。

○ <u>王德修</u>云："亲闻<u>和靖</u>说'惟送死可以当大事'，曰：'亲之生也，好恶取舍得以言焉。及其死也，好恶取舍无得而言。当是时，亲之心即子之心，子之心即亲之心，故曰"惟送死可以当大事"。'"先生云："亦说得好。"<u>闳祖</u>。

○ <u>和靖</u>与<u>杨畏</u>答问一段语殊无血脉，谓非本语，极是。<u>龟山</u>说得固佳，然亦出于<u>程子</u>"羁勒以御马而不以制牛，胡不乘牛而服马"之说。<u>镳</u>。

○ 问："'天地设位，而易行乎其中矣'，<u>和靖</u>言行录云'易行乎其中，圣人纯亦不已处'，莫说得太拘？<u>文蔚</u>所见，'天地设位，而易行乎其中矣'，如言'天高地下，万物散殊'，而礼制行乎其中，无适而非也。今只言'圣人纯亦不已'，莫太拘了？"曰："亦不是拘，他说得不是。阴阳升降便是易。易者，阴阳是也。"<u>文蔚</u>。

○ <u>王德修</u>言，一日早起见<u>和靖</u>。使人传语，令且坐，候看经了相见。少顷<u>和靖</u>出。某问曰："先生看甚经？"曰："看<u>光明经</u>。"某问："先生何故看<u>光明经</u>？"曰："老母临终时令每日看此经一部，今不敢违老母之命。"先生曰："此便是平日阙却那'谕父母于道'一节，便致得如此。"<u>文蔚</u>。

李先之

○ <u>李朴</u>先之大概是能尊尚道学，但恐其气刚，亦未能逊志于学问。<u>道夫</u>。

黄履邢恕

○ 问："<u>黄履</u>、<u>邢恕</u>少居太学，<u>邢</u>固俊拔，<u>黄</u>亦谨厚力学，后来二人却如此狼狈。"曰："它固会读书，只是自做人不好。然<u>黄</u>却是个白直底人，只是昏愚无见识，又爱官职，故为<u>邢</u>所诱坏。<u>邢</u>则有意于为恶，又济之以才，故罪过多。"<u>㡈</u>。

朱子语类卷第一百二

罗胡门人

罗氏门人

李愿中

○ <u>李先生</u>终日危坐而神彩精明，略无陨堕之气。_{升卿。}

○ 问<u>延平</u>先生言行。曰："他却不曾著书，充养得极好。凡为学也不过是恁地涵养将去，初无异义。只是先生（粹）〔晬〕面盎背，自然不可及。"_{道夫。}

○ <u>李延平</u>初间也是豪迈底人，到后来也是磨琢之功。在乡若不异于常人，乡曲以上底人只道他是个善人。他也略不与人说，待问了方与说。_{贺孙。}

○ 或问："近见<u>廖子晦</u>言，今年见先生，问<u>延平</u>先生'静坐'之说，先生颇不以为然，不知如何？"曰："这事难说。静坐理会道理自不妨，只是讨要静坐则不可。只是理会得道理明透，自然是静。今人都是讨静坐以省事，则不可。尝见<u>李先生</u>说：'旧见<u>罗先生</u>说<u>春秋</u>，颇觉不

甚好。不知到罗浮静极后又理会得如何。'是时罗已死。某心常疑之。以
今观之是如此。盖心下热闹,如何看得道理出?须是静,方看得出。所
谓静坐,只是打叠得心下无事则道理始出,道理既出则心下愈明静
矣。"偁。

○ 行夫问李先生谓"常存此心,勿为事物所胜"。先生答之云云。
顷之,复曰:"李先生涵养得自是别,真所谓不为事物所胜者。古人云,
终日无疾言遽色,他真个是如此。如寻常人去近处必徐行,出远处行必
稍急。先生出近处也如此,出远处亦只如此。寻常人叫一人,叫之一二
声不至则声必厉,先生叫之不至,声不加于前也。又如坐处壁间有字,
某每常亦须起头一看。若先生则不然,方其坐时固不看也,若是欲看,
则必起就壁下视之。其不为事物所胜大率若此。常闻先生后生时极豪
迈,一饮必数十杯。醉则好驰马,一骤三二十里不回。后来却收〔拾〕
得恁地醇粹,所以难及。"道夫。

○ 问:"先生所作李先生行状云'终日危坐以验夫喜怒哀乐之前
气象为如何,而求所谓中者',与伊川之说若不相似。"曰:"这处是旧
日下得语太重,今以伊川之语格之,则其下工夫处亦是有些子偏。只是
被李先生静得极了,便自见得是有个觉处,不似别人。今终日危坐只是
且收敛在此,胜如奔驰。若一向如此,又似坐禅入定。"贺孙。

○ 淳问:"延平欲于未发之前观其气象,此与杨氏体〔验〕于未
发之前者异同如何?"曰:"这个亦有些病。那'体验'字是有个思量
了,便是已发。若观时恁着意看,便也是已发。"问:"此体验是着意
观?只恁平常否?"曰:"此亦是以不观观之。"淳。

○ 或问:"延平先生何故验于喜怒哀乐未发之前而求所谓中?"

曰："只是要见气象。"淳。

○ 后之曰："持守良久亦可见未发气象。"曰："延平即是此意。若一向这里又差从释去。"升卿。

○ 李先生说："人心中大段恶念却易制伏。最是那不大段计利害、乍往乍来底念虑，相续不断，难为驱除。"今看得来是如此。广。

○ 李先生云："看圣贤言语，但一踔看过便见道理者却是真意思。才着心去〔看〕便蹉过了多。"升卿。

胡氏门人

张敬夫

○ 敬夫高明，他将谓人都似他，才一说时便更不问人晓会与否，且要说尽他个。（做）〔故〕他门人敏底只学得他说话，若资质不逮，依旧无着摸。某则性钝，读书极是辛勤，故寻常与人言多不敢为高远之论。盖为一身曾亲经历过，故不敢以是责人尔。学记曰"进而不顾其安，使人不由其诚"，今教者之病多是如此。道夫。

○ 钦夫见识极高却不耐事，伯恭学耐事却有病。升卿。

○ 南轩 伯恭之学皆疏略，南轩疏略从高处去，伯恭疏略从卑处去。伯恭说道理与作为自是两件事，如云"仁义道德与度数刑政介然为两涂，不可相通"。他在时不曾见与某说，他死后诸门人弟子此等议论方渐渐说出来，乃云皆原于伯恭也。偭。

○　因说南轩做文序，曰："钦夫无文字不做序。"淳。

○　南轩说"端倪"两字极好。此两字却自人欲中生出来，人若无这些个秉彝，如何思量得要做好人！晦夫。

○　或问："南轩云'行之至则知益明，知既明则行益进'，此意如何？"先生曰："道理固是如此。学者工夫当并进，不可推泥牵连，下梢成两下担阁。然二者都要用功，则成就时二者自相资益矣。"铢。

○　问："南轩谓'动中见静方识此心'，如何是'动中见静'？"曰："'动中见静'便是程子所说'艮止'之意，释氏便言'定'，圣人只言'止'。敬夫却要将这个为'见天地之心'。复是静中见动，他又要动中见静，却倒说了。"淳。按徐寓同。

○　问："南轩与先生书，说'性善'者叹美之辞，如何？"曰："不必如此说。善只是自然纯粹之理。今人多以善与恶对说便不是。大凡人何尝不愿为好人而怕为恶人！"晦夫。

○　问："南轩解'子谓子产，有君子之道四焉'，将孟子'惠而不知为政'立两壁辨论，非特于本旨为赘，且使学者又生出一事。"答曰："钦夫最不可得，听人说话便肯改。如论语旧说，某与议论修来，多是此类。且如他向解颜渊'克己复礼'处，须说要先格物然后克己。某与说，克己一事自始学至成德，若未至'从心所欲，不逾矩'、'从容中道'时皆要克，岂可与如此说定？因作一戏语云：'譬如对先生长者听其格言至论，却嫌他说得未尽，云我更与他添些令尽。'彼当时闻此语即相从，除却先要格物一段。不意今又添出'自始学至成德皆要克'一段。此是某攻他病底药，病去则药自不用可也，今又更留取药在，却是去得一病又留取一病在。又如'述而不作'一处，他元说且先云：'彼老彭者何人哉，而反使吾夫子想象慕用？'某与说，此譬如吾夫子前面致恭尽礼于人，而吾辈乃奋怒攘臂于其后。他闻说即改，此类甚众。若孟子则未经修，为人传去印了，彼亦自悔。出仕后不曾看得文字，未及修孟子而卒。盖其间有大段害事者，如论性善处却着一片说入太极来，此类颇多。"大雅云："此书却好把与一般颓阘者看，以作其喜学之意。"答曰："此亦吕伯恭教人看上蔡语录之意，但既与他看了，候他稍知趋向，便与医了则得。"大雅。

○　先生问："曾看南轩论语否？"对曰："虽尝略看，未之熟也。"曰："南轩后来只修得此书。如孟子，竟无工夫改。"伯丰。

○　王壬问："南轩类聚言仁处，先生何故不欲其如此？"先生曰："便是工夫不可恁地。如此则气象促迫，不好。圣人说仁处固是紧要，不成不说仁处皆无用？亦须是从近看将去，优柔玩味，久之自有一个会处，方是工夫。如'博学、审问、谨思、明辨、笃行'，圣人须说'博学'，如何不教人便从谨独处做？须是说'礼仪三百，威仪三千'始得。"雄。

○　问："先生旧与南轩反覆论仁，后来毕竟合否？"曰："亦有〔一〕二处未合。敬夫说本出胡氏。胡氏之说惟敬夫独得之，其余门人皆不晓，但云当守师之说。向来往长沙，正与敬夫辨此。"可学。

○　〔叔器〕问："希颜录曾子书，亦要如此下工否？"曰："曾子事杂见他书，只要聚做一处看。颜子事亦只要在眼前，也不须恁地起模画样。〔而今紧要且看圣人是如何，常人是如何，自家因甚便不似圣人，因甚便只似常人。就此理会得，自是超凡入圣。〕"淳。〔义刚同。〕

○ 议南轩祭礼，曰："钦夫信忒猛，又学胡氏云云，有一般没人情底学问。尝谓钦夫曰：'改过不吝，从善如流，固好。然于事上也略审覆行，亦何害？'"南轩只以魏公继室配，又以时祭废俗祭，予屡言之。伯羽。

朱子语类卷第一百三
杨尹门人

杨氏门人

罗仲素

○ 罗仲素先生严毅清苦，殊可畏。道夫。

萧子庄

○ 先生问："浦城有萧先生顗，字子庄，受业于龟山之门，不知所得如何？"道夫遂以萧先生所答范公三书呈。先生曰："元来是个天资自好朴实头底人，初非学问之力。且如所谓'人能弘道'、'君子泰而不骄'、'君子坦荡荡'三者，那人举得本自不伦，他又却从而赞美之。也须思量道如何而能弘、如何而能泰与坦荡荡，却只恁说，教人从何处下手？况'人能弘道'本非此意。如他所说却是'士不可以不弘毅'、'执德不弘'，今却以'人能弘道'言之，自不干事。又如第二书言：'士之所志，舍仁义而何为哉？惟仁必欲熟，义必欲精。仁熟则造次颠沛有所不违，义精则利用安身而德崇矣。'此数句说得尽好，但仁固欲熟，义固欲精，也须道如何而能精，如何而能熟。却只随他在后面说，不知前面毕竟是如何。又如举**孟子**'不动心'、'养气'之说，皆是泛说。惟其如此，故人亦谓**伊川**也只恁地，所以豪杰之士皆傲睨不服。"又曰："据公所见，若有人问自家'仁必欲熟，义必欲精'两句，如何地答？这便是格物致知。"**道夫**曰："莫是克去己私以明天理，则仁自然熟，义自然精？"**先生**曰："此正**程先生**所谓'涵养必以敬，进学在致知'之意也。"**道夫**。

廖用中

○　或问为善为利处。因举**龟山**答**廖用中**书，名**刚**，**南剑**人。云："**龟山**说得鹘突，**用中**认得不子细，后来于利害便不能分别。绍兴间**秦老**当国，方主和议。**廖**有召命，自无所见，却去扣其平日所友善之人**郑邦达**。**邦达**初不经意，但言'和亦是好事'。**廖**到阙，即助和议，遂为中丞，幸而不肯为**秦**鹰犬。**秦**尝讽其论**赵丞相**，不从，迁工部尚书，迄以此去。"**儒用**。

○　**龟山**与**廖**尚书说义利事。**廖**云："义利却是天理人欲。"**龟山**曰："只怕贤错认，以利为义也。"后来被召主和议，果如**龟山**说。**廖**初举**郑厚**与某人，可见其贤此二人。二人皆要上恐脱"不"字。主和议。及**廖**被召，却不问此二人，却去与**叶孝先**商量〔，更辅之以□□〕。及为中丞，又荐**郑毂**。然**廖**终与**秦**不合而出，但初不能别义、利之分，亦是平时讲之不熟也。**郑博士**，某旧见之，年七十余，云尝见**上蔡先生**。先人甚敬之。**贺孙**。

胡德辉

○ 因说胡珵德辉所著文字，问德辉何如人。曰："先友也。晋陵人。曾从龟山游，故所记多龟山说话。能诗文，墨隶皆精好。尝见先人馆中唱和一卷，唯胡诗特佳。赵忠简公当国，与张嵲巨山同为史官。及赵公去位，张魏公独相，以为元祐未必全是，熙丰未必全非，遂擢何抢仲、李似表二人为史官。胡、张所修史皆标出，欲改之。胡、张遂求去。及忠简再入相，遂去何、李，依旧用胡、张为史官，成书奏上，弄得都成私意。"_{儒用}。

○ 又云："初，李伯纪丞相为宣抚使时，幕下宾客尽一时之秀。胡德辉、何晋之、翁士特诸人皆有文名，德辉尤蒙特顾。诸将每有禀议，正纷挈辨说之际，诸公必厉声曰：'且听大丞相处分！'诸将遂无语。看来文士也是误人，盖真个能者未必能言。文士虽未必能，却又口中说得，笔下写得，真足以动人闻听。多至败事者，此也。"_{儒用}。

胡康侯_{虽非门人，而尝见龟山，当附五峰之前}

○ 或问："胡文定公之学与董仲舒如何？"曰："文定却信'得于己者可以施于人，学于古者可以行于今'。其他人皆谓'得于己者不可施于人，学于古者不可行于今'，所以浅陋。然文定比似仲舒较浅，仲舒比似古人又浅。"又曰："仲舒识得本源，如云'正心修身可以治国平天下'，如说'仁义礼乐皆其具'，此等说话皆好。若陆宣公之论事却精密，第恐本原处不如仲舒。然仲舒施之临事，又却恐不如宣公也。"_{学蒙}。

○ 胡文定说孟子"知言，知至也；养气，诚意也"，亦自说得好。木之。

○ 胡文定"一尊菩萨"乃戏言，此语不庄。义刚。按陈淳录同。

胡仁仲 又从侯师圣

○ 五峰善思，然思过处亦有之。道夫。

○ 东莱云："知言胜似正蒙。"先生曰："盖后出者巧也。"方子。
〔振录云："正蒙规摹大，知言小。"〕

○ 做出那事便是这里有那理，凡天地生出那物，便都是那里有那理。五峰谓"性立天下之有"，说得好。"情效天下之动"，"效"如效死、效力之"效"，是自力形出也。淳。

○ 五峰说"心妙性情之德"，不是他曾去研穷深体，如何直见得恁地！夔孙。

○ 仲思问："五峰中、诚、仁如何？"曰："'中者性之道'言未发也，'诚者命之道'言实理也，'仁者心之道'言发动之端也。"又疑"道"字可改为"德"字。答曰："亦可。'德'字较紧，然他是特地下此宽字。伊川答与叔书中亦云'中者性之德，近之'。伯恭云'知言胜正蒙'，似此等处诚然，但不能纯如此处尔。"又疑中、诚、仁，一而已，何必别言？曰："理固未尝不同，但他圣贤说那一个物事时，且随处说他那一个意思，自是他一个字中便有个正意义如此，不可混说。圣贤书初便不用许多了，学者亦宜各随他说处看之，方见得他所说字本相。如诚，如中，如仁。若便只混看，则下梢都看不出。"伯羽。

　　○　仲思问："五峰云'诚者命之道也，中者性之道也，仁者心之道也'。窃谓天之所以命乎人者，实理是已，故言'诚者命之道'。若'中者性之道'，如何？"曰："未发时便是性。"仲思曰："如此，则是喜怒哀乐未发便是性，既发便是情。"曰："然。此三句道得极密。吕伯恭道'知言胜似正蒙'，如这处也是密，但不纯恁地。""但'道'字不如'德'字？"曰："所以程子云'中者性之德为近之'，但言其自然则谓之道，言其实体则谓之德。'德'字较紧，'道'字较宽，但他故下这宽字，不要挨拶着他。"又问："言'中'则诚与仁亦在其内否？"曰："不可如此看。若可混并则圣贤已自混并了，须逐句看他，言诚时便主在实理发育流行处，言性时便主在寂然不动处，言心时便主在生发处。"砥。
按与上条皆铢、仲思问而语意亦同，但有详略，故并存之。

　　○　李尧卿问："'诚者性之德'，此语如何？"先生曰："何者不是性之德？如仁义礼智皆性之德，恁地（做）〔说〕较不切。不如胡氏'诚者命之道乎'说得较近傍。"义刚。

　　○　李维申说："合于心者为仁。"先生曰："却是从义上去，不如前日说'存得此心便是仁'却是。"因举五峰胡氏语云："'人有不仁，心无不仁'，说得极好。"雉。

　　○　又曰："胡五峰云'人有不仁，心无不仁'，此说极好！人有私欲遮障了，不见这仁，然心中仁依旧只在。如日月本自光明，虽被云遮，光明依旧在里。又如水被泥土塞了，所以不流，然水性之流依旧只在。〔所以'克己复礼为仁'，只是克了私欲，仁依旧只在〕那里。譬如一个镜本自光明，只缘尘，都昏了。若磨去尘，光明只在。"明作。

○ "五峰曰'人有不仁，心无不仁'，既心无不仁，则'巧言令色'者是心不是？如'巧言令色'，则不成说道'巧言令色'底不是心，别有一人'巧言令色'？如心无不仁，则孔子何以说'回也其心三月不违仁'？"萧佐曰："'我欲仁，斯仁至矣'，这个便是心无不仁。"答曰："回心三月不违仁，如何说？"问者默然久之。先生曰："既说回心三月不违仁，则心有违仁，违仁底是心不是？说'我欲仁'，便有不欲仁底，是心不是？"芝。

○ 胡氏云："格物则能知言，诚意则能养气。"闳祖。

○ 问："知言有云'佛家窥见天机，有不器于物者'，此语莫已作两截？"曰："亦无甚病。〔方录作"此语甚得之"。〕此盖指妙万物者而不知万物皆在其中。圣人见道体正如对面见人，其耳目口鼻发眉无不见。佛家如远望人，只见髣象，初不知其人作何形状。"问："佛家既如此说，而其说性乃指气，却是两般。"曰："渠初不离此说，但既差了，则自然错入别处去。"可学。

○ "'道二，仁与不仁而已矣。'犹今人言好底道理、不好底道理相似。若论正当道理，只有一个，更无第二个，所谓'夫道一而已矣'者也。"因举："久不得胡季随诸人书。胡季随主其家〔学〕，说性不可以善言。本然之善本自无对，才说善时便与那恶对矣，才说善恶便非本然之性矣。本然之性是上面一个，其尊无比。善是下面者，才说善时便与恶对，非本然之性也。故'孟子道性善'非是说性之善，只是赞叹之辞，说'好个性'。如佛氏云'善哉'，赞叹之辞也。此胡文定之说。某尝辨云，本然之性固浑然至善，不与恶对，此天之赋我者然也。然行之在人则有善有恶，做得是者为善，做得不是者为恶，岂可谓善者非本然之性？只是行于人者有二者之异，然行得善者便是那本然之性也。若如其言，有本然之善，又有善恶相对之善，则是有二性矣。方其得于天者，此性也；及其行得善者，亦此性也。只是才有个善者便有个不善底，所以善恶须着对言。不是元有个恶在那里，等待你来与你为对，只是行得错底便流入于恶矣。此胡文定之说，故其子孙皆主其说，而致堂、五峰以来其说并差，遂成有两性：本然者是一性，善恶相对者又一性。他只说本然者是性，善恶相对者不是性，岂有此理！然胡文定又得于龟山，龟山得之东林总老。名常总。总老，龟山乡人，龟山乡里与之往来，后来总住庐山东林，龟山赴省又往见之。总老聪明，深通佛书，有道行。龟山问：‘“孟子道性善”说得是否？’总老曰：‘是。’又问：‘性岂可以善恶言？’总曰：‘本然之性，不与恶对。’此语流传自他。然总老之言本亦未有病，盖本然之性是无恶。及至胡文定以‘性善’为赞叹之辞，到得胡致堂、五峰辈遂分成两截，说善底不是性。若善底非本然之性，那处得这善来？既曰赞叹性好之辞，便是性矣。若非性善，何赞叹之有？如佛氏曰‘善哉，善哉’，为赞美之辞，亦是这个道理好，所以赞叹之也。苏论性亦是如此，尝言孟子之‘道性善’犹如火之能熟物也，荀卿言‘性恶’犹如火之能焚物也。龟山反其说而辨之曰：‘火之所以能熟物者，以其能焚故耳。若火不能焚，物何从熟？’东坡论性说‘自上古圣人以来，至孔子不得已而说中说一，未尝分善恶言也。故自孟子“道性善”而一与中支矣’，尽是胡说！他更不看道理，只认我说得行底便是。诸胡之说亦然，季随至今守其家说。”因问：“文定却是卓然有立，所谓‘非文王犹兴’者。”先生曰：“固是。他资质好，然在太学中也多闻先生师友之训，所以能然。尝得颍昌一士人，忘其姓名，问学多得此人警发。后来为荆门军教授，龟山与之为代，因此识龟山，因龟山方识游、谢，不及识伊川。自荆门军教授入为国子博士，出来便为湖北提举。是时上蔡宰本路一邑，文定却从龟山求书见上蔡。既到湖北，遂

遣人送书与上蔡。上蔡既受书，文定乃往见之。入境，人皆讶知县不接
监司。论理，上蔡既受他书，也是难为出来接他。既入县，遂先修后进
礼见之。毕竟文定之学后来得于上蔡者为多，他所以尊上蔡而不甚满于
游、杨二公。看来游定夫后来也是郎当，诚有不满人意处。顷尝见游定
夫集，极说得丑差，尽背其师说。他更说伊川之学不如他之所得，所以
五峰临终谓彪德美曰：'圣门工夫要处只在个"敬"字。游定夫所以卒
为程门之罪人者，以其不仁、不敬故也。'诚如其言。"卓。

○ 问："性无善恶之说，从何而始？"曰："此出于常总。总，南
剑人，住庐山，龟山入京尝枉道见之，留数日。因问：'孟子识性否？'
曰：'识。'曰：'何以言之？'曰：'善不与恶对言。'某观他之意，乃是
谓其初只有善未有恶。其后文定得之龟山，遂差了。今湖南学者信重知
言。又尝为敬夫辨析，甚讳之。渠当初唱道湖南，偶无人能与辨论者，
可惜！可惜！"又读至于彪居正问心一段，先生曰："如何？"某谓："不
于原本处理会，却待些子发见。"曰："孟子此事乃是一时间为齐王耳。
今乃欲引之以上他人之身，便不是了。"良久，又云："以放心求心便不
是。才知求，心便已回矣，安得谓之放？"可学。

○ 因论湖湘学者崇尚胡子知言，曰："知言固有好处，然亦大有
差失。如论性却曰'不可以善恶辨，不可以是非分'，既无善恶又无是
非，则是告子'湍水'之说尔。如曰'好恶性也，君子好恶以道，小人
好恶以己'，则是以好恶说性而道在性外矣，不知此理却从何而出。"
问："所谓'探视听言动无息之（际）〔本〕，可以（会情）〔知性〕'，此
犹告子'生之谓性'之意否？"曰："此语亦有病。下文谓'道义明著，
孰知其为此心。物欲引诱，孰知其为人欲'，便以道义对物欲，却是性
中本无道义，逐旋于此处换入两端，则是性亦可以不善言矣。如曰'性
也者，天地鬼神之奥也，善不足以名之，况恶乎？孟子说"性善"云

者，叹美之辞，不与恶对'，其所谓'天地鬼神之奥'，言语亦大故夸逞。某尝谓圣贤言语自是平易，如孟子尚自有些险处，孔子则直是平实。'不与恶对'之说，本是杨龟山与总老相遇，因论孟子说性，曾有此言。胡文定公往往得之龟山，故有是言。然总老当时之语，犹曰'浑然至善，不与恶对'，犹未甚失性善之意。今去其'浑然至善'之语，而独以'不与恶对'为叹美之辞，则其失远矣。如论齐王爱牛，此良心之苗裔因私欲而见者，以答求放心之问。然鸡犬之放，则固有去而不可收取之理；人之放心，只求之则良心在此矣，何必等待天理发见于物欲之间然后求之？如此则中间空缺多少去处，正如屋下失物，直待去城外求也。爱牛之事，孟子只就齐王身上说，若施之他人则不可。况操存涵养皆是平日工夫，岂有等待发见然后操存之理？今胡氏子弟议论每每好高，要不在人下。才说心便不说用心，以为心不可用，至如易传中有连使'用心'字处皆涂去'用'字。某以为孟子所谓'尧舜之治天下，岂无所用其心哉'，何独不可以'用'言也？季随不以为然。胡大时，字季随。遂检文定春秋中有连使'用心'字处质之，方无语。大率议论文字须要亲切寻究，如伊川说颜子乐道为不识颜子者，盖因问者元不曾亲切寻究，故就其人而答，欲其深思而自得之尔。后人多因程子之言，愈见说得高远，如是则又不若乐道之为有据。伊尹'乐尧舜之道'亦果非乐道乎？湖湘此等气象乃其素习，无怪今日之尤甚也！"谟。

○ 知言云"凡人之生，粹然天地之心，道义全具，无适无莫。不可以善恶辨，不可以是非分，无过也，无不及也，此中之所以名也"，即告子"性无善无不善"之论也。惟伊川"性即理也"一句甚切至。闳祖。

○ 直卿言："五峰说性云'好恶，性也'，本是要说得高，不知却反说得低了。"先生曰："依旧是气质上说。某常要与他改云'所以好恶者，性也'。"寓。

○ 问：“知言‘万事万物，性之质也’，如何？”曰：“此句亦未有害，最是‘好恶，性也’大错。既以好恶为性，下文却云‘君子好恶以道’，则是道乃旋安排入〔来〕。推此，其余皆可见。”问：“与告子说话莫同否？”曰：“便是‘湍水’之说。”又问：“‘粹然完具’云云却说得好。又云‘不可以善恶言，不可以是非判’。”曰：“渠说有二错：一是把性作无头面物事，二是……”云云。失记。可学。

○ 问“‘诚者物之终始’而命之曰道”。曰：“诚是实理，彻上彻下只是这个。生物都从那上做来，万物流形乎天地之间，都是那底做。五峰云‘诚者命之道，中者性之道，仁者心之道’，数句说得密，如何大本处却含糊了！以性为无善恶，天理人欲都混了，故把作同体。”或问：“‘同行’语如何？”曰：“此却是乃就事言之。”黄直卿曰：“他既以性无善恶，何故云‘中者性之道’？”曰：“他也把中做无善恶。”淳。

○ 五峰言“天命不圉于善，不可以人欲对”。先生曰：“天理固无对，然有人欲则天理便不得不与人欲对为消长。善亦本无对，然既有恶，则善便不得不与恶对为盛衰。且谓天命不圉于物，可也，谓其‘不圉于善’，则不知天之所以为天矣。谓恶不足以言性，可也，谓善不足以言性，则不知善之所从来矣。”升卿。

○ “好善而恶恶，人之性也。为有善恶，故有好恶。‘善恶’字重，‘好恶’字轻。君子顺其性，小人拂其性。五峰言‘好恶，性也。君子好恶以道，小人好恶以欲’，是好人之所恶，恶人之所好，亦是性也。而可乎？”或问：“‘天理人欲，同体而异用’之说如何？”先生曰：“当然之理，人合恁地底，便是体，故仁义礼智为体。如五峰之说，则仁与不仁，义与不义，礼与无礼，智与无智，皆是性。如此则性乃一个大人欲窠子。其说乃与东坡、子由相似，是大凿脱，非小失也。‘同行异情'一句却说得去。"方子。

○ 或问胡氏曰"天理人欲，同体而异用，同行而异情"。曰："胡氏之病在于说性无善恶。体中只有天理，无人欲，谓之同体则非也。同行异情盖亦有之，如'口之于味，目之于色，耳之于声，鼻之于臭，四肢之于安佚'，圣人与常人皆如此，是同行也。然圣人之情不溺于此，所以与常人异耳。"人杰谓："圣贤不视恶色，不听恶声，此则非同行者。"先生云："彼亦就其同行处说耳。某谓圣贤立言，处处皆通，必不若胡氏之偏也。龟山云'"天命之谓性"，人欲非性也'，胡氏不取其说，是以人欲为性矣。此其甚差者也。"人杰。

○ 问："五峰言'天理人欲，同体而异用，同行而异情'，如何？"答曰："下句尚可，上句有病。盖行处容或可同，而其情则本不同也。至于体、用，岂可言异？观天理人欲所以不同者，其本元自不同，何待用也！胡氏之学大率于大本处看不分晓，故锐于辟异端而不免自入一脚也。如说性便说'性本无善恶，发然后方有善恶'，'孟子说性善自是叹美之辞，不与恶为对'。大本处不分晓，故所发皆差。盖其说始因龟山问总老，而答曰'善则本然，不与恶对'。言'本然'犹可，今曰'叹美之辞'则大故差了。又一学者问以放心、求放心如何，他当时问得极紧，他一向鹘突应将去。大抵心只操则存、舍则放了，俄顷之间，更不吃力，他却说得如此周遮。"大雅。

○ 问："'天理人欲，同行而异情'，胡氏此语精。若所谓'同体而异用'，则失之混而无别否？"曰："胡氏论性无善恶，此句便是从这里来。本原处无分别，都把做一般，所以便谓之'同体'。他看道理尽精微，不知如何，只一个大本却无别了。"淳。

○ 五峰"天理人欲，同行异情"之说好。闳祖。

○ 问："五峰言'天理人欲，同体而异用，同行而异情'，先生以为'同体而异用'说未稳，是否?"先生曰："亦须是实见此句可疑，始得。"先生又曰："今人于义利处皆无辨，直恁鹘突去。是须还他是，不是还他不是。若都做得是，犹自有个浅深。自如此说，必有一个不是处，今则都无理会矣。"寓。

○ 或问五峰云"天理人欲，同体异用"。先生云："如何天理人欲同体得! 如此却是性可以为善，亦可以为恶，却是一团人欲窠子，将甚么做体? 却是韩愈说性自好，言人之为性有五，仁义礼智信是也。指此五者为性，却说得是。性只（有）〔是〕一个至善道理，万善总〔名，〕天地人物万善至好底表德。"谦。

○ 胡五峰作皇王大纪，说北极如帝星、紫微等皆不动。说宫声属仁，不知宫声却属信。又宫无定体，十二律旋相为宫。帝星等如果不动，则天必擘破。不知何故读书如此不子细。人杰。

○ 五峰说宫之用极大，殊不知十二律皆有宫。又言宫犹五常之仁。宫自属土，亦不属仁也。偰。

○ 五峰说得宫之用极大，殊不知十二律皆有宫。又宫在五行属土。他说得其用如此大，犹五常之仁。宫自属土，亦不为仁也。又其云天有五帝座星，皆不动。今天之不动者只有紫微垣、北极、五帝座不动，其他帝座如天市垣、太微垣、大火中星帝座与大角星帝座，皆随天动，安得谓不动? 卓。

○　先生言：“致堂谓‘学所以求仁也’。仁是无头面底，若将实字来解求仁则可，若以求仁解‘学’字，又没理会了。”黄直卿云：“若如此说，一部论语只将‘求仁’二字说便了也。”先生曰：“南轩〔只说〕五峰说底是，致堂说底皆不是，安可如此！致堂多有说得好处，或有文定、五峰说不到处。”盖卿。

尹氏门人

王德修

○　先生云：“向日乡间一亲戚虞氏，见仙里王德修见教云‘学者要识一“愧”字与“耻”字’，此言却极好。”大雅。

○　一日侍坐，学者问难纷然。王德修曰：“不必多问，但去行取。且如人理会‘惟精惟一，允执厥中’，只管说如此是精，如此是一，临了中却不见。”先生曰：“精一则中矣。”文蔚。

郭立之

子和立之子

○　“郭子和传其父学，又兼象数。其学已杂，又被谢昌国拈掇得愈不是了。且如九图中性善之说，性岂有两个？善又安有内外？故凡恶者皆气质使然，若去其恶，则见吾性中当来之善矣。"又问："郭以兼山学自名，是其学只一艮卦。"曰："易之道，一个艮卦可尽则不消更有六十三卦。"又曰："谢昌国论西铭'理一〔而分殊'尤错了〕。"去伪。

朱子语类卷第一百四

朱子一

自论为学工夫

○ 先生曰："某少时读四书甚辛苦，诸公今读时却又较易做工夫了。"<u>敬仲</u>。

○ "后生家好着些工夫子细看文字。某向来看<u>大学</u>犹病于未子细，如今愈看方见得精切。"因说："前辈诸先生长者说话于大体处固无可议，若看其他细碎处，大有工夫未到。"<u>木之</u>。

○ 某于〔<u>大学</u>用工甚多〕。<u>温公</u>作通鉴言"臣平生精力尽在此书"，某于大学亦然。论、孟、中庸却不费力。<u>友仁</u>。

○ 〔<u>胡叔器</u>患精神短。曰："若精神少也只是做去，不成道我精神少便不做。公只是思索义理不精，平日读书只泛泛地过，不曾贴里细密思量。公与<u>安卿</u>之病正相反。<u>安卿</u>思得义理甚精，只是要将那粗底物事都掉了。公又不去义理上思量，事物来皆奈何不得，只是不曾向里去理会。如入市见铺席上都是好物事，只是自家没钱买得。如书册上都是好说话，只是自家无奈他何。如<u>黄兄</u>前日说忠恕。忠恕只是体用，只是一个物事，犹形影，要除一个除不得。若未晓且看过去，却时复把来玩味，少间自见得。"叔器曰："安之在远方。望先生指一路脉去，归自寻。"曰："见行底便是路，那里有别底路来？道理星散在事物上，却无总在一处底。而今只得且将论、孟、中庸、大学熟看。如论语上看不出，少间就孟子上看得出。孟子上底只是论语上底，不可道孟子胜论语。只是自家已前看不到，而今方见得到。"又问："'优游涵泳，勇猛精进'字如何？"曰："也不须恁地立定牌牓，淳录作'做题目'。也不须恁地起草，只做将去。"又问："应事当何如？"曰："士人在家有甚大事？只是着衣吃饭，理会眼前事而已。其他天下事，圣贤都说十分尽了。今无他法，为高必因丘陵，为下必因川泽，自家只就他说话上寄搭些工夫，便都是我底。"〕某旧时看文字甚费心力。如论、孟，诸家解有一箱，每看一段必各就诸说上推寻意脉，各见得着落，然后断其是非。是底都抄出，一两字好亦抄出。虽未如今集注简静，然大纲已定。今集注只是就那上删来，但人不着心，守见成说，只草草看了。今试将精义来参看一两段所以去取底是如何，便自见得。〔大抵事要思量，学要讲。如古人一件事有四五人共做，自家须看那人做得是，那人做得不是。又如眼前一件事有四五人共议，甲要如此，乙要如彼。自家须见那人说得是，那人说得不是。便待思量得不是，此心曾经思量一过，有时那不是底发我这是底。如十个物事，团九个不着，那一个便着，则九个不着底也不是枉思量。又如讲义理有未通处，与朋友共讲，十人十样说，自家平心看那个不是。或他说是底却发得自家不是底，或十人都说不是，有时因此发得自家是底。所以适来说，有时是这处理会得，有时是那处理会得，少间便都理会得。只是自家见识到，别无法。学者须是撒开心胸，事事逐件都与理会过。未理会得底且放下，待无事时复将来理会，少间甚事理会不得。〕淳。

○ 某自卯角读论、孟，自后欲一本文字高似论、孟者，竟无之。

<u>友仁</u>。

○　先生因与朋友言及易，曰："易非学者之急务也。某平生也费了些精神理会易与诗，然其得力则未若语、孟之多也。易与诗中所得似鸡肋焉。"<u>处谦</u>。

○　谓<u>器之</u>看诗病于草率。<u>器之</u>云："如今将先生数书循环看去。"曰："都读得了方可循环再看。如今读一件书须是真个理会得这一件了，方可读第二件；读这一段须是理会得这一段了，方可读第二段。少间渐渐节次看去，自解通透。只五年间可以读得经了，诸书迤逦透去，看史传无不贯通。<u>韩退之</u>所谓'沈潜乎训义，反复乎句读'，须有沈潜反复之功方得。所谓'审问之'，须是表里内外无一毫之不尽方谓之审。恁地竭尽心力犹有见未到处，却不奈何。如今人不曾竭尽心力，只见得三两分了便草草揭过，少间只是鹘突无理会，枉着日月，依旧似不曾读相似。只如<u>韩退之</u>、<u>老苏</u>作文章，本自没要紧物事，然看他大段用功，少间方会渐渐扫去那许多鄙俗底言语，换了个心胸，说这许多言语出来。如今读书也须是加沈潜之功，将义理去浇灌胸腹，渐渐荡涤去那许多浅近鄙陋之见，方会见识高明。"因说："读诗惟是讽诵之功，<u>上蔡</u>亦云'诗须是讴吟讽诵以得之'。某旧时读诗也只先去看许多注解，少间却被惑乱。后来读至半了却只将诗来讽诵，至四五十过，已渐渐得诗之意，却去看注解，便觉减了五分以上工夫，更从而讽诵四五十过，则胸中判然矣。"因说："如今读书多是不曾理会得一处通透了，少间却多牵引前面疑难来说，此最学者大病。譬如一个官司，本自是鹘突了，少间又取得许多鹘突底证见来证对，却成一场无理会去。又有取后面未曾理会底来说，却似如今只来<u>建阳县</u>，犹自未见得分晓，却又将<u>建宁府</u>与<u>南剑州</u>事来说，如何说得行！少间弄来弄去只是胡说瞒人。有人说话如此者，某最怕之。说甲未了又缠向乙上去，说乙未了又缠向丙上去，无一句着实。正如斜风雨相似，只管吹将去，无一点着地。（敢）〔故〕有终日与他说，不曾判断得一件分晓，徒费气力耳。"木之。

○　旧尝以论心、论性处皆类聚看。看熟，久则自见。淳。

○　读书须纯一。如看一般未了，又要般涉，都不济事。某向时读书，方其读上句则不知有下句，方其读上章则不知有下章。读中庸则只读中庸，读论语则只读论语。一日之间只看一二章，将诸家说看合与不合。凡读书到冷淡无味处尤当着力推考。道夫。

○　读书须读到不忍舍处方是见得真味。若读之数过，略晓其义即厌之，欲别求书看，则是于此一卷书犹未得趣也。盖人心之灵，天理所在，用之则愈明。只提惺精神，终日着意，看得多少文字！穷得多少义理！徒为懒倦则精神自是愦愦，只恁昏塞不通，可惜！某旧日读书，方其读论语时不知有孟子，方读学而第一不知有为政第二。今日看此一段，明日且更看此一段，看来看去，直待无可看方换一段看。如此看久自然洞贯，方为浃洽。时下虽是钝滞，便一件了得一件，将来却有尽理会得时。若撩东劄西，徒然看多，事事不了。日暮途远，将来荒忙不济事。旧见李先生说"理会文字，须令一件融释了后方更理会一件"，"融释"二字下得极好。此亦伊川所谓"今日格一件，明日又格一件，格得多后自脱然有贯通处"，此亦是他真曾经历来，便说得如此分明。今若一件未能融释而又欲理会一件，则第二件又不了。推之万事，事事不了，何益！大雅。

○　陈仲济所录一段云：先生曰："〔学者观书先须读得正文、记得注解，成诵精熟。注中训释文意、事物、名义，发明经指，相穿纽处，一一认得，如自己做出来底一般，方能玩味反覆，向上有透处。若不如此，只是虚设议论，如举业一般，非为己之学也。曾见有人说诗，问他关雎篇，于其训诂名物全未晓，便说'乐而不淫，哀而不伤'。某因说与他道：'公而今说诗，只消这八字，更添思无邪三字，共成十一字，便是一部毛诗了。其他三百篇皆成查滓矣。'〕顷年见汪端明说：'沈元用问尹和靖：伊川易传何处是切要？尹云：体用一源，显微无间，此是最切要处。'后举似李先生，李先生曰：'尹说固好。然须是看得六十四卦、三百八十四爻都有下落，方始说得此话。若学者未曾子细理会，便与他如此说，岂不误他！'"某闻之（恻）〔悚〕然。始知前日空言无实，全不济事，自此读书益加详细云。闳祖。

○ 读书贪多最是大病，下梢都理会不得。若到闲时、无书读时得一件书看，更子细。某向为同安簿满，到泉州候批书，在客邸借文字，只借得一册孟子，将来子细读，方寻得本意见。看他初间如此问，又如此答，待再问又恁地答。其文虽若不同，自有意脉都相贯通，句句语意都有下落。贺孙。

○ 某旧时读书专要拣好处看，到平平泛泛处多阔略，后多记不得，自觉得也是一个病。今有一般人，看文字却只摸得些查滓，到有深意好处却全不识。此因有献易说，多失伊川精意而言。贺孙。

○ 凡看文字，诸家说异同处最可观。某旧日看文字专看异同处。如谢上蔡之说如彼，杨龟山之说如此，何者为得？何者为失？所以为得者是如何？所以为失者是如何？学蒙。

○ 某尝说看文字须似法家深刻，方穷究得尽。某直是下得工夫。义刚。

○ 看道理若只恁地说过一遍便了，则都不济事。须是常常把来思量始得。看过了后，无时无候又把起来思量一遍。十分思量不透又且放下，待意思好时又把起来看，恁地将久自然解透彻。延平先生尝言："道理须是日中理会，夜里却去静处坐地思量，方始有得。"某依此说去做，真个是不同。义刚。

○ 某所以读书自觉得力者，只是不先立论，且寻句内意随文解义。方子。

○ 问孟子"必有事焉，而勿正，心勿忘，勿助长"。答曰："此亦只是为公孙丑不识'浩然之气'，故教之养气工夫缓急尔，云不必太急，不要忘了，亦非教人于无着摸处用工也。某旧日理会道理亦有此病，后来李先生说令去圣经中求义。某后刻意经学，推见实理，始信前日诸人之误也。"大雅。

○ "某寻常莫说前辈，只是长上及朋友稍稍说道理底，某便不敢说他说得不是，且将他说去研究。及自家晓得，却见得他底不是。某寻常最居人后。"又曰："寻常某最得此力。"芼。

○ 专一做举业工夫，不待不得后枉了气力，便使能竭力去做，又得到状元时，亦自输却这边工夫了。人于此事从来只是强勉，不能舍命去做，正似今人强勉来学义理。然某平生穷理，惟不敢自以为是。伯羽。

○ 这道理须是见得是如此了，验之于物又如此，验之于吾身又如此，以至见天下道理皆端的如此了方得。如某所见所言，又非自会说出来，亦是当初于圣贤与二程所说推之，而又验之于己，见得真实如此。道夫。

○　问："尝闻先生为学者言'读书，须有个悦处方进'，先生又自言'某虽如此，屡觉有所悦'。因禀白，此先生进德日新工夫，不知学者如何到得悦处？"曰："亦是时习，时习故悦。"德明。

○　器之问："尝读孟子'求放心'章，今每觉心中有三病：笼统不专一，看义理每觉有一重似帘幕遮蔽，又多有苦心不舒快之意。"曰："若论求此心放失，有千般万样病，何止于三！然亦别无道理医治，只在专一。果能专一则静，静则明，明则自无遮蔽，既无遮蔽须自有舒泰宽展处。这也未会如此，且收敛此心专一，渐渐自会熟，熟了自有此意。看来百事只在熟。且如百工技艺也只要熟，熟则精，精则巧。"器之又问："先生往时初学，亦觉心有不专一否？"曰："某初为学，初无见成规模，这边也去理会寻讨，那边也去理会寻讨。向时诸前辈每人各是一般说话，后来见李先生较说得有下落，说得较缜密。若看如今，自是有见成下工夫处。看来须是先理会个安着处，譬如人治生，也须先理会个屋子安着身己，方始如何经营，如何积累，渐渐须做成家计。若先未有安着身己处，虽然经营，毕竟不济事。为学者不先存此心，虽说要去理会，东东西西，都自无安着处。孟子所以云收放心，亦不是说只收放心便了。收放心，且收敛得个根基，方可以做工夫。若但知收放心，不做工夫，则如近日江西所说，则是守个死物事。故大学之书，须教人格物、致知以至于诚意、正心、修身、齐家、治国、平天下，节节有工夫。器之看文字见得快，叔蒙亦看得好，与前不同。"贺孙。

○　某不敢自昧，实以铢累寸积而得之。公谨。

○　已前看得心只是虚荡荡地，而今看得来湛然空明时，那万理便在里面。向前看得似一张白纸，今看得那纸上都是字。廖子晦〔门便只〕见得也是一张纸。义刚。

○ 陆子寿自抚来信，访先生于铅山观音寺。子寿每谈事必以论语为证。如曰"圣人教人'居处恭，执事敬'，又曰'子所雅言，诗、书、执礼皆雅言也'，'弟子入则孝，出则弟，谨而信，泛爱众而亲仁'，此等皆教人就实处行，何尝高也?"先生曰："某旧间持论亦好高，近来渐渐移近下，渐渐觉实也。如孟子，却是将他已到底教人。如言'存心养性，知性知天'，有其说矣，是他自知得。余人未到他田地，如何知得他滋味？卒欲行之，亦未有入头处。若论语，却是圣人教人'存心养性，知性知天'实涵养处，便见得，便行得也。"大雅。

○ "今日学者不长进，只是心不在焉。尝记少年时在同安，夜闻钟鼓声，听其一声未绝而此心已自走作，因此警惧，乃知为学须是专心致志。"又言："人有一正念，自是分晓。又从旁别生一小念，渐渐放阔去，不可不察。"德明。

○ 延平先生尝云："人之念虑，若是于显然过恶萌动，此却易见易除。却怕于匹似闲底事爆起来，缠绕思念将去，不能除，此尤害事。"某向来亦是如此。贺孙。

○ 尝论科举云："非是科举累人，自是人累科举。若高见远识之士，读圣贤之书，据吾所见而为文以应之，得失利害置之度外，虽日日应举亦不累也。居今之世，使孔子复生也不免应举，然岂能累孔子邪！自有天资不累于物，不须多用力以治之者。某于科举自小便见得轻，初亦非有所见而轻之也。正如人天资有不好啖酒者，见酒自恶，非知酒之为害如何也。又人有天资不好色者，亦非是有见如何，自是他天资上看见那物事无紧要。若此者，省得工夫去治此一项。今或未能如是者，须力胜治方可。"伯羽。

○ 人之血气固有强弱，然而志气则无时而衰。苟常持得这志，纵血气衰极也不由他。如某而今如此老病衰极，非不知每日且放晚起以养病，但自是心里不稳，只交到五更初便自睡不着了。虽欲勉强睡，然此心已自是个起来底人，不肯就枕了。以此知人若能持得这个志气定，不会被血气夺。凡为血气所移者，皆是自弃自暴之人耳。<u>佃</u>。

○ 先生患气痛、脚弱、泄泻。或劝晚起。曰："某自是不能晚起，虽甚病，才见光，亦便要起，寻思文字。才稍晚起，便觉似宴安鸩毒，便似个懒（坠）〔堕〕底人，心里便不安。须是早起了，却觉得心下松爽。"<u>佃</u>。

○ 某气质有病，多在忿懥。<u>闳祖</u>。

○ 因语某人好作文，曰："平生最不喜作文，不得已为人所托乃为之。自有一等人乐于作诗，不知移以讲学，多少有益！"符舜功曰："<u>赵昌父</u>前日在此，好作诗。与之语道理，如水投石。"<u>可学</u>。

○ 初师屏山、籍溪。籍溪学于<u>文定</u>，又好佛老。以<u>文定</u>之学为论治道则可，而道未至，然于佛老亦未有见。屏山少年能为举业，官<u>莆田</u>，接塔下一僧，能入定数日。后乃见<u>了老</u>，归家读诵儒书，以为与佛合，故作圣传论。其后屏山先亡，籍溪在。某自见于此道未有所得，乃见<u>延平</u>。<u>辛亥四月初四日临漳设厅，后夜侍坐，因问传授之由，亲见说。是时祭风师散斋。清源陈易厚之、南康周谟舜弼、九江蔡念诚元思共闻之。可学</u>。

○ 或说："<u>象山先生</u>说，'克己复礼'不但只是欲克去那利欲忿懥之私，只是有一念要做圣贤便不可。"曰："此等议论恰如小儿则剧一般，只管要高去，圣门何尝有这般说话？人要去学圣贤，此是好底念虑，有何不可？若以为不得，则尧舜之'兢兢业业'、周公之'思兼三王'、孔子之'好古敏求'、颜子之'有为若是'、孟子之'愿学孔子'之念，皆当克去矣。看他意思只是禅。志公云'不起纤毫修学心，无相光中常自在'，他只是便要如此。然岂有此理？只如孔子答颜子'克己复礼为仁'，据他说时，只这一句已多了，又况有下头一落索，只是颜子才问仁便与打出方是。及至恁地说他，他又却讳。某尝谓人要学禅时，不如分明去学他禅和一棒一喝便了，今乃以圣贤之言夹杂了说，都不成个物事。道是龙，又无角；道是蛇，又有足。子静旧年也不如此，后来弄得直恁地差异！如今都教坏了后生，个个不肯去读书，一味颠蹶，没理会处。可惜！可惜！正如荀子不赌是，逞快胡骂乱骂教得个李斯出来，遂至焚书坑儒。若使荀卿不死，见斯所为如此，必须自悔。使子静今犹在，见后生辈如此颠蹶，亦须自悔其前日之非。"又曰："子静说话常是两头明、中间暗。"或问："暗是如何？"曰："是他那不说破处。他所以不说破便是禅。'鸳鸯绣出从君看，莫把金针度与人'，他禅家自爱如此。某年十五六时亦尝留心于此。一日在刘病翁所会一僧，与之语。其僧只相应和了说，也不说是不是。却与刘说，某也理会得个昭昭灵灵底禅。刘后说与某，某遂疑此僧更有要妙处在，遂去扣问他，见他说得也煞好。及去赴试时，便用他意思去胡说。是时文字不似而今细密，由人粗说，试官为某说动了，遂得举。时年十九。后赴同安任，时年二十四五矣，始见李先生。与他说，李先生只说不是。某却倒疑李先生理会此未得，再三质问。李先生为人简重，却不甚会说，只教看圣贤言语。某遂将那禅来权倚阁起，意中道，禅亦自在，且将圣人书来读。读来读去，一日复一日，觉得圣贤言语渐渐有味。却回头看释氏之说，渐渐破绽，罅漏百出。"广。

○　问择之云："先生作延平李先生行状，言'默坐澄心，观四者未发已前气象'，此语如何？"曰："先生亦自说有病。"后复以问。先生云："学者不须如此。某少时未有知，亦曾学禅，只<u>李先生</u>极言其不是。后来考竟却是这边味长。才这边长得一寸，那边便缩了一寸，到今销铄无余矣。毕竟佛学无是处。"^{某辛亥年夏时，先生自<u>漳州</u>归，到<u>惠安</u> <u>泗州</u>，夜侍坐，论儒<u>释</u>，其答亦如此云。<u>德明</u>。}

○　"<u>温公</u>省试作<u>民受天地之中以生</u>论，以生为活。其说以为民能受天地之中则能活也。<u>温公</u>集中自有一段如此说，也说得好。却说他人以生为生育之生者不然，拗论如此。某旧时，这般文字及<u>了斋集</u>之类尽用子细看过，其有论此等去处尽拈出看。少年被<u>病翁</u>监（看）〔着〕，他不许人看，要人读。其有议论好处却被他监读，煞吃工夫。"又云："<u>了翁集</u>被他后面说禅，更没讨头处。<u>病翁</u>笑曰：'这老子后来说话如此，想是病心风。'"<u>僴</u>。

○　这道理易晦而难明。某少年过<u>莆田</u>，见<u>林谦之</u>、<u>方次荣</u>说一种道理说得精神，极好听，为之踊跃鼓动。退而思之，忘寝与食者数时。好之，念念而不忘。及至后来再过，则二公已死，更无一人能继其学者，也无一个理会说了。<u>僴</u>。

○　问说太极。先生曰："某五六岁便烦恼说是天地四边之外是什么物，纵说无边也须有个尽处。如这壁相似，壁后也须有物事。直到而今也未知那四边是何物。"或举<u>邵康节</u>天地相依之说。先生曰："亦是古如此说了。<u>素问</u>中说：'<u>黄帝</u>曰："地有凭乎？"<u>岐伯</u>曰："大气凭之。"'谓地浮在气上也。"<u>夔孙</u>。

○　某自十四五岁时便觉得这物事是好底物事，心便爱了。

○　某是自十六七时下工夫读书，彼时四畔皆无津涯，只自恁地硬着力去做。至今日虽不足道，但当时也是吃了多少辛苦读了书。今人卒乍便要读到某田地也是难，要须积累着力方可。某今老而将死，所望者但愿朋友勉力学问而已。道夫。

○ 某自十五六时至二十岁，史书都不要看，但觉得闲是闲非没要紧，不难理会。大率才看得此等文字有味，毕竟粗心了。吕伯恭教人看左传，不知何谓。履孙。

○ 问："近看胡氏春秋，初无定例，止说归忠孝处便为经义，不知果得孔子意否？"答曰："某尝说诗、书是隔一重两重说，易、春秋是隔三重四重说。春秋义例、易爻象虽是圣人立下，今说者用之，各信己见，然于人伦大纲皆通，但未知曾得圣人当初本意否。且不如让渠如此说，且存取大意，得三纲五常不至废坠足矣。今欲直得圣人本意不差，未须理会他经，先须于论语、孟子中专意看他。切不可忙，虚心观之，不须先自立见识，徐徐以俟之，莫立课程。某二十年前得上蔡语录观之，初用银朱画出合处；及再观，则不惬矣，乃用粉笔；三观则又用墨笔。数过之后，则全与元看时不同矣。大抵老兄好去难处用工，不肯向平易处用工，故见如此难进，今当于平易处用工。"大雅。

○ 器之问［野有死麕］。曰："读书之法，须识得大义，得他滋味。没要紧处纵理会得也无益。大凡读书多在讽诵中见义理，况诗又全在讽诵之功，所谓'清庙之瑟，一倡而三叹'，一人唱之，三人和之，方有意思。又如如今诗曲，若只读过也无意思，须是歌唱起来，方见好处。"因说："读书须是有自得处，到自得处说与人也不得。如某旧读'仲氏任只，其心塞渊，终温且惠，淑慎其身。先君之思，以勖寡人'，'既破我斧，又缺我斨。周公东征，四国是皇。哀我人斯，亦孔之将'，伊尹曰'先王肇修人纪，从谏弗咈，先民时若，居上克明，为下克忠，与人不求备，检身若不及，以至于有万邦，兹惟艰哉'，如此等处直为之废卷，慨想而不能已。觉得朋友间看文字难得这般意思。某二十岁前后已看得书大意如此，如今但较精密。日月易得，匆匆过了五十来年。"
木之。

○　某今且劝诸公屏去外务，趱工夫专一去看这道理。某年二十余已做这工夫，将谓下梢理会多少道理。今忽然有许多年纪，不知老之至此，也只理会得这些子。岁月易得蹉跎，可畏如此！贺孙。

○　与范直阁说"忠恕"是三十岁时书。大概也是，然说得不似，而今看得又较别。淳。

○　三十年前长进，三十年后长进得不多。偭。

○　区兄问"有性焉，有命焉"一段。先生甚喜，以谓："某四十岁方看透此段意思。上云'性也'是气禀之性；'有命焉'是断制人心，欲其不敢过也。下云'命也'，盖其所受气禀亦有厚薄之不齐；'有性焉'是限则道心，欲其无不及也。"盖卿。〔震录云："区兄以'性也'之'性'为气禀之性，'有性焉'之'性'为天命之性。先生云：'某四十岁方得此说，不易！公思量得！'"〕

○　因言读书用功之难："诸公觉得大故浅近，不曾着心。某旧时用心甚苦，思量这道理如过危木桥子，相去只在毫发之间，才失脚便跌落下去，用心极苦。五十岁已后觉得心力短，看见道理只争丝发之间，只是心力巴不上。所以大学、中庸、语、孟诸文字皆是五十岁已前做了，五十岁已后长进得甚不多。而今人看文字全然心粗。未论说道理，只是前辈一样文士亦是用几多工夫方做得成？他工夫更多。若以他这心力移在道理上，那里得来！如韩文公答李翊一书与老苏上欧阳文忠公书，他直如此用工夫，未有苟然而成者。欧阳公则就作文上改换，只管揩磨，逐旋揎将去，久之渐渐揩磨得光。老苏则直是心中都透熟了方出之于书。看他门用工夫更难，可惜！若移之于此，大段可畏。看来前辈以至敏之才而做至钝底工夫，今人以至钝之才而欲为至敏之工夫，涉猎看过，所以不及古人也。故孔子曰'参也鲁'，须是如此做工夫始得。"俩。

○ 大抵读书须是虚心方得。他圣人说一字是一字，自家只平着心去秤停他，都不使得一毫杜撰，只顺他去。某向时也杜撰说得，终不济事。如今方见得分明，方见得圣人一言一字不吾欺。只今六十一岁方理会得恁地，若或去年死也则枉了。自今夏来，觉见得才是圣人说话也不少一个字，也不多一个字，恰恰地好，都不用一些穿凿。庄子云"吾与之虚而委蛇"，既虚了，又要随他曲折恁地去。今且与公说个样子，久之自见。今人大抵偪塞满胸，有许多伎俩，如何便得他虚？亦大是难。分明道"知至而后意诚"，盖知未至，虽见人说，终是信不过。今说格物，且（知）〔只〕得一件两件格将去，及久多后自然贯通信得。道夫。

○ 某觉得今年方无疑。伯羽。

○ 理会得时，今老而死矣，能受用得几年！然十数年前理会不得，死又却可惜！士毅。按丙辰冬语。

○ 先生多有不可为之叹。汉卿曰："前年侍坐，闻先生云'天下无不可为之事，兵随将转，将逐符行'，今乃谓不可为。"曰："便是这符不在自家手里。"或谓汉卿多禅语。贺孙因云："前承汉卿教训，似主静坐澄清之语。"汉卿云："味道煞笃实，但言只于日用间体察。曾说担脚攫人，物色人来告，特担脚行过，又不能与究治，取还之。此心终不自安。某遂告以因何放他过去。若是养得心体虚明，自无放过处。"先生曰："静坐自是好。近得子约书云'须是识得喜怒哀乐未发之本体'，此语尽好。"汉卿又问："前年侍坐所闻似与今别。前年云'近方看得这道理透，若以前死却亦是枉死了'，今先生忽发叹，以为只如此，不觉老了。还当以前是就道理说，今就勋业上说？"先生曰："不如此。自是觉得无甚长进，于上面犹觉得隔一膜。"又云："于上面但觉透得一半。"广。

○　某当初讲学也岂意到这里？幸而天假之年，许多道理在这里，今年颇觉胜似去年，去年胜似前年。夔孙。

○　又曰："某老矣，无气力得说。时，先生病，当夜说话气力比常时甚微。看也看不得了，行也行不尽了，说也说不办了。诸公勉之！"僩。

○　敬子举先生所谓"传命之脉"及佛氏"传心"、"传髓"之说。曰："便是要自家意思与他为一。若心不在上面，书自是书，人自是人，如何看得出！孔子曰'吾十有五而志于学'，只十五岁时便断断然以圣人为志矣。"二程自十五六时便脱然欲学圣人。僩。

○　周敬王四十一年壬戌，孔子卒。至宋庆元三年丁巳，一千六百七十六年。先生是年正旦，书于藏书阁下东楹。人杰。按辅广录同。

论自注书

总论

　　○ 傅至叔言："伊洛诸公文字说得不恁分晓，至先生而后大明。"
先生曰："他一时间都是英才，故拨着便转，便只须恁地说。然某于文
字却只是依本分解注。大抵前圣说话，虽后面便生一个圣人，有未必尽
晓他说者。盖他那前圣是一时间或因事而言，或主一见而立此说。后来
人却未见他当时之事，故不解得一一与之合。且如伊川解经是据他一时
所见道理恁地说，未必便是圣经本旨。要之，他那个说却亦是好说。且
如易之'元亨利贞'本来只是大亨而利于正，虽有亨，若不正则那亨亦
使不得了。当时文王之意只是为卜筮设，故只有'元亨'，更无有不元
亨；祇有'利贞'，更无不利贞。后来夫子于彖既以'元亨利贞'为四
德，又于文言复以为言，故后人祇以为四德，更不做'大亨利贞'说
了。易只是为卜筮而作，故周礼分明言太卜掌三易：连山、归藏、周
易。古人于卜筮之官立之凡数人。秦去古未远，故周易亦以卜筮得不
焚。今人才说易是卜筮之书，便以为辱累了易；见夫子说许多道理，便
以为易只是说道理。殊不知其言'吉凶悔吝'皆（文）〔有〕理，而其

教人之意无不在也。夫子见<u>文王</u>所谓'元亨利贞'者把来作四个说，道理亦自好，故恁地说，但<u>文王</u>当时未有此意。今若以'元者善之长，亨者嘉之会，利者义之和，贞者事之干'与来卜筮者言，岂不大糊涂了他！要之，<u>文王</u>者自不妨<u>孔子</u>之说，<u>孔子</u>者自不害<u>文王</u>之说。然<u>孔子</u>却不是晓<u>文王</u>意不得，但他又自要说一样道理也。"<u>道夫</u>。

○ 某释经，每下一字，直是称等轻重，方敢写出。<u>方子</u>。

○ 某解书，如训诂一二字等处，多有不必解处，只是解书之法如此。亦要教人知得，看文字不可忽略。<u>贺孙</u>。

○ 读书是格物一事。今且须逐段子细玩味，反来覆去，或一日或两日只看一段，则这一段便是我底。脚踏这一段了又看第二段，如此逐旋崖去，崖得多后却见头头道理都到。这工夫须用行思坐想，或将已晓得者再三思省，却自有一个晓悟处出，不容安排也。书之句法义理虽只是如此解说，但一次看有一次见识。所以某书，一番看有一番改也。亦有已说定，一番看一番见得稳当，愈加分晓。故某说读书不贵多，只贵熟尔。然用工亦须是勇做近前去，莫思退转始得。<u>大雅</u>。

○ 某所改经文字者必有意，不是轻改，当观所以改之之意。<u>节</u>。

○ 每常解文字，诸先生有多少好说话有时不敢载者，盖他本文未有这般意思在。<u>道夫</u>。

○ 问："先生解经有异于<u>程子</u>说者，如何？"答曰："<u>程子</u>说，或一句自有两三说，其间必有一说是，两说不是。理一而已，安有两三说皆是之理？盖其说或后尝改之，今所以与之异者，安知不曾经他改来？

盖一章而众说丛然，若不平心明目，自有主张断入一说，则必无众说皆
是之理。"大雅。

小学

○ 问："'疑事毋质'，经文只说'疑事'，而小学注云'毋得成言
之'，何也？"曰："'质，成也'，'成言之'，皆古注文。谓彼此俱疑，
不要将己意断了。"问："'直而勿有'亦只是上意否？"曰："是从上文
来，都是教人谦退逊让。"贺孙。

○ 叶兄问小学君、师、父三节。先生云："刘表遣韩嵩至京师。
嵩曰：'嵩至京师，天子假嵩一职，则成天子之臣、将军之故吏耳。在
君为君，不复为将军死也。'便是此意。"卓。

○ 李问："人伦之不及师，何也？"曰："师与朋友同类而势分等
于君父，唯其所在而致死焉。"曾云："如在君旁则为君死，在父旁则为
父死。"曰："也是如此。如在君，虽父有罪不能为父死。"贺孙。

○ 问："人伦言朋友而不及师，何也？"先生云："师之义即朋友，
而分则与君父等。朋友多而师少，以其多者言之。"又问："服中乃不及
师，何也？"曰："正是难处。若论其服，则当与君父等，故礼谓'若丧
父而无服'，又曰'平居则经'。"卓。

○ 安卿问："曲礼'外言不入于阃，内言不出于阃'一段甚切，
何故不编入小学？"曰："此样处漏落也多。"又曰："小学多说那恭敬
处，少说那禁防处。"义刚。

近思录

○　修身大法，小学备矣；义理精微，近思录详之。闳祖。

○　近思录好看。四子，六经之阶梯；近思录，四子之阶梯。淳。

○　郑言："近思录中语甚有切身处。"曰："圣贤说得语言平，如中庸、大学、论语、孟子皆平易。近思录是近人说，便较切。"贺孙。卓录同。

○　或问近思录。曰："且熟看大学了，即读语、孟。近思录又难看。"贺孙。

○　近思录首卷难看。某所以与伯恭商量教他做数语以载于后，正谓此也。若只读此则道理孤单，如顿兵坚城之下。却不如语、孟只是平铺说去，可以心游。道夫。

○　问董卿："近思录看得如何？"曰："所疑甚多。"曰："今猝乍看这文字也是难。有时前面恁地说，后面又不是恁地；这里说得如此，那里又却不如此。子细看来看去，却自中间有个路陌，推寻通得四五十条后又却只是一个道理。伊川云'穷理岂是一日穷得尽？穷得多后道理自通彻'。"道夫。

○　康节煞有好说话，近思录不曾收入在。近看文鉴编康节诗，不知怎生地那"天向一中分造化，人于心上起经纶"底诗却不编入。义刚。

○ 道夫问伊川云"四德之元犹五常之仁，偏言则一事，专言则包四者"。曰："须先识得元与仁是个甚物事，更就自家身上看甚么是仁，甚么是义、礼、智，既识得这个，便见得这个能包得那数个。若有人问自家：'如何一个便包得数个？'只答云：'只为是一个。'"问黄直卿曰："公于此处见得分明否？"曰："向来看康节诗见得这意思。如谓'天根月窟闲来往，三十六宫都是春'，正与程子所谓'静后见万物皆有春意'同。且如这个棹子，安顿得恰好时便是仁，盖无乖戾便是生意。穷天地、亘古今只是一个生意，故曰'仁者与物无对'，以其无往非仁，此所以仁包四德也。"曰："如此体仁便不是生底意思。棹子安顿得恰好只可言中，不可谓之仁。元只是初底便如木之萌，如草之芽。其在人如恻然有隐，初来底意思便是。所以程子谓'看鸡雏可以观仁'，为是那嫩小底便有仁底意思在。""如所谓'初来底意思便是'，不知思虑之萌不得其正时如何？"曰："这便是地头着贼，便是那'元'字上着贼了。如合施为而不曾施为时便是亨底地头着贼了，如合收敛而不曾收敛时便是利底地头着贼了，如合贞静而不能贞静时便是贞底地头着贼了。以一身观之，元如头，亨便是手足，利便是胸腹，贞便是那元气所归宿处，所以人头亦谓之'元首'。穆姜亦曰'元者，体之长也'。今若能知得所谓'元之元，元之亨，元之利，利之贞'，上面一个'元'字便是包那四个，下面'元'字则是'偏言则一事'者。恁地说则大煞分明了。须要知得所谓'元之元，亨之元，利之元，贞之元'者，盖见得此则知得所谓只是一个也。若以一岁之体言之，则春便是元之元，所谓'首夏清和'者便是亨之元，孟秋之月便是利之元，到那初冬十月便是贞之元也，只是初底意思便是。"道夫曰："如先生之言，正是程子说'复其见天地之心'。复之初爻便是天地生物之心也。"曰："今只将公所见看所谓'心譬如谷种，生之性便是仁，阳气发处乃情也'，观之便见。"久之，复曰："正如天官冢宰，以分职言之特六卿之一耳，而曰建邦之六典则又统六卿也。"本条"仁包四者"。道夫。

论语或问

○ 张仁叟问论语或问。曰："是十五年前文字，与今说不类。当时欲修，后来精力衰，那个工夫大，后掉了。"芝。

○ 先生说论语或问不须看。请问，曰："支离。"泳。

孟子要指

○ 敬之问要指不取"杞柳"一章。曰："此章自分晓，更无可玩索，不用入亦可。却是'生之谓性'一段难晓，说得来反恐鹘突，故不编入。"贺孙。

○ 因整要略，谓："孟子发明许多道理都尽，自此外更无别法。思（为）〔惟〕这个先从性看，看得这个物事破了然后看入里面去，终不甚费力。要知虽有此数十条，是古人已说过，不得不与他理会。到得做工夫时却不用得许多，难得勇猛底人直截便做去。"贺孙。

○ 敬之问："看要略，见先生所说孟子皆归之仁义。如说'性'及以后诸处皆然。"曰："是他见得这道理通透，见得里面本来都无别物事，只有个仁义。到得说将出，都离这个不得，不是要安排如此。道也是离这仁义不得，舍仁义不足以见道。如造化只是个阴阳，舍阴阳不足以明造化。"问："古人似各有所主：如曾子只守个忠恕，子思只守个诚，孟子只守个仁义。其实皆一理也。"曰："也不是他安排要如此，是他见得道理做出都是这个，说出也只是这个，只各就地头说，不是把定这个将来做。如尧舜是多少道理，到得后来衣钵之传只说'人心惟危，道心惟微，惟精惟一，允执厥中'。紧要在上三句，说会如此方得个中，方得个恰好。这也到这地头当说中便说个中，圣贤言语初不是着意安排，只遇着这字便说出这字。"贺孙。

○　先生因编孟子要旨云："孟子若读得无统，也是费力。某从十七八岁读至二十岁，只逐句去理会，更不通透，二十岁已后方知不可恁地读。元来许多长段都自首尾相照管，脉络相贯串，只恁地熟读自见得意思。从此看孟子觉得意思极通快，亦因悟作文之法。如孟子当时固不是要作文，只言语说出来首尾相应，脉络相贯，自是合着如此。"又曰："某当初读'自暴自弃'章，只恁地鹘突读去。伊川易传云'拒之以不信，绝之以不为'，当初也匹似闲看过。后因在舟中偶思量此，将孟子上下文看乃始通串，方始说得是如此，亦温故知新之意。"又曰："看文字不可恁地看过便道了，须是时复玩味，庶几忽然感悟，到得义理与践履处融会，方是自得。这个意思与寻常思索而得意思不同。"贺孙。

○　时举问："孟子首章是先剖判个天理人欲令人晓得，其托始之意甚明。若先生所编要略却是要从源头说来，所以不同。"先生云："某向时编此书，今看来亦不必。只孟子便直恁分晓示人，自是好了。"时举曰："孟子前面多是分明说与时君。且如首章说'上下交征利'，其害便至于'不夺不餍'；说仁义便云未有遗其亲、后其君者；次章说贤者便有此乐，不贤者便不能有此乐。都是一反一正，言其效验如此，亦欲人君少知恐惧之意耳。"先生曰："也不是要人君知恐惧，但其效自必至此。孟子之书明白亲切，无甚可疑者。只要日日熟读，须教他在吾肚中转作千百回，便自然纯熟。某当初看时要逐句去看他，便但觉得意思促迫，到后来放宽看，却有条理。然此书不特是义理精明，又且是甚次第底文章。某因熟读后便见，自此也知作文之法。"时举。

中庸集略

○ 大凡文字，上古圣贤说底便不差。到得周、程、张、邵门说得亦不差，其他门人便多病。某初要节一本中庸集略，更下手不得。其间或有一节说得好，第二节便差底，又有说得似好而又说从别处去底，然而看得他门说多却觉煞得力。夔孙。

太极图说

○ "某许多说话是太极中说已尽。太极便是性，动静阴阳是心，金木水火土是仁义礼智信，化生万物是万事。"又云："'无极之真，二五之精，妙合而凝'，此数句甚妙，是气与理合而成性也。"贺孙。〔或录云："真，理也；精，气也。理与气合，故能成形。"〕

仁说

○ 仁说只说得前一截好。闳祖。

○ 问："先生向作仁说，大率以心具爱之理，故谓之仁。今集注中说'仁，人心也'，只为'酬酢万变之主'，如何？"先生曰："不要如此看，且理会个'仁，人心也'，须见得是个'酬酢万变之主'。若只管以彼较此，失了本意。看书且逐段看，如吃物相似，只咀嚼看如何。向者为人不理会得仁，故做出此等文字，今却反为学者争论。"窦云："先生之文似药方，服食却在学者。"先生云："治病不治病却在药方，服食见效不见效却在人。"窦问："心中湛然清明，与天地相流通，此是仁否？"曰："湛然清明时，此固是仁义礼智统会处。今人说仁多是把做空洞底物看，却不得。当此之时，仁义礼智之苗脉已在里许，只是未发动。及有个合亲爱底事来便发出恻隐之心，有个可厌恶底事来便发出羞恶之心。礼本是文明之理，其发便知有辞逊；智本是明辨之理，其发便知有是非。"又曰："仁是恻隐之母，恻隐是仁之子。又仁包义、礼、智三者，仁似长兄，管属得义、礼、智，故曰'仁者善之长'。"德明。

○ 节问："先生仁说，说'存此'者也，'不失此'者也。如说'行此'则仁在其中，非仁也。"曰："谓之仁固不可，谓之非仁则只得恁地说。如孟子便去解这'仁'字，孔子却不恁地。"节。

○ 陈问："程门以知觉言仁，克斋记乃不取，何也？"曰："仁离爱不得。〔上蔡诸公不把爱做仁，他见〕伊川言'博爱非仁也，仁是性，爱是情'。伊川也不是说道爱不是仁。若当初有人会问，必说道'爱是仁之情，仁是爱之性'，如此方分晓。惜门人只领那意，便专以知觉言之，于爱之说若将浼焉，遂蹉过仁地位去说，将仁更无安顿处。'见孺子匍匐将入井，皆有怵惕恻隐之心'，这处见得亲切。圣贤言仁皆从这处说。"又问："知觉亦有生意。"曰："固是。将知觉说来冷了。觉在知上却多，只些小搭在仁边。仁是和底意，然添一句又成一重，须自看得便都理会得。"淳。寓同。

敬斋箴

○ 问"持敬"与"克己"工夫。先生曰："敬是涵养操持不走作，

克己则和根打并了教他尽净。"问<u>敬斋箴</u>。曰："此是敬之目，说有许多
地头去处。"<u>偬</u>。

○ "守口如瓶"是言语不乱出，"防意如城"是恐为外所诱。<u>道夫</u>。

○ "守口如瓶"，不妄出也；"防意如城"，闲邪之入也。"蚁封"
乃小巷屈曲之地，是"折旋中矩"，不妄动也。<u>道夫</u>。

○ <u>节</u>问"折旋蚁封"。答曰："折旋，蚁封之间。"<u>节</u>。

○ "'周旋中规，折旋中矩'，周旋是直去却回来，其回转处欲其
圆如中规也；折旋是直去了复横去，如曲尺相似，其横转处欲其方如中
矩也。"又问<u>敬斋箴</u>云："'折旋蚁封'，如何是'蚁封'?"曰："'蚁封'，
蚁垤也。北方谓之'蚁楼'，如小山子，乃蚁穴地。其泥坟起如丘垤，
中间屈曲如小巷道。古语云'乘马折旋于蚁封之间'，言蚁封之间巷路
屈曲狭小，而能乘马折旋于其间不失其驰骤之节，所以为难也。'鹳鸣
于垤'，垤即蚁封也。天阴雨下则蚁出，故鹳鸣于垤，以俟蚁之出而啄
食之也。<u>王荆公</u>解垤为自然之丘，不信蚁封之说，后见人说有之，<u>介甫</u>
过北方亲见之，方信其实而改其说焉。"<u>卓</u>。<u>偬</u>录同。

○ 又问<u>主一铭</u>。曰："心只要主一，不可存两事。一件事了更加
一件便是贰，一件事了更加两件便是叁。'勿贰以二，勿叁以三'，是不
要二三；'不东以西，不南以北'，是不要走作。"<u>淳</u>。

○ <u>寓</u>问："'勿贰以二，勿叁以三；不东以西，不南以北'，如何
分别?"曰："都只是形容个敬，敬须主一。初来有一个事又添一个，便
是来贰他成两个；元有一个又添两个，便是来叁他成三个。'不东以西，

不南以北'，只一心，做东去又要做西去，做南去又要做北去，皆是不主一。上面说个心不二三，下面说个心不走作。"寓。

○ 或问："敬斋箴后面少些从容不迫之意，欲先生添数语。"曰："如何解迫切？今未曾下手在便要从容不迫切。如人相杀，未曾交锋便要引退。今未曾做工夫在便要开后门。然亦不解迫切，只是不曾做，做着时不患其迫切。某但常觉得宽缓底意思多耳。"李曰："先生犹如此说，学者当如何也。"僩。

六君子赞

○ "勇撤皋比"说讲易事。闳祖。

通鉴纲目

○ 说编通鉴纲目尚未成文字。因言："伯恭大事记忒藏头亢脑，如抟谜相似。又解题之类亦太多。"寓。

○ 问纲目主意。曰："主在正统。"问："何以主在正统？"曰："三国当以蜀汉为正，而温公乃云某年某月'诸葛亮入寇'，是冠屦倒置，何以示训？缘此遂欲起意成书。推此意，修正处极多。若成书，当亦不下通鉴许多文字，但恐精力不逮，未必能成耳。若度不能成，则须焚之。"大雅。

○ 问："宋齐梁陈正统如何书？"曰："自古亦有无统时。如周亡之后，秦未帝之前，自是无所统属底道理。南北亦只是并书。"又问：
"东晋如何书?"曰："宋齐如何比得东晋。"又问："三国如何书?"曰：
"以蜀为正。蜀亡之后无多年便是西晋。中（国）〔间〕亦权以魏为正。"
又问："后唐亦可以继唐否?"曰："如何继得!"赐。

　　〇　纲目于无正统处并书之，不相主客。通鉴于无正统处须立一个
为主。某又参取史法之善者，如权臣擅命多书以某人为某王某公，范晔
却书"曹操自立为'魏公'"，纲目亦用此例。方子。

　　〇　或问武后之祸。曰："前辈云当废武后所出，别立太宗子孙。"
曰："此论固善，但当时为武氏杀尽，存者皆愚暗，岂可恃?"因说：
"通鉴提纲例，凡逆臣之死皆书曰'死'。至狄仁杰则甚疑之，李氏之复
虽出于仁杰，然毕竟是死于周之大臣。不奈何，也教相随入死例，书
云：某年月日狄仁杰死也。"大雅。

家礼

祭仪

　　〇　问："旧尝收得先生一本祭仪，时祭皆是卜日。今闻却用二至、
二分祭，是如何?"曰："卜日无定，虑有不虔。温公亦云只用分、至亦
可。"问："如此则冬至祭始祖，立春祭先祖，季秋祭祢，此三祭如何?"
曰："觉得此个礼数太远，似有僭上之意。"又问："祢祭如何?"曰：
"此却不妨。"广。

韩文考异

○　先生考定韩文与大颠书，曰："真个有崇信底意，外面皮上都见得安排位次是恁地。如原道中所谓'寒然后为之衣，饥然后为之食，为宫室，为城郭'等，皆说得好。只是不曾向里面省察，不曾就身上细密做工夫。只从粗处做去，不见得原头来处。把道别做一个物可以行于世，我今只恁地去行。故立朝议论风采亦有可观，却不是从里面流出。平日只以做文、吟诗、饮酒、博戏为事，及贬潮州，寂寥，无人共吟诗、饮酒、博戏，见一个僧说道理便为之动。如曰'所示广大深迥，非造次可喻'，不知大颠所说甚底，得恁地倾心信向。韩公所说底大颠未必晓得，大颠所说底韩公亦见不破。"淳。

警世图

○　警世竞辰二图伪。道夫。

朱子语类卷第一百六

朱子三

外任

同安主簿

○ 主簿就职内大有事，县中许多簿书皆当管。某向为同安簿，许多赋税出入之簿，某逐日点对金押，以免吏人作弊。时某人为泉倅，簿书皆过其目。后归乡某与说及此，亦懵不知。他是极子细官人，是时亦只恁地呈过。贺孙。

○ 因说"慢令致期谓之贼"，云："昔在同安作簿时，每点追税必先期晓示。只以一幅纸截作三片作小榜遍贴，云本厅取几日点追甚乡分税，仰人户乡司主人头知委。只如此，到限日近时纳者纷纷。然此只是一个信而已，如或违限遭点，定断不恕，所以人怕。"时举。植录同。

○ 问："奏状还借用县印否？"曰："岂惟县印，县尉印亦可借。盖是专达与给纳官司及有兵刑处，朝廷皆给印。今之官司合用印处，缘兵火散失，多用旧印。要去朝廷请印又须要钱，所以官司且只苟简过了。某在同安作簿，去州请印。当时有个指挥使并一道家印，缘胥吏得钱方给。某戏谓要做个军员与道士亦不能。又见崇安县丞厅用淮西漕使印。”人杰。

知南康

○ 问：“今之神祠无义理者极多。若当官处于无义理之神祠，虽系敕额，凡祈祷之类不往，可否?”曰：“某当官所至须理会一番。如仪案所具合祈祷神亓，有无义理者，使人可也。”人杰。

○ 与陈尉说治盗事，因曰：“凡事须子细体察，思量到人所思量不到处，防备到人所防备不到处，方得无事。”又曰：“凡事须是小心寅畏，若恁地粗心驾去，不得。”又曰：“某尝作郡来，每见有贼发则惕然皇恐，便思自家是长民之官，所以致此是何由。遂百（钟）〔种〕为收捉，捉得便自欢喜，不捉得则终夜皇恐。”贺孙。

○ 马子严庄甫见先生言：“近有人作假书请托公事者。”先生云：“收假书而不见下书之人，非善处事者。旧见吴提刑逵公路当官，凡下书者须令当厅投下，却将书于背处观之，观毕方发付其人，令等回书。前辈处事详密如此。又某当官时有人将书来者，亦有法以待之，须是留其人吃汤，当面拆书，若无他，方令其去。”人杰。

○ 因说郑惠叔爱惜官钱，云：“某见人将官钱胡使，为之痛心。两为守，皆承弊政之后，其所用官钱并无分明，凡所送遗并无定例，但随意所向为厚薄。闾胥辈皆云：‘有时这般官员过往或十千、或五千。后番或是这样又全不送，白休了。’某遂云：‘如此不得。朝廷有个公库在这里，若过往官员，当随其高下多少与之，乃是公道，岂可把为自家私恩。'于是立为定例，看是甚么官员过此，便用甚么例送与之，却得公溥。后来至于凡入广诸小官，如簿、尉之属，个个有五千之助，觉得意思尽好。"贺孙。

○ 因论常平仓，曰："某自典二州知常平之弊如此，更不敢理会。看南康自有五六万石，漳州亦六七万石，尽是浮埃空壳，如何敢挑动！这一件事不知做甚么合杀。某在浙东尝奏云，常平仓与省仓不可相连，须是东西置立，令两仓相去远方可。每常官吏检点省仓，则挂省仓某号牌子，检点常平仓，则挂常平仓牌子，只是一个仓，互相遮瞒。今所在常平仓都教司法管，此最不是。少间太守要侵支，使一司法如何敢拗他？通判虽管常平，而其职实管于司法。又所在通判大率避嫌，不敢与知州争事，韩文公所谓'例以嫌不可否事者也'。且如经、总制钱、牙契钱、倍契钱之类，尽被知州瞒朝廷夺去，更不敢争。"偘。

○ 郭兄言本朝之守令极善。先生曰："却无前代尾大不掉之患。即是州县无权，卒有变故更支撑不住。"偘因举："祖宗官制沿革中说，祖宗时州郡禁兵额极多，又有诸名色钱可以赡养。及至王介甫作相，凡州郡之兵财尽刮刷归朝廷，而州郡益虚。所以后来大乱，天下瓦解，由州郡无兵无财而然也。"先生曰："只祖宗时州郡已自轻了。如仁宗朝京西群盗横行，破州屠县，更无如之何。有某贼围京西，某州太守无力拒之，太守姓晁，忘其名。遂敛金帛赂之使去。后来朝廷闻之，富郑公大怒，欲诛太守，云：'岂有任千里之寄，不能拒贼而反赂之者！'范文正公争之曰：'不可。州郡无兵无财，他将何捍拒？今他能权宜应变，（姑可）以全一城之生灵，则亦可矣，岂可反罪之也？'然则彼时州郡已如此虚弱了，如何尽推得介甫？介甫只是刮刷太甚，凡州郡禁兵阙额尽令勿补填。且如一州有千人禁军额，阙五百人则本郡不得招填，每岁桩留五百名之衣粮并二季衣赐之物，令转运使掌之而尽归于朝廷，如此煞得钱不可胜计。"陈丈云："记得先生说，教提刑掌之，归朝廷，名曰'封桩缺额禁军钱'。"又云："也怪不得州郡，欲添兵，诚无粮食给之，其势多招不得。某守南康，旧有千人禁军额，某到之时才有二百人而已，然岁已自阙供给。本军每年有租米四万六千石，以三万九千来上供，所余者止七千石，仅能赡得三月之粮。三月之外便用别擘画措置，如斛面、加粮之属。又尽则预于民间借支。方借之时早谷方熟，不得已出榜令民先将早米来纳，亦谓之（利）〔租〕米。俟冬则折除其租米，亦当大米之数，如此犹赡不给。寿皇数数有旨挥下来，必欲招满千人之额。某申去云：'不难于招，只是无讨粮食处。'又行下云：'便不及千人，亦须招填五百人。'虽圣旨如此，然终无得钱粮处，只得如此挨过日子而已。想得自初千人之额，自来不曾及数。盖州郡只有许多米，他无来处，何以赡给之？然上供外所余七千石，州郡亦不得用。转运使每岁行文字下来约束，只教桩留在本州，不得侵支颗粒。那里有？年年侵使了，<small>每监司使公吏下来检视，州郡又厚赂遗之，使之去。</small>全无颗粒，怪不得。若更不得支此米，何从得赡军？然亦只赡得两三月，何况都无！非天雨鬼输，何从得来？某在彼时，颜鲁子、王齐贤屡行文字下来，令不得动。某报去云：'累任即无颗粒见在。虽上司约束分明，奈岁用支使何？今来上司，不若为之豁除其数。若守此虚名而无实，徒为胥吏辈赂贿之地。又况州郡每岁靠此米支遣，决不能如约束，何似罢之？'更不听，督责愈急。颜鲁子又推王齐贤，王齐贤又推颜鲁子。及王齐贤去，颜依旧行下约束，却被某不能管得，只认他支使了。若以为罪，则前后之为守者皆一样，又何从根究？其势不奈何，只得如此处。"卓。

○ 道夫言："察院黄公镃，<small>字用和。</small>刚正，人素畏惮。其族有纵恶马踏人者，公治之急。其人避之惟谨，公则斩其马足以谢所伤。"先生曰："某南康临罢，有跃马于市者踏了一小儿，将死。某时在学中，令送军院，次日以属知录。晚过廨舍，知录云：'早上所喻已栲治如法。'

某既而不能无疑于其说，回至军院，则其人冠屦俨然，初未尝经栲掠也。遂将吏人并犯者讯。次日，吏人杖脊勒罢。偶一相识云：'此是人家子弟，何苦辱之？'某曰：'人命所系，岂可宽弛？若云子弟得跃马踏人，则后日将有甚于此者矣。况州郡乃朝廷行法之地，保佑善良、抑挫豪横乃其职也。纵而不问，其可得耶！'后某罢，诸公相饯于白鹿，某为极口说西铭'民吾同胞，物吾与也'一段。今人为秀才者便主张秀才，为武官者便主张武官，为子弟者便主张子弟，其所陷溺一至于此。"〔贺孙闻之先生云："因出谒回，即使吏杖之谯楼下，方始交割。"〕道夫。人杰录同而略，今附，云："因说刘子澄好言家世。曰：'某在南康时，有一子弟骑马踏损人家小儿，某讯而禁之，子澄以为不然。某因讲西铭"凡天下疲癃残疾，惸独鳏寡，吾兄弟颠连而无告者也"，君子之为政，且要主张这一等人。遂痛责之。大概人不可有偏倚处。'"

○　某在南康军时，民有讼坐家逃移者，是身只在家而托言逃移不纳税。又有讼望乡复业者，是身不回乡而寄状管业也。淳。

浙东提举

○　"建阳簿权县。有妇人，夫无以赡，父母欲取以归事。到官，簿断听离。致道深以为不然，谓夫妇之义岂可以贫而相弃？官司又岂可遂从其请？"先生曰："这般事都就一边看不得。若是夫不才，不能育其妻，妻无以自给，又奈何？这似不可拘以大义。只怕妻之欲离其夫别有曲折，不可不根究。"直卿云："其兄任某处，有继母与父不恤其前妻之子。其子数人贫窭不能自活，哀鸣于有司。有司以名分不便，只得安慰而遣之，竟无如之何。"先生曰："不然。这般所在当以官法治之。也须追出后母责戒励，若更离间前妻之子，不存活他，定须痛治。"因云：

"程先生谓'舜不告而娶',舜虽不告,尧尝告之矣。尧之告之也,以王法治之而已。"因云:"昔为浙东仓时,绍兴有继母与夫之表弟通,遂为接脚夫,擅用其家业,恣意破荡。其子不甘,来诉。初以其名分不便却之,后赶至数十里外,其情甚切,遂与受理,委杨敬仲。敬仲深以为子诉母不便。某告之曰:'曾与其父思量否?其父身死,其妻辄弃背与人私通而败其家业。其罪至此,官司若不与根治,则其父得不衔冤于地下乎?今官司只得且把他儿子顿在一边。'渠当时亦以为然。某后去官,想成休了。初追之急,其接脚夫即赴井,其有罪盖不可掩。"贺孙。

○ 因论监司巡历受折送,曰:"近法,自上任许一次受。"直卿曰:"看亦只可量受。"先生曰:"某在浙东都不曾受。"道夫。

○ "而今救荒甚可笑。自古救荒只有两说:第一是感召和气以致丰穰,其次只有储蓄之计。若待他饥时理会,更有何策?东边遣使去赈济,西边遣使去赈济,只讨得逐州几个紫绫册子来,某处已如何措置,某处已如何经画,元无实惠及民。"或问:"先生向来救荒如何?"云:"亦只是讨得紫绫册子,更有何策!"自修。

○ 赈济无奇策,不如讲水利。到赈济时成甚事?向在浙东,疑山阴、会稽二县刷饥饿人少,通判郑南再三云数实。及子细,刷起三倍。可学。

○ 先生语次,问浙东旱。可学云:"浙东民户歌先生之德。"先生曰:"向时到部,州县有措置,亦赖朝廷应副得以效力,已自有名无实者多。"因曰:"向时浙东先措置,分户高下出米,不知有米无米不同。有徐木者献策,须是逐乡使相推排有米者。时以事逼不曾行。今若行之一县,甚易。大抵今时做事在州郡已难,在监司尤难,以地阔远,动成

文具。惟县令于民亲，行之为易。计米之有无而委乡之聪明诚信者处
之，聪明者人不能欺，诚信者人不忍欺。若昏懦之人为人所绐，谲诈之
士则务欲容私，此大不可。"<u>可学</u>。

○ 某向在<u>浙东</u>，吏人押安抚司牒，既佥名押字。至<u>绍兴府</u>牒，吏
亦请佥名，某当时只押字去。闻<u>王仲行</u>有言语，此<u>伊川</u>所谓"只第一件
便做不得"者。如<u>南康</u>军旧来有文字到<u>建康府</u>，皆用申状，某以为不
然。是时，<u>陈福公</u>作留守只牒<u>建康</u>佥厅，若非前宰执，只当直牒也。如
<u>南康</u>有文字到邻路监司，亦只合备牒，其诸县于邻州用牒却有著令。
<u>德明</u>。

漳州

○ 郡中元自出公牒，延郡士<u>黄知录</u>樵、<u>施允寿</u>、<u>石洪庆</u>、<u>李唐
咨</u>、<u>林易简</u>、<u>杨士训</u>及<u>淳</u>与<u>永嘉</u> <u>徐寓</u>八人入学，而<u>张教授</u>与旧职事沮
格。至是先生下学，僚属又有乞留旧有官学正，有司只得守法，言者不
止。先生变色厉词曰："郡守以承流宣化为职，不以簿书、财计、狱讼
为事。某初到此，未知人物贤否，风俗厚薄。今已九月矣，方知得学校
底里，便欲注意学校。所以采访乡评物论，延请<u>黄知录</u>，以其有恬退之
节，欲得表率诸生。又延请前辈士人同为之表率，欲使邦人士子识些向
背，稍知为善之方，与一邦之人共趋士君子之域，以体朝廷教养作成之
意。不谓作之无应，弄得来遂没合杀。教授受朝廷之命分教一邦，其责
任不为不重，合当自行规矩。而今却容许多无行之人、争讼职事人在
学，枉请官钱，都不成学校。士人先要识个廉退之节。礼义廉耻是谓四
维，若寡廉鲜耻，虽能文，要何用？某虽不肖，深为诸君耻之。"<u>淳</u>。<u>寓</u>
同而少异。

○ 秋补牒请黄樵牧仲考校其词，曰："文学德行为众所推，今宜礼请同行考校。"复致书曰："郡庠秋补，诸生欲请贤者临之，非惟仰借藻鉴之公，亦欲使后生少知尊贤尚德之意。"<u>道夫</u>。

○ 谟曰："先生禁漳民礼佛朝岳，皆所以正人心也。"先生曰："未说到如此。只是男女混淆，便当禁约尔。"侍坐诸公各言诸处淫巫蛊惑等事，先生蹙颏嗟叹而已。因举："江西有玉隆万寿宫、太平兴国宫，每岁两处朝拜，不惮远近奔趋，失其本心，一至于此。"曰："某尝见其如此，深哀其愚。上升一事断无此理，岂有许多人一日同登天，自后又却不见一个登天之人？如汀民事定、光二佛，其惑亦甚。其佛肉身，尝留公厅祷祈徼福，果有知道理人为汀州，合先投畀水火以祛民惑。愚民施财崇修佛宇，所在皆然，此弊滋蔓尤甚。"陈后之言："泉州妖巫惑民，新立庙貌，海船运土石及远来施财，遭风覆舟，相继而不悟。"先生云："亦尝望见庙宇壮丽，但寻常不喜入神庙，不及往观。凡此皆是愚而无知者之所为尔。"<u>谟</u>。

○ 郑湜补之问戢盗。曰："只是严保伍之法。"郑云："保伍之中，其弊自难关防。如保头等易得挟势为扰。"曰："当令逐处乡村举众所推服底人为保头。又不然，则行某漳州教军之法以戢盗心。这是已试之效。"因与说："某在漳州，初到时教习诸军弓射等事，皆无一人能之。后分许多军作三番，每月轮番入教场挽弓，及等者有赏；其不及者留在，只管挽射，及等则止；终不及则罢之。两月之间，翕然都会射，及上等者亦多，后多留刺以填阙额。其有老弱不能者并退罢之。他若会射了，有盗贼他是不怕他。"刘叔通问："韩范当初教兵甚善。"先生因云："公道韩公兵法如何？"又云："刺（陵）〔陕〕西义勇事何如？这个人恁地不晓事。侬智高反亦是轻可底事，何故恁地费力。"刘云："闻广中都无城郭，某处种笐木为城，枝节生刺，刀火不能破。"<u>贺孙</u>。

○　本朝立法，以知州为不足恃，又置通判分掌财赋之属。然而知州所用之财，下面更有许多幕职官通管，尚可稽考。惟通判使用更无稽考者。通判厅财赋极多。某在漳州，凡胥吏辈窠坐，有优轻处、重难处，尽与他摆换一次，优者移之重处，重者移之优处。惟通判厅人吏不愿移换。某曰："你若不肯，尽与你断罢。"于是皆一例摆换。盖通判厅财赋多，恣意侵渔，无所稽考也。㑦。

○　陈安卿问："'二十而一，十一，十二，二十而三，二十而五'，如何？"先生曰："近处役重，远处役轻。且如六乡自是家家为兵，至如稍、县、都鄙却是七家只出一兵。"黄直卿曰："乡遂用贡法，都鄙用助法，则是都鄙却成九一。但郑注'二十而一'等及九赋之类，皆云是计口出泉，如此又近于太重。"先生曰："便是难晓，这个今且理会得大概。若要尽依他行时也难，似而今时节去那封建井田，尚煞争。〔淳录云："因论封建井田，曰：'大概是如此，今只看个大意。若要行时，须别立法制使简易明白，取于民者足以供上之用，上不至于乏而下不至于苦，则可矣。今世取封建井田大段远。'"〕却如某病后要思量白日上升，如何得！今且医得无事时，已是好了。据某看来，而今只是如江浙间，除了那和买丁钱，重处减些子，使一家但纳百十钱，只依而今税赋后放教宽着，无大故害民处，〔淳录云："如漳之盐钱罢了。"〕如此时便是小太平了。前辈云，本朝税轻于什一，此说也只是向时可恁地说，似而今何啻数倍也！缘是上面自要许多用，你而今好看教县中省解些月桩，看州府不来打骂么？〔某〕在漳州解发银子，折了星两，后来运司发文字下来取，被某不能管得，判一个'可付一笑'字，听他门自去理会。似恁时节却要行井田，如何行得！伊川先生尝言要必复井田封建，及晚年又却言不必封建井田，便也是看破了。〔淳录云："见畅潜道录。想是他经历世故之多，见得事势不可行。"〕今且如封建，自柳子厚之属论得来也是太过，但也是行不得。〔淳录云："柳子厚说得世变也是。但他只见得后来不好处，不见得古人封建底好意。"〕如汉当初尝要封建，后来便恁地狼狈。若便如主父偃之说，'天子使吏治其国而但纳其贡税'，如此便不必封建也得。〔淳录云："若论主父偃后底封建，则皆是王族贵骄之子，不足以君国子民，天子使吏治其国而已。"〕今且做把一百里地封一个亲戚或功臣，教他去做，其初一个未必便不好，但子孙决不能皆贤。若有一个在那里无稽时，你不成教百姓论罢了一个国君！若只坐视他恁地害民，又不得，那里如何区处？〔淳录云："封建以大体言之，却是圣人公共为民底意思，是为正理。以利害计之：第一世所封之功臣犹做得好在，第二世继而立者个个定是不晓事，则害民之事靡所不为。百姓被苦来诉国君，因而罢了也不是，不与他理会亦不是。未论别处如何，只这一处利少而害多，便自行不得。"〕更是人也自不肯去。今且做教一个钱塘县尉封他作静江国王、郁林国王，〔淳录作"桂国之君"。〕他定是不肯去，〔淳录作"他定以荒僻不乐于行"。〕（它）宁肯作钱塘县尉。唐时理会一番袭封刺史，人都不肯去。〔淳录作"一时功臣皆乐于在京而不肯行"。〕符秦也曾如此来。人皆是恋那京师快活后都不肯去，却要遣人押起，〔淳录作"符坚封功臣于数国，不肯去，迫之使去"。〕这个决是不可行。若是以大概论之，圣人封建都是正理；但以利害言之，则利少而害多。而今如子由古史论得也忒烦，前后都不相照。〔淳录作"子由论封建，引证又都不着"。〕想是子由老后昏眩，说得恁地。某尝作说辨之，得四五段，不曾终了。若东坡时便不如此，他每每两笼罗说，他若是主这一边说时，那一边害处都藏着不敢说破。如子由便是只管说，后说得更无理会。"因曰："苏氏之学喜于纵恣疏荡。东坡尝作某州学记，言井田封建皆非古，但有学校尚有古意。其间言'舜远矣，不可及矣。但有子产尚（有）〔可〕称'，他便是敢恁地说。千古万古后你如何知得无一个人似舜。"义刚。〔淳录作数条。〕

○ 敬之问："淳熙事类，本朝累圣删定刑书，不知尚有未是处否？"曰："正缘是删改太多，遂失当初立法之意。如父母在堂不许分异，此法意极好。到后来因有人亲在，私自分析用尽了，到亲亡却据法负赖，遂著令许私分。又某往在临漳，主宪送一项公事，有人情愿不分，人皆以为美。乃是有寡嫂孤子，后来以计嫁其嫂，而又以己子添立，并其产业。后委郑丞看验，逐项剖析子细，乃知其情。"贺孙。

○ 杨通老问："赵守断人立后事错了，人无所诉。"曰："理却是心之骨，这骨子不端正，少间万事一齐都差〔了〕。（人）如一个印，刊得不端正，看印在甚么所在，千个万个都唱斜。不知人心如何恁地暗昧！这项事其义甚明，这般所在都是要自用，不肯分委属官，所以事丛杂，处置不暇，胡乱断去。在法，属官自合每日到官长处共理会事，如有不至者自有罪。今则属官虽要来，长官自不要他来，他也只得休。这般法意是多少好。某尝说，或是作县，看是状牒如何烦多都自有个措置。每听词状，集属官都来列位于厅上，看有多少，均分之，各自判去。到着到时亦复如此，若是眼前易事，各自处断；若有可疑等事，便留在，集众较量断去，无有不当，则狱讼如何会壅？此非独为长官者省事，而属官亦各欲自效。兼是如簿尉等初官，使之决狱听讼得熟，是亦教诲之也。某在漳州，主宪送下状如雨，初亦为随手断几件。后觉多了，恐被他压倒了，于是措置几只厨子在厅上分了头项。送下讼来，即与上簿，合索案底自入一厨，人案已足底自入一厨。一日集诸同官，各分几件去定夺。只于厅两边设幕位，令逐项叙来历，末后拟判。俟食时，即就郡厨办数味，饮食同坐，食讫即逐人以所定事较量。初间定得几个来去做文章，都不说着事情。某不免先为画一样子，云某官今承受提刑司判下状系某事。（一）甲家于某年某月某日有甚干照，计几项；乙家于某年某月某日有甚干照，计几项。逐项次第写分明。（一）甲家如何因甚么事争起到官，乙家又如何来解释互论，甲家又如何供对已前事分明了。（一）某年某月某日如何断。（一）某年某月某日某家于某官番诉，某官又如何断。以后几经番诉并画一写出，后面却点对以前所断当否，或有未尽情节拟断在后。如此了却把来看，中间有拟得是底，并依其所拟断决，合追人便追人，若不消追人，便只依其所拟回申提刑司去。有拟得未是底，或大事可疑，却合众商量。如此事都了，并无壅滞。"杨通老云："天下事体固是说道当从原头理会来，也须是从下面细处理会将上始得。"曰："固是。如做监司，只管怕讼多措置不下，然要省状也不得。若不受词讼，何以知得守令政事之当否？全在这里见得。只如入建阳受建阳民户讼，这个知县之善恶便见得。如今做守令，其弊百端，岂能尽防！如胥吏沈滞公事，邀求于人，人皆知可恶，无术以防之。要好，在严立程限。他限日到，自要苦苦邀索不得。若是做守令，有可以白干沈滞底事，便是无头脑，须逐事上簿，逐事要了始得。某为守，一日词讼一日着到，合是第九日亦词讼，某却罢了此日词讼。明日是休日，今日便刷起，一旬之内有未了事一齐都要了。大抵做官须是令自家常闲、吏胥常忙方得。若自家被文字来丛了，讨头不见，吏胥便来作弊。做官须是立纲纪，纲纪既立都自无事。如诸县发簿历到州，在法，本州点对自有限日。如初间是本州磨算司，便自有十日限，却交过通判审计司，亦有五日限。今到处并不管着限日，或迟延一月，或迟延两三月，以邀索县道，直待计嘱满其所欲方与呈州。初过磨算司使一番钱了，到审计司又使一番钱，到倅厅发回呈州呈覆，吏人又要钱。某曾作簿，知其弊，于南康及漳州皆用限日。他这般法意甚好，后来一向埋没了。某每到，即以法晓谕定要如此，亦使磨底磨得子细，审底审得子细，有新簿、旧簿不同处，便批出理会。初间吏辈以为无甚紧要，在漳州押下县簿，付磨算司及审计司，限到满日却不见到，根究出乃是交点司未将上，即时决两吏。后来却每每及限，虽欲邀索也不敢迁延，县道知得限严也不被他邀索。如此等事整顿得几件，自是省事。此是大纲纪。如某为守，凡遇支给官员俸给，预先示以期日，到此日只要一日支尽，更不留未支，这亦防邀索之弊。看百弊之多，只得严限以促之，使他大段邀索不得。"又曰："某人世为良宰，云要紧处有八字'开除民丁，划割户税'，世世传之。"又曰："法初立时有多少好意思，后来节次臣僚胡乱申请，皆变坏了。如父母在堂不许异财，法意最好。今为人父母在不异财，却背地去典卖，后来却昏赖人。以一时之弊变万世之良法，只是因某人私意申请。法尽有好处。今非独下之人不畏法，把法做文具事，上自朝廷也只把做文具行了，皆不期于必行。前夜说上下视法令皆为闲事。如不许州郡监司馈送，几番行下而州郡监司亦复如前，但变换名目，多是做忌日去寺中焚香，于是皆有折送，其数不薄。间有甚无廉耻者，本无忌日，乃设为忌日焚香以图馈送者。朝廷诏令事事都如此无纪纲，人人玩弛，可虑可虑。"又曰："只如省部有时行下文字尽有好处，只是后来付之胥吏之手，都没收杀。某在漳州，忽行下文字，应诸州用铸印处或有缺损磨灭底并许申上，重行改造。此亦有当申者，如合有铸印处乃是兵刑钱谷处，如尉有铸印，亦有管部弓兵司理主郡刑狱乃无铸印。后来申去又如掉在水中一般，过得几时又行文字来，又申去，又休了。如今事事如此，省部文字一付之吏手，一味邀索，百端阻节。如某在绍兴，有纳助米人从县保明到州，州保明到监司，方与申部，忽然部中又行下一文字来再令保明。某遂与逐一详细申去，云：'已从下一一保明讫，未委今来因何再作行移？'如此申去休了，后来忽又行下来云：'助米人称进士，未委是何处几时请到文解，还是乡贡？如何，仰一一牒问上来。'这是囝耐不囝耐！他事事敢如此邀求取索。当初朝廷只许进士助米，所谓进士只是科举终场人，如何敢恁地说！某当时若便得这省吏在前，即时便与刺两行字配将去。然申省去，将谓省官须治此吏，那里治他！又如奏罢一县令，即申请一面差人待阙，候救荒事讫交割下替。便来争，上去部里论，部里便判罢权官。后来与申去，云元初差这人乃是奉圣旨令救荒，尽与备许多在前。及后部中行下，乃前列圣旨了，后乃仍旧自云'合还下替，交割职事'。直是恁地胡乱行移，略不知有圣旨！那个权官见代者来得恁地急，不能与争，自去了。"贺孙。

○ 顷常欲因奏对言一事而忘之，诸州军兵衣绢或非所有，则以上供钱对易于出产州军，最为烦扰。如漳州旧与信、处二州对易。每岁本州为两州抱认上供钱若干，尽数解纳，而两州绢绝不来，太守岁遣书馈恳请，恬不为意，或得三分之一，间发到一半，极矣。然绢纰薄而价高，常致军人怨詈。博景仁初解漳州，以支散衣绢不好，为军人喊噪，不得已以钱贴支，姑得无事，岁以为苦。兴化取之台州更是迂远。此事最不难理会，而无一人肯言之者，不知何故。既知漳不出绢，信州、处州有之，何不令两州以所合发纳上供钱输绢左藏，只令漳州以钱散军人，岂不两便？军人皆愿得钱，不愿得绢，盖今绢价每匹三千省，而请钱则得五千省故也。此亦当初立法委曲劳复之过，改之何妨？個。

○ 本州鬻盐最为毒民之横赋，往前屡经旨罢而复屡起。自先生至，石丈屡言其利害曲折。先生即散榜，先罢其濒海十一铺，其余诸铺拟俟经界正赋既定然后悉除之。至是诸铺解〔到〕盐钱，诸库皆充塞。先生曰："某而今方见得盐钱底〔里〕与郡中岁计无预。前后官都被某见过，无不巧作名色支破者。古者山泽之利与民共之，今都占了，是何理也，合尽行除罢而行迫无及矣！"淳。

○ 李椿年行经界，先从他家田上量起。今之辅弼能有此心否？人杰。

○ 某在临漳欲行经界，只寻得善熟者数人任之。大抵立事须要人才，若人才难得，不成便休，须着做去。人杰。

○ 某保甲草中所说县郭四门外置隅官四人，此最紧要，盖所以防卫县郭以制变。县有官府、狱讼、仓库之属，须是四面有个防卫始得。一个隅官须各管得十来里方可，诸乡则只置弹压之类而不复置隅官，默寓个大小相维之意于其间。又后面"子弟"一段须是着意理会。这个子弟真个要他用，非其他泛泛之比，须是别有个拔擢旌赏以激劝之乃可。此等事难处，须是理会教他整密，无些罅缝方可。<u>偓</u>。

○ <u>吴英 茂实</u>云："政治当明其号令，不必严刑以为威也。"先生曰："号令既明，刑罚亦不可弛，苟惟不明刑罚，则所谓号令者徒挂墙壁尔。与其不遵以梗吾治，曷若惩其一以戒百？与其覆实检察于其终，曷若严其始而使之无犯？做大事岂可以小不忍为心。"<u>道夫</u>。

○ 问欲行经界本末。曰："本一官员姓唐，上殿论及此，寻行下<u>漳</u>、<u>泉</u>二州相度。本州申以为可行，而<u>泉州 颜尚书</u>操两可之说，致庙堂疑贰。却是因<u>黄伯耆</u>轮对再论，其劄子末极好。如云：'今日以天下之大，公卿百官之众，商量一经界三年而不成。使更有大于此者，将若之何？'上如其请，即时付出。三省宰执奏请，又<u>止</u>且行于<u>漳州</u>。且事当论是非，若经界果可行当行于三州，若不可行则皆当止。<u>漳</u>与<u>泉</u>、<u>汀</u>接壤，今独于<u>漳州</u>，果何谓？"某云："今农务已兴，乃差官措置，岂是行经界之时？去冬好行乃不行，庙堂何不略思？"曰："今日诸公正是如此衮缠过，故做到公卿。如少有所思则必至触碍，安得身如此之安！若放此心于天地间公平处置，则何事不可为？去年上朝廷文字及后来抗祠请，皆有后时之虑。今日却非避事。"<u>可学</u>。

○ "经界，料半年便都了。以半年之劳而革数百年之弊，后去且未说到久，亦须四五十年未便卒坏。兹着若行，则令四县特作四楼以贮簿籍，州特作一楼以贮四县之图帐，不与他文书混。阖郡皆曰不可者，只是一样人田多税少便造说嗥吓，以为必有害无利；一样人是惮劳，懒做事，却被那人说所诬，遂合辞以为不可。其下者因翕然从之。"或曰："亦是民间多无契，故恐耳。"曰："十分做一分无契，此只一端耳。况其亦许无契者来自陈。"或曰："只据民户见在田，不必索契，如何？"
曰："如此则起无限争讼，必索契则无限争讼遏矣。今之为县，真有爱
民之心者十人则十人以经界为利，无意于民者十人则十人以经界为害。
今之民只教贫者纳税，富者自在收田置田不要纳税，如此则人便道好，
更无些事不顺他，便称颂为贤守。"淳。

○ 因论经界。曰："只着一'私'字，便生无限枝节。"或问：
"程子'与五十里采地'之说如何？"曰："人之心无穷，只恐与五十里
他又要一百里，与一百里他又要三百里。"淳。

○ 先生于州治射堂之后圃，画为井字九区，中〔区〕石甃为高
坛，中之后区为茅庵。庵三窗，左窗榠为泰卦，右为否卦，后为复卦，
前扇为剥卦。庵前接为小屋。前区为小茅亭。左右三区各列植桃李而间
以梅，九区之外围绕植竹。是日游其间，笑谓诸生曰："上有九畴八卦
之象，下有九丘八阵之法。"淳。

○ 先生除江东漕，辞免。文蔚问："万一不容辞免，则当如何？"
曰："事便是如此安排不得。此已辞了，而今事却在他这里，如何预先
安排得？"文蔚。

知潭州

○ 先生至岳麓书院抽签子，请两士人讲大学，语意皆不分明。先
生遽止之，乃谕诸生曰："前人建书院，本以待四方士友相与讲学，非
止为科举计。某自到官，甚欲与诸公相与讲明，一江之隔又多不暇。意
谓诸公必皆留意，今日所说反不如州学，又安用此赘疣！明日烦教授诸

职事共商量一规程，将来参定，发下两学共讲磨此事。若只如此不留心，听其所之。学校本是来者不拒，去者不追，岂有固而留之之理？且学问自是人合理会底事，只如'明明德'一句，若理会得自提省人多少。明德不是外面将来安在身上，自是本来固有底物事，只把此切己做工夫，有甚限量！此是圣贤紧要警策人处，如何不去理会？不理会学问，与蚩蚩横目之氓何异？"谦。

○ "而今官员不论大小尽不见客，敢立定某日见客、某日不见客，甚至月十日不出。不知甚么条贯上如此，是礼乎？法乎？可怪！不知出来与人相应接少顷有甚辛苦处。使人之欲见者等候不能得见，或有急干欲去，有甚心情等待？欲吞不可，欲吐不得，其苦不可言。此等人所谓不仁之人，心都顽然无知，抓着不痒，掐着不痛矣。小官下位尝被上位如此，而非之矣，及至他荣显，又不自知矣。"因言："夏漼每日先见过往人客了，然后请职事官相见，盖恐幕职官禀事多时过客不能久候故也。某在潭州见前后初一、十五例不见客，诸司皆然，某遂破例令皆相见。"先生在潭州每间日一诣学，士人见于斋中，官员则于府署。僩。

○ 客说社仓讼事。曰："如今官司鹘突，都无理会，不如莫辨。"因说："如今委送事，不知属官能否，胡乱送去，更无分晓了绝时节。某在潭州时，州中僚属朝夕相见，却自知得分晓，只县官无由得知。后来区处每月版帐钱，令县官逐人轮番押来，当日留住，试以公事。又怕他鹘突写来，却与立了格式，云：今蒙使府委送某事如何。（一）某人于某年月日于某处理某事，某官如何断。（一）又于某时处再理，某官如何断。（一）某今看详此事理如此，于条合如何结绝。如此，人之能否皆不得而隐。"木之。

○ 问："先生须更被大任用在。"曰："某何人，安得有此！然亦做不得，出来便败。且如在<u>长沙</u>城，周围甚广而兵甚少。当时事未定，江上讻讻，万一兵溃，必趋<u>长沙</u>。守臣不可去，只是浪战而死。此等事须是有素定家计。<u>魏公</u>初在五路，治兵积粟为五年计，然后大举。因虏人攻犯<u>淮</u>甸，不得已为牵制之师。事既多违，<u>魏公</u>久废，晚年出来便做不得。欲为家计，年老等不得了，只是逐急去，所以无成。某今日亦等不得了，规摹素不立，才出便败。"_{德明}。

○ 或问修城事。云："修城一事，费亦浩瀚。恐事〔大〕力小，兼不得人，亦难做。如今只靠两寨兵固是费力，又无驭众之将可用。"<u>张倅</u>云："向来<u>靖康</u>之变，虏至<u>长沙</u>，城不可守，虽守臣之罪，亦是阔远难守。"先生曰："向见某州修城亦以阔远之故，稍缩令狭却易修。"<u>周伯寿</u>云："前此陈君举说，<u>长沙</u>米仓酒库自在城外。万一修得城完，财物尽在城外，不便。只当移仓库，不当修城。"先生云："此是秀才家应科举议论。仓库自当移，城自当修。"先生又云："向见<u>张安国</u>帅<u>长沙</u>，壁间挂一修城图，计料甚子细。有人云：'如何料得如此？恐可观不可用。'<u>张帅</u>自后便卷了图子，更不说着。<u>周益公</u>自是怕事底人，不知谁便说得他动。初，<u>益公</u>任内只料用钱七万，今砖瓦之费已使了六万，所余止一万，初料得少，如今朝廷亦不肯添了。"_谦。

朱子语类卷第一百七

朱子四

孝宗朝_{内任，丙辰后，杂言行}

○ 六月四日，周揆令人谕意云："上问：'朱某到已数日，何不请对？'"遂诣阁门，通进榜子。有旨："初七日后殿班引。"及对，上慰劳甚渥。自陈昨任浙东提举日荷圣恩保全。上曰："浙东救荒煞究心。"又言："蒙除江西提刑，衰朽多疾，不任使令。"上曰："知卿刚正，只留卿在这里，待与清要差遣。"再三辞谢，方出奏劄。上曰："正所欲闻。"口奏第一劄意，言犯恶逆者近来多奏裁减死。上曰："似如此人，只贷命有伤风教，不可不理会。"第四劄言科罚。上曰："闻多是罗织富民。"第五劄读至"置将之权，旁出阉寺"，上曰："这个事却不然，尽是采之公论，如何由他。"对曰："彼虽不敢公荐，然皆托于士大夫之公论，而实出于此曹之私意。且如监司守臣荐属吏，盖有受宰相、台谏风旨者。况此曹奸伪百出，何所不可！臣往蒙赐对，亦尝以此为说，圣谕谓为不然。臣恐疏远，所闻不审，退而得之，士大夫与夫防夫、走卒莫不谓然，独陛下未之知耳。至去者未远而复还。"谓甘昪。问上曰："陛下知此人否？"上曰："固是，但漏泄文书乃是他子弟之罪。"对曰："岂有子弟有过而父〔兄〕无罪。然此特一事耳。此人挟势为奸，所以为盛德之累者多矣。"上曰："高宗以其有才，荐过来。"对曰："小人无才尚可，小人有才，鲜不为恶。"上因举马苏论才德之辩云云。至"当言责者，怀其私以缄默"。奏曰："陛下以曾任知县人为六院察官，阙则取以充之。虽曰亲擢，然其途辙一定，宰相得以先布私恩于合入之人。及当言责，往往怀其私恩，岂肯言其过失。"上曰："然。近日之事可见矣。"至"知其为贤而用之，则用之唯恐其不当，聚之唯恐其不多。知其为不肖而退之，则退之唯恐其不早，去之唯恐其不尽"。奏曰："岂有虑君子太多，须留几个小人在里？人之治身亦然，岂有虑善太多，须留些恶在里？"至"军政不修，士卒愁怨"。奏曰："主将刻剥士卒以为苞苴，升转阶级皆有成价。"上云："却不闻此，果有时，岂可不理会？卿可子细采探却来说。"末后辞云："照对江西系是盗贼刑狱浩繁去处，久阙正官。臣今迤逦前去之任，不知有何处分？"上曰："卿自详练，不在多嘱。"闳祖。

○ "今之兵官有副都总管、路钤、路分、都监、统领将官、州钤辖、州都监，而路钤、路分、统领之类多以贵游子弟处之。至如副都总管，事体极重，向以节使为之，后有以修武郎为之者。如州统领，至有以下班祗应为之者，此士夫所亲见。只今天下无虞，边境不耸，故无害。万一略有所警，便难承当。兵政病败未有如今日之甚者。某屡言于寿皇。寿皇谓某曰：'命将，国之大事，非朝廷之公选，即诸（公）〔军〕之公荐，决无他也。'某奏云：'陛下但见列荐于朝廷之上，以为是皆公选，而不知皆结托来尔。且如今之文臣列荐者，陛下以为果出于公乎？不过有势力者一书便可得。'寿皇曰：'果尔，诚所当察。卿其为朕察之。'"道夫。

○ 寿皇晚来极为和易。某尝因奏对言检旱事，天语云："检放之弊惟在于后时而失实。"只这四字尽得其要领。又言经、总制钱，则曰："闻之巧为名色以取之于民。"其于天下事极为谙悉。道夫。

○ 问："或言孝宗于内殿置御屏，书天下监司、帅臣、郡守姓名，作揭贴子其上，果否?"曰："有之。孝宗是甚次第英武! 刘共甫奏事便殿，尝见一马在殿庭间不动，疑之。一日，问王公明。公明曰：'此刻木为之者，上万机之暇即御之，以习据鞍骑射故也。'"又曰："某尝以浙西（当）〔常〕平事入见，奏及赈荒。上曰：'其弊只在后时失实。'此四字剧切荒政之病。"儒用。

光宗朝

○ 或问："陈源之罪当杀否?"曰："新君即位，不可开其杀人之端。"学蒙。

○ 向改庆元年号时，先拟"隆平"。某云："向来改'隆兴'时有人议破，以为'隆'字近'降'字。今既说破，则不可用。"又曰："'淳熙'年本作'纯'字，时有人言此字必改，言未既而改。盖'纯'字有'屯'字在旁。"又曰："真宗时杨大年拟进'丰亨'字，上曰：'为子不了。'不用。"义刚。

今上宁宗

○ 初见先生，即拜问云："先生难进易退之风，天下所共知。今新天子嗣位乃幡然一来，必将大有论建。"先生笑云："只为当时不合出长沙，在官所有召命，又不敢固辞。"又问："今既受了侍从职名，却不容便去。"先生云:"正为如此。"又笑云:"若病得狼狈时,也只得去。"
自修。

○ 讲筵亦云:"意象忽忽,常若有所迫逐。"又记,曾言:"读书
者,譬如观此屋。若在外面望,便谓见了则无缘识得。须是入去里面,
逐一看过是几多间架,几多窗槅。看一遍了又重重看过,一齐记得方
是。"方子。

○ 经筵劄子所言:"大可惧者四:其一,未可直迁南内,且宜于
重华宫草创屋宇一二十间权以自处,又于外创一二十间以处宿卫之众使
无暴露,不可厚自奉养,以失中外之望。其二,宜尽孝以感上皇之心。
先宜关白太后,且选亲属之尊者委曲方便,使上入宫进见,流涕伏地,
抱膝吮乳,负罪引慝。又令亲属与左右扶掖解说,告以不得已之故。则
上皇必将欢然,雪消雾解其平日之怒矣。其三,宜振纪纲。谕近习以不
得与政。凡有政事必与大臣商议,给舍缴驳,扬于王庭而行之。议或未
定,当称制临决以示至公。贴黄称:人主当求聪明之实,不可求聪明之
名。与大臣、给舍议政,是求聪明之实也;与左右、近习参议,从中批
出,是求聪明之名也。求聪明之实者,始虽未明,久久自能明见事理;
求聪明之名者,虽一时足以惊骇众听,然近习弄权,日生昏暗。此二者
毫厘之差,得失有大相远者。其四,今之蒇宫宜且缓七月之期。召四方
草泽术人别议所向,以为宗社无穷之休。"其言切直明白,洞见事几。
今之所记,略得大纲如此。其末又云:"臣之孤踪,不能自保。此言一
人,必不能久侍,请间之。燕矣!"人杰。

○ 在讲筵时论嫡孙承重之服,当时不曾带得文字行。旋借得仪礼
看,又不能得分晓,不免以礼律为证。后来归家检注疏看,分明说"嗣
若有废疾不任国事者,嫡孙承重"。当时若写此文字出去,谁人敢争?

此亦讲学不熟之咎。人杰。

○　先生检熙宁祧庙议示诸生云："荆公数语是甚次第，若韩维、孙固、张师颜等所说，如何及得他。最乱道是张师颜说。当时新法之议也如此，是多少人说都说不倒。东坡是甚么样会辩，也说得不甚切，荆公可知是动得人主。前日所论欲祧者，其说不出三项：一欲祧僖祖于夹室，以顺翼宣祖所祧之主祔焉。但夹室乃偏侧之处，若藏列祖于偏侧之处，而太祖以孙居中尊，是不可也。一是欲祔景灵宫。景灵宫，元符所建，貌象西畔六人东向，其四皆依道家冠服是四祖，二人通天冠、绛纱袍乃是太祖太宗，暗地设在里，不敢明言。某书中有一句说云云。今既无顿处，况元初奉祀景灵宫圣祖是用簠簋笾豆，又是蔬食。今若祔列祖，主祭时须用荤腥，须用牙盘食，这也不可行。又一项是欲立别庙。某说若立别庙须大似太庙乃可。又不知祫祭时如何，终不成四人令在那一边，几人自在这一庙，也只是不可。不知何苦如此。其说不过但欲太祖正东向之位，别更无说。他所谓东向又那曾考得古时是如何，东向都不曾识，只从少时读书时文见奏议中有说其'东向'，依希听得。如今庙室甚狭，外面又接檐，似乎阔三丈，深二丈。祭时各捧主出祭，东向位便在楹南檐北之间，后自坐空；昭在室外，后却靠实；穆却在檐下一带，亦坐空。如此则东向不足为尊，昭一列却有面南居尊之意。古者室中之事，东向乃在西南隅，所谓奥，故为尊。合祭时太祖位不动，以群主入就尊者，左右致飨，此所以有取于东向也。今堂上之位既不足以为尊，何苦要如此？乃使太祖无所自出。"祝禹圭云："宣祖以上皆不可考。"曰："是不可考，要知定是有祖所自出。不然，宣祖却从平地爆出来，是甚说话！"问："郊则如何？"曰："郊则自以太祖配天。这般事最是宰相没主张。这奏议是赵子直编，是他当初已不把荆公做是了，所以将那不可祧之说皆附于注脚下，又甚率略。那许多要祧底话却作大字写，不知那许多是说个甚么。只看荆公云：'反屈列祖之主，下祔子孙

之庙，非所以顺祖宗之孝心。'如何不说得人主动！当时上云：'朕闻之
蹙然，敢不祗允！'这许多只闲说，只是好胜，都不平心看道理。"又
云："某尝在上前说此，上亦以为不可，云：'高宗既不祧，寿皇既不
祧，朕又安可为！'奈何都无一人将顺这好意思。某所议，赵丞相白干
地不付出，可怪！"贺孙。

○　问："本朝庙制，韩维请迁僖祖，孙固欲为僖祖立别庙，王安
石欲以僖祖东向，其议如何？"曰："韩说固未是。孙欲立别庙如姜嫄，
则姜嫄是妇人，尤无义理。介甫之说却好。僖祖虽无功德，乃是太祖尝
以为高祖。今居东向，所谓'祖以孙尊，孙以祖屈'者也。近者孝宗祔
庙，赵丞相主其事，因祧宣祖，乃并僖祖祧之，令人毁拆僖祖之庙。当
时集议某不曾预，只于上前说此事。末云：'臣亦不敢自以为是，更乞
下礼官与群臣集议。'赵丞相遂不付出。当时曾无玷、陈君举之徒全然
不晓，但谢子肃、章茂献却颇主某说。又孙从之云：'僖祖无功德。'某
云：'且如秀才起家贵显，是自能力学致位，何预祖宗？而朝廷赠官必
及三代。如公之说，则不必赠三代矣。又如僖祖有庙，则其下子孙当祧
者置于东西夹室，于理为顺。若以太祖为尊，而自僖祖至宣祖反置于其
侧，则太祖之心安乎？'"又问："赵丞相平日信先生，何故如此？"曰：
"某后来到家检渠所编本朝诸臣奏议，正主韩维等说，而作小字附注王
安石之说于其下，此恶王氏之僻也。"又问庙门堂室之制。曰："古之士
庙如今之五架屋，以四分之一为室，其制甚狭。近因在朝见太庙之堂亦
浅，祫祭时太祖东向，乃在虚处。群穆背檐而坐，临祭皆以帘幕围之。
古人惟朝践在堂，它祭皆在室中。序近东则太祖与昭穆之位背处皆实。
又其祭逐庙以东向为尊，配位南向。若朝践以南向为尊，则配位西向
矣。"又问："今之州县学，先圣有殿，只是一虚敞处，则堂室之制不
备？"曰："古礼无塑像，只云先圣位向东。"又问："若一一理会，则更
无是处？"曰："固是。"人杰。

○ "太庙向有十二室。僖祖今祧，宣祖今祧，太祖、太宗今一世，真宗今二世，仁宗今三世，英宗今四世，神宗今五世，哲宗、徽宗今六世，钦宗、高宗今七世，孝宗今八世，今袝孝宗，却除了僖祖、宣祖两室，止有十一室，止有八世，进不及祖宗时之九，退不得如古之七，岂有袝一宗而除两祖之理！况太祖而上又岂可不存一始祖？今太祖在庙堂而四祖并列西夹室，亦甚不便。某谓止祧宣祖，合存僖祖。既有一祖在上，以下诸祖列于西夹室犹可。或言：'周祖后稷，以其有功德；今僖祖无功，不可与后稷并论。'某遂言：'今士大夫白屋起家以至荣显，皆说道功名是我自致，何关于乃祖乃父。则朝廷封赠三代而诸公能辞而不受乎？况太祖初来自尊僖祖为始祖，诸公必忍去之乎？'某闻一日集议，遂辞不赴。某若去时必与诸公合炒去。乃是陈君举与赵子直自如此做，曾三复、孙逢吉亦主他说。中间若谢子肃、章茂献、张春卿、楼大防皆以为不安，云：'且待朱丈来商量。'曾三复乃云：'乘此机会祧了。'这是甚么事，乘机投会恁地急！某先有一奏议投了。楼、张诸公上劄乞降出朱某议，若其言近理，臣等敢不遵从。赵子直又不付出，至于乘夜撤去僖祖室，兼古时迁庙又岂应如此？偶一日接奉使，两府侍从皆出，以官驿狭，侍郎幕次在茶坊中而隔幕次说及此，某遂辨说一番，诸公皆顺听。陈君举谓：'今各立一庙。周时后稷亦各立庙。'某说：'周制与今不同。周时岂特后稷各立庙，虽报王也自是一庙。今立庙若大于太庙，始是尊祖。今地步狭窄，若别立庙，必做得小小庙宇，名曰尊祖，实贬之也。'君举说几句话皆是临时去检注脚来说。某告之云：'某所说底都是大字印在那里底，却不是注脚细字。'向时太庙一带十二间，前堂后室，每一庙各占一间，祧庙之主却在西夹室。今立一小庙在庙前，不知中间如何安排。后来章茂献、谢深甫诸公皆云：'悔不用朱丈之说。'想也且恁地说。"正淳欲借奏草看，先生曰："今事过了，不须看。"贺孙。

○ 集议欲祧僖祖庙，正太祖东面之位。先生以为僖祖庙不可祧，惟存此则宣、顺、翼祧主可以祔入。刘知夫云："诸公议欲立僖祖庙为别庙。陈君举舍人引閟宫为故事。"先生曰："閟宫诗，而今人都说错了。"又因论："周礼'祀先王以衮冕，祀先公以鷩冕'，此乃不敢以天子之服加先公，故降一等。"直卿云："恐不是'祭以大夫'之义。"先生曰："祭自用天子礼，只服略降耳。"时举。寓录同。

○　祧僖祖之议始于礼官许及之、曾三复。永嘉诸公合为一辞。先生独建不可祧之议，陈君举力以为不然，赵撙亦右陈说。文字既上，有旨，次日引见。上出所进文字，云："高宗不敢祧，寿皇不敢祧，朕安敢祧？"再三以不祧为是。既退，而政府持之甚坚，竟不行。唯谢中丞入文字右先生之说，乞且依礼官初议，为楼大防所缴，卒祧僖祖云。实录院略无统纪。修撰官三员、检讨官四员各欲著撰，不相统摄，所修前后往往不相应。先生尝与众议，欲以事目分之。譬之六部，吏部专编差除，礼部专编典礼，刑部专编刑法。须依次序编排，各具首末，然后类聚为书，方有条理。又如一事而记载不同者，须置簿抄出与众会议，然后去取庶几存得桉柢在。唯叶正则不从。先生时为修撰，叶为检讨，正修高宗实录。闳祖。

○　今日偶见韩持国庙议，都不成文字。元祐诸贤文字大率如此，只是胡乱讨得一二浮辞引证，便将来立议论抵当他人。似此样议论，如何当得王介父！所以当时只被介父出便挥动一世，更无人敢当其锋。只看王介父庙议是甚么样文字，他只是数句便说尽，更移动不得，是甚么样精神！这几个如何当得他！伊川最说得公道，云："介父所见，终是高于世俗之论。"又曰："朱公掞排禅学劄子，其所以排之者甚正。只是这般样议论，如何排得他？也是胡乱讨几句引证便要断倒他，可笑之甚。"时吕正献公作相，好佛，士大夫竞往参禅，寺院中入室升堂者皆满。当时号为"禅钻"（去声），故公掞上疏乞禁止之。倜。

○　今之史官全无相统摄，每人各分一年去做。或有一件事，头在第一年，末梢又在第二三年者，史官只认分年去做，及至把来，全斗凑不着。某在朝时，建议说不要分年，只分事去做。且天下大事无出吏、礼、兵、刑、工、户六件事，如除拜注授是吏部事，只教分得吏事底人，从建炎元年逐一编排至绍兴三十二年。他皆仿此，却各将来编年逐月类入。众人不从。某又云，若要逐年做，须是实置三簿：一簿关报上下年事首末，首当附前（某年）〔年某〕月，末当附后年某月；一簿承受所关报本年合入事件；一簿考异。向后各人收拾得也存得个本。又别置一簿列具合立传者若干人。某人传，当行下某处收索行状、墓志等文字，专牒转运司疾速报应。已到者勾销簿，未到者据数再催，庶几易集。后来去国，闻此说又不行。赐。

○　而今史官不相统总，只是各自去书，书得不是，人亦不敢改。更是他书了亦不将出来，据他书放那里，知他是不是！今虽有那日历，然皆是兼官，无暇来修得；而今须是别差六人锁放那里，教他专工夫修方得。如近时作高宗实录却是教人管一年，这也不得。且如这一事，头在去年，尾在今年，那书头底不知尾，书尾底不知头，都不成文字。且如而今为臣下作传，某将来看时，记得详底又都只是写那行状，其略底又恰如春秋样更无本末可考。又有差除后去了底时这一截又只休了，如何地稽考！据某看来合分作六项，人管一事。谓如刑事便去关那刑部文字看，他那用刑皆有年月，恁地把来编类便成次序。那五者皆然。俟编一年成了却合敛来。如今年五月一日有某事，这一月内事先后便皆可见。且如立传，他那历上薨卒皆有年月在，这便当印板行下诸州索那行实、墓志之属，却令运司专差一人督促，史院却在督促运司。有未到底又刷下去催来，便恁地便好得成个好文字。而今实录，他门也是将日历做骨，然却皆不曾实用心。有时考不得后，来一牒下州县去讨，那州郡不应也不管。恁地如何解理会得。义刚。

○　近世修史之弊极甚。史官各自分年去做，既不相关，又不相示。亦有事起在第一年而合杀处在二年，前所书者不知其尾，后所书者不知其头。有做一年未终而忽迁他官，遂空三四月日而复修成者。有立某人传，移文州郡索本人之事实而竟无至者。尝观徽宗实录，有传极详似只写行状、墓志，有传极略如春秋样不可晓。其首末杂手所作，不成伦理。然则如之何？本朝史以日录为骨而参之以他书，今当于史院置六房吏，各专掌本房之事。如周礼官属下所谓史几人者即是此类。如吏房有某注差，刑房有某刑狱，户房有某财赋，皆各有册系日月而书。其吏房有事涉刑狱则关过刑房，刑房有事涉财赋则关过户房，逐月接续为书，史官一阅则条目具列，可以依据。又以合立传之人列其姓名于转运司，令下诸州索逐人之行状、事实、墓志等文字，专委一官掌之，逐月送付史院。如此然后有可下笔处。及异日史成之后，五房书亦各存之，以备漏落。淳。

○　君举谓不合与诸公争辨，这事难说。尝记得林少颖见人好说话都记写了。尝举一项云，国家尝理会山陵，要委谕民间迁去祖坟事，后区处未得，特差某官前往定夺果当如何。这个官人看了，乃云只消着中做。林说："这话说得不是。当时只要理会当迁与不当迁。当迁去，虽尽去亦得；若不当迁，虽一毫不可动。当与不当，这便是中，如何于二者之间酌中做？"此正是今来人之大病。所以大学格物穷理，正要理会这些。须要理会教是非端的是分明，不如此定不得。如初间看善恶如隔一墙，只管看来，渐渐见得善恶如隔一壁。看得隔一壁底已自胜似初看隔一墙底了，然更看得又如隔一幅纸。这善恶只是争些子，这里看得直是透。善底端的是善，恶底端的是恶，略无些小疑似。大学只要论个知与不知，知得切与知得不切。贺孙。

○　先生看天雨，忧形于色，云："第一且是攒宫，掘个窟在那里，如何保得无水出。梓宫甚大，殡宫今阔四丈，自成池塘。奈何！奈何！这雨浸淫已多日。奈何！"<u>贺孙</u>。三十。

○　是夜雨甚，先生屡恻然忧叹，谓："明日掩殡，雨势如此，奈何！"再三忧之。<u>贺孙</u>问："<u>绍兴</u>山陵土甚卑，不知如何？"先生曰："固是可虑。只这事前日托在那里都说来，只满朝无一人可恃，卒为下面许多阴阳官占住了。"问："闻<u>赵丞相</u>前亦入文字，说得甚好。"先生曰："是说得煞好，后来一不从，也只住了。自<u>高宗</u>殡宫时，在<u>蜀</u>中入文字说此。今又举此，不知如何又只如此住了。某初到亦入一文字，后来却差<u>孙从之</u>相视。只<u>孙从之</u>是朝中煞好人，他初间画三项利害，云：'展发引之期别卜殡宫，上策也；只依旧在<u>绍兴</u>，下策也。'说得煞力。到得相视归来，更说得没理会，到后来又令集议。初已告报日子，待到那一日四更时，忽扣门报云：'不须集议。'待问其故，云：'已再差官相视。'时<u>郑惠叔</u>在吏书，乃六部之长，关集都是他。当时但听得说差官，便止了众人集议，当时若得集议一番，须说得事理分明。初，<u>孙从之</u>去，那曾得看子细。才到那里，便被守把老阉促将去，云：'这里不是久立处。'某时在<u>景灵宫</u>行香，闻此甚叵耐，即与同坐诸公说：'如此亦不可不说。'遂回，聚于<u>郑惠叔</u>处。待到那里，更无一人下手作文字，只管教某。某云：'若作之，何辞？止缘某前日已入文字，今作出又止此意思。得诸公更作，庶说得更透切。'都只说过，更无人下手，其遂推<u>刘德修</u>作。<u>刘</u>遂下手，<u>郑惠叔</u>又只管说不消说如何。某说：'这是甚么样大事！如何恁地住？'遂顾左右，即取纸笔令<u>刘</u>作，众人合凑遂成。待去到待漏院要进，都署衔位，各了。<u>黄伯耆</u>者，他已差做相视官，定了不签他。他又来，须要签，又换文字将上。待得他去相视归来，却说道：'自好。'这事遂定。满朝士大夫都靠不得，便如此。这般事，为臣子须做一家事尽心竭诚乃可。明知有不稳当，事大体重如此，如何住得？他说须要山是如何，水须从某方位盘转，经过某方位，从某方位环抱，方可用。不知天地如何恰生这般山，依得你这般样子，更莫管他也。依他说，为臣子也须尽心寻求，那知不有如此样？蓦忽更有也未可知，如何便住得？闻亦自有人来说几处可用，都被那边计较阻抑了。"又云："许多侍从也不学，宰相也不学，将这般大事只恁地做。且如祧庙集议，某时已怕去争炒，遂不去，只入文字。后来说诸公在那里群起哗然，甚可畏，宰相都自怕了。君举所主庙议是把礼记'祖文王，宗武王'为据，上面又说'祖契而宗汤'。又引诗小序'禘太祖'。诗序有甚牢固？又引'烝祭岁，文王骍牛一，武王骍牛一'，那时自是卜洛之始，未定之时一时礼数如此。又用国语，亦是难凭。"器之问："濮议如何？"先生曰："欧公说固是不是，辩之者亦说得偏。既是所生，亦不可不略示殊异，若止封皇伯与其他皇伯等亦不可，须封号为'大王'之类乃可。伊川先生有说，但后来已自措置得好，凡祭享礼数，一付其下面子孙，朝廷无所预。"贺孙。

○ 林丈说："彭子寿弹韩侂冑只任气性，不顾国体，致韩侂冑大憾于赵相，激成后日之事。"先生曰："他纯不晓事情，率尔而妄举。"淳。

丙辰后

○ 正卿问："今江陵之命将止于三辞？"曰："今番死亦不出，才出便只是死。"贺孙。

○ 直卿云："先生去官，其他人不足责，如吴德夫、项平父、杨子直，合乞出。"先生曰："诸人怕做党锢，看得定是不解恁地。且如杨子直，前日才见某人文字便来劝止，且攒着眉做许多模样。某对他云：'公且说来，何消得恁地？'如今都是这一串说话，若一向绝了，又都无好人去。"贺孙。

○ 季通被罪，台评及先生。先生饭罢，楼下起西序行数回，即中位打坐。贺孙退归精舍告诸友。汉卿筮之，得小过"公弋取彼在穴"，曰："先生无虞，蔡所遭必伤。"即同辅万季弟至楼下。先生坐睡甚酣，因诸生偶语而觉，即揖诸生。诸生问所闻蔡丈事如何。曰："州县捕索甚急，不晓何以得罪。"因与正淳说早上所问孟子未通处甚详。继闻蔡已遵路，防卫颇严。诸友急往中途见别，先生舟往不及。闻蔡留邑中，皆詹元善调护。先生初亦欲与经营，包显道因言："祸福已定，徒尔劳扰。"先生嘉之，且云："显道说得自好，未知当局如何。"是夜，诸生坐楼下围炉讲问而退。闻蔡编管道州乃沈继祖文字，主意诋先生也。贺孙。

○ 或有谓先生曰："沈继祖乃正淳之连袂也。"先生笑曰："'弥子之妻与子路之妻，兄弟也'，何伤哉！"人杰。

○ 先生往净安寺候蔡。蔡自府乘舟就贬，过净安，先生出寺门接之。坐僧方丈，寒暄外无嗟劳语，以连日所读参同契所疑扣蔡，蔡应答洒然。少迟，诸人酿酒至，饮皆醉。先生间行，列坐寺前桥上饮，回寺又饮。先生醉睡。方坐饮桥上，詹元善即退去。先生曰："此人富贵气。"贺孙。

○ 今为辟祸之说者固出于相爱，然得某壁立万仞，岂不益为吾道之光？〔闳祖。〕

○ "其默足以容",只是不去击鼓讼冤,便是默,不成屋下合说底话亦不敢说也。〔同。〕

○ 有一朋友微讽先生云:"先生有'天生德于予'底意思,却无'微服过宋'之意。"先生曰:"某又不曾上书自辩,又不曾作诗谤讪,只是与朋友讲习古书,说这道理。更不教做,却做何事!"因曰:"论语首章言'人不知而不愠,不亦君子乎',断章言'不知命,无以为君子'。〔赐录云:"且以利害祸福言之,此是至粗底。此处人只信不及,便讲学得,待如何?亦没安顿处。"〕。今人开口亦解说一饮一啄自有定分,及遇小小利害便生趋避计较之心。古人刀锯在前,鼎镬在后,视之如无物者,〔赐录作"如履平地"。〕盖缘只见得这道理,都不见那刀锯、鼎镬。"又曰:"'死生有命',如合在水里死须是溺杀,此犹不是深奥底事、难晓底话。如今朋友都信不及,觉见此道日孤,令人意思不佳。"人杰。

○ 因说乡里诸贤文字,以为皆不免有藏头亢脑底意思。"有学者来问便当直说与道,在我不可不说。若其人半间不界,与其人本无求益之意,故意来磨难,则不宜说。外此,说尽无害。我毕竟说从古圣贤已行底道理,不是为奸为盗怕说与人。不知我说出便有甚罪过?诸贤所见皆如此。只缘怕人讥笑,遂以此为戒,便藏头不说。某与林黄中争辨一事,至今亦只是说,不以为悔。'夫道若大路然',何掩蔽之有?"〔打空〕说及某人,乡里皆推其有所见。其与朋友书,言学不至于"不识不知,顺帝之则"处则学为无用。先生曰:"近来人自要向高说一等话。要知初学及此是为躐等。诗人这句自是形容文王圣德不可及处,圣人教人何尝不由知由识入来!"寓。

○ 或有人劝某当此之时宜略从时。某答之云:"但恐如草药,煅炼得无性了,救不得病耳。"侗。

○ 有客游二广多年，知其山川人物风俗，因言廉州山川极好。先生笑曰："被贤说得好，下梢不免去行一番。"此时党事方起，又因问举业。先生笑曰："某少年时只做得十五六篇义，后来只是如此发举及第。人但不可不会作文字，及其得也只是如此。今人却要求为必得，岂有此理？"祖道。

杂记言行

○ 某尝言吾侪讲学正欲上不得罪于圣贤，中不误于一己，下不为来者之害，如此而已，外此非所敢与。道夫。

○ "人言好善嫉恶，而今在闲处只见嫉恶之心愈至。"伯谟曰："唯其好善，所以嫉恶。"道夫。

○ 因言科举之学，问："若有大贤居今之时，不知当如何？"曰："若是第一等人，它定不肯就。"又问："先生少年省试，报罢时如何？"曰："某是时已自断定，若那番不过省，定不复应举矣。"僴。

○ 择之劳先生人事之繁。答曰："大凡事只得耐烦做将去，才起厌心便不得。"道夫。

○ 长孺问："先生须得邵尧夫先知之术？"先生久之答曰："吾之所知者，'惠迪吉，从逆凶'，'满招损，谦受益'。若是明日晴，后日雨，吾又安能知耶！"㥦。

○　黄直卿请先生且谢宾客数月将息疾。先生曰："天生一个人便须着管天下事。若要不管，须是如杨氏为我方得。某却不曾去学得这般学。"义刚。

○　义刚问衣裳制度。曰："也无制度，但画像多如此，故效之。"又问："有尺寸否?"曰："也无稽考处。那礼上虽略说，然也说得没理会处。"义刚。按此条问先生服。

○　〔某于相法却爱苦硬清癯底人，然须是做得那苦硬底事。若只要苦硬而不知为学，何贵之有? 而今朋友远处来者或有意于为学，眼前朋友大率只是据见定了更不求进步。而今莫说更做甚工夫，只真个看得百十字精细底也不见有。〕或曰："今之朋友大率多为作时文妨了工夫。"曰："不曾见得那好底时文，只是剽窃乱道之文而已。若要真个做时文底，也须深资广取以自辅益，以之为时文莫更好在。只是读得那乱道底时文，求合那乱道底试官，为苟简灭裂工夫。它亦不曾子细读那好底时文，和时文也有时不子细读得。某记少年应举时，常下视那试官，〔说：'他如何晓得我底意思?'今人尽要去求合试官，〕越做得那物事低了。尝见已前相识间做赋者甚么样读书? 无书不读。而今只是令那乱道底考试，有甚见识? 若见识稍高，读书稍富，议论高人，岂不更做得好文字出来? 它见得底只是如此，遂互相仿效，专为苟简灭裂工夫。"叹息久之。卓。

○　先生熟闻知录赵师虑之为人，试之政事又得其实，遂首举之。其词曰："履行深醇，持心明恕。"闻者莫不心服。道夫。

○　有为其兄求荐书。先生曰："没奈何为公发书。某只云，某人为某官，亦老成谙事，亦可备任使。更须求之公议如何，某不敢必。辛

<u>弃疾</u>是朝廷起废为监司，初到任，也须采公议荐举，他要使一路官员。他所荐举须要教一路官员知所激劝是如何人。他若把应副人情，有书来便取去，这一任便倒了。某两为太守，尝备员监司，非独不曾以此事恳人，而人亦不曾敢以此事恳某。自谓平日修行得这些力。他明知以私意来恳祝必被某责。然某看，公议举人是个好人，人人都知。若是举错了也是自家错了。本不相应副人情，又不是交结权势，又不是被献谀，这是多少明白。人皆不来私恳，其间有当荐之人自公举之。待其书来说，某已自举荐他了，更无私恳者。"<u>贺孙</u>。

○ 有亲戚托人求举。先生曰："亲戚固是亲戚，然荐人于人亦须是荐贤始得。今乡里平平等人无可称之实，某都不与发书恳人。况某人事父母如此，临财如此，居乡曲事长上如此，教自家荐举他甚得！"因问所托之人："公且与撰几句可荐之迹将来，是说得说不得？假使说道向来所为不善，从今日自新，要求举状，是便有此心，何可保！"<u>贺孙</u>。

○ <u>刘共父</u>创第规模宏丽，先生劝止之曰："<u>匈奴</u>未灭，何以家为！"<u>忠肃</u>意不乐也。<u>道夫</u>。

○ 先生书所居之桃符云："爱君希道泰，忧国愿年丰。"书<u>竹林精舍</u>桃符云："道迷前圣统，朋误远方来。"〔先是<u>赵昌父</u>书曰："教存君子乐，朋自远方来。"故嗣岁先生自家易之以此。〕<u>若海</u>。

○ 先生于父母坟墓所托之乡人必加礼。或曰："敌己以上，拜之。"<u>贺孙</u>。

○ 梅雨，溪流涨盛，先生扶病往观。曰："君子于大水必观焉。"僴。

○　先生尝立北桥，忽市井游手数人悍然突过，先生敛衽桥侧避之。每闲行道间，左右者或辟人，先生即厉声止之曰："你管他作甚！"先生每徒行报谒，步速而意专，不左右顾。及无事领诸生游赏，则徘徊顾瞻，缓步微吟。先生有疾，及诸生省问，必正冠坐揖，各尽其情，略无倦接之意。诸生有未及壮年者，待之亦周详。先生病少愈，既出寝室，客至必见，见必降阶肃之，去必送至阶下。诸生夜听讲退则不送，或在坐有外客则自降阶送之。先生于客退，必立视其车行，不复顾然后退而解衣及应酬他事。或客方登车，犹相面，或以他事禀者，不须之。或前客才登车而尚留之客辄有所禀议，亦令少待。先生对客语及本路监司守将，必称其官。贺孙。

○　先生于世俗未尝立异。有岁迫欲入新居而外门未立者，曰："若入后有禁忌，何以动作？"门欲横从巷出，曰："直出是公道，横则与世俗相拗。"淳。

○　某人立说："不须作同异，见人作事皆入一分。"先生曰："不曾参得此无碍禅。天下事安可必同？安可必异？且如为子须孝，为臣须忠，我又如何异于人？若是不好事，又安可必同？只是有理在。"可学。

朱子语类卷第一百八
朱子五

论治道

○ 治道别无说。若使人主恭俭好善，"有言逆于心必求诸道，有言孙于志必求诸非道"，这如何会不治。这别无说，从古来都有见成样子直是如此。<u>贺孙</u>。

○ 古者修身与取才、恤民与养兵皆是一事，今遂分为四。<u>升卿</u>。

○ 自古有"道术为天下裂"之说，今亲见其弊矣。<u>自修</u>。

○ 为学是自博而反诸约，为治是自约而致其博。<u>自修</u>。

○ "井田之法要行，须是封建，令逐国各自去理会。如王畿之内亦各有都鄙、家鄙。汉人尝言郡邑在诸国之外，而远役于中都非便。"问："汉以王国杂见于郡县间，如何？"曰："汉本无法度。"<u>德明</u>。

○ 因论封建井田，曰："这般大概是如此，今只看个大意。若要行时，须别立法制使简易明白，取于民者足以供上之用，〔上〕不至于乏而〔下〕不至于苦，则可矣。今世取封建井田大段远，相似病人望白日上升一般，今且医得他病无事便好。如江浙间，除了和买丁钱；如重处减少，使一年只纳百十钱；如漳之盐钱罢了。此便是小太平了。"淳。

○ 封建以大体言之，却是圣人共为民底意思，是乃为正理。以利害计之：第一世所封之功臣犹做得好在，第二世继而立者个个定是不晓事，则害民靡所不为。百姓被苦来诉国君，因而罢了亦不是，不与他理会亦不是。未论别处如何，只这一处利少而〔害〕多，便自行不得。淳。

○ 封建实是不可行。若论三代之世，则封建好处便是君民之情相亲，可以久安而无患，不似后世郡县一二年辄易，虽有贤者善政，亦做不成。淳。

○ 因言："封建只是历代循袭，势不容已，柳子厚亦说得是。贾生谓'树国必相疑之势'，甚然。封建后来自然有尾大不掉之势。观成周盛时能得几多时？到春秋列国强盛，周之势亦浸微矣。后来到战国，东西周分治，赧王但寄于西周公耳。虽是圣人法，岂有无弊者！"大率先生之意，以为封建井田皆易得致弊。广。

○ 封建，柳子厚说得世变也是，但他不见得后来不好处，不见得古人封建底好意。子由论封建，引证又都不着。唐太宗当时袭封刺史，一时功臣皆乐于在京而不肯行。苻坚封功臣于数国，不肯去，迫之使去。且如有人为仁和县尉，一日，封之靖江府为桂国之君，他定以其荒僻，不乐于行，只愿在京作仁和县尉。

○　因论封建，曰："此亦难行。使膏粱之子弟不学而居民上，其为害岂有涯哉！且以汉诸王观之，其荒纵淫虐如此，岂可以治民？故主父偃劝武帝分王子弟而使吏治其国，故祸不及民。所以后来诸王也都善弱，盖渐染使然。积而至于魏之诸王，遂使人监守，虽饮食亦皆禁制，更存活不得。及至晋惩其弊，诸王各使之典大藩，总强兵，相屠相戮，驯致大乱。"僩云："监防太密则有魏之伤恩，若宽去绳勒又有晋之祸乱，恐皆是无古人教养人之法故尔。"曰："那个虽教，无人奈得他何。"或言："今之守令亦善。"曰："却无前代尾大不掉之患。只是州县之权太轻，卒有变故，更支撑不住。"僩因举："祖宗官制沿革中，说祖宗时州郡禁兵之额极多，又有诸般名色钱可以赡养。及王介甫作相，凡州郡兵财皆括归朝廷，而州县益虚。所以后来之变，天下瓦解，由州郡无兵无财故也。"曰："只祖宗时州郡已自轻了。如仁宗朝京西群盗横行，破州屠县，无如之何。淮南盗王伦破高邮，郡守晁仲约以郡无兵财，遂开门犒之使去。富郑公闻之大怒，欲诛守臣，曰：'岂有任千里之寄，不能拒贼而反赂之！'范文正公争之曰：'州郡无兵无财，俾之将何捍拒？今守臣能权宜应变以全一城之生灵亦可矣，岂可反以为罪耶？'然则彼时州郡已如此虚弱了，如何尽责得介甫！"僩。按"或言守令"以下已见第三卷黄卓录，但首尾不同而文略详，故不敢节略而并存。

○　周自东迁之后王室益弱，畿内疆土皆为世臣据袭，莫可谁何。而畿外土地亦皆为诸侯争据，天子虽欲分封而不可得。如封郑桓公都是先用计，指射郐地，罔而取之，亦是无讨土地处。此后王室子孙岂复有疆土分封？某常以为郡县之事已萌于此矣。至秦时，是事势穷极去不得了，必须如此做也。僩。

○　今据欲处世事于陵夷之后，乃一向讨论典故，亦果何益？孟子于<u>滕文公</u>乃云"诸侯之礼吾未之闻",便说与"齐疏之服,饘粥之食",哭泣之哀,大纲先正了。<u>可学</u>。

○ 立一个简易之法与民由之,甚好。<u>夏 商</u>井田之法所以难废者,固自有圣贤之君继作,然实是法简,不似<u>周</u>法繁碎。然<u>周公</u>是其时不得不恁地。惟繁故易废,使<u>孔子</u>继<u>周</u>必能通变使简易,不至如是繁碎。今法极繁,人不能变通,只管筑塞在这里。<u>道夫</u>。

○ 今日之法,君子欲为其事,以拘于法而不得骋;小人却徇其私,敢越于法而不之顾。<u>人杰</u>。

○ <u>吴伯英</u>与<u>黄直卿</u>议沟洫。先生徐曰:"今则且理会当世事尚未尽。如刑罚,则杀人者不死,有罪者不刑;税赋,则有产者无税,有税者无产。何暇议古?"<u>盖卿</u>。

○ 今日之事,若向上寻求须用<u>孟子</u>方法,其次则<u>孔明</u>之治<u>蜀</u>、<u>曹操</u>之屯田许下也。〔<u>德明</u>。〕

○ 今人只认前日所行之事而行之,便谓之循典,故也须拣个是底始得。<u>学蒙</u>。

○ 居今之世,若欲尽除今法行古之政,则未见其利而徒有烦扰之弊。又事体重大,阻格处决然难行。要之,因祖宗之法而精择其人亦足以治,只是要择人。<u>范淳夫 唐鉴</u>,其论亦如此,以为因今郡县足以为治。某少时常鄙之,以为苟简因循之论。以今观之,信然。<u>僩</u>。

○ 问:"先生所谓'古礼繁文不可考究,欲取方今见行礼仪增损用之，庶其合于人情方为有益'。如何？"先生云："固是。"曰："若是，则礼中所载冠、昏、丧、祭等仪有可行者否？"先生云："如冠、昏礼岂不可行，但丧、祭有烦杂耳。"问曰："是则自非理明义精者不足以与此矣。"先生云："固是。"曰："井田封建如何？"先生云："亦有可行者。如有功之臣，封之一乡，如汉之乡亭侯。田税亦须要均，则经界不可以不行，大纲在先正沟（溢）〔洫〕。又如孝弟忠信、人伦日用间事，播为乐章使人歌之，仿周礼读法遍示乡村聚落，亦可代今粉壁所书条禁。"人杰。

○　问："欧公本论谓今冠、昏、丧、祭之礼只行于朝廷，宜令礼官讲明颁行于郡县。此说如何？"曰："向来亦曾颁行，后来起告讦之讼遂罢。然亦难得人教他。"问："三代规模未能遽复，且讲究一个粗法管领天下，如社仓、举子之类。"先生曰："譬如补锅，谓之小补可也。若要做，须是一切重铸。今上自朝廷，下至百司、庶府，外而州县，其法无一不弊，如学校科举之法尤甚。"又云："今之礼尚有见于威仪辞逊之际，若乐则全是失了。"问："朝廷合颁降礼乐之制令人讲习。"曰："以前日浙东之事观之，州县直是视民如禽兽，丰年犹多饥死者，虽百后夔，亦将呼召他和气不来。"德明。

○　今衣服无章，上下混淆。某尝谓纵未能大定经制，且随时略加整顿，犹愈于不为。如小衫令各从公衫之色，服紫者小衫亦紫，服绯绿者小衫亦绯绿，服白则小衫亦白，胥吏则皆乌衣。余皆（于）〔放〕此，庶有辨别也。闳祖。

○　而今衣服未得复古，且要辨得华夷。今上领衫与靴皆胡服，本朝因唐，唐因隋，隋因周，周因元魏尔。隋炀帝有游幸，遂令臣下服戎服，五品以上适着紫袍，六品以下兼用绯绿，皆戎服也。至唐有三等服，有朝服又有公服，治事时着便是法服，有衣裳、佩玉（案）〔等〕，又有常时服，便是今时公服，则无时不服。唐初年服袖甚窄，全是胡服。中年会宽，末年又宽，但看人家画古贤可见。唐初头上裹四脚，至朝恩以桐木为冠，如山形安于髻上，方裹巾，后人渐学他。至本朝渐变为幞头，方用漆纱做。本来唐时四脚软巾只人主，后面二带用物事穿得横，臣下不敢用。后藩镇之徒僭窃用，今则朝廷一例如此。庚。

○ 平易近民，为政之本。㑧。

○ 先生病起，不敢峻补，只得平补。且笑曰："不能兴衰拨乱，只得扶衰补敝。"淳。

○ 近日百事都如此，医者用药也只用平平稳稳底药，亦不能为害，亦不能治病。也只是他初不曾识得病，故且如此酌中。试看世上事都如此。扁鹊视疾察见肺肝，岂是看见里面如何？也只是看得证候极精，才见外面便知五脏六腑事无少差。贺孙。

○ 吾辈今经历如此，异时若有尺寸之柄而不能为斯民除害去恶，岂不诚可罪耶！某尝谓今之世姑息不得，却直须共他理会，庶几善弱可得存立。道夫。

○ 或问："为政者当以宽为本而以严济？"先生曰："某谓当以严为本而以宽济之。曲礼谓'莅官行法，非礼，威严不行'，须是令行禁止。若曰令不行、禁不止而以是为宽，则非也。"人杰。

○ 古人为政一本于宽，窃谓今必须反之以严，盖必须如是矫之而后有以得其当。今人为宽至于事无统纪，缓急予夺之权皆不在我，下梢若是奸豪得志，而平民既不蒙其惠，又反受其殃矣。<u>若海</u>。

○ 今人说宽，故多是事事不管，某谓坏了这"宽"字。<u>人杰</u>。

○ 或问古今治乱者。先生言："古今祸乱必有病根。<u>汉宦官后戚，唐藩镇</u>，皆病根也。今之病根在归正人，忽然放教他来，州县如何奈得他何！所幸老者已死，少者无彼中人气象，似此间人一般无能〔为矣〕。"〔谦。〕

○ 为政如无大利害不必议更张，议更张则所更一事未成必哄然成纷扰，卒未已也。至于大家，且假借之，故<u>子产</u>引郑书，曰"安定国家，必大为先"。<u>人杰</u>。

○ 问："为政更张之初，莫亦须稍严以整齐之否？"曰："此事难断定说，在人如何处置，然亦何消要过于严？今所难者是难得晓事底人。若晓事底人，它历练多，事才至面前它都晓得依那事分寸而施以应之，人自然畏服。今人往往过严者多半是自家不晓，又虑人欺己，又怕人慢己，遂将大拍头去拍他，要他畏服。若自见得，何消过严？便是这事难。"又曰："难！"<u>偎</u>。

○ 因言："处置天下事直是难，救得这一弊，少间就这救之之心又生那一弊。如人病寒，下热药，少间又变成燥热；及至病热，下寒药，少间又变得寒。到得这家计坏了，更支捂不住。"<u>偎</u>。

○ 问："今日之治，当以何为先？"曰："只是要得人。"<u>德明</u>。

○ 天生一世人才自足一世之用，自古及今只是这一般人。但是有圣贤之君在上，气焰大，薰蒸陶冶得别，这个自争八九分。只如时节虽是不好，但上面意思略转，则下面便转。况乎圣贤，是甚力量！少间无状底人自销铄改变不敢做出来，以其平日为己之心为公家办事，自然修举，盖小人多是有才底。儒用。〔或录云："问：'天地生一世人自足了一世用，但患人不能尽用天地之才，此其不能大治。若以今世论之，则人才之可数者亦可见矣，果然足以致大治乎？'曰：'不然。人只是这个人，若有圣贤出来，只它气焰自薰蒸陶冶了无限人才，这个自争八九分。少间无状者、恶者自消铄不敢使出，各求奋励所长而化为好人矣。而今朝廷意思略转，则天下之人便皆变动。况有大圣贤者出，甚么样气魄！那个尽薰蒸了，小人自是不敢放出无状，以其自私自利办事之心而为上之用，皆是有用之人矣。'"〕

○ 荀悦曰"教化之行挽中人而进于君子之域，教化之废推中人而堕于小人之域"。若是举皆恁地各举其职，有不能者亦勉强去做。不然也怕公议，既无公议，更举无忌惮了。夔孙。

○ 后世只是无个人样。德明。

○ 今日人材须是得个有见识又有度量人，便容受得今日人材，将来截长补短使。升卿。

○ 泛言人才，曰："今人只是两种：谨密者多退避，俊快者多粗疏。"道夫。

○ 贪污者必以廉介者为不是，趋竞者必以恬退〔者〕为不是。由此类推之，常人莫不皆然。人杰。

○ 贺孙问先生出处，因云："气数衰削，区区愚见，以为稍稍为善正直之人多就摧折困顿，似皆佞谀得志之时。"先生曰："亦不可一向如此说，只是无人。一人出来须得许多人大家合力做，若是做不得方可归之天，方可唤做气数。今若有两三人要做，其他都不管他，直教那两三人摧折了便休。"<u>贺孙</u>。

〇 有言："世界无人管，久将脱去。凡事未到手则姑晦之，俟到手然后为。"有诘之者曰："若不幸未及为而死，吾志不白则如之何？"曰："此亦不奈何，吾辈盖是折本做也。"先生曰："如此则是一部<u>孟子</u>无一句可用也。尝爱<u>孟子</u>答<u>淳于髡</u>之言曰'嫂溺援之以手，天下溺援之以道。子欲以手援天下乎'，吾人所以救世者，以其有道也。既自放倒矣，天下岂一手可援哉？观其说，缘饰得来不好。安得似<u>陆子静</u>，堂堂自在说成一个物事乎！"<u>方子</u>。

〇 <u>直卿</u>云："尝与先生言，如有一等才能了事底人，若不识义理终是难保。先生不以为然，以为若如此说，却只是自家这下人使得，不是自家这下人都不是人才。"<u>贺孙</u>。

〇 "'苟或'叹无智谋之士，看今来把谁做智谋之士？"<u>伯谟</u>云："今时所推只<u>永嘉</u>人。<u>江西</u>人又粗，<u>福建</u>人又无甚人。"先生不应，因云："<u>南轩</u>见义必为，他便是没安排周遮，要做便做。人说道他勇，便是勇，这便是不可及。"叹息数声。<u>贺孙</u>。

〇 今世士大夫惟以苟且逐旋挨去为事，挨得过时且过。上下相咻以勿生事，不要十分分明理会事，且恁相鹘突，才理会得分明便做官不得。有人少负能声，（反）〔及〕少经挫抑却悔其太惺惺了，一切刓方为圆，且恁随俗苟且，自道是年高见识长进。当官者，大小上下以不见吏民、不治事为得策，曲直在前只恁不理会，庶几民自不来，以此为止讼之道。民有冤抑无处伸诉，只得忍遏。便有讼者，半年周岁不见消息，不得予决，民亦只得休和耳。居官者遂以为无讼之可听，风俗如此。可畏！可畏！佃。

○ 今日人才之坏皆由于诋排道学。治道必本于正心、修身，实见得恁地，然后从这里做出。如今士大夫，但说据我逐时恁地做也做得事业，说道正心、修身都是闲说话，我自不消得用此。若是一人叉手并脚，便道是矫激，便道是邀名，便道是做崖岸，须是如市井底人拖泥带水方始是通儒实才。贺孙。

○ 器远问："文中子'安我者所以宁天下也，存我者所以厚苍生也'，看圣人恁地维持纪纲，却与有是非、无利害之说有不相似者。"曰："只为人把利害之心去看圣人。若圣人为治，终不成扫荡纪纲，使天下自恁地颓坏废弛，方唤做公天下之心？圣人只见得道理合着恁地做，有个天下在这里须着去保守，须着有许多维持纪纲，这是决定着如此，不如此便不得，这依前只是赌是。"又问："若如此说，则陈丈就事物上理会也是合如此。"曰："虽是合如此，只是无自家身己做本领便不得。"又问："事求可，功求成，亦是当如此？"曰："只要去求可求成便不是。圣人做事那曾不要可、不要成？只是先从这里理会，不恁地计较成败利害。如公所说，只是要去理会许多汩董了，方牵入这心来，却不曾有从这里流出在事物上底意思。"贺孙。

○ 蔡季通因浙中主张史记，常说道邵康节所推世数，自古以降，去后是不解会甚好，只得就后世做规模。以某看来则不然。孔子修六经要为万世标准。若就那时商量别作个道理，孔子也不解修六经得。如司马迁亦是个英雄，文字中间自有好处，只是他说经世事业只是第二三着，如何守他议论！如某退居老死无用之物，如诸公都出仕宦，这国家许多命脉汩自有所属，不直截以圣人为标准，却要理会第二三着。这事煞利害，千万细思之！ 贺孙。

○ 用之解"鼎颠趾，利出否，无咎"。或曰："据此爻，是凡事须用与他翻转了却能致利。"先生曰："不然，只是偶然如此。此本不好底爻，却因祸致福，所谓不幸中之幸。盖'鼎颠趾'本是不好，却因颠倾出鼎中恶秽之物，所以反得利而无咎，非是故意欲翻转鼎趾而求利也。"或言："某人议论专是如此，每云凡事须是与他转一转了，却因转处与他做教好。"先生曰："便是浙中近来有一般议论如此。若只管如此存心，未必真有益，先和自家心术坏了。圣贤做事只说'正其义不谋其利，明其道不计其功'，凡事只是如此做，何尝先要如此安排纽捏，须要着些权变机械方唤做作事？又况自家一布衣，天下事那里便教自家做？不知得临事做出时是如何，却无故平日将此心去纽捏揣摩，先弄坏了。圣人所说底话光明正大，须是先理会个正大底纲领条法，将自家心先正了，然后天下事先后缓急自有次第，逐旋理会。今于'在明明德'不曾理会得，便要理会'新民'工夫。及至'新民'又有那'亲其亲，长其长'底事，却便先萌个计功计获底心要如何济他，如何有益，少间尽落入功利窠窟里去。固是此理无外，然亦自有个缓急之序，今未曾理会自身己上事便先要'开物成务'，都倒了。孔子曰'可与立，未可与权'，亦是甚不得已方说此话，然须是圣人方可与权，若以颜子之贤，恐也不敢议此。圣人'磨而不磷，涅而不缁'，而人才磨便磷，才涅便缁，如何别说权变功利？所谓'未学行，先学走'也。而今诸公只管讲财货源流，兵是如何，民又如何，陈法又如何。此等事固当理会，只是须识个先后之序，先其大者急者，而后其小者缓者，今都倒了这工夫。'子路问君子。子曰："修己以敬"'，'颜渊问仁。子曰："克己复礼"'，'仲弓问仁。子曰："出门如见大宾，使民如承大祭。己所不欲，勿施于人。"'曾子将死，宜有要切之言，及孟敬子问之，惟在于辞气言语之间。此数子者，皆圣门之高弟，及夫子告之与其所以告人者，乃皆在于此。是何遗其远者大者而徒告之以近者小者耶？是必有在矣。某今病得十生九死，已前数见<u>浙</u>中一般议论如此，亦尝竭其区区之力，欲障其末流而徒勤无益。不知瞑目以后，又做甚么生。可畏！可叹！"<u>偊</u>。

○ <u>杜斿</u>问："<u>濂溪</u>言道至贵者不一而（定）〔足〕。"答曰："<u>周先生</u>言道至贵者不一而足，盖是见世间愚辈为外物所摇动，如堕在火坑中，不忍见他，故如是说不一。世人心不在壳子里面，如发狂相似，只是自不觉。<u>浙</u>间只是权谲功利之渊薮，三二十年后其风必炽，为害不小。某六七十岁，居此世不久，且夕便死。只与诸君子在此同说，后来必验。"〔节。〕

○ 问："州县间宽严事既已闻命矣。若经世一事，向使先生见用，其将何先？"曰："亦只是随时。如<u>寿皇</u>之初是一样，中间又是一样，只合随时理会。"问："今日之治奉行祖宗成宪。然是<u>太祖皇帝</u>以来至今，其法亦有弊而当更者。"曰："亦只是就其中整理，如何便超出做得？如荐举，如科场，如铨试，就其中从长整理。"问："向说诸州厢禁军与屯戍大军更互教阅，如何？"曰："亦只是就其法整理。"既而叹曰："法度尚可移，如何得人心变易，各人将他心去行法？且如荐举一事，虽多方措置提防，然其心只是要去私他亲旧，应副权势，如何得心变！"说了，<u>德明</u>起禀云："数日听尊诲，敬当铭佩，请出整衣拜辞。"遂出，再入，拜于床下。三哥扶掖。先生俯身颦眉，动色言曰："后会未期，朋友间多中道而画者，老兄却能拳拳于切己之学，更勉力广充，以慰衰老之望。"<u>德明</u>后致词拜谢而出，不胜怅然。前一日，先生云："朋友赴官来相别，某病如此，时事又如此。"道中追念斯言，不觉涕下。<u>伯鲁</u>追求一言之诲。先生云："归去且与<u>廖丈</u>商量。昨日说得已详，大抵只是如此。"称"丈"者，为女夫。<u>伯鲁</u>言也。<u>德明</u>。

○ 问治乱之机。曰："今看前古治乱那里是一时做得。少是四五十年，多是一二百年酝酿，方得如此。"遂俯首太息。<u>贺孙</u>。

论取士

○ 古人学校、教养、德行、道艺、选举、爵禄、宿卫、征伐、师旅、田猎皆只是一项事,皆一理也。

○ 召穆公始谏厉王不听而退居于郊。及厉王出奔,国人欲杀其子,召公匿之。国人围召公之第,召公乃以己子代厉王之子而宣王以立。因叹曰:"便是这话难说。古者公卿世及,君臣恩意交结素深,与国家共休戚,故患难相为如此。后世相遇如涂人,及有患难,则涣然离散而已。然今之公卿子孙有不可用者,只是不曾教得,故公卿之子孙莫不骄奢淫佚。不得已而用草茅新进之士,举而加之公卿之位,以为苟胜于彼而已。然所恃者以其知义理,故胜之耳。若更不知义理,何所不至!古之教国子,其法至详密,故其才者既足以有立,而不才者亦得以薰陶渐染而不失为寡过之人,岂若今之骄騃淫奢也哉!陈同父课稿中有一段论此稍佳。"僩。

○ 窦问:"人才须教养。明道章疏须先择学官,如何?"先生曰:"便是未有善择底人。某尝谓天下事不是从中做起,须得结子头是当,然后从上梳理下来，方见次序。"德明问："似闻先生尝言州县学且依旧课试，太学当专养行义之士。"曰："却如此不得。士自四方来，远至太学，无缘尽知其来历，须是从乡举。"德明。

○ 因论学校，曰："凡事须有规模。且如今太学亦当用一好人，使之自立绳墨，迟之十年，日与之磨练方可。今日学官只是为之计资考迁用，又学识短浅，学者亦不尊（向）〔尚〕。"某云："神宗未立三舍前，太学亦盛。"曰："吕氏家塾记云，未立三舍前太学只是一大书会，当时有孙明复、胡安定之流，人如何不趋慕？"可学。

○ 林择之曰："今之士人所聚多处，风俗便不好。故太学不如州学，州学不如县学，县学不如乡学。"先生曰："太学真个无益，于国家教化之意何在？向见魏公陈作"陈魏公"。说亦以为可罢。"义刚。淳录同。

○ 三舍人做乾元统天义，说乾元处云"如目之有视，耳之有听，体之有气，心之有神"云云。如今也无这般时文。僩。

○ 今人作经义正是醉人说话。只是许多说话改头换面说了又说，不成文字。僩。

○ 今人为经义者全不顾经文，务自立说，心粗胆大，敢为新奇诡异之语。方试官命此题，固已欲其立奇说矣。又其所出题目定不肯依经文成片段，都是断章牵合，是甚么义理！三十年前人犹不敢如此，只因一番省试出"上天之载，无声无臭，仪刑文王"三句，后遂成例。当时人甚骇之，今遂以为常矣。遂使后生辈违背经旨，争为新奇，迎合主司之意，长浮竞薄，终将若何。可虑！可虑！王介甫之经义固非圣人意，然犹使学者知所统一。不过专念本经及看注解，而以其本注之说为文辞，主司考其工拙而定去留耳。岂若今之违经背义、恣为奇说而无所底止哉！当时神宗令<u>介甫</u>造三<u>经义</u>，意思本好。只是<u>介甫</u>之学不正，不足以发明圣意，为可惜耳。今之为经义者又不若为词赋，词赋不过工于对偶，不敢如治经者之乱说也。闻房中科举罢，即晓示云后举于某经、某史命题，仰士子各习此业，使人心有所定止，专心看一经一史，不过数举则经史皆通。此法甚好。今人为主司者，务出隐僻题目以乘人之所不知，使人弊精神于检阅，茫然无所向方，是果何法也？<u>僩</u>。

○　时有报行遣试官牵合破碎出题目者。或曰："如此行遣一番也好。"曰："某常说不当就题目上理会，这个都是道术不一，所以如此。所以<u>王介甫</u>行三<u>经字</u>说，说是一道德、同风俗。是他真个使得天下学者尽只是念这个物事，更不敢别走作胡说，上下都有个据守。若是有才者自是就他这腔子里说得好，依旧是好文字。而今人却务出暗僻难晓底题目，以乘人之所不知，却如何教他不杜撰、不胡说得（哉）！"〔或〕曰："若不出难题，恐尽被人先牢笼做了。"曰："也莫管他，自家依旧是取得好底文字，不误远方观听。在而今却都是杜撰胡说，破坏后生心术，这个乖。某常说今日学校科举不成法。上之人分明以盗贼遇士，士亦分明以盗贼自处，动不动便鼓谋作闹以相迫胁，非盗贼而何？这个治之无他，只是严挟书传义之禁，不许继烛，少间自沙汰了一半。不是秀才底人他亦自不敢来，虽无沙汰之名而有其实。既不许继烛他自要奔，_{去声}。无缘更代得人笔。"或曰："恐难止遏。今只省试及太学补试，自有禁遏不住。"曰："也只是无人理会。若捉得一两个真个痛治，人谁敢犯！这个须从保伍中做起，却从保正社首中讨保明状，五家为保，互相保委，若不是秀才定不得与保明。若捉出诡名纳两副三副卷底人来，定将保明人痛治，人谁敢犯！某尝说天下无难理会底事，这般事只是黑地里脚指缝也夹得出来，不知如何得恁地无人理会！"又曰："今日科举考试也无法不通看。"或曰："解额当均否？"曰："固是当均。"或曰："看来不必立为定额，但几名终场卷子取一名足矣。"曰："不得，少间便长诡名纳卷之弊。依旧与他立定额，只是从今起照前三举内终场人数计之，就这数内立定额数。三举之后又将来均一番，如此则多少不至相悬绝矣。"因说混补，曰："顷在朝时，<u>赵丞相</u>欲行三舍法。<u>陈君举</u>欲行混补，<u>赵丞相</u>不肯，曰：'今此天寒粟贵，若复混补，须添万余人，米价愈腾踊矣！'某曰：'为混补之说者固大谬，为三舍之说亦未为得也。未论其他，只州郡那里得许多钱谷养他。盖入学者既有舍法之利，又有科举之利，不入学者止有科举一涂，这里便是不均。利之所在，人谁不趋？看来只均太学解额于诸路便无事。如今太学解额，七人取两人。便一人取一人也由我，十人取一人也由我，二十人、三十人、四十人取一人也只由我。而今自立个不平放这里，如何责得人趋。'"或问："恩榜无益于国家，可去否？"曰："此又去不得。去之则伤仁恩，人必怨怒。看来只好作文学助教阙，立定某州文学几员，助教几员，随其人士之多少以定员数，如宗室宫观例，令自指射占阙，相与受代，莫要教他出来做官，既不伤仁恩，又无老耄昏浊贪猥不事事之病矣。"^{杜佑}通典中说释奠处有文^{学助教官。}因说禄令，曰："今日禄令更莫说，更是不均。且如宫观祠禄，少间人尽指占某州某州。盖州郡财赋各自不同，或元初立额有厚薄，或后来有增减，少间人尽占多处去。虽曰州郡富厚，被人炒多了也供当不去。少间本州本郡底不曾给得，只得去应副他州他处人矣。"因又说经界。或曰："初做也须扰人。"曰："若处之有法，何扰之有？而今只是人人不晓，所以被人瞒说难行。间有一两个晓得底，终不足以胜不晓者之多。若人人都教他算，教他法量，他便使瞒不得矣。打量极多法，推法算量极易，自<u>绍兴间秦丞相</u>举行一番以至今，看来是<u>苏绰</u>以后到<u>绍兴</u>方得行一番，今又多弊了，看来须是三十年又量一番，庶常无弊。盖人家田产只五六年间便自不同，富者贫，贫者富，少间病败便多，飞产匿名无所不有。须是三十年再与打量一番，则乘其弊少而易为力，人习见之，亦无所容其奸矣。要之，既行也，安得尽无弊？只是得大纲是好，其间宁无少弊处？只如秦丞相绍兴间行也，安得尽无弊？只是十分弊也须革去得九分半，所余者一分半分而已。今人却情愿受这十分重弊压在头上都不管，及至才有一人理会起，便去搜剔他那半分一分底弊来瑕疵之，以为决不可行。如被人少却百贯千贯却不管，及至被人少却百钱千钱，便反倒要与你理会。今人都是这般见识。而今分明是有个天下国家，无一人肯把做自家物事看，不可说着。某常说，天下事所以终做不成者，只是坏于懒与私而已。懒则士大夫不肯任事。有一样底说，我只认做三年官了去，谁能闲理会得闲事，讨烦恼，我不理会也得好好做官去。次则豪家上户群起遮拦，恐法行则夺其利，尽用纳税。惟此二者为梗而已。"又曰："事无有处置不得者。事事自有个恰好处，只是不会思量，不得其法。只如旧时科举无定日，少间人来这州试了又过那州试，州里试了又去漕司试，无讨理会处。不知谁恁地聪明，会思量定作八月十五日，积年之弊一朝而革，这个方唤做处置事。圣人所以做事动中几会，便是都如此。"又曰："凡事须看透背后去。"因举掌云："且如这一事见得这一面是如此，便须看透那手背后去方得。如国手下棋，一着便见得数十着以后之着。若只看这一面，如何见得那事几？更说甚治道！"侗。

○ 包言科举之弊。先生曰："如他经尚是就他文义上说，最是春秋不成说话，多是去求言外之意后说得不成模样。某说道，此皆是'侮圣人之言'，却不如王介甫样，索性废了较强。"又笑云："尝有一人作随时变通论，皆说要复古。至论科举要复乡举里选，却说须是歇三十年却行，要待那种子尽了方行得。说得来也是。"义刚。

○ 器远问："今士人习为时文应举，如此须当有个转处否？"曰："某旧时看，只见天下如何有许多道理恁地多！如今看来只有一个道理，只有一个学。在下者也着如此学，在上者也着如此学。在上若好学自见道理，许多弊政亦自见得须要整顿。若上好学，便于学舍选举贤儒，如胡安定、孙明复这般人为教导之官。又须将科目尽变了，全理会经学，这须会好。今未说士子，且看朝廷许多奏表支离蔓衍，是说甚么！如诰宰相，只须说数语戒谕，如此做足矣。"敬之云："先生尝说：'表奏之文，下之谀其上也；诰敕之文，上之谀其下也。'"贺孙。

○　问："今日科举之弊，使有可为之时，此法何如？"曰："也废他不得，然亦须有个道理。"又曰："更须兼他科目取人。"庚。

○　"'今时文赋却无害理，经义大不便'分明是'侮圣人之言'。如今年三知举所上劄子论举人使字，理会这个济得甚？今日亦未论变科举法。只是上之人主张分别善恶，擢用正人，使士子少知趋向，则人心自变，亦有可观。"可学问："欧阳公当时变文体亦自是上之人主张？"先生云："渠是变其诡怪，但此等事亦须平日先有服人方可。"舜功问："欧阳公本论亦好，但末结未尽。"先生云："本论精密却过于原道，言语皆自然。原道却生受，观其意思乃是圣人许多忧虑做出，却无自然气象。下篇不可晓。"德粹云："以拜佛知人之性善。"先生曰："亦有说话。佛亦教人为善，顾渠以此观之也。"可学。

○　今科举之弊极矣。如乡举里选之法，此是第一义，今不能行。只是就科举法中与之区处，且变着如今经义格子，使天下士子各通五经大义。一举试春秋，一举试三礼，一举试易、诗、书，禁怀挟。出题目，便写出注疏与诸家之说而断以己意。策论则试以时务，如礼、乐、政、刑之属，如此亦不为无益。欲格奔竞之弊，则均诸州之解额，（补）〔稍〕损太学之额。太学则罢月书季考之法，皆限之以省试，独取经明行修之人。如此亦庶几矣。木之。

○ 临别，先生留饭。坐间出示理会科举文字，大要欲均诸州解额，仍乞罢诗赋，专经学论策，条目井井。云："且得士人读些书，三十年后恐有人出。"泳。

○ 举人治经义，各令治一家注疏。伯丰。

○ 先生云："礼书已定，中间无所不包。某常欲作一科举法。今之诗赋实为无用，经义则未离于说经，但变其虚浮之格，如近古义，直述大意。遂立科取人，以易、诗、书为一类，三礼为一类，春秋三传为一类。如子年以易、诗、书取人，则以前三年举天下皆理会此三经；卯年以三礼取人，则以前三年举天下皆理会此三礼；午年以春秋三传取人，则以前三年举天下皆理会此春秋三传。如易、诗、书稍易理会，故先用此一类取人。如是周而复始，其每举所出策论皆有定所。如某书出论，某书出策，如天文、地理、乐律之类，皆指定令学者习而用以为题。"贺孙云："此法若行，但恐卒未有考官。"曰："须先令考官习之。"贺孙。

○ "吕与叔欲奏立四科取士：曰德行，曰明经，曰政事，曰文学。德行则待州县举荐，下三科却许人投牒自试。明经里面分许多项目：如春秋则兼通三传，礼则通三礼，乐则尽通诸经所说乐处。某看来乐处说也未尽。政事，则如试法律等，及行移决判事又定为试辟，未试则以事授之，一年看其如何，辟则令所属长官举辟。"器远云："这也只是法。"曰："固是法，也待人而行，然这却法意详尽。如今科举法直是法先不是了。且如今来欲教吏部与二三郎官尽识得天下官之贤否，定是了不得这事。"〔贺孙。〕

○ 说修身应举重轻之序，因谓："今有恣为不忠不孝，冒廉耻犯条贯，非独他自身不把作咤异事，有司也不把作咤异事，到得乡曲邻里也不把作咤异事。不知风俗如何坏到这里。可畏！某都为之寒心！"
贺孙。

○ 因说科举所取文字多是轻浮，不明白着实。因叹息云："最可忧者不是说秀才做文字不好，这事大关世变。东晋之末，其文一切含胡，是非都没理会。"贺孙。

○ 有少年试教官。先生云："公如何须要去试教官？如今最没道理是教人怀牒来试讨教官。某尝经历诸州，教官都是许多小儿子，犹自未生髭须。入学底多是老大底人，都如何服得他。某思量须是立个定制，非是四十岁以上，不得任教官。"又云："须是罢了堂除及注授教官，却请本州乡先生为之。如福州便教林少颖这般人做，士子也归心，他教也必不苟。"又云："只见泉州教官却老成，意思却好。然他教人也未是，如教人编抄甚长编文字。"又曰："今教授之职只教人做科举时文。若科举时文，他心心念念要争功名。若不教他，你道他自做不做？何待设官置吏，费廪禄教他做？也须是当职底人怕道人不晓义理，须是要人教识些。如今全然无此意，如何恁地！"贺孙。

○ 坐中有说赴贤良科。曰："向来作时文应举，虽是角虚无实，然犹是〔白直〕，却不甚害事。今来最是号唤贤良者，（有）〔其〕所作策论更读不得。缘世上只有许多时事，已前一齐话了，自无可得说。如笮酒相似，第一番淋了，第二番又淋了，第三番又淋了。如今只管又去许多糟粕里面只管淋，有甚么得话！既无可得话，又只管要新。最切害处是轻德行，毁名节，崇智术，尚变诈，读之使人痛心疾首。不知是甚世变到这里。这可畏！这可畏！这都是不祥之兆，隆兴以来不恁地。自隆兴以后有恢复之说，都要求说功名，初不曾济得些事，今看来反把许多元气都耗却。管子，孔门所不道，而其言犹曰'礼义廉耻，是谓四维'，如今将礼义廉耻一切扫除了，却来说事功。"贺孙。

○　叶正则、彭大老欲放混补，庙堂亦可之，但虑艰食，故不果行。二人之意大率为其乡人地耳。庙堂云"今日太学文字不好"，却不知所以不好之因，便使时文做得十分好后，济得甚事？某有一策：诸州解额取见三举终场最多人数，以宽处为准，皆与添上。省试取数却不增，其补试却用科举年八月十五日引试，若要就补，须舍了解试始得。如此，庶几人有固志，免得如此奔竞喧哄。闳祖。

○　说赵丞相欲放混补，叹息云："方今大伦恁地不成模样。身为宰相，合是以何为急？却要急去理会这般事，如何恁地不识轻重。此皆是衰乱之态。只看宣和末年蕃人将至，宰相说甚事，只看实录头一版便见。且说太学里秀才做时文不好，你道是识世界否？且如如今待补取士有甚不得？如何道恁地便取得人才，如彼便取不得人才。只是乱说。待补之立也恰似掷骰子一般？且试采，掷得便得试，掷不得便不得试，且以为节制？那里得底便是，不得底便不是？这般做事都是枉费气力。某尝说均解额，只将逐州三举终场人数，用其最多为额，每百人取几人，太学许多滥恩一齐省了。元在学者听依旧恩例。诸路牒试皆罢了，士人如何也只安乡举，如何自家却立个物事引诱人来奔趋！下面又恁地促窄无入身处，如何又只就微末处理会！若均解额取人数多，或恐下梢恩科数多，则更将分数立一长限，以前得举人却只依旧限，有甚不得处？他只说近日学中缘有〔待〕补不得广取，以致学中无好文字。不知时文之弊已极，虽乡举又何尝有好文字脍炙人口舌。若是要取人才，那里将这几句冒头见得。只是胡说！今时文日趋于弱，日趋于巧小，将士人这些志气都消削得尽。莫说以前，只是宣和末年三舍法才罢，学舍中无限好人才，如胡邦衡之类是甚么样有气魄，做出那文字是甚豪壮。当时亦自煞有人。及绍兴渡江之初亦自有人才，那时士人所做文字极粗，更无委曲柔弱之态，所以亦养得气宇。只看如今秤斤注两作两句破头如此，是多少衰气。"贺孙。

○ 或问："赵子直行三舍法：补入县学，自县学比试入于州学，贡至行在补试方入太学。如何？"先生曰："这是显然不可行底事。某尝作书与之说，他自谓行之有次第，这下梢须大乖。今只州县学里小小补试，〔动不动便只是请嘱之私，若便把这个为补试〕之地，下梢须至于兴大狱。赵子直这般所在都不询访前辈。如向者三舍之弊，某尝及见老成人说，刘聘君云县学尝得一番分肉，肉有内舍、外舍多寡之差。偶斋仆下错了一分，学生便以界方打斋仆，高声大怒云：'我是内舍生，如何却只得外舍生肉？'如此等无廉耻事无限，只是蔡京法度如此。尝见胡程德辉有言曰：'学校之设，所以教天下之人为忠为孝也。国家之学法始于熙宁，成于崇观。熙宁之法李定为之，崇观之法蔡京为之也。李定者天下之至不孝者也，蔡京者天下之至不忠者也。岂有不忠、不孝之人而其所立之法可行于天下乎！'今欲行三舍之法亦本无他说，只为所取待补多灭裂，真正老成士人多不得太学就试，太学缘此多不得人。然初间所以立待补之意，只为四方士人都来就试，行在壅隘，故为此法。又须思量所以致得四方士人苦死都要来赴这个太学试为个甚么，这是个弊端，须从这根头理会去。某与子直书曾云，若怕人都来赴太学试，须思量士人所以都要来做甚。皆是秀才，皆非有古人教养之实，而仕进之途如此其易。正试既优，又有舍选，而恩庆数厚，较之诸州或五六百人解送一人，何其不平至于此也！此自是做得病痛如此，不就这处医治，却只去理会其末。今要好，且明降指挥，自今太学并不许以恩例为免，若在学人援执旧例，则以自今新补入为始，他未入者幸得入而已，未暇计此恩命。太学既无非望之恩，又于乡举额窄处增之，则（又）〔从〕自安乡里，何苦都要入太学？所以要入太学只缘是如此，不就此整理更说甚? 高抑崇渡江初，秦相举之为司业。抑崇乃龟山门人，龟山于学校之弊煞有说话，渠为门人非不习闻讲论，到好做处却略不施为。秦本恶程学，后见其用此人，人莫不相庆，以为庶几善类得相汲引。后乃大不然，却一向苟合取媚而已。学校以前整顿固难，当那时兵兴之后，若从头依自家好规模整顿一番，岂不可为? 他当时于秦相前亦不敢说及此。"贺孙。